Sybille Bauriedl, Anke Strüver (Hg.)
Smart City – Kritische Perspektiven auf die Digitalisierung in Städten

Urban Studies

SYBILLE BAURIEDL, ANKE STRÜVER (HG.)
Smart City –
Kritische Perspektiven auf die Digitalisierung in Städten

[transcript]

Bibliografische Information der Deutschen Nationalbibliothek
Die Deutsche Nationalbibliothek verzeichnet diese Publikation in der Deutschen Nationalbibliografie; detaillierte bibliografische Daten sind im Internet über http://dnb.d-nb.de abrufbar.

© 2018 transcript Verlag, Bielefeld

Die Verwertung der Texte und Bilder ist ohne Zustimmung des Verlages urheberrechtswidrig und strafbar. Das gilt auch für Vervielfältigungen, Übersetzungen, Mikroverfilmungen und für die Verarbeitung mit elektronischen Systemen.

Umschlaggestaltung: Kordula Röckenhaus, Bielefeld
Umschlagabbildung: »Why Not Hand Over a ›Shelter‹ to Hermit Crabs?« von Aki Inomata, 2009-17, mit freundlicher Genehmigung der Maho Kubota Gallery, Tokio.
Satz: Michael Rauscher, Bielefeld
Druck: Majuskel Medienproduktion GmbH, Wetzlar
Print-ISBN 978-3-8376-4336-7
PDF-ISBN 978-3-8394-4336-1
EPUB-ISBN 978-3-7328-4336-7
https://doi.org/10.14361/9783839443361

Gedruckt auf alterungsbeständigem Papier mit chlorfrei gebleichtem Zellstoff.
Besuchen Sie uns im Internet: *https://www.transcript-verlag.de*
Bitte fordern Sie unser Gesamtverzeichnis und andere Broschüren an unter:
info@transcript-verlag.de

Inhalt

1 Einleitung

Raumproduktionen in der digitalisierten Stadt
Sybille Bauriedl, Anke Strüver | 11

2 Politiken der Raum- und Wissensproduktion in Smart Cities

Intelligente Städte
Rationalität, Einfluss und Legitimation von Algorithmen
Cordula Kropp | 33

Look Inside™
Unternehmensvisionen der Smart City
Gillian Rose | 43

Smarter Urbanismus und Urbanität
Sybille Frank, Georg Krajewsky | 63

Smart-City-Experimente
Normierungseffekte in Reallaboren
Sybille Bauriedl | 75

»Smart«, aber ungerecht?
Die Smart-City-Kritik mit Nancy Fraser denken
Marit Rosol, Gwendolyn Blue, Victoria Fast | 87

Smart Cities in Indien
Fortschreibung einer Geschichte modernistischer Stadtplanung
Christian Eichenmüller, Boris Michel | 99

Smart City Learning
Exkursionsdidaktik zwischen Materialität und Digitalisierung
Inga Gryl, Jana Pokraka | 109

3 Neue Verbindungen
Digitaler und anderer Technologien

Smarter Bevölkerungsschutz?
Risiko- und Sicherheitskommunikation zwischen Warnung und Werbung
Simon Runkel | 127

Am laufenden (Fitnessarm-)Band
Quantified Self, Science and Technology Studies
und Urban Scholarx im Gespräch
Anke Strüver | 139

Funkfrequenzidentifizierung (RFID)
Aktives und passives Senden von Informationen im urbanen Alltag
Sybille Bauriedl | 155

Smart Cities – Smart Bodies?
Peter Lindner | 161

4 Digitale Governance und Interventionen

Ein informationelles Recht auf Stadt?
Code, Content, Kontrolle und die Urbanisierung von Information
Joe Shaw, Mark Graham | 177

Die offene Stadt von heute
Arne Semsrott | 205

Steuerung aus den Daten selbst?
Zur Erkenntnisweise algorithmischer Mustererkennung
am Beispiel Gesundheitsmonitoring
Henning Füller | 211

Policing the Smart City
Eine Taxonomie polizeilicher Prognoseprogramme
Till Straube, Bernd Belina | 223

Die Stadt als Bildschirm
Wahrnehmung und Nutzung urbaner Räume durch digitale
Kartographie, urbane Dashboards und die Praxis der Navigation
Ulf Treger | 237

Coding for the Common Good?
Aktivitäten einer Open-Data-Initiative
Sören Becker | 249

**Gemeinschaftliche Infrastrukturen,
digitale Souveränität und Gegenerzählungen**
Projekte einer Digital Citizenship
city/data/explosion (Thomas Böker, Ulf Treger) | 261

Unbekannte Pfade der Stadt jenseits von Google, aber wie?
Überlegungen zu Joe Shaws und Mark Grahams
»Ein informationelles Recht auf Stadt?«
Louisa Bäckermann | 275

5 DIGITALE URBANISIERUNG UND SOZIALE TRANSFORMATION

Digital assistierter Wohnalltag im *smart home*
Zwischen Care, Kontrolle und vernetzter Selbstermächtigung
Nadine Marquardt | 285

Smart und angepasst?
Konsument*innen im digitalisierten Stromnetz
Stefanie Baasch | 299

(Un-)Sichtbare Geschlechterungleichheiten in der Smart City
Die andere Seite der Digitalisierung
Tanja Carstensen | 309

Online-Handel, Stadtentwicklung und Datenschutz
Stationen eines Einkaufs
Michael Lobeck, Claus-C. Wiegandt | 321

Smart City Policies in Wien, Berlin und Barcelona
Andreas Exner, Livia Cepoiu und Carla Weinzierl | 333

Endlich Smart-City-Leuchtturm
Auswirkungen des EU-Projektes mySMARTLife
auf die Planungspraxis in Hamburg
Philipp Späth, Jörg Knieling | 345

Autorinnen und Autoren | 357

1 Einleitung

Raumproduktionen in der digitalisierten Stadt

Sybille Bauriedl, Anke Strüver

1 Wozu dieses Buch?

Es gibt eine ganze Reihe von Fragen, die dieses Buch veranlasst haben: Wie hat sich mit der beschleunigten Digitalisierung städtischer Infrastrukturen, der immer umfangreicheren Verknüpfung von Echtzeitdaten und der mobilen Verfügbarkeit von Geoinformationen das Leben in Städten verändert? Und inwieweit haben sich Städte durch den digitalisierten Alltag ihrer Bewohner*innen verändert? Welchen Einfluss haben die großen IT-Konzerne auf die Gestaltung und das Management von Städten? Konkreter noch möchten wir fragen, wie sich Raumwahrnehmungen und Raumnutzungen durch smarte Infrastrukturen in Städten verändern, welche sozialräumlichen und politischen Folgen das Smart-City-Konzept hat und welche alternativen und emanzipativen Nutzungen digitaler Infrastrukturen jenseits ökonomischer Datenverwertungsinteressen existieren. Damit einher geht ein Hinterfragen der technologieoptimistischen Lösungen sozialer und ökologischer Probleme, der neuen Formen hegemonialer Stadtgestaltung durch den datengetriebenen Einfluss von IT-Konzernen und ihren Visionen sowie daran gebundener Normierungs- und Universalisierungsansprüche.[1]

---

1 | Die Herausgeberinnen des Sammelbandes und Autorinnen dieser Einleitung formulieren gemeinsam seit 2015 in Vorträgen und Publikationen kritische Fragen und Perspektiven in der Smart-City-Diskussion im Kontext geographischer Stadtforschung. Diese Einleitung und der gesamte Band profitiert neben den einzelnen Beiträgen auch von den Veranstaltungsreihen zur digitalisierten Stadt von city/data/explosion im Frühjahr 2016 und Herbst 2017 und der Autorendiskussion »Materialität und Diskurs von Smart Cities« auf der Tagung zur Kulturgeographie im Januar 2018 in Freiburg. Die kurze Produktionsphase wäre ohne die motivierende und engagierte Arbeit des transcript Verlags sowie die kreative Schreibdisziplin und den konstruktiven Austausch mit den Autor*innen, die wertvollen Anmerkungen und Korrekturen von Ulrike Bergermann sowie die intensive Unterstützung von Louisa Bäckermann und Mathias Häuser im Modul

Wir verstehen Smart City nicht als *single story*, sondern als vielstimmige Erzählung mit entsprechend unterschiedlichen Bewertungen für die Gegenwart und Zukunft von Städten. Denn Smart-City-Narrative und daran gebundene Imaginationen und Raumproduktionen umfassen mittlerweile neben unzähligen Affirmationen und Ablehnungen auch verschiedene Formen von kritischen Interventionen. Mit dem Begriff »Smart City« assoziieren die einen eine erstrebenswerte Utopie von hoher Lebensqualität im Alltag, die anderen eine Dystopie der fremdgesteuerten Überwachung und Kontrolle von Praktiken sowohl in öffentlichen wie privaten Räumen. Technologisch sind all diese Aspekte bereits jetzt oder in naher Zukunft möglich. Doch die Zukunft wird nicht ausschließlich durch technologische Machbarkeiten bestimmt; sie wird das Ergebnis von politischen Entscheidungen sowie gesellschaftlichen wie individuellen Aushandlungsprozessen und vielleicht auch Kämpfen sein. Eine gesellschaftliche Debatte zu den aktuellen Dynamiken der Digitalisierung in Städten ist daher dringend notwendig.

Dieser Band versammelt Beiträge einer kritischen Stadtforschung, die sich mit den veränderten Raumwahrnehmungen, Raumproduktionen und Raumnutzungen durch den zunehmenden Einsatz digitaler Technologien, Medien und Infrastrukturen in Städten auseinandersetzen. Damit ist ein Themenfeld angesprochen, das den Bogen aufspannt zwischen neuen Koalitionen von IT-Konzernen und Stadtregierungen, die Städte als Unternehmen und Überwachungsraum betrachten, einerseits und demokratischen Bürgerbewegungen, die neue Wege der Vernetzung und Vergemeinschaftung erproben, andererseits (Söderström/Paasche/Klauser 2014; Marvin/Luque-Ayala/McFarlane 2016). Denn »Smart City« beschreibt weniger den Status einer Stadt als das Versprechen einer zunehmenden Digitalisierung. Zudem umfasst die digitalisierte Stadt auch eine veränderte urbane Praxis. Nicht nur Städte verändern sich mit der Digitalisierung, sondern auch ihre Bewohner*innen.

Für das Titelbild dieses Sammelbandes haben wir von der japanischen Künstlerin Aki Inomata ein Foto ihrer Serie »Why Not Hand Over a ›Shelter‹ to Hermit Crabs?« (2009–2017) erhalten. Aki Inomata beschreibt ihren Wohnort Tokio als hochdigitalisiert und künstlich, und sie interessiert sich in ihrer Arbeit für das Zusammenspiel von lebendigen und nicht-lebendigen Dingen in Städten. Dieser Zugang zu digitalisierten Städten scheint für uns sehr gut das Anliegen unseres Buches zu treffen. Das Foto stellt einen Moment dar, in dem ein Einsiedlerkrebs seine Behausung wechselt. Diese Behausung wurde von Aki Inomata mit einem 3D-Drucker hergestellt. Vorbild für die Form war eine Weltstadtsilhouette, die die Künstlerin mit einem Computertomographen

---

»Forschendes Lernen« der Universität Hamburg und den engagierten studentischen Hilfskräften Linda Meier und Niko Fambas nicht möglich gewesen.

eingescannt und die innere Form an die Lebensbedürfnisse der Krebse angepasst hat. Einsiedlerkrebse wechseln ihre Schutzgehäuse, wenn sie wachsen. Manchmal werden sie auch von stärkeren Krebsen hinausgeworfen. Der Krebs flüchtet in Aki Inomatas Kunstprojekt in diesem Fall in das nächste Weltstadtgehäuse hinein.[2]

Mit dieser Textsammlung bringen wir aktuelle Themenfelder zur Digitalisierung in Städten mit urbanen Praktiken zusammen, die die unterschiedlichen Dynamiken von Informations- und Kommunikationstechnologien kritisch in den Blick nehmen. Dazu zählen Überwachungs- wie Selbststeuerungsstrategien, Metropolen wie Kleinstädte sowie vielfältige Bereiche urbanen Alltagslebens wie Gesundheit, Energieversorgung, Mobilität, Verwaltung, Wohnen oder Großveranstaltungen.[3] Außerdem werden Schlagworte wie *digital citizenship*, *digital commons* und *digital divide* darin reflektiert, die sowohl die sozialräumlichen Ausschlüsse digitaler Technologien kritisieren als auch einen technologieoptimistischen Weg zu radikaler Demokratie und offenem Datenzugang vermitteln.

2 WAS SIND DIE ZENTRALEN KRITISCHEN PERSPEKTIVEN?

Wer definiert die Probleme – und Lösungsansätze für Probleme – in einer Stadt: Bewohner*innen, Stadtregierungen oder Konzerne? Problemdefinitionen einer Stadt sagen mindestens so viel über die diskursmächtigen Protagonist*innen aus wie über die Stadt selbst. In diesem Buch sprechen wir ein fundamentales Dilemma an, das symptomatisch ist für die laufenden Diskussionen zu Smart Cities: Einerseits besteht eine nahezu allgemeine Übereinkunft, dass Digitalisierung und digitale Technologien Voraussetzung für mehr Lebensqualität in Städten und für eine bessere Steuerung und Verwaltung von Städten sind. Jede Stadt will in diesem Sinne »smart« sein. Auf der anderen Seite besteht eine große Verunsicherung in Teilen der städtischen Bevölkerung durch die Frage, inwieweit sie durch die rasant wachsende Datenflut Freiheit gewinnen oder verlieren werden.

Um hier weiterzudenken, muss zwischen (mindestens) drei Strängen differenziert werden:

1. **Die Urbanisierung digitaler Technologien**: Es ist nicht selbstverständlich, dass digitale Technologien gerade in Städten so eine große Bedeutung er-

---
2 | Vgl. www.aki-inomata.com/works/hermit, letzter Abruf: 3.5.2018.
3 | Digitalisierung findet natürlich auch außerhalb von Städten statt. Wir fokussieren uns in diesem Band jedoch auf Städte, da sich dort die Auseinandersetzungen um die Nutzung digitaler Technologien in besonderem Maße konzentrieren.

langt haben. Wären digital vernetzte Infrastrukturen in Siedlungsräumen mit großen Distanzen nicht viel notwendiger? Der Urbanisierungstrend zeigt sich nicht nur darin, dass weltweit immer mehr Menschen in Städten leben, er zeigt sich auch darin, dass jeder Mensch und jedes Unternehmen darüber nachdenkt, wie sie, er oder es die Stadt für sich nutzen kann. Für die einen stehen persönliche Freiheit und gemeinschaftliche Gestaltungsmöglichkeiten im Vordergrund, für andere ökonomische Profitmöglichkeiten. Digitale Technologien bieten Möglichkeiten, scheinbar all diese Interessen zu verwirklichen.
2. **Die Digitalisierung in Städten:** Bei der Beschreibung dieses Prozesses geht es nicht nur darum, welche materiellen Realitäten digitale Technologien und Infrastrukturen in Städten etabliert haben, sondern auch um die Frage: Was und wie können digitale Technologien, insbesondere interaktive und Kommunikationstechnologien, zur Demokratisierung in Städten beitragen?
3. **Die Globalisierung von Smart-City-Visionen:** Die Vision der digital gesteuerten öffentlichen Infrastruktur in Städten und des Internets der Dinge im urbanen Alltag ist schnell zum weltweiten Ideal geworden, obwohl diese Vision an eine Urbanisierung geknüpft ist, die auf europäischen Vorstellungen von Stadt und Bürgerschaft beruht und auf postkoloniale Städte trifft (Robinson 2005; Datta 2018). In Indien z. B. ist die Smart City in den letzten Jahren zur leitenden Idee der Stadtplanung geworden, und in chinesischen Städten prägen digitale Infrastrukturen und digitale Bewertungswerkzeuge immer mehr den urbanen Alltag. Wie verbinden sich mit dieser Materialisierung digitaler Infrastrukturen auch Formen eines postkolonialen Urbanismus und der Universalisierung der europäischen Stadt, und welche gesellschaftlichen Normierungen werden damit erzeugt und verbreitet?

Kritische Forschung zur Digitalisierung von Städten betrachten und betreiben wir vor diesem Hintergrund in zwei Richtungen: Die Beiträge in diesem Sammelband überprüfen einerseits dominante Narrative, Praktiken und Materialitäten der Smart City bzgl. ihrer sozialen und räumlichen Implikationen und fragen, welche Hinweise auf alternative Zukünfte von Digitalisierung in Städten eher marginalisiert sind. Alternative Ideen von Stadtzukunft, Digitalisierung und Gemeinschaft erscheinen uns mit Blick auf die Smart-City-Debatte besonders wichtig, um den affirmativen Beiträgen, die sich an den Kontrollinteressen von globalen IT-Unternehmen und unternehmerischer Stadtpolitik orientieren, etwas entgegenzusetzen. Andererseits ist aber Digitalisierung nicht die einzige Dynamik, die beeinflusst, wie die Bedeutungen von Raum und Ort erfahren und belebt werden. Gleichzeitig verändern sich sehr viele andere Aspekte des städtischen Lebens: Digitalisierung trifft auf Bevölkerungswachstum in Städten, trifft auf Gentrifizierung und soziale Segregation, auf Privatisierung und Rekommunalisierung, trifft auf Klimawandel und veränderte Mobilitätsformen, trifft auf Rechtspopulismus und auf Recht-auf-Stadt-Bewegung, trifft auf alternde Stadtgesellschaft und neue Wohnformen.

Wir verfolgen das Anliegen, diese beiden Richtungen zusammenzubringen. Dabei gehen wir davon aus, dass das Konzept der »Smart City« genauso wenig aus der Welt verschwinden wird wie der Umgang mit digitalen Alltagstechnologien wieder vergessen wird oder die mächtigen IT-Konzerne wie Google, Facebook oder Apple ihr Wissen und die von ihnen angeeigneten Informationen vergemeinschaften werden. Ebenso wenig sind die hier vorgestellten kritischen Perspektiven auf Digitalisierung und Smart Cities grundsätzlich technikfeindlich. Sie sind vielmehr kritisch gegenüber den *universalisierten* Vorstellungen von Stadtzukunft und Stadtgestaltungen sowie den *normierten* Vorstellungen von urbaner Praxis, sozialem Zusammenleben und Identität in Städten. D.h. die Kritik richtet sich weder gegen Digitalisierung per se noch geht es um eine Warnung vor der Nutzung digitaler Technologien und Medien. Die Kritik in diesem Band richtet sich gleichwohl gegen die großen IT-Konzerne (Google, Apple, Microsoft, Facebook, Amazon, Cisco, IBM, Siemens etc.) mit ihren Profitinteressen jenseits demokratischer Legitimation und ihrer Überzeugung, für alle sozialen Krisen eine technische Lösung bieten zu können.

Die Kritik zielt auch auf die Stadtregierungen, die IT-Konzernen durch Public-private-Partnerships Tür und Tor öffnen, ohne eine langfristige Strategie zur Vermeidung von Konflikten um das Eigentum und die Zugangsrechte an erhobenen Daten und zur Vermeidung von Abhängigkeiten von Betriebssoftware (u.a. durch die Verwendung proprietärer Software an Stelle von Systemen mit offenen Quellcodes; »Lock-In Effekt«) zu entwickeln.

Die Komplexität digitaler Gegenwart wird kaum jemanden überfordern – die Intransparenz der Datenverschränkung und die Sorge um die Informationsverarbeitung jedoch schon. Es geht dementsprechend um Fragen nach dem gesellschaftlichen Gewinn durch diese Entwicklungen und um die Reflexion der Digitalisierungspraxis im Kontext einer sozial gerechten Stadt. Kritik verstehen wir dabei – im Anschluss an Foucault und diverse Vorarbeiten im Kontext der kritischen Stadtgeographie – als »Kunst, nicht dermaßen regiert zu werden« (Foucault 1992: 12) – als Ausdruck einer »reflektierten Unfügsamkeit« (ebd.: 15) mit dem Ziel, in die aktuellen gesellschaftlichen Tendenzen der Digitalisierung von Stadt und Stadtentwicklungsprozessen einzugreifen (Belina/Naumann/Strüver 2018). Digitale Vernetzung bietet alternative Entwicklungsoptionen. Diese sollen mit diesem Buch sichtbarer werden.

3 Ist die Kritik an den Auswirkungen von Informationstechnologien in Städten neu?

Das besorgte Nachdenken über die Zukunft der Städte und der Urbanität ist kein neues Phänomen in der Ära der Digitalisierung. Innovative Technologien für städtische Infrastrukturen beflügelten immer wieder die Fantasie von Visionär*innen und Utopist*innen und nährten Hoffnungen auf eine bessere Welt. Und gleichzeitig wurden sie von anderen in Verbindung mit ihrer Kontroll- und Überwachungsfunktion auch als bedrohlich empfunden (von Laak 2018).

Vor über 30 Jahren gab es die erste Aufmerksamkeitswelle für die Raumwirkungen der Digitalisierung in der deutschen Stadt- und Regionalforschung. Insbesondere das Bundesamt für Bauwesen und Raumordnung (BBR), das Deutsche Institut für Urbanistik (Difu) und die Akademie für Raumforschung und Landesplanung (ARL) haben hierzu Studien vorgelegt, die aus heutiger Sicht auch als Dokumente der Zeit- und Technikgeschichte höchst interessant sind. Bereits 1984 hatte die ARL zu den räumlichen Wirkungen der Telematik einen Arbeitskreis einberufen, um die zentralen Fragestellungen, die sich insbesondere für die Stadt- und Regionalplanung ergeben, systematisch betrachten zu können. »Telematik« war ein neuer Begriff, der das Zusammenwachsen von Informationstransport (Telekommunikation) und Informationsverarbeitung (Informatik) bezeichnete. Im Fokus standen damals Raumfragen, insbesondere die Bedeutung von Telematik auf Stadt- und Siedlungsstrukturen durch veränderte Standortabhängigkeit und neue Möglichkeiten der Distanzüberwindung durch den Ausbau von Glasfaserkabelnetzen und Übertragungssatelliten. Die wichtigsten Endgeräte zu dieser Zeit waren das Telefon und der Fernseher, und es ging entsprechend um stationäre Kommunikationsorte wie Unternehmen und Haushalte. Die Idee der portablen Endgeräte für alle (Smartphone, Tablet) oder dass Endgeräte zum Massenprodukt werden könnten, war noch weit entfernt.

Die zentralen Akteure der Digitalisierung waren die nationale Regierung und der staatseigene Kommunikationsbetrieb (Bundespost). Mit Blick auf diese Rahmenbedingungen und technischen Standards wurden folgende Thesen zur Raumwirkung der Digitalisierung diskutiert: erstens die These einer Dekonzentration, die von einer flächendeckenden IT-Verfügbarkeit ausging, welche mit einer Abwanderung von (Tele-)Arbeitsplätzen in den ländlichen Raum rechnete, und im Widerspruch dazu die These der Konzentration, die Innovationsvorteile in den Verdichtungsräumen sah. Zweitens wurde einhellig die These der Zentralisierung, mit Verweis auf die Steuerungskompetenz und Entscheidungsmacht in den politischen Zentren, vertreten. Drittens wurde vermutet, dass es zu einer Hierarchisierung dieser Zentren zu Gunsten bestehender Technologiecluster wie München, Stuttgart und das Ruhrgebiet kommen werde. Von Bedeutung war auch die These, die davon ausging, dass sich die technischen Innovationen nur sehr langsam ausbreiten, da die damit verbundenen sozialen Innovationen lange Zeit bräuchten (Spehl 1985).

Noch 1998 gingen Raumplaner*innen davon aus, dass die Telematik zur Suburbanisierung von Dienstleistungsunternehmen und einem Bedeutungsgewinn ländlicher Wohnquartiere durch Teleheimarbeit sowie einem Bedeutungsverlust des öffentlichen Raums durch Teleshopping und Teleentertainment führen werde (Floeting/Grabow 1998). Insbesondere auf Grund der Telearbeit wurde eine hohe Standortflexibilität der Unternehmen und Arbeitnehmer*innen erwartet.

Nur einige dieser Thesen haben sich realisiert. Außerdem ist bei den Prognosen zur Digitalisierung der Städte, der Haushalte und des Alltags ganz offensichtlich der Einfluss von privaten IT-Unternehmen und der Entwicklungsgeschwindigkeit von Hardware- und Softwareinnovationen unterschätzt worden. Gleichzeitig ist die Gestaltungsfähigkeit des Wohlfahrtsstaats und staatseigener Betriebe überschätzt worden. Weder die Tarife für IT-Nutzungen noch der Ausbau der Netzinfrastruktur werden heute noch allein von staatlichen Betrieben gesteuert und kontrolliert.

Die Beobachtung der letzten 30 Jahre zeigt, dass nicht nur eine rasante IT-Entwicklung stattgefunden hat, sondern auch eine Privatisierung und Neoliberalisierung staatlicher Institutionen, eine raumordnerische Wende hin zur Metropolenentwicklung und Vernachlässigung strukturschwacher Räume sowie eine unternehmens- und wettbewerbsorientierte Stadtentwicklung. Und auch die Arbeitskulturen haben sich verändert. Gerade die großen IT-Unternehmen siedeln sich bevorzugt in den Innenstädten mit den höchsten Bodenpreisen an und anstatt Telearbeit anzubieten, versuchen sie, ihre Angestellten möglichst über ihre vertraglich vereinbarte Arbeitszeit hinaus am Arbeitsplatz zu halten.

Bei der Frage nach den Wirkungen der Telematik steht heute anders als in den letzten Jahrzehnten weniger die Raumwirksamkeit im Fokus als deren Wirkungen auf demokratisches Zusammenleben, beeinträchtigt durch die Monopolstellung und die unkontrollierte Datensammlung von internationalen Software- und Plattform-Konzernen und deren gesellschaftliche Wirkung durch Selbstoptimierung und Überwachung der IT-Nutzer*innen. Die Autor*innen dieses Buches versuchen daher die Verflechtungen der gesellschaftspolitischen Wirkungen und der Raumwirkungen zu betrachten.

4 Worauf richtet sich die Kritik an der Smart City?

Seit den 1990er Jahren hat sich ein Teilbereich von Stadtforschung entwickelt, der die Rolle von IT bei der Produktion städtischer Räumen unter den Begriffen *cybercities* (Graham/Marvin 1996), *digital cities* (Ishida 2000) oder *cyborg cities* (Gandy 2005) erfasst. Dabei werden die Verflechtungen sozialer und technischer Transformationen untersucht und die Verschiebung von Machtverhältnissen zugunsten kapitalistischer Verwertung kritisiert. Da das kapitalistische Verwertungsinteresse beim Ausbau digitaler Infrastrukturen in Städten eine immer größere Rolle spielt, konzentriert sich auch die Kritik in den letzten Jahren immer mehr auf das Modernisierungsversprechen der Smart-City-Strategie, auf die Ausweitung der unternehmerischen Stadt durch Public-private-Partnerships, auf die Überwachung und Kontrolle von Bürger*innen durch IT-Unternehmen und den Einfluss von IT-Plattformen wie Airbnb auf die Nutzung von Städten.

Kritik an Modernisierungsversprechen

Mit dem Ausbau digitaler Infrastrukturen sind vielfältige Versprechen auf eine verbesserte urbane Lebensqualität verbunden: effizientere Mobilitätsangebote, leichter steuerbare und zugängliche öffentliche Verwaltungssysteme, schnellere Informationsflüsse, vielfältigere soziale Kommunikation, reduzierter Ressourcenverbrauch, erhöhte Sicherheit im öffentlichen Raum, komfortableres Wohnen und viele Dinge mehr, die der Befriedigung der so genannten Grunddaseinsfunktionen dienen. Im Unterschied zu urbanen Transformationen seit dem vorletzten Jahrhundert, wie dem Bau einer zentralen Wasserversorgung und -entsorgung ab 1850 oder der Planung der autogerechten Stadt ab 1950, ist die Smart City nicht mit einem singulären funktionalen Ziel verbunden (Marvin/Luque-Ayala/McFarlane 2016). Sie dient nicht allein der Gesundheitsverbesserung oder der Mobilität, sondern soll Verbesserungen gleich in einer Vielzahl von Lebensbereichen bringen. Im Prinzip verändern sich mit der Digitalisierung die städtischen Funktionen nicht, lediglich die Geschwindigkeit und der Grad von Vernetzung und Kontrolle.

Eine Smart City entsteht nicht nachfrageorientiert. Die Modernisierungs- und Erneuerungsversprechen geben keine Antwort auf die drängendsten Bedürfnisse der Mehrheit der Stadtbewohner*innen. Ausgangspunkt der Smart City sind nicht die sozialen, ökonomischen oder ökologischen Krisen von und in Städten, sondern die technologischen Möglichkeiten der Digitalisierung. Die Smart City bekämpft keine sozioökonomischen und -kulturellen Ungleichheitsstrukturen in Städten. In der aktuellen Ausrichtung z. B. auf sensorgesteuertes Verkehrsmanagement und E-Mobilität wirkt sie sogar ökologisch kontraproduktiv, da sie einen enormen Ressourcenaufwand verursacht und dessen Kosten externalisiert (zu Rebound-Effekten der Smart City vgl. Lange/Santarius 2018).

Kritik an der unternehmerischen, wettbewerbsorientierten Stadt

Die Digitalisierung trifft mit einem veränderten Verständnis von Stadtpolitik zusammen. Die meisten Stadtregierungen führen »ihre« Städte mittlerweile wie Unternehmen (zu »Unternehmerische Stadt« vgl. Schipper 2013). Im Wettbewerb zwischen Städten, dem Anlocken der größten Dienstleistungsunternehmen, der Aufmerksamkeitserzeugung durch Innovationen bzw. Fortschrittserzählungen treffen neoliberale Regierungsinteressen mit monopol- und profitorientierten Interessen von IT-Unternehmen zusammen. Seit den 1990er Jahren haben viele Stadtregierungen im Globalen Norden eine finanzialisierte Stadtentwicklung unterstützt und ihre Verantwortungsbereiche entlang von Prinzipien des Unternehmensmanagements gestaltet (Jessop 2002; Peck/Theodore/Brenner 2009; Weber 2010).

Der Ausbau digitaler Infrastrukturen im Rahmen unternehmerischer Stadtpolitik befördert die Privatisierung öffentlicher Aufgaben und damit das Outsourcing von Tätigkeiten, für die zuvor öffentliche Instanzen zuständig waren, an private Akteure. Fast immer sind an der Auslagerung staatlicher Kontrollfunktionen dieselben vier großen Wirtschaftsprüfungs- und Beratungsfirmen (Ernst & Young, Deloitte, PwC und KPMG) beteiligt (Morozov/Bria 2017: 23).

Durch den intensiven Wettbewerb von Städten um Ressourcen, Einwohner*innen und Investitionen setzen viele Stadtregierungen auf ständiges Wachstum und öffentlich-private Partnerschaften. Die entsprechenden Fortschrittsvisionen unterscheiden sich elementar von den Prinzipien einer autofreien, gesunden Stadt oder einer sozialen Wohnungspolitik – solche Prinzipien erscheinen im Vergleich zu den dominanten Smart-City-Imaginationen als vergangene Ideale. Aktuell überlassen Stadtregierungen IT-Unternehmen wie Cisco oder Google ein Experimentierfeld, um soziale Probleme anzugehen und um wirtschaftlichen Stillstand in Wachstum und Fortschritt zu verwandeln. Diese Unternehmen bieten Stadtregierungen eine günstige Bereitstellung von Infrastrukturen (*open wlan* etc.) und Dienstleistungen an und erwarten als Gegenleistung die Möglichkeit zur Datenmonopolisierung und Profitoptimierung bei der Vermarktung von Datenschnittstellen und datengenerierten Informationen.

Kritik an der Datenkontrollmacht von IT-Unternehmen

IBM war das erste Unternehmen, das mit der Bezeichnung »Smart City« Hard- und Software-Dienstleistungen angeboten hat (vgl. Paroutis/Bennett/Heracleous 2014; McNeill 2015), das heißt: Ursprünglich waren mit dem Begriff rein wirtschaftliche Interessen verbunden. Und auch andere IT-Unternehmen zielen seit Mitte der 1990er Jahre mit ihren Produkten auf den städtischen Markt (Marvin/Luque-Ayala 2017: 84). Mit der weltweiten Urbanisierung werden die Verwaltungs- und Steuerungsaufgaben in Städten und die absolute Konsumkraft ihrer Bewohner*innen immer interessanter für profitorientierte, internationale IT-Unternehmen, die komplette Soft- und Hardware-Pakete entwickeln, mit denen sie an Stadtregierungen herantreten. IBM verspricht mit Smarter City® genauso wie Microsoft mit CityNext® eine verbesserte Qualität öffentlicher Dienstleistungen bei gleichzeitig gesteigerter Ressourceneffizienz und Nachhaltigkeit. Daraus entstehen erstens neue Verflechtungen von Akteuren der Stadtentwicklung und zweitens neue Formen der Kontrolle städtischer Infrastrukturen, der Nutzung des öffentlichen Raums sowie der persönlichen und Bewegungsdaten von Bürger*innen.

Mit Blick auf die zunehmende und permanente Sammlung von Daten in Echtzeit und deren Weiterverarbeitung durch IT-Unternehmen lautet die grundsätzliche Frage kritischer Stadtforschung: Wer hat den Zugang zu diesen Daten, und wer kontrolliert deren Weiterverwendung?

Digitale Infrastrukturen und Dienstleistungen müssen nicht zwangsläufig von IT-Unternehmen kontrolliert werden. In den 1980er Jahren war die Hoffnung auf soziale Innovationen durch Informationstechnologien noch stark ausgeprägt. 1985 gründete Richard Stallmann die Free-Software-Foundation (Hill 2013). Er war der Ansicht, dass freie Software essentiell sei für eine freie Gesellschaft. »Frei« heißt dabei nicht unbedingt gratis, sondern frei von Zugangs-, Nutzungs- und Veränderungsbarrieren (»*open source*«). Das Wissen über die Quellcodes und damit die Möglichkeit, eine Software weiterzuentwickeln, wird von Open-Source-Befürworter*innen als Gemeinschaftsgut betrachtet. Diese Idee ist zentral für die »Recht auf Stadt«-Bewegung, die dafür kämpft, alle durch Steuern erworbenen Güter, Dienstleistungen und damit auch Daten sowie datengeneriertes Wissen allen Bürger*innen zur Verfügung zu stellen. Dazu müssten sich Kommunalverwaltungen unabhängig von Privatunternehmen machen. Die so genannte »Freiheit der Nutzung von Daten« wird von IT-Unternehmen im alltäglichen Software-Gebrauch oft irreführend verwendet. »Frei« meint hier erstmal nur die kostenlose Nutzung, z. B. der Software für den Fahrradnavigator als kostenlose App. Dabei genehmigt der oder die Nutzer*in dem Dienstleistungsanbieter die volle Kontrolle der bei der Nutzung generierten Daten, ohne über die jeweilige Weiterverwendung dieser Daten informiert zu werden.

Kritik am Einfluss von Plattform-Ökonomien auf smarten Urbanismus

Die Mehrheit der Stadtbevölkerung profitiert mittlerweile von der Nutzung digitaler städtischer Infrastrukturen, insbesondere durch Smartphone-Apps, die die Orientierung (Google maps etc.) und Mobilität (Uber, Car2go, Call a bike etc.) erleichtern, Übernachtungsmöglichkeiten vermitteln (booking.com,

Airbnb etc.), Onlineshopping anbieten (Amazon, Zalando etc.) oder bei der Suche nach Sozialkontakten helfen (Parship, Grindr, Facebook etc.) – und die die Raumnutzungen in Städten stark verändert haben. Die meisten Nutzer*innen haben die Angebote dieser IT-Dienstleister über ihr Smartphone als Selbstverständlichkeit in ihren Alltag integriert. Gegen die negativen Effekte des Online-Handels auf die Geschäftsstruktur in Innenstädten und den zunehmenden Transportverkehr hat sich jedoch auch Kritik formiert (siehe Lobeck und Wiegandt in diesem Band); ebenso gegen die Verdrängung von Bewohner*innen aus innerstädtischen Quartieren durch private Zimmervermietungen an Städtetourist*innen (zur Airbnb-Gentrification vgl. Kritische Geographie Berlin 2018).

Soziale Plattformen können zwar auch als Demokratisierungsinstrument und zur Verbindung kollektiver Intelligenz eingesetzt werden (siehe das Beispiel Barcelona in Morozov/Bria 2017 sowie Exner et al. in diesem Band), dominiert wird diese digitale Kommunikationstechnologie jedoch von wenigen globalen IT-Unternehmen (zu Plattformkapitalismus vgl. Waitz 2017). Alternative Plattformökonomien können auf dem Teilen von Gemeinschaftsdaten und einer Kooperationen mit Gemeinwohlcharakter basieren. Ein »digitales Recht auf Stadt« (Shaw/Graham 2017 in Anlehnung an Lefebvre) konzentriert sich kritisch wie konstruktiv – und jenseits des Plattformkapitalismus – auf digitale Raumproduktionen.

5 Welche Formen sozialer Raumproduktion sind in Smart Cities zu finden?

Die Digitalisierung städtischer Infrastrukturen und des Alltagslebens sind natürlich nicht die einzigen Dynamiken, die aktuell das Leben in Städten des Globalen Nordens prägen. Rezente Veränderungen gehen auch auf Zuwanderung, neue soziale und politische Verhältnisse, auf Reaktionen auf den Klimawandel, die Suche nach Formen einer gerechten, inklusiven und transformativen Postwachstumsgesellschaft u. v. m. zurück. In diesem Band konzentrieren wir uns dennoch auf Ersteres als Bestandteil sich wandelnder urbaner Raumproduktionen und Formen von »smartem Urbanismus« (Marvin/Luque-Ayala/McFarlane 2016) als aktive Stadtgestaltung, die wir entlang von vier thematischen Strängen kurz andiskutieren möchten.

Biomacht: In- und Exklusionsformen durch Digitalisierung

Digitale Infrastrukturen erleichtern viele Dinge des städtischen Alltagslebens. Gerade jüngere Menschen (so genannte *digital natives*) können sich einen Alltag ohne Smartphone und die anhaltende Beschleunigung und Ausweitung digitaler Vernetzung gar nicht mehr vorstellen. Mit der Digitalisierung und der beschleunigten Vernetzung sind jedoch auch Technologien geschaffen worden und verfügbar, die neue Differenzstrukturen herstellen: Weder Technologien noch Algorithmen sind sozial neutral. Sie sind Ausdruck gesellschaftlicher Normierungen und haben Einfluss auf die Lebensweise von einzelnen Menschen wie von Gemeinschaften. Sie werden genutzt für politische, gesellschaftliche und ökonomische Entscheidungsfindungen, und sie reproduzieren Dynamiken der Biomacht. Foucault (1977; 2004) hatte die Biomacht als Politik der Bevölkerungskontrolle – einschließlich der Selbstdisziplinierung und -responsibilisierung des Subjekts – und als unerlässliches Element des Kapitalismus herausgearbeitet. Sie zielt auf die für ökonomisches Wachstum als unumgänglich geltende Kontrolle und Disziplinierung der menschlichen Körper ab und erzeugt so auf »produktive« Weise konformistisches Verhalten (siehe Rose in diesem Band). Im digitalen Zeitalter wird das Subjekt v. a. über Sensoren und Daten kontrolliert und diszipliniert: Dies lässt sich einerseits in Form von intelligenten Umgebungstechnologien analysieren (zu Sensoren vgl. Gabrys 2014) sowie entlang der Fragen, (1) wie urbane Prozesse und Räume durch Smart-City-Technologien in Interaktion mit den Praktiken der Bewohner*innen entstehen und (2) wie eine derartige »Umgebungsmacht« das individuelle wie kollektive Verhalten dieser Bewohner*innen adressiert (»Biopolitics 2.0«, Gabrys 2014: 35, 42).

Andererseits ist die digitale Selbstvermessung ein Paradebeispiel für Selbsttechnologisierung und -responsibilisierung mit dem Ziel der Optimierung auf der Mikroebene des Subjekts. So können mithilfe von Fitnessarmbändern und Smartwatches körperliche (In-)Aktivitäten und (un-)gesundes Verhalten permanent protokolliert und mit anderen verglichen werden. Solche Daten werden von den Hard- und Software-Anbietern korreliert, teilweise automatisch aggregiert und komparativ rationalisiert. Die Daten der digitalen Selbstprotokollierung lassen sich dabei einfach in soziale Erwartungen übersetzen: Indem deskriptive Daten sozial kontextualisiert werden, verwandeln sie sich in normative Daten – und »normative Daten ›übersetzen‹ soziale Erwartungen an ›richtiges‹ Verhalten« (Selke 2014: 54; siehe auch Vanolos' »smartmentality«, 2014). Die statistische Weiterverarbeitung solcher Daten ermöglicht Aussagen und Prognosen darüber, »*was* passiert, ohne dass sich sagen ließe, *warum* es passiert« (ebd.: 227; Hervorh. i. O.).

Re-agieren und Partizipieren

Im Zusammenwirken von smarter Stadt-Optimierung mit Selbst-Optimierung bleibt auch zu erörtern, wie – und mit welchen Auswirkungen – mithilfe von Big Data Re(a)gieren praktiziert wird. Dazu gehört insbesondere der Aspekt des räumlichen Re(a)gierens durch intelligente Umgebungstechnologien, die soziale Prozesse und urbane Räume als Handlungsverkettungen zwischen Menschen und Dingen konstituieren sowie der teilweise ungeschützte Zugriff auf Körperdaten und auf Bewegungsprofile (siehe Füller; Straube und Belina sowie Strüver in diesem Band).

Es lässt sich also argumentieren, dass die permanente digitale Datenerfassung zu erwünschten und unerwünschten Überwachungs- und Kontrolleffekten führt. Durch die zunehmende Datensouveränität der städtischen Bewohner*innen kann gleichwohl auch ihre Teilhabe erleichtert werden. Das alleinige Vorhandensein von Daten bzw. die entkontextualisierte und ggf. willkürlich korrelierte Weiterverarbeitung von Daten durch Algorithmen und künstliche Intelligenz bietet also *theoretisch* effizienz- und partizipationssteigernde Lösungen – praktisch bleiben in diesen Szenarien die Stadtbewohner*innen und ihre Interaktionen aber weitgehend ausgeschlossen (Greenfield 2013). Die aktive und genuin partizipative Auseinandersetzung von Bewohner*innen mit dem Leben in und dem Erleben von digitalisierter Stadt, dem Erfahren des urbanen (Möglichkeits-)Raumes jenseits von E-Governance, Verkehrssteuerung und digitalem Lifestyle stehen im Vergleich zu den hegemonialen Narrativen noch am Anfang (für frühe Hinweise vgl. Hill 2013; Mattern 2014; Vanolo 2016 sowie Bauriedl zu Reallaboren in diesem Band).

Gleichwohl liegt bspw. durch die GeoWeb2.0-Anwendungen der »Neogeography« (Graham 2010) die mobile digitale Kartenproduktion dem*der Einzelnen bereits seit einigen Jahren direkt in Form des Smartphones in der Hand. Dabei verweist auch Neogeography auf das veränderte Verständnis von Handlungen und Praktiken, da diese nicht länger nur von *smart citizens*, sondern auch von digitalen Geräten, ihren Sensoren, Apps und den dahinterliegenden Algorithmen ausgehen. Der Gebrauch und die Produktion digitalen Kartenmaterials als Teil städtischer, sozialer wie digitaler Alltagspraktiken kann gleichermaßen affirmativen wie partizipativen und emanzipativen Charakter haben: Zum einen verschmelzen durch die Möglichkeiten des GeoWeb2.0 Kartenproduktion, -gebrauch und -konsumption, so dass die Produser neben ihrer Rolle als Konsumierende und Partizipierende auch die der Produktion von »Wirklichkeit« übernommen haben (z. B. Barrierefreie Stadtentwicklung). Vor allem in der Freiwilligkeit der Beteiligung (»Volunteered Geographic Information«) sehen Sarah Elwood, Michael Goodchild und Daniel Sui (2012) dabei die mit solchen Kartenprojekten entstehenden Möglichkeiten zur Partizipation, aber auch zum Aufbau von Widerstandsfähigkeit. Und schließlich lassen sich durch eine aktive (geo-)web2.0-basierte *citizen science* verschiedene smarte, Bottom-up-Formen der Bevölkerungsbeteiligung erreichen, die als »Extreme Citizen Science« (Haklay 2012) von der Formulierung des Problems über die Datenerhebung und -analyse bis zur kollaborativen Entwicklung von Lösungsvorschlägen und deren Umsetzung reichen (siehe auch Becker; city/data/explosion; Treger sowie Gryl und Pokraka in diesem Band).

Darüber hinausgehend begreift Höffken (2015: 112 ff.) das »Smartphone als Emanzipator« für partizipative (Stadt-)Planungsprozesse, da Bewohner*innen im Rahmen induktiver Monitoringprozesse ihre Beobachtungen im Geoweb oder in geobasierten Social Media dokumentieren – und dabei neben der Vielfalt an Perspektiven auf ein bereits definiertes Thema (bzw. einen Ort) auch neue Themen (und neue Räume) definieren. Diese Praktiken urbaner Produser können verstanden werden als »grassroots efforts to reshape cities [...] to change the ways things work at a local level [...] to create new (healthier, greener) systems. They are about change and reform, not just aggregation« (Townsend 2013: 25). Ein konkreter Ansatz für städtische Widerstandsbewegungen stellt in dem Zusammenhang das Konzept des »citizen ownership« (de Lange/de Waal 2013: 4) dar, in dem sich Bürger*innen mithilfe digitaler Medien aktiv in der Stadtgestaltung engagieren, »to look at how cities are made and remade with the help of digital media« (ebd.). Die Stadt kann damit auch Ort digitalisierter Interventionsstrategien sein. Dazu existieren mittlerweile einige Beispiele, die die aktive Nutzung von Technik durch Bürger*innen illustrieren; die Benutzung sozialer Medien, selbstprogrammierter Apps für soziale Vernetzungen und räumliche Interventionen sowie der Aufbau alternativer intelligenter Städte durch Hacker*innen und digitalisierungsaffine Bürger*innen sind hier die offensichtlichsten Initiativen. HackerSpaces und auch FabLabs sind mittlerweile als hybride Formen digitaler Interventionen einzuordnen, da sich die als nicht-kommerzielle und selbstorganisierte Räume entstandenen Orte teilweise dahingehend professionalisiert haben, dass sie sich nicht länger nur emanzipativ, sondern teilweise auch affirmativ engagieren. Wie Becker (in diesem Band) betont, werden solche Initiativen leicht euphorisch als »glimpses of another kind of smartness« (Hollands 2015: 62) eingeordnet, was es allerdings im Sinne der affirmativen Hybridität zu diskutieren gilt.

Ebenfalls nicht zu vernachlässigen sind die unterschiedlichen Interessen und Fähigkeiten, mit digitalen Technologien sowie mit offenen Daten versiert und machtkritisch umzugehen und individuelle Präferenzen nicht in Form von sozialer Selektivität mit hegemonialen Tendenzen zu manifestieren.

Digital Divide

Die unterschiedlichen Ausprägungen von »smartness« in Städten und Stadträumen zeigen sich nicht nur zwischen Produsern oder zwischen Städten; sie äußern sich auch als *local digital divides*: So schafft die Digitalisierung – entgegen dem Versprechen – nicht unzählige neue Arbeitsplätze in ehemaligen Industriestädten bzw. für ehemalige Industriearbeitskräfte, sondern verschärft eher die Ausdifferenzierung und Marginalisierung auf dem städtischen Arbeitsmarkt (Wiig 2016). Außerdem kann es durch die Umsetzung von Smart-City-Strategien in bevorzugten Stadtteilen zur verschärften sozialen Segregation kommen und soziale Ungleichheit verstärkt werden, da die Kosten für die Einwerbung und die Implementierung von Smart-City-Technologien überwiegend aus öffentlichen Mitteln des lokalen Staats finanziert werden. Diese Mittel fehlen dann an anderen Stellen und können dadurch Ungerechtigkeiten eher multiplizieren als reduzieren (bspw. im Wohnungs- und Gesundheitswesen sowie im Bildungsbereich, vgl. ebd. sowie Rosol/Blue/Fast in diesem Band). Der *digital divide* ist auch Folge von Einkommensungleichheiten, da die Kosten für smarte Haushaltsgeräte oder Stromzähler durch Privathaushalte finanziert werden müssen. Ökonomisch benachteiligte Haushalte sind davon ungleich stärker betroffen, da sich die Anschaffungskosten nicht durch einen geringeren Verbrauch amortisieren. D. h. smarte Technologien – gerade im Haushalt – sind etwas für Besserverdienende; sie verschärfen bereits existierende Ungleichheiten in der soziokulturellen und sozioökonomischen Integration (siehe Baasch sowie Carstensen in diesem Band).

Die Verbindung von sozialer und digitaler Ausgrenzung zeigt sich auch bei den Zugangsbeschränkungen der Nutzung öffentlicher digitaler Infrastrukturen entlang von staatsbürgerschaftlicher Zuordnung. Die Teilhabe an smarter Bürgerschaftlichkeit *(smart citizenship)* entscheidet sich nicht nur entlang digitaler Kompetenzen, sondern auch technisch materialisierter Ausschlüsse von Personengruppen, die z. B. nicht über einen EU-Pass verfügen (siehe Bauriedl zu RFID in diesem Band) und sich nicht im personalisierten System von IT-Kommunikation oder digitalen Infrastrukturen nach vorgegebenen Parametern (Kreditkarte, Meldeadresse oder ID-Nummer) legitimieren können oder auf Grund der im digitalen System eingegebenen Personendaten nicht als dessen Nutzer*innen akzeptiert werden.

Smarter Urbanismus und urbane Kultur der Digitalität

Joe Shaw und Mark Graham (in diesem Band) haben auf Grundlage von Henri Lefebvre den Anspruch auf ein digitales bzw. informationelles Recht auf Stadt formuliert, das auf Basis der technologischen Souveränität der Stadtbewohner*innen sowie Ansätzen zur Entwicklung von Alternativen zur kapitalistischen Nutzung digitaler Technologien (als Gemeingüter bzw. Commons) wichtige Impulse liefert (siehe Shaw/Graham und Bäckermann in diesem Band). Voraussetzung dafür sind die interaktive, integrative und demokratische Partizipation von Stadtbewohner*innen an der Entwicklung und Implementierung digitaler Technologien sowie die Offenlegung aller Komponenten, Codes und Prozesse, die dafür bedeutsam sind (McFarlane 2016; Morozov/Bria 2017; Harvey 2013). Derzeit gilt Barcelona mit dem Slogan »internet for citizens instead internet of things« sowie dem Bestreben, die technologische Souveränität der Bewohner*innen zu stärken (statt der Technologieoptimierung der Stadt) als europäisches Vorbild, das neben dem »Recht auf digitale Stadt« (Francesca

Bria) auch auf Data Commons und offene Plattformen für die Verwaltung und Analyse städtischer Daten setzt (siehe Semsrott sowie Exner/Cepoiu/Weinzierl in diesem Band).

»Was einen solch umfassenden und schillernden Begriff wie Smart City zusammenhält, ist eher das Städtische als das Smarte. Da Städte bei der Bewerbung von bestimmten neoliberalen Interventionen eine zentrale Bedeutung haben, erweist sich ein Begriff wie Smart City als äußerst nützlich, um ansonsten eher disparate Bemühungen zusammenzuführen.« (Morozov/Bria 2017: 10) Im Zentrum dieses Bandes steht daher weniger die »smartness« von Städten als konstruktive Überlegungen zum Städtischen im smarten Urbanismus (vgl. ebd. sowie Frank und Krajweski in diesem Band). Denn der smarte Urbanismus beschränkt die Charakteristika des Städtischen auf quantitative Daten (wie Bevölkerungsstruktur, Ressourcenverbrauch) und messbare Faktoren städtischer Infrastrukturen (z. B. Energieflüsse, Mobilitätsdaten, Kriminalitätsraten etc.). Die Lösungen wiederum sind einseitig auf die Verbesserung technischer Infrastruktursysteme ausgelegt: Der smarte Urbanismus reduziert das Städtische auf das Ökonomische. Durch technologische Rationalisierung des städtischen Alltagslebens (intelligente Ampelschaltungen, digitale Verwaltungsprozesse und intelligente Stromnetze) sollen Effizienz- und Optimierungsversprechen eingelöst werden. Die politischen und sozialen Aspekte von Urbanität – die Qualität von Urbanität – wie bspw. Diversität und Demokratie scheinen dabei in Vergessenheit zu geraten (siehe Bauriedl zu Reallaboren in diesem Band).

6 Wie lässt sich ein analoges Buch zur Digitalisierung lesen?

Smart-City-Narrative umfassen eine breite Vielfalt stadt- und sozialräumlicher Dynamiken, Diskurse und Materialitäten: Diese reichen von der Smart City als neu zu bauender Reißbrettstadt in China, Korea, Indien oder Portugal bis hin zum Versprechen von Universallösungen für wachsende Metropolen in den ehemaligen Industriestaaten (Bauriedl/Strüver 2017). Der Sammelband führt Analysen von Stadtforscher*innen – im weitesten Sinne – zusammen, die aktuelle Herausforderungen und Optionen im Zusammenspiel von digitalen Technologien, Stadtbewohner*innen, IT-Unternehmen und Stadtregierungen aufdecken und diese mit Blick auf ermöglichende oder reglementierte Stadtzukünfte kritisch kommentieren.[4] Dem zugrunde liegt u. a. das Anliegen, einen

---

4 | Diese Auswahl führt notwendigerweise zu Auslassungen wie digitale Infrastrukturen in Stadtneugründungen, konkrete Städtevergleiche, Einzelfallstudien zu Neubauquartieren etc.

stärkeren Fokus auf die Integration von und die Interaktion mit den Stadtbewohner*innen jenseits der pauschalen Ablehnung von digitalen Sensoren, der hilflosen Kritik an Überwachung und algorithmengesteuerter Kontrolle bzw. Verhaltenssteuerung und auch jenseits des anhaltend ambivalenten Umgangs mit digitalem Plattformkapitalismus zu legen – d. h. ohne kritische Perspektiven auf die Digitalisierung in Städten auf Technikfeindlichkeit zu reduzieren.

Unseres Erachtens kann eine gesellschaftstheoretisch reflektierte Stadtforschung, die soziokulturelle und -ökonomische Fragmentierung und Diversität analysiert, aufzeigen, wie digital vernetzte Kommunikation und Infrastrukturen die Formen urbaner Gemeinschaften verändern. Solche gesellschaftlichen Transformationen äußern sich in einer Recht-auf-Stadt-Bewegung, die mit der Installation freier Funknetze oder dem interaktiven digitalen Kartieren neue subkulturelle oder gar gegen-hegemoniale Strukturen schafft (siehe Becker; city/data/explosion sowie Treger in diesem Band); sie äußern sich aber auch in neuen Formationen urbaner Governance, in denen IT-Unternehmen in Stadtplanungsprozesse eingebunden sind und ihnen das Management von Versorgungsaufgaben übertragen wird. Damit stehen alle öffentlichen Versorgungsinfrastrukturen der Städte zur Disposition: Energieversorgung, Verkehrs- und Sicherheitsmanagement, Gesundheitsmonitoring u. v. m. können bereits jetzt durch digitale Technologien vernetzt organisiert werden (siehe bspw. Eichenmüller und Michel; Füller; Kropp; Runkel; Straube und Belina sowie Späth und Knieling in diesem Band).

Neben der Beschreibung dieser Phänomene sprechen wir auch Fragen von Subjektivierungsprozessen im Kontext von IT an, die etwa zur Verschiebung der Grenzen zwischen Privatheit und Öffentlichkeit führen (z. B. durch die Zugriffsmöglichkeit auf am/im Körper getragene Chips und Minicomputersysteme oder die digitalisierte Steuerung von Wohnraumnutzungen; siehe bspw. Marquardt; Strüver sowie Lindner in diesem Band). Schließlich thematisieren wir den veränderten Umgang mit raumbezogenen digitalen Daten sowie Formen des kollaborativen Partizipierens in stadtpolitischen Debatten und wünschen uns, dass sich diese zunehmend materialisieren.

Literatur

Bauriedl, Sybille/Strüver, Anke (2017): Smarte Städte. Digitalisierte urbane Infrastrukturen und ihre Subjekte als Themenfeld kritischer Stadtforschung. In: sub\urban – Zeitschrift für kritische Stadtforschung 5 (1/2), S. 87–104.

Belina, Bernd/Naumann, Matthias/Strüver, Anke (Hg.) (2018): Stadt, Kritik und Geographie. Einleitung zum Handbuch kritische Stadtgeographie. In: Dies., Handbuch kritische Stadtgeographie, Münster: Westfälisches Dampfboot, S. 13–19.

Crang, Mike/Graham, Stephen (2007): Sentient Cities. Ambient intelligence and the politics of urban space. In: Information, Communication & Society 10 (6), S. 789–817.

Datta, Ayona (2018): The digital turn in postcolonial urbanism: Smart citizenship in the making of India's 100 smart cities. In: Transactions of the Institute of British Geographers. https://doi.org/10.1111/tran.12225, S. 1–15.

de Lange, Michiel/de Waal, Martijn (2013): Owning the city. New media and citizen engagement in urban design. In: First Monday 18 (11). http://firstmonday.org/article/view/4954/3786 vom 02.06.2018.

Elwood, Sarah/Goodchild, Michael/Sui, Daniel (2012): Researching volunteered geographic information: spatial data, geographic research and new social practice. In: Annals of the AAG 102 (3), S. 571–590.

Flade, Antje (2015): Stadt und Gesellschaft im Fokus aktueller Stadtforschung: Konzepte – Herausforderungen – Perspektiven. Heidelberg: Springer.

Floeting, Holger/Grabow, Busso (1998): Auf dem Weg zur virtuellen Stadt? – Auswirkungen der Telematik auf die Stadtentwicklung. In: Informationen zur Raumentwicklung 1, S. 17–30.

Foucault, Michel (1977): Der Wille zum Wissen. Sexualität und Wahrheit I. Frankfurt a. M.: Suhrkamp.

Foucault, Michel (1992): Was ist Kritik? Berlin: Merve.

Foucault, Michel (2004): Geschichte der Gouvernementalität, Bd. II. Die Geburt der Biopolitik. Frankfurt a. M.: Suhrkamp.

Gabrys, Jennifer (2014): Programming environments. Environmentality and citizen sensing in the smart city. In: Environment and Planning D 32, S. 30–48.

Gandy, Matthew (2005): Cyborg Urbanization. Complexity and Monstrosity in the Contemporary City. In: International Journal of Urban and Regional Research 29 (1), S. 26–49.

Graham, Mark (2010): Neogeography and the Palimpsests of Place. Web 2.0 and the Construction of a Virtual Earth. In: Tijdschrift voor economische en sociale geografie 101 (4), S. 422–436.

Greenfield, Adam (2013): Against the Smart City. Brooklyn, NY: Verso.

Haklay, Muki (2012): Citizen Science and Volunteered Geographic Information: Overview and Typology of Participation. In: Crowdsourcing Geographic Knowledge, S. 105–122.

Harvey, David (2013): Rebel City. From the Right to the City to the Urban Revolution. Brooklyn, NY: Verso.

Hill, Dan (2013): On the smart city; Or, a ›manifesto‹ for smart citizens instead. www.cityofsound.com/blog/2013/02/on-the-smart-city-a-call-for-smart-citizens-instead.html vom 02.06.2018.

Höffken, Stefan (2015): Mobile Partizipation. Wie Bürger mit dem Smartphone Stadtplanung mitgestalten. Lemgo: Rohn.

Hollands, Robert, G. (2015): Critical interventions into the corporate smart city. In: Cambridge Journal of Regions, Economy and Society 8 (1), S. 61–77.
Ishida, Toru (2000): Understanding Digital Cities. In: Toru Ishida/Kathrine Isbister (Hg.), Digital Cities: Experiences, Technologies and Future Perspectives, Heidelberg: Springer, S. 7–17.
Jessop, Bob (2002): Liberalism, neoliberalism, and urban governance: A state-theoretical perspective. In: Antipode 34 (3), S. 452–472.
Kritische Geographie Berlin (2018): Tourismus. In: Bernd Belina/Matthias Naumann/Anke Strüver (Hg.): Handbuch kritische Stadtgeographie, Münster: Westfälisches Dampfboot, S. 312–317.
Lange, Steffen/Santarius, Tilman (2018): Smarte grüne Welt? Digitalisierung zwischen Überwachung, Konsum und Nachhaltigkeit. München: Oekom.
Marvin, Simon/Luque-Ayala, Andrés (2017): Urban operating systems. Diagramming the city. In: International Journal of Urban and Regional Research. DOI: 10.1111/1468-2427.12479, S. 84–103.
Marvin, Simon/Luque-Ayala, Andrés/McFarlane, Colin (Hg.) (2016): Smart Urbanism. Utopian Vision or False dawn? London: Routledge.
Mattern, Shannon (2014): Interfacing Urban Intelligence. In: Places Journal. https://placesjournal.org/article/interfacing-urban-intelligence vom 02.06.2018.
McFarlane, Colin (2016): Towards more inclusive smart cities? In: Jörg Stollmann/Konrad Wolf/Andreas Brück et al. (Hg.): Beware of Smart People. Redefining the Smart City Paradigm towards Inclusive Urbanism. Berlin: Universitätsverlag der TU Berlin, S. 89–94.
McNeill, Donald (2015): Global firms and smart technologies: IBM and the reduction of cities. In: Transactions of the Institute of British Geographers 40 (4): 562–574.
Morozov, Evgeny/Bria, Francesca (2017): Die Smarte Stadt neu denken. https://www.rosalux.de/publikation/id/38134/die-smarte-stadt-neu-denken vom 02.06.2018.
Paroutis, Sotirios/Bennett, Mark/Heracleous, Loizos (2014): A strategic view on smart city technology: The case of IBM Smarter Cities during a recession. In: Technological Forecasting and Social Change 89, S. 262–272.
Peck, Jamie/Theodore, Nik/Brenner, Neil (2009): Neoliberal urbanism. Models, moments, mutations. In: SAIS Review of International Affairs 29, S. 49–66.
Rauterberg, Hanno (2013): Wir sind die Stadt! Urbanes Leben in der Digitalmoderne. Berlin: Suhrkamp.
Robinson, Jennifer (2005): Urban geography: World cities, or a world of cities. Progress in Human Geography 29, S. 757–765.
Schipper, Sebastian (2013): Von der unternehmerischen Stadt zum Recht auf Stadt. In: Emanzipation 3 (2), S. 21–34.

Shaw, Joe/Graham, Mark (2017): An Informational Right to the City? Code, Content, Control, and the Urbanization of Information. In: Antipode 49 (4), S. 907–927.

Selke, Stefan (2014): Lifelogging. Berlin: Econ.

Söderström, Ola/Paasche, Till/Klauser, Francisco (2014): Smart cities as corporate storytelling. In: City 18 (3), S. 307–320.

Spehl, Harald (1985): Räumliche Wirkungen der Telematik. Stand der Diskussion und Programm des Arbeitskreises der Akademie für Raumforschung und Landesplanung. In: Raumforschung und Raumordung 43 (6), S. 254–269.

Townsend, Anthony M. (2013): Smart Cities: Big Data, Civic Hackers, and the Quest for a New Utopia. New York: WW Norton & Co.

von Laak, Dirk (2018): Alles im Fluss. Die Lebensadern unserer Gesellschaft – Geschichte und Zukunft der Infrastruktur. Frankfurt a. M.: Fischer.

Vanolo, Alberto (2014): Smartmentality. The smart city as disciplinary strategy. In: Urban Studies 51 (5), S. 883–898.

Vanolo, Alberto (2016): Is there anybody out there? The place and role of citizens in tomorrow's smart cities. In: Futures 82, S. 26–36.

Waitz, Thomas (2017): Gig-Economy, unsichtbare Arbeit und Plattformkapitalismus. In: Zeitschrift für Medienwissenschaft 16, S. 178–183.

Weber, Rachel (2010): Selling city futures: the financialization of urban redevelopment policy. In: Economic Geography 86 (3), S. 251–274.

Wiig, Alan (2016): The empty rhetoric of the smart city: from digital inclusion to economic promotion in Philadelphia. In: Urban Geography 37 (4), S. 535–553.

2 Politiken der Raum- und Wissensproduktion in Smart Cities

Intelligente Städte

Rationalität, Einfluss und Legitimation von Algorithmen

Cordula Kropp

EINLEITUNG

Die Vision der »Smart City« – der intelligenten Stadt – verspricht in der Sprache von IT-Konzernen einen bunten Strauß neuer digitaler Leistungen für das Stadtmanagement. Viele Städte beteiligen sich bereits an ihrer Entwicklung, teils eher konzeptionell, teils schon sehr praktisch. Aber welche »Intelligenz« wird hier genutzt? Welches Wissen, welche Informationen, welche stadtplanerischen Wünsche und Ziele greifen die digitalen Innovationen auf? Für die einen realisiert sich in der Smart City der lang gehegte Wunsch einer vollständig integrierten, effizienten Planung von urbanen Räumen und Versorgungssystemen auf der Basis einer alle Strukturen und Nutzungspraktiken durchdringenden Digitalisierung (Chambers/Elfrink 2014). Für die anderen ist es der Alptraum von gläsernen Bürger*innen und digitalisierter Überwachung zugunsten neoliberaler Steuerungs- und Kontrollfantasien (Novy 2015). Im einen wie im anderen Fall kehrt die überstanden geglaubte Vorstellung eines durch ingenieurswissenschaftliche Rationalität ermöglichten »Masterplans« für die urbane Steuerung (Altshuler 1965) zurück: Imaginiert wird, dass nun Algorithmen und die umfassende Sammlung und Auswertung von Daten jene meta-rationale Steuerung zu Stande bringen, an der Stadtplanung bislang gescheitert und die deshalb in Theorie und Praxis zugunsten einer pragmatischen Bescheidenheit und dem Wissen um ein unumgängliches »Muddling-Through« (Lindblom 1959) aufgegeben worden war. Smart-City-Konzepte werben demgegenüber nicht nur mit neuen versorgungstechnischen Leistungen, wie der vielzitierten altersadaptiven Ampel, smarten Stromzählern oder Lieferdrohnen. Sondern sie kündigen die Lösung alter Governance- und Planungsprobleme an, wie etwa die Vermeidung von Staus und anderen Infrastrukturengpässen, die Etablierung einer transparenten Verwaltung und allgemein ein ressourceneffizientes, vollständig planbares und bedarfsgerechtes Management von Daseinsvorsorge und Großprojekten für verschiedenste Nutzungen im Städtebau.

Dabei werden die Lösungen technologieinduziert gedacht und angestrebt. Die bekannten Zielkonflikte, Blockaden, nicht gewünschten Neben- und nicht gesehenen Wechselwirkungen spielen in den Narrativen von der algorithmischen Steuerung keine Rolle. Wie von Zauberhand erscheint die Technologie allen Interessenkollisionen enthoben. Das mag der Grund sein, warum die Stadtregierungen sich im Wettlauf des Einstiegs in die Smart-City-Ära überbieten, die Risiken der damit verbundenen Technikabhängigkeit oder der Erfassung und Auswertung großer Datenmengen aber kaum zu bedenken scheinen.

Mein Beitrag nimmt vor diesem Hintergrund die angebotene intelligente Steuerung genauer in den Blick. Ich erkunde im ersten Abschnitt, aus welcher Logik und wessen Wissen sich die digitale Intelligenz speist, im zweiten, welche Ziele und Vorstellungen sich darin artikulieren und im dritten die bisherigen Mitsprachemöglichkeiten, um das Defizit einer demokratischen Integration unterschiedlicher Planungskriterien und -wünsche in die entstehenden soziotechnischen Welten zu benennen.

ALGORITHMEN: WESSEN WISSEN UND WELCHE LOGIK?

Smart-City-Konzepte versprechen dem wettbewerbsgetriebenen Stadtmanagement die Nutzung von vernetzten Informations- und Kommunikationstechnologien, um Versorgungssysteme zu optimieren und dadurch die Ressourcennutzung nachhaltiger, die Lebensqualität höher, die Handlungsoptionen transparenter und die Wirtschaftlichkeit planbarer zu machen. Während im Allgemeinen Intelligenz in der Fähigkeit gesehen wird, durch logisches Denken Probleme zu lösen und zweckmäßig zu handeln, liegt die digitale Intelligenz in entsprechenden Fähigkeiten von Algorithmen. In seiner viel zitierten Beschreibung definiert Kowalski (1979: 424) Algorithmen als Summe aus Logik und Kontrolle, wobei die Logik der Algorithmen in ihrer Spezifizierung des für eine Problemlösung zu nutzenden Wissens liegt und ihre Kontrolle in der Bestimmung der Problemlösungsstrategien, mittels derer das Wissen genutzt wird. In der logischen Komponente erkennt Kowalski die Bedeutung des Algorithmus, während die Kontrollkomponente seine Wirksamkeit beeinflusse. Die bedeutsame Logik der intelligenten Stadt, ihr spezifiziertes Wissen, besteht aus Big Data, also immensen Mengen von letztlich binär codierten, zunächst aber heterogenen und (nahezu) in Echtzeit verarbeiteten Informationen, die Menschen, Systeme und Dinge immer dann generieren, wenn sie aus einer bestimmten Perspektive erfasst werden, beispielsweise, wenn eine Person (Smartphone) mit ihrem Auto (Navigationssystem) eine Kamera (IT-Sensor) passiert. Teils sind diese Daten privat, teils öffentlich, teils sind sie anonym, teils nicht – genau wie die Möglichkeiten ihrer Nutzung. Als Kontrollkomponente werden die Befehlsstrukturen und Sortierregeln bezeichnet, die bestimmen, wie Daten erfasst und weiterprozessiert werden.

Schon heute haben Algorithmen ihre Logik in die Struktur aller sozialen Prozesse eingewoben (Roberge/Seyfert 2017) und auch urbane Infrastrukturen werden längst digital gesteuert. Zugleich schreitet die Zahl der verfügbaren IT-Sensoren, Nutzerdaten und digitalen Steuerungsaufgaben sowie deren Vernetzung weiter voran und lässt unzählige neue Möglichkeiten der Nutzbarmachung von erfassten Zusammenhängen mehr oder weniger kausaler Natur entstehen. Die permanente digitale Herstellung dieser Korrelationen als »Faktizität« und die Regeln ihrer Unterscheidung generieren »eine Gesellschaft, in der Macht zunehmend in den Algorithmen steckt« (Lash 2007: 71). Dabei sind Algorithmen zumindest teilweise opak und schwer fassbar: Sie entstehen in undurchsichtigen, nichtlinearen Kollaborationen, mitunter spielerisch und provisorisch, auch selbstlernend, während »stetig unzählige Hände in sie hineinreichen, sie justieren, und anpassen, Teile austauschen und mit neuen Arrangements experimentieren« (Seaver 2014: 10, zit. in Roberge/Seyfert 2017: 9). In ihren verschlungenen, in sich relationalen Entfaltungsmodi werden immer neue Bedeutungsdimensionen in die Syntax der Befehlsstrukturen eingeschrieben und lassen digitale Cyborg-Schwarm-Handlungsfähigkeiten *(agency)* entstehen, die unvorhersehbar viele Outputs aus multiplen Inputs produzieren (Introna 2016: 23f.). Menschliche Bewegungen und Auswahlhandlungen werden darin zu Knotenpunkten in einem Netzwerk aus Software, digitalen Datenbanken und intelligenten Systemen (Lupton 2016: 2), so dass aus diesen Daten-Menschen-Assemblagen nicht nur neuartiges Wissen und neue Systeme entstehen, sondern auch – im ontologischen Sinne – neuartige Stadtbürger*innen.

Tarleton Gillespie (2014: 168 ff.) sieht deshalb die politische Bedeutung von Algorithmen in sechs Dimensionen ihrer Wissensproduktion, die ich im Folgenden auf die Smart City beziehe: *Erstens* schaffen Algorithmen Muster von Inklusion und Exklusion, indem sie bestimmte Daten als relevante Informationen auswählen und in ihre Handlungsvorschriften integrieren, andere aber nicht. Während die Bewegungen von Autofahrer*innen und zahlenden Nutzer*innen des öffentlichen Verkehrs Eingang in die digitale Mobilitätssteuerung finden, gilt das für mit dem Fahrrad oder zu Fuß zurückgelegte Wege nur, wenn sie bewusst »getrackt« werden. *Zweitens* beteiligen sich Algorithmen an der Produktion von Zukunft, in dem sie Verhaltensmuster auf der Basis vergangener Beobachtungen antizipieren und damit die weitere Maßnahmengestaltung beeinflussen, beispielsweise das Angebot von Transportmöglichkeiten oder den Einsatz von Überwachungstechnologien. *Drittens* nehmen sie Bewertungen vor, indem sie anhand von Selektionskriterien Unterschiede definieren und mehr oder weniger transparent festlegen, ab wann Daten als »geeignet und legitim« berücksichtigt werden, bspw. welches Fußgängerrisiko zugunsten des fließenden Verkehrs akzeptabel erscheint. *Viertens* produzieren sie ein Objektivitätsversprechen, in dem sich der technische Charakter der Algorithmen als Unparteilichkeitsversicherung gibt, etwa in Bezug auf die Berechnung oder Zuweisung von Infrastrukturleistungen. *Fünftens* wirkt die Logik der Algorithmen auf die Handlungen zurück, indem Menschen mit ihren Bewegungsprofilen Algorithmen lenken und zugleich durch Navigationssysteme von ihnen gelenkt werden. *Sechstens* schließlich produzieren Algorithmen eine »errechnete Öffentlichkeit«, die zum einen aus den erfassten Daten entsteht und sich zugleich im Bewusstsein der Öffentlichkeit von sich selbst niederschlägt: Die Stadtbevölkerung wird durch den Algorithmus ko-konstituiert. In allen Schritten des algorithmischen Entscheidens wird im Grunde Bedeutung in einer binären Logik verteilt. Die performativen Selektionen (Roberge/Seyfert 2017: 12; Introna 2016) werden mit den scheinbar profanen Versprechen der Effizienzsteigerung und Wirksamkeitskontrolle versehen und produzieren auf ihrer Rückseite eine politisch folgenreiche Bedeutungslosigkeit: Algorithmische Regeln und Verfahren der Informationswahrnehmung und -selektion generieren die Logik und Kontrolle der Smart City.

Wessen Planungsansprüche und Entwicklungsziele?

Aber wer beherrscht die digitalen Steuerungsnetzwerke? Übernehmen nun Algorithmen die Stadtplanung? Oder wer trägt Verantwortung und schreibt mit welcher Legitimität welche Befehlsstrukturen? Ist die Smart City das Werk konspirativer Akteure, kooperativer Planer- und Nutzer*innen oder autonomer Maschinen? Damit Informationen aus der flüchtigen Fülle von Myriaden von Ereignissen erfasst und prozessiert werden, müssen sie erst nach programmierten Regeln in strukturierte Daten übersetzt werden (Goffey 2008: 18f.). Theoretisch lassen sich die von den Algorithmen ausgeführten Kalkulationen beschreiben, sofern nicht eine Zufallsauswahl programmiert ist. Bislang wurden die Regeln meist von Expertensystemen vorgegeben oder von Datenanalyst*innen bestimmt. Heutzutage werden Algorithmen aber auch von Algorithmen hervorgebracht, die getreu der Devise »data make better rules« Regelhaftigkeiten in Korrelationen erkennen, die nicht auf soziale Regeln zurückgehen. Überall, wo dieses maschinelle Lernen »unüberwacht« stattfindet, entsteht eine »Opazität«, in der die Ursachen oder gar Gründe der sozial folgenreichen Outputs, der Zurechnungen und Selektionen beispielsweise in der automatisierten Verkehrssteuerung, Informationsaufbereitung oder Angebotsgestaltung verloren gehen (Burrell 2016): Ohne einen Blick in die soziotechnische Verankerung könnte man die digitale Steuerung durch Algorithmen und Sortierverfahren daher als »vieldeutigen«, »auch chaotischen«, aber »omnipotenten Souverän« betrachten (Rohberge/Seyfert 2017: 8).

Allerdings werden die Algorithmen in einem benennbaren System generiert und reüssieren deshalb in der Stadtplanung, weil sie das dominant gewordene Zentralnarrativ der ökonomischen Rationalisierung optimal bedienen (Kitchin 2014; Luque et al. 2014). Smart-City-Applikationen stehen so wenig für die synoptische, ideale Stadtplanung, wie Daten unabhängig von Wahrnehmungsschemata und Deutungsverhältnissen existieren. Sie setzen sich nicht durch, weil sie technisch besser die gleichen Steuerungsleistungen und Ergebnisse produzieren. Sie gelten vielmehr als »besser«, weil sie bestimmte, nun auch in Europa dominant gewordenen Erwartungen vom reibungslosen Funktionieren des urbanen Wachstumswettbewerbs verkörpern und als »technische Fakten« nicht legitimiert werden müssen. Selbstlernende Algorithmen sind nicht mit Autodidakten zu verwechseln: Die Grundstruktur ihrer Operationen ist eine quantitative und die Bedeutung liegt, wie dargestellt, in der Auswahl des zu berücksichtigenden Wissens. Big Data dient der neoliberalen Stadtplanung deshalb als »neue Währung« (Sadowski/Pasquale 2016: 2), weil die Zugänge ungleich verteilt sind und permanent neu angepasst werden können: Wie Kreditnehmer*innen ihre Lebenslage vollständig offenlegen, aber Finanzinstitute ihre Entscheidungen nicht transparent machen müssen, können smarte Technologien Existenzweisen »kartografieren, kategorisieren und klassifizieren«, ohne die weiteren Befehlsschritte ihrer Verarbeitung und damit eventuell einhergehende Privilegierungen und Benachteiligungen transparent zu machen (Sadowsky/Pasquale 2016: 3). An die Stelle angreifbarer soziopolitischer Entscheidungen treten programmierte if-then-else-Verzweigungsregeln und Hauptkomponentenanalysen: eine Form der Intelligenz, die sich besonders gut mit Anlageinteressen und Managementzielen verbinden lässt. Smart-City-Initiativen, so Sadowksy und Pasquale, versorgen die personell ausgedünnten Stadtplanungsreferate mit den notwendigen Mitteln, »um sich wirtschaftlich behaupten zu können« (ebd.: 6), etwa weil Investitionsentscheidungen nicht aufwendig ausgehandelt, sondern von der vernetzten IKT kostenoptimiert ausgespuckt werden.

Wenn aber Daten situiert, kontingent, relational und bewertet sind und interessenbezogen genutzt werden, um bestimmte Ziele zu erreichen (Kitchin 2014: 9), wer möchte dann auf der falschen Seite der Algorithmen stehen?

Wessen Mitgestaltung und welche Verantwortung?

Aus Sicht der Smart-City-Entwickler erscheinen Städte seit jeher als technische Plattformen. Früher wurden die ungleichen Möglichkeiten des Ein- und Ausschlusses von Räumen und Bevölkerungsgruppen durch materielle Infrastrukturen wie Aquädukte, Schienen, Kabel definiert; in Zukunft durch digitale Systeme. Bestand das Wissen analoger Stadtplanung darin, politisch formulierte Versorgungsversprechen zu erfüllen, um mit Infrastrukturerwartungen soziale Ordnung und nationale Herrschaft zu stabilisieren (van Laak 2017), bestimmen Massendaten die Logik digitaler Stadtplanung mit dem Versprechen, das prognostizierte Wachstum an Güter- und Menschenflüssen effizient zu lenken. Unverblümt richtet sich das Interesse dabei auf wachsende, nicht auf schrumpfende Personen-, Güter- und Kapitalströme. Gestern wie heute werden die Aufgaben der Stadtplanung eher als eine Frage von technischer und administrativer Expertise wahrgenommen als von demokratischer Mitbestimmung. Aus juristischer Sicht erwarten Brauneis und Goodman auf der kommunalen Ebene die schwerwiegendsten Folgen automatisierter, algorithmisch gesteuerter Entscheidungsprozesse, weil auf der einen Seite die Übergabe der Datenanalytik an private Unternehmen mangels entsprechender Kapazitäten notwendig ist (Brauneis/Goodmann 2018). Auf der anderen Seite sind dann aber Verzerrungen, Fehler und auch Missbrauch in der Ressourcenallokation und Maßnahmensteuerung aufgrund der fehlenden Transparenz und Zurechenbarkeit der Verarbeitungslogik und Wirkungsweise demokratisch nicht mehr verantwortbar. Ein zentrales Problem ist, dass Intelligenz in der Smart City nicht von den Bürgerinnen und Bürgern erwartet wird, sondern von Überwachungstechnologien.

Die gegenwärtige Entwicklung von Smart-City-Prototypen, in denen ganze Viertel nach Maßgabe digitaler Steuerungsleistungen errichtet werden, geschieht üblicherweise in einer Allianz von Stadtregierungen, IT-Konzernen und Fördergebern. In diesen Projekten spielen die Wünsche und Visionen der Bürgerschaft meist nur eine Alibi-Rolle, da nationale »Normungsorganisationen zur Durchsetzung von Standards der Smart City« bereits »mehr oder weniger unverblümt Interessen global tätiger Konzerne« verfolgen (Libbe 2014: o. S.). Auch mit Blick auf die Herausforderungen nachhaltiger Stadtentwicklung ist fraglich, ob es im Rahmen von Smart-City-Konzepten gelingt, den in riskanter Weise ausgeblendeten Stoffwechsel mit der Natur sichtbar und zukunftsfähig zu machen und die Erwartungen auf ein bislang unterbestimmtes »Recht auf Stadt« zu berücksichtigen. Kritisch zeichnet Hajer zu dieser Frage die zentrale Rolle von Weltbank und Technologiekonzernen im Smart-City-Narrativ nach und weist auf die fehlende Auseinandersetzung mit der sozialen und ökologischen Inklusionsfrage in den digitalen Steuerungsfantasien hin (Hajer 2014).

Demgegenüber gibt es nur wenige Beispiele, in denen die Überlegungen der reichhaltigen Fachdebatte zu moderner Urbanität, zu den Vorzügen und Risiken städtischen Lebens oder die inspirierenden Experimente von Städte- und Bürgernetzwerken für die Smart City aufgegriffen und sozial und nahräumlich eingebettete Entwicklungsvisionen formuliert werden (Luque et al. 2014). Wo aber zivilgesellschaftliche Akteure Smart Cities gestalten, werden mitunter andere Ansprüche sichtbar: In teils experimentellen und teils explizit widerständigen »smarten Interventionen« (Luque et al. 2014: 85) zielen sie darauf, den soziodigitalen Bürgercyborgs eigene Aneignungsweisen von räumlichen Information und Infrastrukturleistungen zu eröffnen und gezielt die Bedarfe informeller Siedlungen oder solcher Nutzungen zu kartographieren, die in den offiziellen Unterscheidungssystemen nicht auftauchen (siehe city/data/explosion in diesem Band).

Wenn heute versäumt wird, dem technokratischen Machbarkeitswahn solche alternativen Ansprüche und Vernetzungsbedarfe entgegenzusetzen, werden die kurzfristigen Gewinninteressen und Softwarebedingungen langfristig über die Zukunft der Städte entscheiden. Damit Stadtpolitik aber unter dem Etikett »intelligente Stadt« nicht ihr demokratisches Gegenüber, ihre Orts- und Wertbezüge verliert, ist die Erfindung intelligenter Formen der Mitbestimmung gefragt. Denn trotz einer Fülle partizipativer Verfahren wird bislang kaum einbezogen, in welchen Städten Bürgerinnen und Bürger leben und arbeiten wollen, welche sozial-ökologischen Prinzipien Städte in der Zukunft mehr oder weniger lebenswert machen und welche zukünftigen Handlungsoptionen und -restriktionen mit der Smart City einhergehen. Stattdessen geht es in aller Regel darum, die Bürger*innen mit den neuen Technologien vertraut zu machen und Detailvorschläge aufzunehmen, um mehr Akzeptanz für die grundlegende Transformation zu gewinnen. Im Mittelpunkt stehen die Messung von Bedarfen und Verbräuchen und damit verbundene Anreize für eine ressourceneffiziente Verhaltens(um)steuerung (Luque et al. 2014). Wer aber die Verantwortung für die entstehenden Cyber-Städte und die sich in ihnen entwickelnde Logik übernimmt, bleibt genauso undurchsichtig, wie die eingesetzten Befehlsstrukturen (Introna 2016; Brauneis/Goodman 2018). Dabei ist heute schon absehbar, dass undemokratische Monopole der Datenanalyse und -nutzung entstehen, die an die Zeiten der funktional-technokratischen Planung autogerechter Städte erinnern und wenig Resilienz versprechen (Hill 2013; Kitchin 2014).

FAZIT: MIT SOZIODIGITALEN KOMPETENZEN DIE TECHNODIGITALE INTRANSPARENZ ÜBERWINDEN!

In den Algorithmen der Smart City ergeben sich neuartige Verknüpfungs- und Auswahlkoalitionen, indem beispielsweise ehemals getrennt adressierbare Akteursgruppen wie kommunale Entscheidungsträger*innen und kommerzielle Versorgungsunternehmen, über soziale Medien verknüpfte Nachbarschaften und Programmierer*innen zu soziodigitalen Assemblagen verschmelzen. Diese Assemblagen generieren neuartige Stadtöffentlichkeiten mit hybrider Handlungsträgerschaft, ohne dass ihre demokratische Rechenschaftspflicht und politische Repräsentation geklärt wäre. So ermöglicht beispielsweise die digitale Organisation virtueller Fuhrparks (virtual fleet) die vernetzte Nutzung von Firmenwagen, öffentlichem Verkehr und privat geteilten PKWs, aber die damit einhergehende Verschiebung von privaten und öffentlichen Kosten, Verantwortlichkeiten und Raumnutzungen wird an keiner Stelle diskutiert und zugunsten des urbanen Gemeinwohls gestaltet. Dabei bestehen durchaus Ansatzpunkte, um über die (einseitig) anvisierten wirtschaftlichen Vorteile hinaus »intelligente« und »soziodigital kooperative« Transportsysteme mit geringeren Emissionen und verbesserter Erreichbarkeit für viele zu entwickeln. Über mundraub.org sind beispielsweise mehr als 60.000 Personen in Deutschland mit Obstbäumen vernetzt, um auf Basis virtueller Karten und Standortinformationen heimisches Obst im öffentlichen Raum zugänglich zu machen und in »essbaren Städten« neue Formen der Vergemeinschaftung und der bewussten Gestaltung urbaner Naturverhältnisse zu entwickeln. Ihrem Ideal, auf diese Weise ein »fruchtiges Grundauskommen« für alle zu schaffen, werden die Organisator*innen auch dadurch gerecht, dass sie »Mundräuber-Regeln« formuliert und Kontakt zur kommunalen Verwaltung gesucht haben. Wie mit den Daten der Registrierten umgegangen wird, bleibt aber auch hier intransparent.

Skandale um die rassistischen Auswirkungen der Suchmaschinenoptimierung (Crawford/Calo 2016) und illegitime Datennutzungen und *social bots* im Wahlkampf haben den Ruf nach einer demokratischen Kontrolle soziodigitaler Handlungsträgerschaft verstärkt. Auch in der Smart City bleibt ohne eine entsprechende Entwicklung von Formen der soziodigitalen Entscheidungsfindung und -zurechnung unklar, wie die keineswegs homogenen Ansprüche an den Umgang mit Daten und ihre stadtplanerische Relevanz demokratisch verhandelt und reguliert werden können, wie dafür Verantwortung übernommen und der Nutzen geteilt werden kann. Notwendig wäre eine kollaborative Fähigkeit zur Beurteilung, was in der Stadt einen Wert hat und bekommen soll und wie darauf bezogene Massendaten erfasst und weiterverarbeitet werden. Eine solche soziodigitale Kompetenzentwicklung für die Stadtplanung der Zukunft geht über einzelne Veranstaltungen zu Smart-City-Projekten hinaus und erfordert Räume der experimentellen Erschließung ihrer Gestaltbarkeit. Da die Produktion von Big Data mit all ihren Verästelungen, Verwirrungen und Verknüpfungen aber so oder so voranschreitet, verlangte das einen heroischen »Schnitt« in ihre permanenten Operationen, durch den sich eine stadtpolitische Akteursgruppe in der digitalen Gegenwart als solche konstituiert (Introna 2016: 23). Sie stellte damit der errechneten Öffentlichkeit eine technopolitische an die Seite, eine soziodigitale Stadtbürgerschaft, die jenseits technodigitaler Schlafwandlerei über die Entwicklungslogik der intelligenten Stadt mitbestimmt. Dann erst werden Algorithmen und künstliche Intelligenz als Teil zukünftiger Stadtentwicklung nicht länger als technische Fakten, mathematische Werkzeuge oder unzugängliches Werk weniger Spezialisten politisch ausgeblendet, sondern als Element sozialen Wandels gesellschaftlich verantwortet.

Literatur

Altshuler, Alan (1965): The Goals of Comprehensive Planning. In: Journal of the American Institute of Planners 31 (3): 186–195.

Brauneis, Robert/Goodman, Ellen P. (2018): Algorithmic Transparency for the Smart City. In: Yale Journal of Law & Technology 20: 103, www.yjolt.org/algo rithmic-transparency-smart-city vom 08.03.2018.

Burrell, Jenna (2016): How the machine ›thinks‹: Understanding opacity in machine learning algorithms. In: Big Data & Society 3 (1): 1–12.

Chambers, John/Elfrink, Wim (2014): The future of cities: The Internet of everything will change how we live. In: Foreign Affairs (31 October), www.foreignaffairs.com/articles/142324/john-chambers-and-wim-elfrink/the-future-of-cities vom 08.03.2018.

Crawford, Kate/Calo, Ryan (2016): There is a blind spot in AI research. In: Nature 538: 311–313.

Gillespie, Tarleton (2014): The Relevance of Algorithms. In: Gillespie, Tarleton/Boczkowski, Pablo/Kirsten Foot (Hg.): Media Technologies: Essays on Communication, Materiality, and Society. Cambridge, MA: MIT Press. S. 167–193.

Goffey, Andrew (2008): Algorithm. In: Fuller, Matthew (Hg.): Software studies: a lexicon. Cambridge, MA: MIT Press. S. 15–20.

Hajer, Maarten (2014): On being smart about cities. In: Hajer, Maarten/Dassen, Tom (2014): Smart about cities: Visualising the challenge for 21st century urbanism. Den Haag: nai010 publishers/PBL publishers. S. 9–43.

Hill, Dan (2013): On the smart city: Or, a ›manifesto‹ for smart citizens instead. City of Sound, 1st Feb 2013. www.cityofsound.com/blog/2013/02/on-the-smart-city-a-call-for-smart-citizens-instead.html vom 08.03.2018.

Introna, Lucas D. (2016): Algorithms, Governance, and Governmentality. On Governing Academic Writing. In: Science, Technology and Human Values 41: 17–49.

Kitchin, Rob (2014): The real-time city? Big data and smart urbanism. In: Geojournal 79: 1–14.

Kowalski, Rob (1979): Algorithm = Logic + Control. In: Communications of the ACM 22 (7): 424–436.

van Laak, Dirk (2017): Eine kurze (Alltags-)Geschichte der Infrastruktur. In: Aus Politik und Zeitgeschichte 67 (16–17): 4–11.

Lash, Scott (2007): Power after Hegemony: Cultural Studies in Mutation? In: Theory, Culture and Society 24 (3): 55–78.

Libbe, Jens (2014): Standpunkt: Smart City. Herausforderung für die Stadtentwicklung. In: Difu-Berichte 2/2014, https://difu.de/publikationen/difu-be richte-22014/standpunkt-smart-city-herausforderung-fuer-die.html vom 08.03.2018.

Lindblom, Charles E. (1996 [1959]): The Science of Muddling Through. In: Campbell, Scott/Fainstein, Susan S. (Hg.): Readings in Planning Theory. Oxford/Cambridge, Mass.: Blackwell, S. 288–304.

Lupton, Deborah (2016): Digital companion species and eating data: Implications for theorising digital data-human assemblages. In: Big Data & Society 3 (1): 1–5.

Luque, Andrés/McFarlane, Colin/Marvin, Simon (2014): Smart Urbanism. Cities, grids and alternatives? In: Hodson, Mike/Simon Marvin (Hg.): After Sustainable Cities? London/New York: Routledge. S. 74–90.

Novy, Johannes (2015): Smart Citys. Wunsch oder Alptraum. In: Politische Ökologie 142, 46–52.

Roberge, Jonathan/Seyfert, Robert (2017): Was sind Algorithmuskulturen? In: Seyfert, Robert/Jonathan Roberge (Hg.): Algorithmuskulturen. Über die rechnerische Konstruktion der Wirklichkeit. Bielefeld: transcript. S. 7–40.

Sadowski, Jathan/Pasquale, Frank (2016): Smart City: Überwachung und Kontrolle in der »intelligenten Stadt«. Rosa-Luxemburg-Stiftung: Analysen 23. www.rosalux.de/fileadmin/rls_uploads/pdfs/.../Analysen23_Smart_City.pdf vom 08.03.2018.

Look Inside™
Unternehmensvisionen der Smart City[1]

Gillian Rose

In den vergangenen Jahren ist die »Smart City« zum globalen Phänomen geworden. Eine Stadt ist »smart«, wenn sie große Mengen digitaler Daten *(big data)* sammelt, meist mittels in ihre gebaute Umwelt eingebetteter Sensoren und durch Smartphones. Diese Daten werden dann zu unterschiedlichen Zwecken genutzt. Beispielsweise können die Daten Wirtschaftswachstum erzeugen, indem sie innovatives Produktdesign ermöglichen; sie können zu mehr Nachhaltigkeit führen, indem sie den Verbrauch von Ressourcen wie Wasser, Energie und Transport effizienter managen; und sie können die Grundlage für offenere Formen von Stadtverwaltung sein, indem sie größere Bürgerbeteiligung ermöglichen (Goodspeed 2015; Hollands 2008; Kitchin 2014). All dies behaupten jedenfalls die Befürworter*innen der smarten Stadt, und so sollte es keine Überraschung darstellen, dass *smartness* in der Zukunftsplanung vieler Städte eine zentrale Rolle spielt. Eine Umfrage von 2014 deutet darauf hin, dass 90 Prozent der europäischen Städte ab 500.000 Einwohner*innen an einer Smart-Initiative arbeiten (Europäische Union 2014: 9), und die britische Regierung schätzt den Weltmarkt für smarte Produkte im Jahr 2020 auf einen Wert von 400 Milliarden US-Dollar (Department for Business, Innovation and Skills 2013: 3).

Bei der Entwicklung hin zur smarten Stadt geht es allerdings um viel mehr als nur um digitale Infrastruktur (Rossi 2015). Die Forschung der vergangenen Jahre hat einige andere Schlüsselkomponenten der Herstellung von Smart Cities identifiziert, etwa smarte urbane Politikgestaltung (Bakıcı et al. 2013; Cosgrave et al. 2014; Rabari/Storper 2015), Versuche, »smarte Bürger*innen« einzubinden (Gabrys 2014; Vanolo 2016) und umfassende Diskurse über die

---

1 | Übersetzung des Originalbeitrags: Rose, Gillian (2018): Look Inside™: corporate visions of the smart city. In: Karin Fast/Andre Jansson/Johan Lindell/Linda Ryan Bengtsson/Mekonnen Tesfahuney (Hg.): Geomedia Studies. Spaces and Mobilites in Mediatized Worlds, London: Routledge, S. 97–113.

Vor- und Nachteile von smartem Urbanismus (Söderström et al. 2014; Vanolo 2014). Digitale Bilder verschiedener Art spielen für all diese Aspekte einer Smart City eine zentrale Rolle (McNeill 2016; Vanolo 2016). Zur Darstellung von Smart Cities werden Einzel- und bewegte Bilder (Photographien und computergenerierte Bilder sowie Videos und Animationen) in unterschiedlichsten Stilen verwendet – mal photorealistisch, mal graphisch oder diagrammatisch, mal kartographisch; mal sind sie atmosphärisch, mal pädagogisch, mal dienen sie als Beweismittel. Zum Teil illustrieren sie, wie eine Smart City aussieht; häufig bewerben sie Smart-City-Veranstaltungen und -Produkte. Graphiken zur Erklärung smarter Prozesse erscheinen in politischen Dokumenten, auf Messen und auf Bürgerbeteiligungsveranstaltungen. Auch die Benutzeroberfläche einer smarten Smartphone-App ist visuell. Im Kontrollzentrum einer Smart City, etwa in Rio de Janeiro, stehen reihenweise Bildschirme mit einer breiten Palette an Bildern, von Überwachungskameras bis zu verkehrsstrommessenden Ampeln (Luque-Ayala/Marvin 2016; McNeill 2016), wie es auch die Daten-Feeds tun, die online und offen zugänglich von Smart-City-Dashboards bereitgestellt werden (Kitchin et al. 2015; Mattern 2016b). Es kann daher kaum überraschen, dass der Werbeslogan eines der führenden Anbieter von Smart-City-Technologie jahrelang »Look Inside™« lautete: Optische Kontrolle und Visualität sind das Herz jeder Smart-City-Aktivität.[2]

Die wissenschaftliche Erforschung von Smart Cities hat diesen Bildern jedoch, mit der Ausnahme der Bildschirme im IBM-Kontrollzentrum in Rio de Janeiro (siehe Abbildung 1), bislang nicht viel Aufmerksamkeit geschenkt. IBM ging 2010 eine Partnerschaft mit Rio ein, nachdem die Auswirkungen eines katastrophalen Erdrutsches die Glaubwürdigkeit der Stadt als Gastgeberin der Fußballweltmeisterschaft 2014 und der Olympischen Spiele 2016 beschädigt hatten (Goodspeed 2015; Luque-Ayala/Marvin 2016; McNeill 2016). Das Kontrollzentrum von Rio ist mittlerweile quasi zum Sinnbild der Smart City geworden und seine aus Bildschirmen bestehenden Wände und Tische haben bei einigen zur Auffassung geführt, bei der Smart City handele es sich um die neueste Manifestation panoptischer Überwachung (siehe beispielsweise McNeill 2016). Diese Konzentration auf die Bildschirme im Zentrum von Rio, unter Ausschluss aller anderen Visualisierungsformen von Smart Cities, verdeckt die viel weitläufigere smarte Bilderwelt und die vielfältigen Rollen, die

---

2 | Intels Kampagne *Look Inside* (»Werfen Sie einen Blick hinein«) wurde 2013 lanciert und später in *Experience What's Inside* (»Erleben Sie, was drinnen ist«) umbenannt. *Advertising Age* berichtete Anfang 2016, dass ein neues Intel-Video von »Amazing Human Experiences« (»Unglaubliche menschliche Erfahrungen«) handeln soll: http://adage.com/article/cmo-strategy/intel-spent-a-year-campaign/302188/. Zuletzt aufgerufen am 19. September 2016.

diese für das Leben in einer Smart City spielen. Als digitale Dateien kursieren solche Bilder in unterschiedlichen Medien und Formaten: in Twitter-Feeds, an Messeständen, auf Webseiten und Facebook-Kanälen, in PDFs und als gedruckte Ephemera, in Zeitungsartikeln und akademischen Essays, in Ausstellungsräumen und Kontrollzentren, wobei sie in unterschiedlichen Kontexten auf unterschiedliche Weise genutzt werden (Luque-Ayala/Marvin betonen in ihrem Beitrag von 2016, dass das Kontrollzentrum von Rio tief in die Kreisläufe der Massen- und sozialen Medien eingebunden ist). Dieses erweiterte digitale Sicht-Feld zeigt, dass die Bilder der Smart City vielfältig sind, von vielen Akteuren erzeugt werden und in einer Vielzahl räumlich-sozialer Kontexte anzutreffen sind.

Abb. 1: Das IBM-Kontrollzentrum in Rio de Janeiro. © *Andres Luque-Ayala und Simon Marvin 2016*

Von dieser Vielzahl an Bildern der Smart City zeigt jedoch keines, was eine Smart City eigentlich ist. Wie bei anderen Darstellungen der digitalen Gegenwart auch, etwa der Cloud oder dem Netzwerk, spielen Visualisierungstechniken in ihrer Produktion eine wichtige Rolle (Amoore 2016; Mattern 2016a; Munster 2013). In diesem Kapitel wird die Ansicht vertreten, dass Smart Cities auf zweierlei Weisen durch ihre Bildsprache lebendig werden. Erstens müssen Smart Cities *dargestellt* werden. Im Zentrum der Smart City stehen Daten, doch diese Daten sind unsichtbar. Wifi-Signale und Mikrochip-Schaltkreise sind mit bloßem Auge nicht auszumachen, also müssen sie irgendwie auf der urbanen Bühne sichtbar gemacht werden. Diese Darstellung wird sowohl durch existierende Sehgewohnheiten und Darstellungsweisen von Städten vermittelt als auch durch Technologien, die Vorstellungen von Smartness entwerfen; indem es dargestellt wird, wird das Smarte gleichzeitig erst ins Leben gerufen. Auch in einem zweiten Sinn wird die Smart City durch ihre Bildsprache erzeugt: Die Echtzeit-Operationalisierung der Smart City ist selbst eine hochgradig visualisierte Praxis. Die Smart City – ihre Daten, aber auch ihre Straßen, Gebäude, Infrastruktur und Bewohner*innen – wird selbst visualisiert, um gemanagt werden zu können. Insofern dies in Smart-City-Bildern inszeniert wird, stellen diese Bilder nicht bloß dar, sondern werden auch selbst *operativ* (McQuire 2016: 5). Das heißt, sie bilden die Smart City nicht lediglich ab; vielmehr inszenieren sie sie, indem sie auf nicht-piktographische Weise direkt auf den*die Betrachter*in einwirken.

Dieses Kapitel wird diese Idee in Bezug auf eine spezifische Sorte von Smart-City-Darstellungen ausarbeiten: die Werbeclips von Konzernen, die ihre Smart-City-Produkte vermarkten wollen. Eine Smart City kann im Prinzip zwar vielerlei Formen annehmen, ein Großteil des Smart-City-Diskurses wird jedoch von großen Software-Firmen dominiert, die darauf aus sind, Stadtverwaltungen ihre Produkte zu verkaufen. Dem Verständnis dieser wirkmächtigen Darstellungen von Smart Cities kommt also eine entscheidende Rolle zu, will man das Smarte selbst verstehen (Söderström et al. 2014). In den vergangenen Jahren haben diese Konzerne allesamt aktive Social-Media-Profile entwickelt, etwa Facebook-Seiten und Twitter- oder YouTube-Kanäle. Dies sind mittlerweile wichtige Plattformen für die Inszenierung textueller und visueller Diskurse über *smartness*. In diesem Kapitel soll nun erörtert werden, wie Smart Cities auf einer dieser Plattformen erscheinen, indem 21 YouTube-Videos von sieben US-amerikanischen und europäischen Konzernen analysiert werden, die smarte Produkte vertreiben: IBM, Microsoft, Intel, Cisco, Siemens, Thales und Vinci.[3]

In den meisten Videos wird der Name der Firma, von der das Video stammt, von der Sprecherstimme oder in den Interviews genannt. In mehreren taucht der Firmenname allerdings lediglich in der Öffnungs- und Schlusssequenz auf, in einigen nicht einmal das. Darüber hinaus preist beinah keines der

---

3 | Die 21 Videos wurden nach einer Reihe von Kriterien ausgewählt. Alle sind auf YouTube zugänglich. IBM, Microsoft, Cisco und Siemens waren 2016 die vier wichtigsten Hersteller von Smart-City-Technologie (Navigant 2016); auf ihren YouTube-Kanälen waren sieben Videos zum Thema zu finden. Des Weiteren wurde YouTube nach relevanten Begriffen durchsucht, wodurch zehn weitere Videos dieser Konzerne sowie Videos von Intel, Thales und Vinci gefunden wurden. Von den 21 Videos stammen neun von IBM, je zwei von Microsoft und Intel, je drei von Cisco und Siemens und je eins von Thales und Vinci. Alle wurden mehrmals angesehen, um ihre gemeinsamen thematischen und formalen Eigenschaften zu identifizieren.

Videos ein konkretes Produkt an; ein Video, in dem man in IBMs *Internet-of-Things*-Plattform von Bildschirm zu Bildschirm geführt wird, ist die einzige Ausnahme. Vielmehr scheinen diese Videos die *Idee* der Smart City zu verkaufen: Sie bieten buchstäblich eine Vision dessen, was eine Smart City ist und was eine Smart City tut.[4] Sie zeigen begeisterte Darstellungen von Smart Cities und die wunderbaren Zukunftswelten, die diese mit sich bringen können; mit ihren in Sonnenlicht getauchten oder in der Nacht glitzernden Städten sind die Videos visuell attraktiv; sie nutzen niedliche Graphiken[5] und viele dieser Videos sind pädagogisch angehaucht, indem sie sorgfältig erklären, wie die dort präsentierte Zukunft funktionieren wird. Die Videos sind also keine bloße Werbung. Insbesondere als Gruppe betrachtet bieten sie vielmehr eine bemerkenswert kohärente Vision der urbanen Zukunft, die eine Gesellschaft erwartet, welche smarte Technologie einführt. In diesem Kapitel wird diese Vision näher beleuchtet werden, indem erstens die Darstellungsweise der Smart City in den Videos und zweitens die Art und Weise, wie die Clips die Smart City für ihre Betrachter*innen operationalisieren, unter die Lupe genommen wird.

DIE SMART CITY DARSTELLEN:
MENSCHENMENGEN/DATEN/SYSTEME

Die in diesem Kapitel besprochenen Videos dauern allesamt zwischen drei und fünf Minuten. Sechs bestehen aus animierter Graphik (je ein Video von Intel, Thales und Vinci sowie drei von IBM), 14 basieren auf Filmaufnahmen und eins – eine komplexe und oft photorealistische digitale Animation von Siemens namens *Future Life* – ist ein Hybrid aus beiden. Die fünf Videos für die IBM-Kampagne »Smarter Cities« von 2010 bestehen beinahe zur Gänze aus Filmaufnahmen von Städten mit eingeschobenen Interviews, die anderen filmbasierten Videos sind dagegen allesamt aktueller und nutzen den Fortschritt von Software für Animationsdesign, um erklärenden Bildschirmtext und digitale Animationen verschiedener Art einzufügen (Manovich 2013). In zwölf Videos sind Sprecherstimmen zu hören, in allen Musik. Dieser Abschnitt be-

---

4 | Die Aussage, dass diese Videos keine Werbung für Smart-City-Produkte sind, bedeutet nicht, dass sie an der Kommodifizierung urbanen Räume keine Mitschuld tragen. In der Tat kann man ihre sauberen Städte, ihren luftigen Himmel und transparenten Datenflüsse als weitere Beispiele für den »Fetisch des Urbanen« und seine »offensichtliche ästhetische Abkopplung von all den alten, schmutzigen, unsicheren und ›hässlichen‹ Netzwerken« (Kaika/Swyngedouw 2000: 135) betrachten.

5 | Halpern (2015: 7) spricht ebenfalls über das »Niedliche« *(cuteness)* als Teil der smarten Stadt.

ginnt nun, wo auch viele der Videos beginnen: mit gegenständlichen Darstellungen der gebauten urbanen Umwelt in Smart Cities.

Viele Videos setzen beim städtischen Bevölkerungswachstum an: Sechs Videos erwähnen es in ihren ersten Sekunden. Urbanes Wachstum wird einerseits vorausgesetzt und andererseits als Herausforderung präsentiert, weil es, wie es im IBM-Video *Living City* heißt, »multiple Problemräume« (multiple problem spaces) erzeugt. Für all diese Probleme bestehen smarte Lösungen; wenn es keine smarte Lösung für ein Problem gibt, taucht es im Video auch nicht auf. Die Probleme werden in den Videos zwar unterschiedlich bezeichnet, sie lassen sich jedoch grob fünf Kategorien zuordnen. Erstens sind das *Umweltthemen*, etwa Wasserversorgung, Luftqualität und (nicht allzu häufig) der Klimawandel. Manchmal wird *öffentliche Sicherheit* genannt, insbesondere Schutz vor Verkehrsunfällen und extremen Wetterverhältnissen. *Effiziente Energieverteilung* ist ein weiteres Problemfeld. Auch *Smarte Bürger*innen* werden erwähnt, insbesondere die Notwendigkeit, ihre Lebensqualität, Bildung und Gesundheitsversorgung zu garantieren. Die am häufigsten auftauchende Problemkategorie ist allerdings der *Verkehr*. Dabei werden zwei miteinander verknüpfte Schwerpunkte gesetzt: Erstens soll es Arbeitnehmer*innen und Bewohner*innen erleichtert werden, in Städten von A nach B zu gelangen; zweitens sollen unterschiedliche Fortbewegungsmittel besser koordiniert werden.

Visuell beginnen 17 der Videos mit einer Ansicht der Stadt aus der Luft: Die Kamera verfolgt eine Flugzeuglandung, fliegt über einer Stadt umher oder zoomt quasi mit Gottesaugen aus dem Weltraum an die Erde heran. In IBMs Video zu Rio ist der Zoom in die Stadt hinein mit dem digitalen 3D-Modell einer Stadtlandschaft zusammengeschnitten, in der die Gebäude vor unseren Augen wachsen, während in der IBM-Animation *Smarter Cities* die Gebäude von unten ins Bild rutschen und es dann ausfüllen; in Microsofts Animation *CityNext Partners* fallen sie vom Himmel. In den mehrheitlich filmbasierten Videos taucht die Kamera aus der Höhe kommend direkt in Aufnahmen überfüllter Straßen ein. Als Betrachter*in sieht man geschäftige öffentliche Räume, Straßen voller Autos und Busse sowie Menschenmengen auf Bahnsteigen, in Einkaufszentren und auf Märkten. Insgesamt erzeugen alle Videos einen unmittelbaren Eindruck von Fülle – überall sind Gebäude, Menschen und Verkehr (Smart Cities haben offenbar keine Vorstädte, und nur das Video von Thales sowie die Animation *Future Life* von Siemens zeigen häusliche Umgebungen).

Diese Betonung urbaner Menschenmengen und belebter Plätze wird in den filmbasierten Videos besonders deutlich. Der Mensch erscheint in diesen Visionen der Smart City als Masse oder »Agglomeration« (Halpern 2015: 4). Und die Masse hat noch weitere Eigenschaften: So springt etwa direkt ins Auge, wie *mobil* sie ist. Diese Menschen sind immer in Bewegung; entsprechend der hohen Bedeutung von Verkehrsmanagement für Smart-City-Visionen werden Menschen gezeigt, die viele Verkehrsmittel benutzen – Autos, Busse, Fahrräder, Züge, Kinderwagen und, in der Animation von Thales, ein Rollstuhl –, und wenn sie nicht am Steuer sitzen, in die Pedale treten oder in Abteilen sitzen, gehen sie zu Fuß. Von dieser endlosen Bewegung legen Menschen nur dann eine Pause ein, wenn sie auf ein Verkehrsmittel warten – was die Clips durchweg als eins der Probleme präsentieren, welche die Smart City überwinden wird.

Die Bevölkerung einer Smart City erscheint also als mobile Masse von Körpern. Diesen schreiben die Videos noch weitere, recht spezifische Gemeinsamkeiten zu, die aus der Notwendigkeit folgen, dass es für die beschriebenen Probleme eine smarte Lösung geben muss. Es wird also gezeigt, dass diese Körper Wasser und Strom verbrauchen und in jungen Jahren Erziehung und Bildung sowie im Alter Gesundheitsversorgung benötigen. Kein einziger führt körperliche Arbeit aus (Fabriken tauchen in Filmaufnahmen gar nicht auf, während sie in den animierten Graphiken als Roboterarme an Förderbändern dargestellt werden). Der am häufigsten abgebildete Arbeitsplatz ist das Kontrollzentrum der Smart City, das in neun der 21 Videos auftaucht. Die wenigen anderen bei der Arbeit gezeigten Menschen starren ebenfalls, in Büros oder zuweilen in Autos und Bussen sitzend, auf Bildschirme. Viele Menschen auf den vollen Straßen und Plätzen werden allerdings mit Smartphone und, seltener, mit Tablet oder Laptop abgebildet und gefilmt: Die Körper sind also sehr oft mit einer digitalen Prothese ausgerüstet.

Diese Prothesen werden nun zugleich als Übermittler und als Empfänger von Daten dargestellt. Daten erscheinen als von und zu einem Gerät wandernd; in den filmbasierten Videos werden sie sichtbar gemacht, indem animierte digitale Bilder über Filmaufnahmen gelegt werden. Datenübermittlung wird zumeist anhand sich bewegender geometrischer Muster aus blass leuchtendem Licht dargestellt. Konzentrische Kreise bewegen sich pulsierend von ihren Ursprungspunkten nach außen. Linien aus Punkten, Strichen oder Datenbalken führen zu Geräten und weg von diesen oder die Animation des mittlerweile konventionellen Symbols für eine drahtlose Internetverbindung, ein Kegel aus parallelen Linien, sendet Daten nach außen. Daten wandern in diesen Videos nie über unterirdische Kabel oder weit entfernte Server, sondern pulsieren sanft, einer Vielzahl von Herzschlägen gleich, durch die Luft der Stadt. Der Puls der Daten findet sich zum Teil in der Musik gespiegelt, die diese Videos begleitet. Viele haben einen niedlichen, *pling plong*-haften Soundtrack, der über das ganze Video hinweg einen simplen, repetitiven Rhythmus beibehält, den man als auditives Gegenstück zu den regelmäßig pulsierenden Datenemissionen hören kann. Einige Videos nutzen allerdings einen gänzlich anderen Soundtrack: Ein erhebendes Orchesterstück, das sich auf kleinere Höhepunkte hin steigert, suggeriert nicht den regelmäßigen Herzschlag von Datenflüssen, sondern vielmehr die Großartigkeit der urbanen Zukunft voller Möglichkeiten, die das Video offenbart. Auf diese Weise werden Daten in diesen Videos visuell wie auditiv dargestellt, sowohl als die fortwährende Alltäglichkeit von Smart Cities als auch als Teil ihrer Entwicklung hin zu neuen urbanen Zukunftswelten.

Leuchtende, fließende Daten ähneln visuell einem Bild, das sich in jedem der 17 filmbasierten Videos der belebten Stadt findet: abendliche oder nächtliche Verkehrsströme, deren Scheinwerfer in der gleichen Weise durch die Dunkelheit fließen. Menschliche Verkehrsmobilität wird also als dem leuchtenden Datenstrom der Videos äußerst ähnlich dargestellt. Auch zwischen Menschen- und Datenmengen werden visuelle Parallelen gezogen. Menschenmengen werden oft von oben gefilmt und/oder beschleunigt, sodass einzelne Personen nicht auszumachen sind; in der Thales-Animation sind die einzelnen Mitglieder einer Menge bewegliche Punkte in einem 3D-Modell des urbanen Raums. So suggerieren die Videos, dass die urbane Menschenmenge einem Datenfluss gleicht.

Auch andere Objekte erzeugen in diesen Smart Cities Daten. Die Videoclips zeigen Autos und Busse, die Standortinformationen verschicken, Sensoren, die Daten zur Luftqualität und zum Wasserstand von Flüssen überwachen und übermitteln, Mülleimer, die ein Signal versenden, wenn sie voll sind, und Parkplätze, die mit Autos kommunizieren. Alle Videos nutzen animierte Graphik, um zu verbildlichen, was mit diesen übermittelten Daten geschieht. Diese Graphiken sind entweder mit Filmaufnahmen zusammengeschnitten oder über diese gelegt. Sie zeigen den nahtlosen Datenfluss von der städtischen Masse der Geräte hin zu Plattformen, welche die Daten durchqueren, während sie zusammengeführt und analysiert werden (wie die Sprecherstimme erläutert), bevor sie von einer Reihe von Anwendungen genutzt werden, die wiederum Signale an andere Geräte versenden und dadurch vielfältige Wirkungen erzielen – von Verkehrswarnungen auf Bildschirmen am Straßenrand zur Anlieferung eines Produkts in ein Geschäft. Die Sprecherstimmen betonen auch die Verflechtung von Daten und Kommunikation zwischen unterschiedlichen Geräten, Orten und Zwecken.

Dieser Datenfluss wird in den Animationen in äußerst stilisierter Weise dargestellt. Mehrere betonen die wechselseitige Verknüpfung Daten übermittelnder Orte und Geräte, indem sie diese als Knotenpunkte eines Netzwerks gerader Linien darstellen. Dabei handelt es sich um ein vertrautes visuelles Instrument der »zeitgenössischen konnektionistischen Bildsprache« (Munster 2013: 1), das in diesen Videos oft einer sternförmig angeordneten Karte (oder dem »Datenuniversum«, wie es in *Smart Data* von Siemens heißt) ähnelt, mit hellen Linien und leuchtenden Knotenpunkten vor tiefblauen Hintergründen (in den digitalen Teilen dieser Videos taucht eine Menge Blau auf). Die Knotenpunkte der Netzwerke sind gewöhnlich Symbole, die Menschen, technische Geräte, Daten oder Branchen darstellen. Wie die visuellen Ähnlichkeiten zwischen fließendem Verkehr und Datenfluss sowie zwischen Menschenmenge und Daten setzt auch die visuelle Sprache des Netzwerks Dinge gleich – hier, indem sie diese als untereinander verknüpfte Komponenten der Smart City zeigt. Andere Animationen, die den Fluss der Daten nachzeichnen, zeigen dessen Route in Form von Linien, die sich reibungslos durch eine Reihe von Plattformen bewegen, wobei ihre Anwendungsmöglichkeiten als teils mit Symbolen versehene Kästen dargestellt sind, welche die Einsatzmöglichkeit anzeigen. Diese abstrakte visuelle Sprache aus Linien und Kästen bedient sich offensichtlich bei den Konventionen der Systemtheorie (wobei in *IoT Made Simple* von IBM auch die Ästhetik elektrischer Schaltpläne anklingt). Dies stellt keine Überraschung dar, da die Idee der Smart City aus Bestrebungen der 1960er Jahre entstanden ist, Computer für die Lösung urbaner Probleme zu nutzen (Goodspeed 2015; Halpern 2015). Diese Bestrebungen basierten oft auf einem kybernetischen Verständnis von Feedback-Schleifen in Systemen; diese Systeme wurden denn auch als mit Geraden verbundene Kästen visualisiert (Goodspeed 2015: 82). IBMs Intiative *Smarter Cities* war explizit von der Idee angetrieben, eine Smart City als, wie es in der Animation *Internet of Things* von IBM heißt, »System von Systemen« *(system of systems)* zu verstehen, und jedes der fünf *Smarter-City*-Videos betont den Nutzen der Verknüpfung verschiedener (Daten-)Systeme, etwa Wetter und Verkehr oder Energiebedarf und Energieversorgung.[6]

Massen von Dingen erzeugen in diesen Videos also Daten, sind durch Datenströme verbunden und bewegen sich so, wie Daten sich bewegen: vernetzt, reibungslos fließend und visuell in einen smarten Urbanismus verknüpfter Systeme konvergierend. Doch entgegen dem programmatischen Titel *Look Inside*™ wird dem*der Betrachter*in kein Einblick in diese Prozesse der Smart City gewährt. Die Animationen zeigen weder Daten noch Code. Diese verbleiben unsichtbar und werden in Graphiken übersetzt – in der Animation *Internet of Things* von Intel etwa wird Datenanalyse durch Graphen sowie Balken- und Tortendiagramme auf einem Laptopbildschirm dargestellt. So zeigen die Videos die Smart City mithilfe einer abstrakten visuellen Sprache aus Linien, Kästen und Symbolen als reibungslos vernetzte und verknüpfte Masse von Dingen.

---

6 | Diese abstrakten, systembasierten Visionen der Smart City – in all diesen Videos durch Animationen dargestellt – scheinen nicht so recht zur Aussage zu passen, dass »Ihre Stadt einzigartig ist« (wie es in Microsofts Video *CityNext* heißt). Ein Drittel dieser 21 Videos erwähnt spezifische Orte: Sechs filmbasierte Videos zeigen Smart-City-Initiativen bestimmter Städte und Microsofts Animation *CityNext Partners* listet eine große Anzahl an Städten auf. Keiner dieser Orte wird dabei jedoch als einzigartig dargestellt. Vielmehr implizieren die Videos, dass was etwa in Hamburg oder San José funktioniert, auch in anderen Städten mit demselben Problem funktionieren würde, und in *CityNext Partners* wird einfach das passende smarte Symbol (für ein Sicherheits- oder Gesundheitssystem) auf den Standort einer Stadt abgelegt.

OPERATIVE BILDER DER SMART CITY:
FLIESSEN/VERKNÜPFEN/VERWANDELN

Im vorigen Abschnitt wurde gezeigt, dass die menschlichen Bewohner*innen der Smart City sich in der Vision der Videos in Datenströme verwandeln. In Microsofts Animation *CityNext Partners* werden denn auch, nachdem durch vom Himmel fallende Gebäude das Thema Stadtwachstum eingeführt wurde, vier stilisierte menschliche Gestalten in leuchtenden Farben in einer Reihe gezeigt; eine Lupe bewegt sich über sie, was die Gestalten in Zahlenreihen aus weißen und grauen Nullen und Einsen verwandelt, die dann zu blauen Kreisen werden, welche in die Cloud (dargestellt als weiße und graue Wolken) emporströmen. Das Bild des in Daten übersetzten Menschen hat zu einiger Kritik an der Smart City geführt: Wem gehören die Daten und welche Rechte auf Privatsphäre regulieren dieses Besitzverhältnis? Welche Formen von Überwachung und Kontrolle könnten diese Daten unter Umständen ermöglichen (Kitchin 2014)? Wenn Menschen digitale Prothesen benötigen, um Bürger*innen der Smart City zu werden, was passiert dann mit solchen, die diese nicht haben (Gabrys 2014)? Geht in der Übertragung des Menschlichen ins Digitale etwas von der essentiellen Kreativität des Menschen und der Stadt verloren (Greenfield 2013)?

Jenseits von Zusicherungen, dass die Datenflüsse sicher sein werden, bieten die hier besprochenen Smart-City-Videos kaum Antworten auf diese Vorbehalte. Vielmehr transportieren sie eine technokratische Regierungsform, in der bestimmte Typen von politischen Gestaltern als Individuen visualisiert werden, die in der Lage sind, die urbane Menschenmenge mittels Datenanalyse zu managen – und nicht etwa durch demokratische Debatte. Zehn der filmbasierten Videos zeigen Experteninterviews, meist mehrere, und drei der Animationen folgen namentlich genannten Bewohner*innen der Smart City. Alle gefilmten Interviews werden, mit einer Ausnahme, mit Mitarbeitern der Stadtverwaltung oder gewählten Vertreter*innen aus Städten geführt, die smarte Technologien eingeführt haben, mit leitenden Mitarbeiter*innen des Unternehmens, von dem das Video stammt, oder (selten und ausschließlich in der Videoserie von IBM) mit Gestaltern von Smart-City-Kampagnen. Name und Position sind auf dem Bildschirm angegeben. Eine Animation, *How it Works: Smarter Cities*, zeigt auch die Stadtangestellte »Kathy«, Managerin im Kontrollzentrum, die Vorkehrungen für einen Wirbelsturm trifft, der sich »Supercity« nähert. Die beiden anderen Videos, in denen namentlich genannte Personen auftreten, sind Animationen, die sich auf Bewohner*innen der Smart City konzentrieren: IBMs *How it Works: Internet of Things* zeigt eine Bewohnerin mit Motorschaden, Vincis Video nennt einen Fußgänger, einen Autofahrer und eine Autofahrerin sowie einen Rollstuhlfahrer beim Namen. Allerdings fasst der von Cisco gefilmte Nutzer der »Bürgerbeteiligungskabine« der Stadt Brisbane *(citizen engagement pod)* die durch das Konzept der *smartness* imaginierte Interaktion zwischen der Bevölkerung und der smarten Stadtverwaltung wohl am besten zusammen: Er nutzt das Interface des Pods, um sich nach einer Hundelizenz zu erkundigen. Bürgerbeteiligung findet in der smarten Stadt also durch Weitergabe von Informationen statt, nicht in der Debatte.

In diesem Abschnitt soll nun gezeigt werden, dass sich im Bild von Smart-City-Bürger*innen als Datenübermittler*innen und Empfänger*innen via Interface ein zweiter Modus ausdrückt, wie die Visualität der Videoclips produktiv wird. Dies soll durch ein Verständnis der 21 Videos als nicht lediglich gegenständlich, sondern auch operativ geschehen. Die Clips stellen die Smart City, ihre Bevölkerung und Manager*innen also nicht einfach nur dar; vielmehr inszenieren sie sie, indem sie direkt gestaltend auf den*die Betrachter*in einwirken. Ihre Effekte liegen nicht lediglich in dem, *was* sie abbilden, sondern auch in der Art, *wie* es abgebildet wird; die räumliche und temporale Gestaltung ihrer Visualität ist auch die Geometrie und der Rhythmus der Smart City.

Farocki (2004: 17) definiert operative Bilder als »Bilder, die kein Objekt darstellen, sondern Teil einer Operation sind«. Er gründet seine Diskussion auf im ersten Golfkrieg an gesteuerten Raketen angebrachte Kameras und argumentiert, dass operative Bilder weder zur Unterhaltung noch zur Information dienen; vielmehr überwachen sie ihm zufolge Prozesse, die mit dem menschlichen Auge nicht zu beobachten sind. Laut dieser Definition sind diese Videos keine bloßen operativen Bilder, da sie, wie in diesem Kapitel bereits angedeutet, visuell ansprechend, zum Teil sogar unterhaltsam sind; neben dem Visuellen nutzen sie allesamt Interviews, Off-Kommentare sowie Textkästen, um zu erklären, wie eine Smart City funktioniert. Im vorigen Abschnitt haben wir jedoch gesehen, dass sie etwas zeigen, was mit bloßem Auge nicht auszumachen ist, nämlich Datenflüsse; Farockis (2004) Analyse ist daher nach wie vor nützlich, um diese Videos als über das Gegenständliche hinausgehend zu verstehen. Sein Kommentar, dass operative Bilder Betrachter*innen ansprächen, weil wir der »tagtäglichen Praxis der Re-Mythologisierung des Alltagslebens« müde seien (Farocki 2004: 18), deutet darauf hin, dass das uns allzu vertraute glatte Erscheinungsbild dieser Videos nicht ihr einziger Effekt auf den*die Betrachter*in sein könnte. In diesem Abschnitt wird dieser Hinweis weiterverfolgt und erörtert, inwiefern diese Videos auch in ihrer Anordnung von Raum und Zeit die datengesteuerte Vision, durch welche die Smart City operationalisiert wird, inszenieren.

Im vorigen Abschnitt wurde betont, dass die Smart City als ständig in Bewegung dargestellt wird. Menschen, Züge, Autos, Flugzeuge und Daten werden als allzeit mobil dargestellt. Die Videos selbst inszenieren diese Mobilität mittels ihrer Form: Der Blickwinkel – der Punkt, von dem aus die Kamera

»sieht« – steht selten still. Es wird herein- und herausgezoomt und nach hinten, vorne, oben und unten geschwenkt; in den Interviews behält die Kamera eine feste Perspektive bei, sonst jedoch bewegt sie sich zumeist durch Straßen und den Himmel über der Smart City und verfolgt Menschenmengen und Verkehr. Diese Mobilität wird besonders durch den temporalen Rhythmus der filmbasierten Videos betont, wo Aufnahmen von Verkehr und Menschenmengen oft im Zeitraffer zu sehen sind, was ihr Fließen betonen soll.

Während die Dinge sich in der Smart City bewegen, verwandeln sie sich. Informationen werden zusammengeführt, smarte Bürger*innen ändern abhängig von Echtzeit-Verkehrswarnungen ihre Routen, Krankenhäuser beschäftigen Personal, das besser auf die Bedürfnisse ihrer Patient*innen zugeschnitten ist, smarte Designer*innen passen ihr Produkt an, indem sie auf Daten zugreifen können, die ins Produkt eingebettete Sensoren gesammelt haben. Dieser Schwerpunkt auf Verflechtung und Verwandlung, Integration und Transformation wird auch in der visuellen Struktur der Videos deutlich. Ihr visueller Inhalt wandelt sich ständig.[7] Das ist in den filmbasierten Videos zwar weniger der Fall, doch selbst dort werden oft schrittweise eingeblendete animierte Graphiken über Filmaufnahmen gelegt: Das mögen etwa leuchtende Linien sein, welche wie in Intels filmbasiertem Video über San José die Struktur eines ans Datennetz angeschlossenen Gebäudes nachzeichnen, was eine vage Stimmung von Digitalität erzeugt, oder sie können Symbole sein, die in Ciscos Brisbane von Geschäften auf die Straße reichen. Ein eindrucksvolles Beispiel für diese Transformation von Filmaufnahmen zu digitaler Graphik findet sich in Siemens' Animation *Future Life*, wo eine photorealistische Luftansicht von New Yorker Wolkenkratzern erst zu leuchten beginnt und sich dann gänzlich in ein Hologramm der Stadt auflöst, Siemens' Version des Smart-City-Kontrollzentrums (siehe Abbildungen 2 und 3). *Future Life* inszeniert noch eine weitere Variante visueller Transformation: Zum einen befindet sich die Kameraperspektive in ständigem Fluss durch alle Höhen und Winkel, die so miteinander verschmelzen; zum anderen werden reibungslose Übergänge zwischen vier der wichtigsten visuellen Techniken für Stadtplanung und -gestaltung geschaffen: Karten (natürlich mit leuchtenden Datenflüssen), Modelle, Panorama-Ansichten und Luftbilder. Diese verschiedenen visuellen Genres fügen sich reibungslos zur Smart-City-Vision dieser Animation zusammen.

---

7 | Die älteren IBM-Videos stellen hier eine Ausnahme dar. Ohne Overlays oder viele Animationen sind sie viel stärker wie Filme angelegt.

Abb. 2: New York löst sich in Siemens' Animation Future Life in Daten auf.
© The ISO Organisation 2012

Abb. 3: Siemens' »City Cockpit«, visualisiert in der Animation Future Life.
© The ISO Organisation 2012

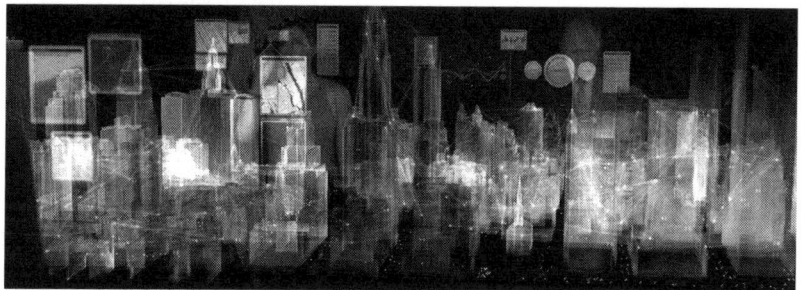

In der Tat inszenieren alle Animationen eine solche konstante visuelle Fluidität. In animierten Szenen gehen Elemente ständig von einer Form in eine andere über. Um lediglich ein Beispiel zu nennen: In IBMs Animation *Internet of Things* sind auf einem blauen Bildschirm drei kreisförmige Symbole in einer Reihe zu sehen, die, wie die Stimme aus dem Off erklärt, für Sensoren, die Cloud-Plattform sowie Endgeräte stehen. Sie sind durch eine bewegliche waagerechte Linie aus Punkten verbunden. Die Linie verblasst, die Kreise ordnen sich senkrecht an, Farbe und graphischer Inhalt ändern sich und neben jedem Kreis erscheint Text, in dem »Daten sammeln und schützen«, »Analysen durchführen« und »Echtzeit-Erkenntnisgewinn« als Vorteile des Internets der Dinge genannt werden. Als die eingeblendete Stimme von »Perfekt getimten Geschäftsentscheidungen« spricht, bewegen sie sich nach rechts und ein Stoppuhr-Symbol zoomt in den Bildschirm von links heran. Dann verschwindet die Uhr nach oben und die drei Kreise nach unten. Dies dauert etwa elf Sekunden. Übergänge zwischen animierten Szenen sind meist nicht abrupt geschnitten, sondern gewischt; alternativ bewegt sich ein Symbol und nimmt den Blickwinkel in ein neues Feld mit, das mit visuellem Inhalt gefüllt werden soll.

Solche visuellen Flüsse und Übergänge zu erstellen ist – auch wenn es mit analogen Animationsmethoden nicht unbedingt unmöglich war – mit digitaler Visualisierungssoftware viel einfacher geworden. Das Übereinanderlegen von Graphik über Filmaufnahmen (bestes Beispiel: *Future Life*) hat sich enorm weiterentwickelt und ermöglicht »die Formbarkeit, Skalierbarkeit, Fluidität oder Krümmung digitaler Bilder« (Elsaesser 2013: 237). Tatsächlich weist die konstante visuelle Wandelbarkeit der Smart-City-Videos darauf hin, dass zwischen der Digitalität, die sie darstellen, und der Digitalität, die sie operationalisieren, eine rekursive Beziehung besteht. Die verschiedenen Elemente der Videos – Film, Text, Graphiken – entstehen selbst durch »die dynamische Beziehung zwischen Daten und Daten« der Visualisierungssoftware (Hoelzl/Marie 2014: 266; Manovich 2013); das lumineszierende Leuchten von Smart-City-Daten sowie die Transformationen von einer Perspektive zur anderen und von einem visuellen Genre zum nächsten sind selbst in Code programmiert. Die Visualität der Videos selbst artikuliert also, was die Videos als räumliche und temporale Organisation der Smart City darstellen: Beide sind mobil, integriert und transformativ. In Hoelzls und Maries (2014: 266) Begrifflichkeit gefasst hieße das: Die Clips sind keine bloßen Tableaus des Smarten, sondern auch die »algorithmische Konfiguration einer Datenbank in Form einer programmierbaren *Ansicht*«.

Wenn diese Videos angesehen werden, stellen sie also einerseits die Smart City dar, inszenieren andererseits aber zugleich ihre operative Visualität. In diesem rekursiven Sichtfeld wird auch das Ansehen in smarte Visualitäten integriert, da die Videos ihre Betrachter*innen sowohl ansprechen als auch selbst erzeugen. So setzen die Videos genau die spezifischen menschlichen Zielgruppen voraus, die sie *darstellen*. Viele von ihnen sprechen direkt die verkörperten *(embodied)* Menschen an, die sie zu Führungskräften der Smart City erklären: Stadtangestellte und Technologie-Expert*innen. Intel lädt diese in einer von vielen Anspielungen auf Mobilität und Geschwindigkeit dazu ein, »das Internet der Dinge voranzutreiben und zu beschleunigen«. Einige unter ihnen haben es tatsächlich geschafft, die Massen der Smart City zu erreichen: Intels *What Does the Internet of Things Mean?* hatte im Juni 2018 fast 400.000 Aufrufe, IBMs *How It Works: The Internet of Things* sogar 1,2 Millionen (aktualisierte Daten von D.-N. Niehaus). Viele dieser Videos bringen die Betrachter*innen allerdings auch dazu, das Smarte beim Anschauen zu *operationalisieren*. Zehn Videos nutzen geteilte Bildschirme, worin die Bildschirmreihen der smarten Kontrollzentren mit ihren mehrfachen Feeds anklingen. Zehn der neueren Videos machen aus der Videoansicht einen Bildschirm im Kontrollzentrum und umgekehrt: Anstatt das Bild eines Bildschirms im Smart-City-Kontrollzentrum zu zeigen, wird der Bildschirm, auf dem das Video angesehen wird, selbst zu einem solchen. In diesen Momenten wird eine andere Sichtweise – mit einer anderen Art Zuschauer*in – inszeniert. Diese Übergänge von Bild (eines Bildschirms) zu Bildschirm tun genau das, was *smartness* tut: Stadt-Daten – oder: die Stadt *als* Daten – zu visualisieren. Dies bringt uns zurück zu einer weiteren Eigenschaft operativer Bilder, wie Farocki (2004) sie definiert: Operative Bilder werden von Maschinen erstellt, und zwar sowohl für andere Maschinen als auch für das menschliche Auge. Diese Videos zeigen also gewissermaßen der Smart City *sich selbst* – ihre eigenen dynamischen Animationen in ihrer eigenen digitalen Sprache spiegelnd. Sie sind Rückkopplungsschleifen, in denen Datenvisualisierungen zirkulieren, sich endlos sich selbst zeigend, ihre Betrachter*innen entmenschlichend.

Fazit

Was die Art und Weise angeht, wie sie einen Einblick in die Smart City erlauben, zeigen die 21 in diesem Kapitel besprochenen Videos eine insgesamt sehr ähnliche Vision. Als visuelle Darstellungen der Smart City suggerieren sie, dass Stadtwachstum eine Reihe von Problemen verursache, für die es smarte, auf Übertragung und Integration von Daten basierende digitale Lösungen gebe. Bestimmte Einzelpersonen werden als smarte Führungspersönlichkeiten dargestellt, ansonsten erscheint die Bevölkerung der Smart City jedoch als undifferenzierte Menge von Körpern-mit-Displays, die über bestimmte Bedürfnisse (nach Wasser und Strom) hat und sich, wie die anderen Apparate der Smart City auch, digitaler Technologie bedient, um Daten zu erzeugen und Informationen zu empfangen. All diese Komponenten der digitalen Stadt sind reibungslos in einen gleichmäßig fließenden urbanen Datenstrom eingebunden, der Systeme der Systeme bildet. Soweit der gegenständliche Inhalt dieser Videos.

Zu den Videos und ihren Darstellungen ließe sich noch einiges mehr sagen. So wäre etwa die Beziehung zwischen ihrem technologischen Lösungsglauben *(solutionism)* und der Weise, wie Smart Cities vergeschlechtlicht werden, einer sehr viel genaueren Untersuchung würdig. Die Erläuterung, Befürwortung und Führung von Smart Cities ist in diesen Videos in den allermeisten Fällen männlich konnotiert. Dem zweiten der fünf IBM-Videos gelingt es, zwei Frauen zu interviewen, eine leitende IBM-Mitarbeiterin für die Zusammenarbeit mit Kommunalverwaltungen sowie die strategische Planerin des englischen *National Health Service* (NHS). Von den anderen neun Videos mit (meist mehreren) gefilmten Interviews sind in dreien (Intel und IBM) überhaupt keine Frauen zu sehen, in sechs lediglich eine (wobei IBM in drei Clips die gleiche weibliche Führungskraft auftreten lässt). Zwölf Videos werden von einer Sprecherstimme begleitet; in acht ist diese männlich. Zwar spielen Frauen in einigen der neueren Videos wesentliche Rollen (etwa Microsofts Smart-City-Kontrollmanagerin in der Animation von 2014 oder Siemens' *Smart Solutions for Smart Cities*, im Grunde ein zweieinhalbminütiger Monolog der Geschäftsführerin der spanischen Niederlassung); nichtsdestotrotz werden Smart Cities in den Videos zum größten Teil von Männern erklärt, gestaltet und regiert. Daher sind die Belange, die zur Sprache kommen, unter Umständen durch männliche Erfahrungen und Vorstellungen beeinflusst. Das bereits genannte Desinteresse an häuslichen Umgebungen kann als Beispiel gelten. Auch zeigen viele Smart-City-Animationen äußerst konventionelle Geschlechterstereotype: Ausschließlich Personen mit Pferdeschwänzen und Röcken schieben Kinderwagen umher oder gehen einkaufen, das einzige Kind in der häuslichen Umgebung in *Future Life* hält eine Frau und der männliche smarte Bürger bei Thales scheint in seinem Haus nur zu schlafen – nach der Arbeit geht er direkt mit seinen Freunden ins Stadion (vgl. Rommes et al. 1999; Strengers 2014). Die Annahme der Videos, dass die »Problembereiche« einer Smart City mittels Datenanalyse zu lösen seien, könnte eine maskulinistische Fantasie sein.

Ein weiterer Kontext, über den es mehr zu sagen gäbe, ist die allgemeinere visuelle Kultur, in welche die Videos eingebettet sind. Dieses Kapitel hat sich nicht mit Produktion, Vertrieb und *audiencing* dieser Videos auseinandergesetzt (Rose 2016a, 2016b; Rose et al. 2014). Auch wenn der visuelle Inhalt der Videos hier nicht das Hauptthema war, beziehen sich die Videos doch auf eine Reihe visueller Traditionen, die hier nicht besprochen wurden. Dazu zählen sowohl die Darstellungsgeschichte von Städten als Systeme und Utopien (Dunn et al. 2014; Halpern 2015) als auch verschiedene stilistische Konventionen zeitgenössischer visueller Kultur, etwa PowerPoint oder Computerspiele. Die niedliche Graphik der meisten hier aufgeführten Clips taucht in einem breiten Spektrum von Smart-City-Visualisierungen und anderen Videos auf, und auch andere Aspekte dieser Videos lassen sich zur allgemeinen visuellen Gegenwartskultur zählen. So wurde hier beispielsweise die häufige Zeitraffer-Ansicht, etwa von Verkehr und Menschenmengen, angemerkt. Microsofts Video *CityNext Partners* von 2016 etwa fährt für seine zwei Minuten und sechs Sekunden ein besonders hohes Tempo, wie auch IBMs zwei *How-It-Works*-Videos von Ende 2014 und Anfang 2015. In diesem Kapitel wurde argumentiert, dass dies das Fließen von Daten – oft als »Echtzeitdaten« behauptet – reflektiere, doch es entspricht auch dem Tempo und der Intensität der gegenwärtigen Medien, die am offensichtlichsten in Musikvideos und YouTube-Clips zu beobachten sind (Vernallis 2013).

Außerdem wurde argumentiert, dass die Videos nicht lediglich gegenständlich, sondern auch operativ fungieren. Ihre operativen Eigenschaften verdienen besondere Aufmerksamkeit. Es ist klar, dass die Clips – in ihrer darstellenden Funktion – hochgradig selektive Visionen vermitteln, äußerst verschieden von der von Kitchin (2014) angemahnten zukünftigen Realität »fehlerbehafteter, fragiler und hackbarer« *(buggy, brittle and hackable)* Smart Cities. Ihre gegenständlichen Eigenschaften sind daher auch leicht zu kritisieren. Wie Farocki (2014) anmerkt, wird das Alltagsleben kontinuierlich re-mythologisiert, nicht zuletzt mittels digitaler Produktion und Nachbearbeitung einer äußerst großen

Bandbreite von Bildern. Bildmacher*innen jeder Art, von IBMs Werbeagentur bis zu Selfies machenden Jugendlichen, wissen, dass Bilder verherrlichen, und Städter*innen lernen, die Einflüsterungen digitaler Bildschirme zu ignorieren (Krajina, 2014). Auf die Gegenständlichkeit dieser Bilder abhebende Kritik ist daher wohl weniger zielführend. Anders gesagt: Es könnte bedeutsamer sein, *wie* die Bilder einen Einblick in die Smart City gewähren, als *was* sie von solchen Städten zeigen. Wie im zweiten Abschnitt dieses Kapitels argumentiert wurde, muss berücksichtigt werden, wie die Videos durch ihre visuelle Form die Wirkungsweise von *smartness* inszenieren. Wenn es bei Smart Cities um die Übermittlung, Zusammenführung und Umwandlung von Daten geht, dann zeigt sich das Smarte in diesen Videos am stärksten in ihrem eigenen konstanten Fluss, ihrer Verwandlung, ihrem Leuchten und ihren Übergängen. Die Kritik sollte sich also vielleicht weniger darauf konzentrieren, was sie darstellen, sondern stärker auf ihre jeweilige »Aufteilung des Sinnlichen« (Rancière 2006) abheben sowie auf die Frage, wem es diese ermöglicht, sichtbar zu sein und zu sprechen. Auf der einen Seite drücken diese Videos ganz klar ein Verhältnis aus, in dem Daten mit den urbanen Führungskräften sprechen, welche dann wiederum davon sprechen, wie Daten es ihnen ermöglichten, die Stadt besser zu managen. Als operative Bilder suggerieren die Clips jedoch, dass in Smart Cities letztlich nur Daten sicht- und hörbar sind.

Deutsch von Demian-Noah Niehaus

Literatur

Amoore, Louise (2016): Cloud geographies: computing, data, sovereignty. In: Progress in Human Geography 42 (1), S. 4–24.

Bakıcı, Tuba/Almirall, Esteve/Wareham, Jonathan (2013): A smart city initiative: the case of Barcelona. In: Journal of the Knowledge Economy 4 (2), S. 135–148.

Cosgrave, Ellie/Doody, Léan (2014): Delivering the Smart City: Governing Cities in the Digital Age. London: Arup.

Department for Business, Innovation and Skills. (2013): Smart Cities: background paper. London: Department for Business, Innovation and Skills.

Dunn, Nick/Cureton, Paul/Pollastri, Serena (2014): A Visual History of the Future (Working Paper). London: Foresight, Government Office for Science. https://www.gov.uk/government/publications/future-cities-a-visual-history-of-the-future vom 02.07.2018.

Elsaesser, Thomas (2013): The »return« of 3-D: on some of the logics and genealogies of the image in the twenty-first century. In: Critical Inquiry 39 (2), S. 217–246.

European Union (2014): Mapping Smart Cities in the EU (Policy Department A: Economic and Scientific Policy No. IP/A/ITRE/ST/2013-02). Brussels: European Union.

Farocki, Harun (2004): Phantom images. In: Public 29, S. 12–22.

Gabrys, Jennifer (2014): Programming environments: environmentality and citizen sensing in the smart city. Environment and Planning D: Society and Space 32 (1), S. 30–48.

Goodspeed, Robert (2015): Smart cities: moving beyond urban cybernetics to tackle wicked problems. In: Cambridge Journal of Regions, Economy and Society 8 (1), S. 79–92.

Greenfield, Adam (2013): Against the Smart city. London: Do Projects.

Halpern, Orit (2015): Beautiful Data: A History of Vision and Reason since 1945. Durham NC: Duke University Press.

Hoelzl, Ingrid/Marie, Rémi (2014): Google Street View: navigating the operative image. In: Visual Studies 29 (3), S. 261–271.

Hollands, Robert G. (2008): Will the real smart city please stand up? In: City 12 (3), S. 303–320.

Kaika, Maria/Swyngedouw, Erik (2000): Fetishizing the modern city: the phantasmagoria of urban technological networks. in: International Journal of Urban and Regional Research 24 (1): 120–138.

Kitchin, Rob (2014): The real-time city? Big data and smart urbanism. In: GeoJournal 79 (1), S. 1–14.

Kitchin, Rob/Lauriault, Tracey P./McArdle, Gavin (2015): Knowing and governing cities through urban indicators, city benchmarking and real-time dashboards. In: Regional Studies, Regional Science 2 (1), S. 6–28.

Krajina, Zlatan (2014): Negotiating the Mediated City: Everyday Encounters with Public Screens. London: Routledge.

Luque-Ayala, Andrés/Marvin, Simon (2016): The maintenance of urban circulation: An operational logic of infrastructural control. In: Environment and Planning D: Society and Space 34 (2), S. 191–208.

Manovich, Lev (2013): Software Takes Command. London: Bloomsbury. http://issuu.com/bloomsburypublishing/docs/9781623566722_web vom 02.07.2018.

Mattern, Shannon (2016a): Cloud and field: On the resurgence of »field guides« in a networked age. In: Places Journal (August). https://placesjournal.org/article/cloud-and-field vom 02.07.2018.

Mattern, Shannon (2016b): Interfacing urban intelligence. In Rob Kitchin & S.-Y. Perng (Hg.), Code and The City. Abingdon: Routledge, S. 49–60.

McNeill, Donald (2016): IBM and the visual formation of smart cities. In Simon Marvin/ Andrés Luque-Ayala/ Colin McFarlane (Hg.): Smart Urbanism: Utopian Vision or False Dawn? London: Routledge, S. 34–51.

McQuire, Scott (2016): Geomedia: Networked Cities and the Future of Public Space. Cambridge: Polity Press.

Munster, Anna (2013): An Aesthesia of Networks: Conjunctive Experience in Art and Technology. Cambridge MA: MIT Press.

Navigant (2016): Navigant Research Leaderboard Report: Smart City Suppliers. www.navigantresearch.com/research/navigant-research-leaderboard-re port-smart-city-suppliers vom 02.07.2018.

Rabari, Chirag/Storper, Michael (2015): The digital skin of cities: urban theory and research in the age of the sensored and metered city, ubiquitous computing and big data. In: Cambridge Journal of Regions, Economy and Society 8(1), S. 27–42.

Rancière, Jacques (2006): Die Aufteilung des Sinnlichen: Die Politik der Kunst und ihre Paradoxien. Berlin: b_books.

Rommes, Els/Oost, Ellen Van/Oudshoorn, Nelly (1999): Gender in the design of the Digital City of Amsterdam. In: Information, Communication & Society 2(4), S. 476–495.

Rose, Gillian (2016a): Rethinking the geographies of cultural »objects« through digital technologies: interface, network and friction. In: Progress in Human Geography 40(3), S. 334–351.

Rose, Gillian (2016b): Visual Methodologies: An Introduction to Researching with Visual Materials (fourth). London: Sage.

Rose, Gillian/Degen, Monica/Melhuish, Clare (2014): Networks, interfaces, and computer-generated images: learning from digital visualisations of urban redevelopment projects. In: Environment and Planning D: Society and Space 32(3), S. 386–403.

Rossi, Ugo (2015): The variegated economics and the potential politics of the smart city. In: Territory, Politics, Governance 4(3), S. 1–17.

Söderström, Ola/Paasche, Till/Klauser, Francisco (2014): Smart cities as corporate storytelling. In: City 18(3), S. 307–320.

Strengers, Yvonne (2014): Smart energy in everyday life: Are you designing for Resource Man? In: ACM Interactions 21(4), S. 24–31.

Vanolo, Alberto (2014): Smartmentality: the smart city as disciplinary strategy. In: Urban Studies 51(5), S. 883–898.

Vanolo, Alberto (2016): Is there anyone out there? The place and role of citizens in tomorrow's smart cities. In: Futures 82, S. 26–36.

Vernallis, Carol (2013). Unruly Media: YouTube, Music Video, and the New Digital Cinema. New York: Oxford University Press.

Videos

Auf alle Videos wurde zuletzt am 14. September 2016 zugegriffen.

Cisco (2014), *The Internet of Everything Transforms Hamburg into a Smart Connected City*, https://www.youtube.com/watch?v=FoEPlE8Pg71

Cisco (2014), *Cisco Connected Transportation and Smart Cities*, https://www.youtube.com/watch?v=x6WfZlETbx4

Cisco (2014), *Brisbane: A City with an Internet of Everything Digital Agenda*, https://www.youtube.com/watch?v=nELVe_Y9p7s&index=51&list=PLFT-9JpKjRTBOo6vEUTM7I91AZ7_-I8XI

IBM (2016), *IoT Made Simple with IBM Watson IoT Platform*, https://www.youtube.com/watch?v=ookc1Xe6ltQ

IBM (2015), *How It Works: The Internet of Things*, https://www.youtube.com/watch?v=QSIPNhOiMoE

IBM (2014), *How It Works: Smarter Cities*, https://www.youtube.com/watch?v=yJVK25wWvbE

IBM (2011), *IBM Helps Rio Become a Smarter City*, https://www.youtube.com/watch?v=vuBBGYFonXM

IBM (2010), *Smarter Cities: Introducing the Smarter City*, https://www.youtube.com/watch?v=_6b_ztbpRaw

IBM (2010), *Smarter Cities: The Living City*, https://www.youtube.com/watch?v=LzgPKlAAkwY

IBM (2010), *Smarter Cities: Powering the City*, https://www.youtube.com/watch?v=lQoRupXt_8U

IBM (2010), *Smarter Cities: Cities in Motion*, https://www.youtube.com/watch?v=oRb_uVezA5U

IBM (2010), *Smarter Cities: Developing the City*, https://www.youtube.com/watch?v=fZyBGDiRPL4

Intel (2014), *Intel IoT – What Does the Internet of Things Mean?*, https://www.youtube.com/watch?v=Q3ur8wzzhBU

Intel (2014), *Smart Cities USA: San Jose, CA*, https://www.youtube.com/watch?v=1Pxuk_SLUdI

Microsoft (2016), *Microsoft CityNext*, https://www.youtube.com/watch?v=eoRFjGiSBgQ

Microsoft (2016), *Microsoft CityNext Partners with Cities Worldwide*, https://www.youtube.com/watch?v=QJtlQTEHWZg

Siemens (2015), *Smart Solutions for Smart Cities*, https://www.youtube.com/watch?v=2XS_zcbahjc

Siemens (2014), *Siemens Smart Data*, https://www.youtube.com/watch?v=ZxoO-DvHQRw

Siemens (2013), *Future Life*, https://www.youtube.com/watch?v=zuPIyqUc9oA

Thales (2012), *SMART CITY: The Interconnected City: Improving the Quality of Life of its Citizens*, https://www.youtube.com/watch?v=qvGuw2zZ3qc

Vinci (2015), *What is a Smart City?*, https://www.youtube.com/watch?v=Br5aJa6MkBc

Smarter Urbanismus und Urbanität

Sybille Frank, Georg Krajewsky

EINLEITUNG

Ein wesentliches Merkmal der Smart-City-Debatte ist die Tendenz, städtische Fragen und Problemlagen als technische Probleme zu interpretieren, sie in technischen Begrifflichkeiten zu fassen und technische Lösungen anzubieten (vgl. u. a. Stollmann et al. 2016; Greenfield 2014; Söderström 2014 et al.; Vanolo 2013). In dieser Form des smarten Urbanismus geraten soziale Merkmale von Urbanität und städtischer Vergesellschaftung, wie z. B. Heterogenität, Anonymität und Konflikthaftigkeit, aus dem Blick. Ziel des Beitrags ist es, beide Perspektiven einander gegenüberzustellen und zu diskutieren, inwieweit bestimmte Spielarten des smarten Urbanismus Urbanität verhindern und somit tradierte Lebensweisen städtischer Bewohner*innen unterlaufen. Der Beitrag richtet seine Aufmerksamkeit weniger auf die »smartness« von Städten, sondern vielmehr auf Vorstellungen des Städtischen im smarten Urbanismus (vgl. Morozov/Bria 2017: 10).

SMARTER URBANISMUS ALS LEITMOTIV DER STADTENTWICKLUNG?

Die Smart City ist eine der wirkmächtigsten Leitideen, die im letzten Jahrzehnt das Denken und Handeln von Stadtplaner*innen, Immobilienentwickler*innen und zuständigen Stadtverwaltungen beeinflusst hat. Consulting-Firmen und großen Technologiekonzernen wie IBM, Siemens, Cisco oder Google ist es gelungen mit der smarten Stadt eine Zukunftsvision zu schaffen, die städtische Problembeschreibungen und Entwicklungsstrategien mit unternehmenseigenen Produkten in Verbindung bringt (vgl. Söderström et al. 2014: 308; Vanolo 2013: 12).[1] Dadurch wird Unternehmen und technischer Expertise mehr und mehr Spielraum im Bereich der Stadt- und Verkehrsplanung sowie in

---

1 | In Reaktion auf die Kritik, Technologien statt Bewohner*innen ins Zentrum stadtentwicklungspolitischer Prozesse zu stellen, sehen mittlerweile manche Technologieunter-

stadtpolitischen Auseinandersetzungen eingeräumt, während Möglichkeiten der demokratischen Kontrolle und alternative Vorstellungen von Stadt in den Hintergrund treten (vgl. Vanolo 2013: 9).

Das Versprechen der Smart City besteht darin, dass durch den Einsatz von Informations- und Kommunikationstechnologien die Effizienz städtischer Infrastrukturen verbessert werde. Durch das permanente Sammeln und Auswerten von Daten in Echtzeit ließen sich städtische Abläufe optimieren und städtische Räume somit störungsfrei erfahren (vgl. Greenfield 2014: 24). Darüber hinaus verspricht die Smart City durch Vernetzung und Selbststeuerung städtischer Infrastrukturen eine gesteigerte Wettbewerbsfähigkeit des Standorts sowie mehr Nachhaltigkeit und Sicherheit in städtischen Räumen (vgl. Hollands 2008: 308 f.; Morozov/Bria 2017: 8).

»TECHNOLOGY IS THE ANSWER, BUT WHAT WAS THE QUESTION?« (PRICE 1979)

Doch für welche städtischen Problemlagen bietet die Smart City Lösungen an und welches Bild des Städtischen wird im smarten Urbanismus gezeichnet?

Viele Selbstbeschreibungen der Smart City gehen von einem neuen urbanen Zeitalter aus, in dem der Großteil der Weltbevölkerung in Städten lebt. Aus der fortschreitenden Urbanisierung ergeben sich dann zahlreiche existentielle Herausforderungen für Städte (z. B. Bevölkerungswachstum, Segregation, Umweltverschmutzung) sowie eine besondere Verantwortung der Städte zur Lösung globaler Probleme (z. B. Klimawandel, soziale Ungleichheit) (vgl. UN Habitat 2016). Hier muss jedoch zwischen kleinräumigen Smart-City-Nachrüstungen und großflächigen Neuplanungen sowie zwischen Smart-City-Projekten in Städten des Globalen Nordens und des Globalen Südens differenziert werden.

Das Smart-City-Papier des Wohn- und Siedlungsprogramms der Vereinten Nationen (UN Habitat) betont vor allem das unkontrollierte Bevölkerungswachstum in Städten des Globalen Südens, den erhöhten Land- und Ressourcenverbrauch sowie die steigende Umweltverschmutzung durch städtische Lebensweisen als aktuelle Herausforderungen (vgl. UN Habitat 2015). Die »Smarter Cities Challenge« des IBM-Konzerns schließt daran an und benennt den Kontroll- und Funktionsverlust von Stadtverwaltungen angesichts ungebremsten Städtewachstums, die zunehmende Verwundbarkeit von Städten durch Naturkatastrophen, Migration und zunehmende soziale Ungleichheit als globale Trends, denen durch smarte Anwendungen begegnet werden könne. Auf der Website von »Smarter Cities Challenge« heißt es:

---

nehmen mit dem Hinweis, dass Städte ja per se smart seien, bewusst vom Markennamen »Smart City« ab (vgl. Morozov/Bria 2017: 6).

»Rapid population growth due to urbanization challenges the ability of many cities to provide services for residents in need, such as access to affordable housing, employment, transportation and healthcare. Low-income populations often disproportionately bear the negative impacts of climate change, while migrants often are a vulnerable population whose access to social and financial capital has been significantly disrupted.«
(IBM Smarter Cities Challenge 2018)

Dem Bild einer von Ingenieur*innen geplanten (zukunfts-)sicheren, großflächig effizienten, ressourcenschonenden, gerechten und für alle lebenswerten smarten Stadt wird somit das Bild einer verwundbaren, dysfunktionalen, umweltverschmutzenden und überbevölkerten Stadt gegenübergestellt, die überwiegend im Globalen Süden verortet wird.

Bei kleinräumigen Implementierungen von Smart-City-Technologien, welche die Debatte im Globalen Norden dominieren, werden diese Problembeschreibungen zwar nicht direkt aufgegriffen, aber die gleichen Handlungsfelder benannt. Die Stadt Darmstadt beispielsweise gewann 2017 den Wettbewerb »Digitale Stadt« des IT-Branchenverbands Bitkom für mittelgroße deutsche Städte und nennt sich seitdem »Digitalstadt Darmstadt«. Zusammen mit Digitalunternehmen sollen u.a. der Verkehrssektor, die Energieversorgung, das Gesundheitswesen und die öffentliche Verwaltung mit digitalen Technologien ausgerüstet werden. Die Vision der Digitalstadt verspricht den Ausbau digitaler Verwaltungs- und Gesundheitsdienstleistungen über Onlinedienste, eine effiziente Energieversorgung durch Smart Meter, eine Optimierung der Abfallentsorgung und Minderung der Verkehrsbelastung sowie eine erhöhte Sicherheit durch eine zentrale Leitstelle und intelligente Kameras an öffentlichen Plätzen (vgl. Digitalstadt Darmstadt 2018). Die städtischen Herausforderungen – wenn auch deutlich weniger drastisch beschrieben – werden auch hier im Wachstum der Stadtbevölkerung, einem Effizienzdefizit in der Verwaltung, einer steigenden Umwelt- und Verkehrsbelastung sowie risiko- bzw. kriminalitätsbehafteten öffentlichen Räumen gesehen.

Die Pathologisierung der Grossstadt

Die aktuellen Problembeschreibungen des smarten Urbanismus weisen Parallelen zu einem großstadtkritischen Diskurs auf, der die Geschichte moderner Urbanisierung in der westlichen Welt von Beginn an begleitet hat. Mitte des 19. Jahrhunderts schilderte Friedrich Engels die Wohnsituation der arbeitenden Klasse in den überfüllten Industrievierteln Manchesters. Anders als die meisten seiner Zeitgenossen führte Engels die grassierende Armut, die miserablen hygienischen Bedingungen und das »lasterhafte« Verhalten der Arbeiterklasse jedoch nicht auf die vermeintlich moralisch verfehlte Siedlungsform Großstadt zurück, sondern auf die gesellschaftlichen (Produktions-)Verhältnisse dieser Zeit (vgl. Engels 1970 [orig. 1845]: 307). Für die bürgerliche Großstadtkritik hingegen waren Überbevölkerung, mangelnde Hygiene und Kriminalität ein Effekt großstädtischen Lebens und Ausdruck des Verfalls der überkommenen feudalen, ländlich geprägten Gesellschaftsordnung. Der Stadtsoziologe Hans-Paul Bahrdt benennt drei Themenkomplexe innerhalb der bürgerlichen Großstadtkritik: erstens den postulierten Rückgang der Geburtenraten städtischer Bevölkerung und eine daraus resultierende Überalterung der Gesellschaft; zweitens den Funktionsverlust der Familie in der Großstadt bzw. deren Reduktion zur Kleinfamilie; und drittens Desintegration, Vereinzelung und Vermassung als Resultat großstädtischen Lebens (vgl. Bahrdt 1998: 62, 67, 79).[2]

Die sozialreformerischen Planungskonzepte der frühen Moderne schlossen direkt an die skizzierten urbanen Pathologien an. Der Impuls der Gartenstadtbewegung basierte auf der Ablehnung der städtebaulichen und sozialen Realitäten der Großstadt. Der Stadtplaner Ebenezer Howard propagierte mit diesem Konzept die Flucht ins Umland, in dem die Vorzüge großstädtischen Lebens erhalten und die Defizite, wie Vereinzelung oder gesundheitliche Gefährdungen, beseitigt werden sollten (vgl. Roskamm 2017: 64). Gleiches gilt für Ansätze des Neuen Bauens, das, vollendet im Bild der funktional gegliederten fordistischen Großstadt, die Stadt nach den Prinzipien industrieller Rationalisierung und Beschleunigung, aber auch optimaler Besonnung und Belüftung zu gestalten versuchte. Die Pathologisierung der Großstadt ist – mit wiederkehrenden Krankheitsfeldern – also konstitutiv für die moderne Stadtplanung: »Der Städtebauer ist der allwissende Arzt der Gesellschaft, der die Krankheit diagnostiziert und eine durchgreifende Therapie verordnet.« (Roskamm 2017: 266)

SMARTER URBANISMUS: DIE STADT ALS SYSTEM DER SYSTEME

Der smarte Urbanismus versucht die urbanen Krankheiten nicht – wie einst die Gartenstadt – durch weniger Stadt, sondern durch rationale und integrierte Planung städtischer Lebensweisen zu heilen. Der Versuch städtische Abläufe mittels messbarer Daten zu erfassen, diese in Echtzeit auszuwerten und städtische Infrastruktursysteme zu einem selbstregelnden System von Systemen zu vernetzen, schließt an funktionalistische Planungstheorien der 1960er Jahre an:

---

2 | In der Übersicht des »World City Report 2016« des Wohn- und Siedlungsprogramms der Vereinten Nationen (UN-Habitat) werden ebenfalls der demographische Wandel, die Veränderung der Familienstruktur und die steigende Segregation als zentrale urbane Herausforderungen aufgeführt (vgl. UN Habitat 2016: 2).

»What urban systems theory provides, seen from this perspective, is primarily a powerful metaphor creating a surface of equivalence. It translates very different urban phenomena into data that can be related together according to a classical systemic approach which identifies elements, interconnections, purposes, feedback loops, delays etc.« (Söderström et al. 2014: 313)

Die permanente Messung von Daten suggeriere Vergleichbarkeit von qualitativ unterschiedlichen Systemen. Öffentliche Sicherheit, Energieeffizienz, Gesundheits- und Bildungsversorgung seien jedoch nur schwerlich auf eine Ebene zu bringen. Der Ansatz des smarten Urbanismus übertrage eine technikwissenschaftliche Epistemologie auf städtische Lebensverhältnisse (vgl. ebd.: 314). Smart-City-Technologien werden als universelles Lösungsset zur Heilung des chronisch kranken Patienten Stadt dargestellt (vgl. ebd.: 315). Der Idealzustand einer effizienten Stadt soll jedoch nicht – wie im Fall der fordistischen Stadt – durch eine funktionalistisch geprägte Raumplanung, sondern durch Software-Code erreicht werden: »[T]he core of smartness lies in the algorithm.« (Ebd.: 316) Daraus folgt zum einen, dass die Verwaltung bzw. Planung von Städten in die Black Box unternehmenseigener Algorithmen verlagert wird. Zum anderen wird die Ausführung von Regeln über Rückkopplungseffekte in den Systemen rekursiv gestaltet. Die smarte Stadt wird als ein sich selbst regelndes System imaginiert und projektiert.

SMARTER URBANISMUS ALS VARIANTE EINDIMENSIONALER RATIONALISIERUNG?

Die Vorstellung einer an rationalen Prinzipien ausgerichteten Stadtentwicklung wurde bereits in den 1960er Jahren kritisiert. Angesichts des ungebremsten Aufstiegs von Wissenschaft und Technik interpretierte der Philosoph Herbert Marcuse den Begriff der Rationalität als eine bestimmte Form von Herrschaft, die den gesellschaftlichen Charakter einer Technologie verschleiere (vgl. Habermas 1968: 49; Marcuse 2014). Herrschaft äußere sich nicht erst durch die Verwendung von Technik, sondern sei in die Technik selbst eingeschrieben. Der wissenschaftlich-technische Fortschritt diene nicht länger der politischen Aufklärung, sondern werde selbst zur Legitimationsgrundlage für bestehende Herrschaftsverhältnisse in spätkapitalistischen Gesellschaften (vgl. Marcuse 2014: 173).

Der Philosoph und Soziologe Jürgen Habermas bezeichnete diese Form von Rationalität als eindimensional, da sie auf die Sphäre instrumentellen Handelns beschränkt bleibe: Das rationale Denken erstrecke sich allein auf die zweckmäßige Ausrichtung von Systemen auf bestimmte Ziele in gegebenen Situationen und entziehe sich damit dem gesamtgesellschaftlichen Zusammenhang (vgl. Habermas 1968: 49). Bezogen auf die Smart City lässt sich folgern, dass auch eine smarte Stadtentwicklung letztlich auf technischen Regeln und prozessproduzierten Daten beruht. Stadtpolitische Entscheidungen sind so gesehen auf die Lösung von Problemen ausgerichtet, deren Zielerreichung in Zweck-Mittel-Relationen festgelegt ist. Sie werden dadurch Resultat einer rationalen Wahl, das heißt sie sind entweder richtig unter den gegebenen Bedingungen, oder falsch.

Habermas unterscheidet zwischen instrumentellem und kommunikativem Handeln. Während sich instrumentelles Handeln an technischen Regeln orientiert, richtet sich kommunikatives Handeln nach sozialen Normen und Verständigungsakten in sprachlich vermittelten Interaktionen (vgl. ebd.: 62). Den beiden Handlungstypen entsprechen zwei getrennte gesellschaftliche Sphären: dem durch kommunikatives Handeln geprägten institutionellen Rahmen einer Gesellschaft und die darin eingebetteten Sub-Systeme zweckrationalen Handelns (z. B. Industrie, Bürokratie). In fortgeschrittenen Industriegesellschaften, so Habermas, breite sich der Bereich des instrumentellen Handelns auf Kosten des kommunikativen Handelns aus. Die Sub-Systeme zweckrationalen Handelns werden zum institutionellen Rahmen der Gesellschaft selbst (vgl. ebd.: 93). Für Habermas darf eine vollständige Rationalisierung nicht auf die Sphäre des instrumentellen Handelns beschränkt bleiben, sondern muss mit einer Rationalisierung politischer Willensbildungsprozesse einhergehen (vgl. ebd.: 98). Wenn das Städtische jedoch durch Algorithmen bestimmt wird, die zudem von privaten Unternehmen erstellt werden, entfällt der öffentliche Willensbildungsprozess über die Ziele von Stadtentwicklung. Prozesse der Aushandlung von Konflikten und der politischen Verständigung haben im rational-technischen smarten Urbanismus letztlich keinen Platz. Entsprechend kann die Diskussion über smarten Urbanismus als eine Neuauflage grundlegender Debatten zum Verhältnis von rational-technischer Urbanisierung und Urbanität unter neuen Voraussetzungen interpretiert werden. Was aber versteht man unter Urbanität?

STADT UND URBANITÄT

Die im Umbruch zum 20. Jahrhundert entstehende moderne Großstadt brachte eine neue Erfahrung von Gesellschaft mit sich, die sich nicht allein durch Verweise auf erhöhte Frequenzen, ökonomische Charakteristika oder politisch-administrative Kriterien beschreiben ließ, sondern auch bislang ungekannte Sozialisationsformen in sich trug. Genau diese Sozialisationsformen bleiben in den Smart-City-Konzepten jedoch häufig unberücksichtigt und sollen im Folgenden genauer beleuchtet werden.

In seinem 1938 veröffentlichten Text »Urbanität als Lebensform« entwarf der US-amerikanische Soziologe Louis Wirth eine Theorie der Urbanität, die er als eine »besondere Art des menschlichen Zusammenlebens in Gruppen« fasste (Wirth 1974: 44), welche sich nur in Städten finde. Mit dieser Konzeptualisierung von Urbanität als spezifisch städtischen Lebensstil wollte Wirth, die oben geschilderte spätere Kritik an technizistischen Verständnissen von Stadt quasi vorwegnehmend, ausdrücklich der Gefahr entgegenwirken, dass Urbanität mit dem »Auftauchen der modernen energiebetriebenen Maschinentechnologie, der Massenproduktion und des kapitalistischen Unternehmertums« verwechselt werden könne (ebd.: 48). Im Gegenteil betonte er, dass Urbanität aus einem komplexen Zusammenspiel von physisch-realer Struktur, sozialen Organisationsformen und typischen Haltungen und Gedanken entstehe. Als typisch städtische Haltungen benannte Wirth in Übereinstimmung mit Georg Simmels grundlegendem Text »Die Großstädte und das Geistesleben« von 1903 (Simmel 1993) Persönlichkeitsmerkmale wie Sachlichkeit, Distanziertheit, Reserviertheit und ausgeprägten Individualismus, aber auch einen Zugewinn an persönlicher Freiheit durch den Abbau sozialer Kontrolle und großzügigste Toleranz: »Die Konfrontation divergierender Persönlichkeiten und Lebensformen schafft im allgemeinen eine relativistische Betrachtungsweise und ein Gefühl der Toleranz Unterschieden gegenüber [...].« (Wirth 1974: 55)

Neben der Lebensform-basierten Definition Wirths setzte sich in der sozialwissenschaftlichen Stadtforschung eine weitere, stärker die politische Sphäre einbeziehende Konzeptualisierung von Urbanität durch, die maßgeblich auf die Arbeiten des bereits erwähnten Hans-Paul Bahrdt (1998) sowie des Soziologen Walter Siebel (2000; 2004) zurückgeht. Laut Siebel (2000) beschreibt der Begriff »Urbanität« eine dreifache Emanzipation des Städters bzw. der Städterin: erstens vom täglichen Kampf mit der Natur (in der agrarischen Produktionsarbeit) hin zu einem bzw. einer ökonomisch selbständigen Marktteilnehmer*in, zweitens von politischer Unmündigkeit hin zu Autonomie und Mitbestimmung und drittens von engen traditionellen Bindungen hin zu einem Selbstverständnis als Individuum, das von unvollständiger Integration profitiert. Unvollständige Integration nennt Hans-Paul Bahrdt das Ergebnis der Freisetzung städtischer Individuen aus der (feudalen) Sozialordnung, »in der so gut wie alle sozialen Beziehungen durch ein dichtes, theoretisch lückenloses Netz personaler Bindungen vermittelt« waren (Bahrdt 1998: 87). Bahrdt sah das Auseinandertreten einer öffentlichen und einer privaten Sphäre in der mittelalterlichen europäischen Stadt als entscheidende Voraussetzung für die Entstehung von Urbanität an. Während der zunehmend mit der bürgerlichen Kleinfamilie als Hort von Intimität und Emotionalität verbundene, gesellschaftliche Reproduktionsarbeit leistende private Haushalt zum Emblem der privaten Sphäre avancierte, wurde die Öffentlichkeit als Sphäre des Marktes und der Politik verstanden. In den öffentlichen Räumen der Stadt herrschte –

im Gegensatz zur privaten Sphäre – eine prinzipielle Offenheit für Kontakte mit Fremden, die unvorhersehbar, beliebig, willkürlich, von kurzer Dauer und von sozialer Distanz bestimmt waren. Diese Kontaktintensität zwischen in der öffentlichen Sphäre unvollständig Integrierten führte laut Bahrdt nicht nur zu einem ausgeprägten Bewusstsein der Stadtbewohner*innen für die Vielfalt sozialer Verhaltensweisen, sondern auch zum Erwerb spezifischer Kompetenzen, die Bahrdt als Grundlage für die Herausbildung einer politischen Öffentlichkeit begriff.

»Die Distanz, der ständige wachsame Umgang mit Halbfremden, der Zwang zur Selbstdarstellung und damit zu einer Distanzierung zu sich selbst, die Konfrontation mit vielen Möglichkeiten der Soziierung, unter denen gewählt wird, der Zwang, die verschiedenen Soziierungen, die man eingeht und deren Zuordnung nicht durch ein lückenloses System vorgegeben ist, miteinander in Einklang zu bringen, all das führt zu höherer Bewußtheit und zu einer Vergeistigung des gesellschaftlichen Lebens.« (Ebd.: 94)

Bahrdt erkannte den sich in der öffentlichen Sphäre bewegenden, unvollständig integrierten Stadtbewohner*innen also weiterreichende Fähigkeiten zur sachlichen Kommunikation zu, die auf argumentativer Aushandlung und dem Erzielen von Arrangements zwischen Unbekannten basierte.

Siebel betont, dass sich der Gegensatz von Öffentlichkeit und Privatheit seit dem ausgehenden 20. Jahrhundert zunehmend aufgelöst habe: Die städtische Marktfunktion habe sich in private Räume wie Malls verlagert, während die Anonymität des öffentlichen Raumes durch Videoüberwachung einerseits und die Nutzung von Smartphones andererseits, die das Private in die Öffentlichkeit tragen, perforiert werde (Siebel 2004). Somit habe sich Urbanität von einem deskriptiven, städtische Realitäten beschreibenden zu einem normativ-kritischen, auf den drohenden Verlust der dreifachen Emanzipation der Städter*innen hinweisenden Begriff gewandelt, »der die städtische Realität an den historisch gewachsenen Maßstäben: Befreiung von Arbeitszwang, durchgesetzte Demokratie, entfaltete Individualität, produktive Differenz und soziale Integration mißt [...].« (Siebel 2000: 272)

SMARTER URBANISMUS UND URBANITÄT

Die vorgestellten Überlegungen zeigen: Auch wenn smarter Urbanismus von Verfechter*innen der Smart City immer wieder als Zugewinn von Urbanität beschrieben wird, lohnt es sich, die Begriffe auseinanderzuhalten.

Das Motiv des smarten Urbanismus beschränkt die Merkmale des Städtischen in erster Linie auf quantitative Kennzahlen wie Bevölkerungsdaten, Ressourcenverbrauch und messbare Daten städtischer Infrastrukturen (z. B. Energieeffizienz, Mobilitätsdaten, Kriminalitätsraten, etc.). Die diagnostizierten städtischen Problemlagen, wie der erhöhte Land- und Ressourcenverbrauch, schließen an wiederkehrende Pathologien großstädtischen Lebens, wie Überbevölkerung oder Umweltverschmutzung, an, die durch eine Rationalisierung technischer Infrastruktursysteme gelöst werden sollen. In Anlehnung an die Überlegungen Marcuses handelt es sich lediglich um eine eindimensionale Urbanität.

Sozialwissenschaftliche Konzepte von Urbanität stellen hingegen den/die Stadtbewohner*in als ein Individuum heraus, das in der öffentlichen Sphäre der Stadt einen Lebensraum vorfindet, der vorwiegend durch soziale Distanz, Anonymität und Diversität geprägt ist. Der städtische Lebensraum bringt bestimmte Sozialisationsformen hervor, die Städter*innen eine von sozialer Kontrolle weitgehend befreite Existenz und somit ein hohes Maß an persönlicher Entfaltungsmöglichkeit versprechen.

Insgesamt adressiert der smarte Urbanismus lediglich – und dies auch nur am Rande – die erste der drei von Siebel beschriebenen, mit Urbanität verbundenen Emanzipationen, nämlich die ökonomische. Mittels Beschleunigung und Rationalisierung des städtischen Alltagslebens, z. B. durch intelligente Ampelschaltungen, digitale Verwaltungsprozesse und intelligente Stromnetze, soll eine Effizienz- und Produktivitätssteigerung erzielt werden. Die politischen (Demokratisierung, politische Mitbestimmung und Aushandlung) und sozialen Aspekte von Urbanität (soziale Differenz, Freiheit durch geringe Kontrolle und Integration) jedoch scheinen durch die Smart City in Gestalt von Big Data und der verstärkten Kontrollen des öffentlichen Raumes z. B. durch Überwachungskameras akut gefährdet. Selbstregelnde Systeme und Algorithmen, die eine möglichst reibungslose urbane Erfahrung ermöglichen sollen, verpacken die prinzipielle Konflikthaftigkeit städtischer Prozesse in eine Black Box, in der soziale Differenz nicht sicht- und verhandelbar ist.

Wie aber kann Urbanität durch Technik nicht bedroht, sondern vielmehr gestützt werden? Inzwischen existieren unzählige Beispiele dafür, dass und wie Bürger*innen Technik, z. B. mittels Nutzung sozialer Medien oder selbstprogrammierter Apps, für soziale Vernetzungen nutzen (vgl. z. B. die Beiträge von Colin McFarlane, Gautam Bhan und Friederike Habermann in Stollmann et al. 2016). Während Hans-Paul Bahrdt 1961 in der stadttypischen »unmittelbare[n] Begegnung des einzelnen mit dem Staat politische Chancen, die Systeme mit einer vollständigen Ordnung niemals besitzen«, erkannte (Bahrdt 1998: 97), wird diese Begegnung heute zunehmend mittels elektronisch gestützter Formen bürgerschaftlichen Engagements und zivilgesellschaftlicher Partizipation eingefordert. Hierbei spielen kooperative und kollaborative Kompetenzen von Stadtbewohner*innen eine wichtige Rolle. Ein Beispiel hierfür gibt der US-amerikanisch-britische Geograph David Harvey (2012) in seinem Buch »Rebel Cities«, das die Idee der Commons (Gemeingüter) als zentrales

Motiv zahlreicher heutiger städtischer sozialer Bewegungen beschreibt. Harvey definierte Commons als eine besondere Verbindung von urbanen Ressourcen, Menschen und Praktiken: Durch aktuelle neoliberale (Stadt-)Politiken als bedroht empfundene Ressourcen werden von städtischen Gruppen von Akteur*innen (Commonern) beansprucht und nachhaltig verwaltet. Commoning als soziale Praxis heißt, dass knappe städtische Ressourcen nicht verbraucht, sondern schonend bewirtschaftet werden, damit sie nicht nur allen Menschen in der Gegenwart unabhängig von Herkunft und sozialer Klasse, sondern auch künftigen Generationen weiter zur Verfügung stehen (Stollmann et al. 2016). Insgesamt mehren sich also Perspektiven und Akteur*innen, die Technik dazu nutzen, Urbanität als emanzipative Kategorie politischer Willensbildung und Mitbestimmung sowie als Bereich der Kollaboration von Fremden, die ein gemeinsames politisches Anliegen verbindet, zu reaktivieren. Eine vieldimensionale Rationalisierung der Kommunikation über die gesellschaftlichen Ziele der Stadtentwicklung im Sinne Habermas erscheint somit denkbar (vgl. Habermas 1968: 98).

Literatur

Bahrdt, Hans-Paul (1998 [orig. 1961]): Die moderne Großstadt. Soziologische Überlegungen zum Städtebau, Opladen: Leske + Budrich.
Digitalstadt Darmstadt (2018): Vision. https://digitalstadt-darmstadt.de/vision/ vom 13.04.2018.
Engels, Friedrich (1970 [orig. 1845]): Die Lage der arbeitenden Klasse in England. In: Marx Engels Werke, Bd. 2, Berlin: Dietz.
Greenfield, Adam (2014): The Smart City is predicated on an inappropriate model of optimization. In: dérive 56, S. 23–26.
Habermas, Jürgen (1968): Technik und Wissenschaft als ›Ideologie‹, Frankfurt a. M.: Suhrkamp.
Harvey, David (2012): Rebel Cities. From the Right to the City to the Urban Revolution, London/New York: Verso.
Hollands, Robert G. (2008): Will the Real Smart City Please Stand Up? Intelligent, progressive or entrepreneurial? In: City 12 (3), S. 303–320.
IBM Smarter Cities Challenge (2018): The Challenge. https://www.smartercitieschallenge.org/about vom 13.04.2018.
Marcuse, Herbert (2014 [orig. 1964]): Der eindimensionale Mensch. Studien zur Ideologie der fortgeschrittenen Industriegesellschaft, Springe: zu Klampen.
Morozov, Evgeny/Bria, Francesca (2017): Die smarte Stadt neu denken. Wie urbane Technologien demokratisiert werden können, Berlin: Rosa-Luxemburg-Stiftung.

Price, Cedric (1979): Technology is the Answer. But what was the Question? https://www.pidgeondigital.com/talks/technology-is-the-answer-but-what-was-the-question-/play/ vom 13.04.2018.

Roskamm, Nikolai (2017): Die unbesetzte Stadt. Postfundamentalistisches Denken und das urbanistische Feld, Basel: Birkhäuser.

Siebel, Walter (2000): Urbanität. In: Hartmut Häußermann (Hg.), Großstadt. Soziologische Stichworte, Opladen: Leske + Budrich, S. 264–272.

Siebel, Walter (2004): Einleitung: Die europäische Stadt. In: Ders. (Hg.), Die europäische Stadt. Frankfurt a. M.: Suhrkamp, S. 11–50.

Simmel, Georg (1993 [orig. 1903]): Die Großstädte und das Geistesleben. In: Margarete Susman/Michael Landmann (Hg.), Das Individuum und die Freiheit, Frankfurt a. M.: Fischer, S. 192–204.

Söderström, Ola/Paasche, Till/Klauser, Francisco (2014): Smart Cities as corporate storytelling. In: City 18 (3), S. 307–320.

Stollmann, Jörg/Wolf, Konrad/Brück, Andreas et al. (Hg.) (2016): Beware of Smart People! Re-defining the Smart City paradigm towards inclusive urbanism, Berlin: Universitätsverlag der TU Berlin. http://dx.doi.org/10.14279/depositonce-5074 vom 13.04.2018.

UN Habitat (2015): Habitat III Issue Papers – Smart Cities. New York. https://www.unhabitat.org/wp-content/uploads/2015/04/Habitat-III-Issue-Paper-21_Smart-Cities-2.0.pdf vom 13.04.2018.

UN Habitat (2016): Urbanization and Development: Emerging Futures. World Cities Report 2016. New York. http://wcr.unhabitat.org/wp-content/uploads/2017/02/WCR-2016-Full-Report.pdf vom 13.04.2018.

Vanolo, Alberto (2013): Smartmentality: The smart city as disciplinary strategy. In: Urban Studies 16 (1), S. 1–16.

Wirth, Louis (1974 [orig. 1938]): Urbanität als Lebensform. In: Ulfert Herlyn (Hg.), Stadt und Sozialstruktur. Arbeiten zur sozialen Segregation, Ghettobildung und Stadtplanung, München: Nymphenburger, S. 42–66.

Smart-City-Experimente
Normierungseffekte in Reallaboren

Sybille Bauriedl

Die Idee der Smart City beruht auf dem Versprechen, in Großstädten einen effizienteren Ressourceneinsatz, optimierte Infrastrukturen, höhere Lebensqualität und soziale Integration in Einklang zu bringen. In der digitalisierten Gegenwart hat sich dieses Versprechen noch nicht realisiert und es lässt sich auch nicht nachweisen, dass dies eintreten wird. Im Gegenteil: in den vorliegenden Smart-City-Plänen und Studien werden eher standardisierte Räume, normierte Urbanität und monopolisierte Kontrollinstanzen sichtbar. Das zeigt sich sowohl in den Smart-City-Visionen von IBM, Siemens oder Cisco und deren aufwändige Visualisierungen in Broschüren, Filmclips und Ausstellungen (siehe Rose in diesem Band) wie auch in den Zielsetzungen der digitalen Urbanisierung in Strategiepapieren zahlreicher Großstädte oder der Smart-City-Charta der deutschen Bundesregierung von 2017.

Wie ist es dennoch möglich, dass die Idee der Smart City mit so vielen positiven Attributen einer sozial gerechten und umweltschonenden Stadt verbunden werden kann? All die Akteure der digitalen Transformation verfolgen zwar unterschiedliche ökonomische, politische und soziale Interessen, finden sich aber in einem bestimmten Smart-City-Diskurs zusammen – in einer technologie- und managementorientierten Stadtentwicklung, die nur für privilegierte Teilräume der Stadt vorgesehen ist. Fragen nach sozial-räumlichen oder gesellschaftsstrukturellen Zusammenhängen spielen für die Befürworter*innen einer digitalen Transformation der Städte keine Rolle. Das gilt im Wesentlichen auch für die etablierte Smart-City-Forschung.

Ich finde es bemerkenswert, dass sich in den letzten Jahren eine Transformationsforschung etabliert hat, die Städte bzw. deren Teilräume als Labore des Wandels betrachtet, in denen sie kontrollierte Experimente durchführt bzw. beobachtet. Ich beschäftige mich daher im Folgenden mit diesen Fragen: Welche Rolle spielt Stadtforschung für die Entwicklung von Smart Cities? Und wie blickt die Stadtforschung auf Stadtgesellschaften und deren urbanen Alltag? Im Fokus dieses Beitrags steht der Reallabor-Ansatz, mit dem digitale Technologien im Stadtraum erprobt und Public-private-science-Partnerships in der Forschungspraxis etabliert werden. In einem Sammelband, der sich mit kritischen Perspektiven auf die Digitalisierung in Städten beschäftigt, interessiert mich selbstverständlich auch, ob in Reallaboren Alternativen zur Smart City untersucht werden.

Die Antworten leite ich aus eigenen Forschungserfahrungen in der stadtbezogenen Nachhaltigkeits- und Transformationsforschung und der Beteiligung an stadtpolitischen Debatten in Hamburg ab. Außerdem habe ich entsprechende Forschungsförderprogramme und relevante Dokumente der digitalen Transformation auf Bundes- und kommunaler Ebene ausgewertet.

Diskurskoalitionen der Smart-City-Forschung

Die Digitalisierungsdebatte zeichnet sich durch eine Akteurs- und Machtverschiebung in der Stadtpolitik aus. Die traditionellen Akteure der Stadtentwicklungspolitik wie Stadtregierungen und -parlamente, Stadtplaner*innen, zivilgesellschaftliche Institutionen, lokale Unternehmen und phasenweise soziale Bewegungen müssen sich nun mit den neuen Hard- und Softwaremonopolisten Google, Microsoft, Cisco, IBM und Co. auseinandersetzen, die die Digitalisierung vorantreiben. Mit diesen neuen Akteuren sind Städte und damit auch deren Bewohner*innen zum Experimentierfeld für Systeminnovationen der Informations- und Kommunikationstechnologien geworden (Luque-Ayala/Marvin 2016: 194). Dass in Städten neue Infrastruktur- oder Kommunikationstechnologien erprobt werden, ist in deren langer Geschichte nichts Neues (vgl. van Laak 2018 zu Wasser-, Energie-, Verkehrsinfrastrukturen); die aktuellen Verwertungslogiken dieser Technologien und des digitalisierten Managements städtischer Funktionen sind es dagegen schon (Evans/Karvonen/Raven 2016: 3). Und auch die Diskurskoalitionen, die IT-Unternehmen, Stadtregierungen und Stadtforscher*innen dabei eingehen, hat eine spezielle Qualität. Als Diskurskoalition wird in der Policy-Forschung eine Gruppe von Akteuren verstanden, die über eine gewisse Zeitspanne durch eine konstruierte Story-Line verbunden ist und mit dieser politische Entscheidungen dominiert (Hajer 1993). Für die gemeinsame Verständigung muss eine Diskurskoalition über Praktiken und Begrifflichkeiten verfügen, die einen gewissen Grad der Institutionalisierung aufweisen. Die Smart-City-Forschung in Reallaboren betrachte ich als ein typisches Beispiel für diesen Prozess.

Als Reallabore der Smart City werden Teilräume der Stadt verstanden, in denen untersucht wird, wie technologische Innovationen auf sozialräumliche Realität treffen. Sie sind Gegenstand transdisziplinärer, angewandter Forschung »in der Gesellschaft« (Defila/Di Giulio 2018: 97, Übers. SB). Kennzeichen eines Reallabors ist ein spezifischer Raum mit institutionellen und geographischen Grenzen, in dem verschiedene Beteiligte Innovationen im wirklichen urbanen Leben erproben können (Schliwa/McCormick 2016: 174). Dabei werden Reallabore per Definition als innovativ und transformativ betrachtet. Auch die synonym verwendeten Begriffe »urban lab«, »living lab«, »urban transition lab« oder »real world laboratory« haben eine auffällige Konjunktur in der Smart-City-Debatte.

Seit 2001 wird der Reallabor-Ansatz in immer größerem Umfang im IT-Sektor angewandt und in den letzten Jahren intensiv durch die Stadtforschungsförderung der EU und nationaler Ministerien unterstützt (Folstad 2008). Im Folgenden werde ich die treibenden Akteure der Smart-City-Forschung als Reallaborexperiment genauer betrachten. Vorab sei jedoch schon angemerkt, dass die beteiligten IT-Unternehmen nicht an einer Zukunftsgestaltung experimentieren, die von den Interessen der Stadtbevölkerung ausgeht, und dass bei Reallaborexperimenten weder die Frage nach demokratischen Formen der Datenkontrolle und -transparenz noch nach offenen Quellen der eingesetzten Software-Systeme eine Rolle spielt. Zivilgesellschaftliche Gruppen in den Experimentierräumen sind zur Kooperation mit kommunalen Akteuren und IT-Unternehmen gezwungen, wenn sie sich an der Transformationsforschung in Reallaboren beteiligen wollen. In der Regel beschränkt sich diese Beteiligung auf Fragen der Risikoabwägung und Technologieakzeptanz – bezieht die Bewohner*innen der Reallabore aber nicht in die Definition der Transformationsziele mit ein. In meiner Recherche ist mir kein Smart-City-Forschungsprojekt begegnet, in dem kommunale oder private Unternehmen kritische Stadtforscher*innen oder Recht auf Stadt-Aktivist*innen beteiligt hätten, die sich mit alternativen Formen der Digitalisierung oder Open-Source-Infrastrukturen beschäftigen.

DIGITALE MODERNISIERUNG IN STÄDTEN ALS THEMA DER KOMMUNAL- UND BUNDESPOLITIK

Die zukünftigen »Smarten Städte« in Deutschland haben erst spät angefangen, sich strategisch abzustimmen. Im Dezember 2015 verabschiedete der Deutsche Städtetag das Positionspapier »Integrierte Stadtentwicklungsplanung und Stadtentwicklungsmanagement« und betonte darin einerseits die Bedeutung der Digitalisierung für die integrierte Stadtentwicklung, andererseits die Absicht, die kommunale Beteiligungskultur zu stärken (Deutscher Städtetag 2015: 5). Viele Bürgermeister*innen und Stadtverwaltungen waren bis zu diesem Zeitpunkt teilweise davon überfordert, dass IT-Unternehmen ihnen mit digitalen Dienstleistungsangeboten geradezu die Türen einrannten. Die Kommunalpolitiker*innen wollten nun die Möglichkeiten der Digitalisierung für eine nachhaltige Stadtentwicklung nutzen, ohne situativ und unabgestimmt auf die kommerziellen IT-Angebote reagieren zu müssen.

Die deutsche Bundesregierung startete im gleichen Jahr einen Dialogprozess zu den Potentialen einer digitalen Transformation in Städten. Die positiven Argumente erhielten nach dem Pariser Klimaabkommen von 2015 einen zusätzlichen Antrieb durch die Hoffnung, mit digitalem Umweltmanagement, digital vernetzter Mobilität und digitalisierten städtischen Infrastrukturen die nationalen Dekarbonisierungsziele zu erreichen. Federführend war das Bundesministerium für Umwelt, Naturschutz, Bauen und Reaktorsicherheit (BMUB), das eine Dialogplattform mit 70 Vertreter*innen von Bundes- und Länderbehörden, kommunalen Verbänden, Wissenschaftsorganisationen sowie Wirtschafts- und Fachverbänden initiierte, die zwei Jahre lang die Chancen, Risiken und Auswirkungen der Digitalisierung in Städten diskutierte. Ihre Aufgabe war es, einen Orientierungsrahmen für einen strategischen Umgang mit den Möglichkeiten der Digitalisierung zu erarbeiten und die Handlungsfähigkeit von Kommunen zu befördern. Die Dialogplattform wurde vom Forschungscluster »Smart Cities« des Bundesinstituts für Bau-, Stadt- und Raumforschung (BBSR) begleitet. Außerdem wurden die Kerngedanken der »New Urban Agenda« der Habitat-III-Konferenz von 2016 integriert, in der Vorstellungen einer Stadtentwicklung für die nächsten zwei Jahrzehnte und Grundlage der *sustainable development goals* der Vereinten Nationen formuliert werden (BBSR 2017).

Als Ergebnis dieser Dialogplattform veröffentlichte das BBSR im Mai 2017 das Strategiepapier »Smart City Charta – Digitale Transformation in den Kommunen nachhaltig gestalten«. Konstatiert wird darin einerseits eine Offenheit der Kommunen gegenüber neuen Technologien und anderseits ein starker Nachhaltigkeitsbezug, der darauf zielt, ökonomische Ungleichgewichte und soziale Ausgrenzung zu verhindern. Sensorik, Datengewinnung und -verarbeitung sowie neue Formen der Interaktion sollten demzufolge primär dazu dienen, kommunale Prozesse und Dienstleistungen zu verbessern und den Bewohnerinnen und Bewohnern sichere private, öffentliche und digitale Räume zu bieten, in denen sie sich bewegen und verwirklichen können, ohne Freiheitsrechte durch Überwachung zu verlieren (ebd.: 9).

Wie diese Wertebasis gegenüber proprietär agierenden IT-Anbietern umgesetzt und akute Missstände einer monopolisierten Plattformökonomie eingedämmt werden sollen, bleibt in der Charta unbeantwortet. Eine greifbare Konsequenz könnte die Nutzung von Software-Systemen mit offenen Quellcodes und die Transparenz von Entscheidungskriterien der verwendeten Algorithmen sein. Die normative Setzung »digitale Transformation braucht Transparenz, Teilhabe und Mitgestaltung« wird in den Leitlinien der Smart-City-Charta auch großgeschrieben (ebd.), dennoch findet sich in der Charta keine explizite Kritik an der Macht von Software-Anbietern und an der Datenkontrolle durch Privatunternehmen. Genausowenig wird die Möglichkeit formuliert, in Reallaboren Open-Source-Lösungen mit zivilgesellschaftlicher Beteiligung zu entwickeln.

STADT ALS REALLABOR SOZIO-TECHNISCHER EXPERIMENTE

In der Smart-City-Charta wird explizit eine technologieoptimistische Forschungsagenda vertreten, die Bedarfs- und Risikoanalysen verfolgt. Hier kommt die Reallabor-Idee ins Spiel. Denn die Smart-City-Charta legte auch gleich das gewünschte Forschungsformat fest: »Experimentierräume und Reallabore mit aufgelockerter Regulierung werden ermöglicht. So können Smart City-Ansätze getestet, Innovationen gefördert und Technologien schneller zur Marktreife gebracht werden.« (BBSR 2017: 14) Hiermit wird ein grundsätzlich unternehmensorientierter Forschungsansatz festgeschrieben, der davon ausgeht, dass nicht die beschleunigte und unbegrenzte Datensammlung und -vernetzung ein Problem sein könnte, sondern allein die Akzeptanz der Bevölkerung, die digitale Infrastrukturen nutzt und dabei Daten generiert. Die raum- und sozialwissenschaftliche Stadtforschung wird damit auf eine wissenschaftliche Begleitforschung für die Profitinteressen von IT und datenverarbeitenden Unternehmen reduziert.

Denn in den Reallaboren der digitalen Transformation werden eben gerade nicht die sozialen Risiken und ökologischen Rebound-Effekte untersucht. Im Smart-City-Diskurs deutscher Städte ist eine Inklusionsidealisierung und ein *green washing* zu erkennen. IT-Unternehmen und Smart-City-begeisterte Politiker*innen suggerieren, dass die Digitalisierung gleichzeitig sozialen, ökologischen und ökonomischen Nutzen hat. Das ist realitätsblind und naiv. Für den globalen Klimaschutz und die Gesundheit hilft es nicht, wenn PKWs digital vernetzt durch die Stadt fahren. Vielmehr müsste in Städten der motorisierte Verkehr radikal reduziert werden. Und dazu braucht es keine Digitalisierung. Im Gegenteil: In Folge digitaler Kommunikation steigt der Individual- und Güterverkehr weiter an (u. a. durch Onlineshopping). Digitale Infrastrukturen sind nicht für die Verkehrsvermeidung vorgesehen, sondern sollen helfen, das Wachstum des motorisierten Verkehrs durch eine bessere Auslastung des vorhandenen Straßennetzes zu bewältigen (zu Rebound-Effekten vgl. Lange/Santarius 2018). Auch eine digital vernetzte E-Mobilität trägt nichts zur Entschleunigung des Verkehrs, zur Reduzierung des Flächenverbrauchs für den ruhenden Verkehr oder zur Reduzierung des Ressourceneinsatzes pro Fahrzeug bei. Wirtschaft und Politik sehen in der Digitalisierung in erster Linie einen neuen Wachstumsmotor für etablierte Strukturen der funktionalen, automobilen Stadt.

Auch der wissenschaftliche Beirat der Bundesregierung Globale Umweltveränderungen (WBGU) setzt in seinem Urbanisierungsgutachten von 2016 »Der Umzug der Menschheit: Die transformative Kraft der Städte« auf Reallabore, um komplexe sozio-technische Transformationsprozesse für eine nachhaltige Stadtentwicklung zu stärken: »Städte [...] werden so zu ›Reallaboren‹ für ihre eigenen transformativen Lösungen. [...] In ›Reallaboren‹ können Wissenschaftlerinnen und Akteure durch Ausprobieren und Experimentieren gemeinsam Wissen und Problemlösungen für die urbane Transformation erarbeiten.« (WBGU 2016: 20) Reallabore sollen Umgebungen sein, in denen sich Akteure und die für Transformationsprozesse relevanten sozio-technischen Einflussfaktoren beobachten und beeinflussen lassen. Der WBGU schlägt vor, dass »weltweit urbane Reallabore eingerichtet werden, die unabhängig von kurzen Projektlaufzeiten agieren«. Die Autor*innen des Gutachtens haben die Bundesregierung aufgefordert, global verteilt 50 urbane Reallabore zu unterstützen, um das Wissen über Transformationsprozesse im urbanen Kontext zu verbessern und vergleichen zu können. Die ausgewählten Reallabore sollen dann als Modell für weltweite Smart-City-Vorhaben dienen.

Die Idee, soziale Dynamiken und Umweltverhältnisse zum einen als räumlich verortet zu betrachten und zum anderen die Beobachtung in diesen abgegrenzten Räumen als übertragbar zu begreifen, hat sich in der Transformationsforschung mittlerweile durchgesetzt. Auch die Übertragbarkeit von kleinräumigen Reallaboren auf andere Maßstabsebenen wird nicht angezweifelt. In Städten »lassen sich gesamtgesellschaftliche Entwicklungen ›im Reagenzglas‹ beobachten und Erkenntnisse auf höhere Ebenen skalieren« (Schneidewind 2014: 3). Auf Basis der Forschungspraxis in Reallaboren werden Erkenntnisse, die in lokalspezifischen Settings und Bedingungen entstanden sind, verallgemeinert. Aber gerade Diversität und Komplexität sozialer und sozialökologischer Verhältnisse zeichnet Städte und Stadtgesellschaften aus. Reallabor-Analysen in großstädtischen Kontexten können daher nur einen stark beschränkten Ausschnitt von Möglichkeitsräumen für eine kreative, zukunftsoffene Urbanität wahrnehmen und abbilden.

REALLABORE SIND KEIN ORT FÜR KREATIVE GESELLSCHAFTSMODELLE

Die Idee des Reallabors überträgt den naturwissenschaftlichen Labor-Begriff auf die Analyse gesellschaftlicher und politischer Prozesse und knüpft an die experimentelle Wende in den Wirtschaftswissenschaften an (Schneidewind 2014: 4). Der Begriff des Labors suggeriert, dass es sich um einen Ort handelt, an dem die Einflussfaktoren des Experiments kontrolliert, Daten zusammengetragen und analysiert und die Ergebnisse zum allgemeinen Wissensgewinn geteilt werden. Städte können jedoch keine Laboratorien in diesem Sinne sein. Weder sind kontrollierte Laborbedingungen herzustellen noch besteht das Interesse der beteiligten IT-Unternehmen an einer ergebnisoffenen Forschung (Karvonen/Heur 2014). Bestenfalls führen Experimente im urbanen Kontext zur Verhandlung vielfältiger Erwartungen von möglichen und gewünschten Zukünften und beeinflussen die gesellschaftliche Beteiligung bei der Veränderung sozio-technischer Regime.

Die Vision der Smart City ist in ihrer aktuellen Ausprägung strukturkonservativ ausgerichtet und auf eine technologische Modernisierung beschränkt, die von einer funktionalistischen Idee von Stadt geprägt ist. Ein Schlüsselkonzept der IT-Branche ist zwar »Innovation durch Disruption«, aber diese Idee, durch die Zerschlagung überkommener Strukturen Raum für Innovationen zu schaffen, ist nur für kapitalisierbare Innovationen vorgesehen. Die Idee, technologische Innovationen mit gesellschaftspolitischen Reformen zu verbinden, ist bisher nicht zu erkennen. Es könnten auch die Bedürfnisse der Mehrheit der Großstadtbewohner*innen, wie z. b. in günstigen und gesunden Wohnungen zu leben, stressfreie Mobilitätsangebote zu nutzen oder ihren Lebensraum mitzugestalten, der Ausgangspunkt für technologische Innovationen sein. Bisher wird der Innovationsprozess umgekehrt gestaltet und in Reallaboren nach Anwendungsmöglichkeiten für digitale Technologien gesucht. Die Smart-City-Forschung in Reallaboren ist vor diesem Hintergrund aus meiner Sicht von mehreren Tendenzen geprägt, die der Beachtung kreativer Stadtgesellschaften eher im Wege stehen:

- **Tendenz der Standardisierung** von Stadtentwicklungsstrategien durch die von IT-Unternehmen angetriebenen technologischen Lösungen und digital vernetzten Infrastrukturen. Angeboten werden zwar für jede Stadt maßgeschneiderte Lösungen, die bei genauerer Betrachtung allerdings eher *one size fits all*-Pakete sind.
- **Tendenz eines Lokalismus** durch die Betrachtung räumlich abgeschlossener sozialer und politischer Handlungsfelder der Stadtentwicklung (Kemper/Vogelpohl 2011). Prozesse der Digitalisierung in Städten sind nie auf die städtische Maßstabsebene beschränkt. Zum einen sind interessensstarke Akteure involviert, die auf nationaler und globaler Ebene agieren, und zum anderen beanspruchen digitale urbane Infrastrukturen Rohstoffe, die an anderen Orten der Welt hohe soziale und Umweltkosten verursachen.
- **Tendenz zur Machtverschiebung** durch eine experimentelle Stadtentwicklung, die die Beteiligung von IT-Unternehmen an der Ziel- und Rahmensetzung der Reallabore privilegiert. Diese Form der lösungsorientierten Forschung führt zu einer selektiven Wissensproduktion.
- **Tendenz einer Normalisierung** von datengesteuerten Stadtvisionen durch eine herrschaftsförmige Zukunftsgestaltung, in der Experimente als ein Governance-Modus genutzt werden, die alternative Stadtzukünfte oder zivilgesellschaftlichen Interventionen marginalisieren.
- **Tendenz der Normierung** urbaner Lebensweisen und sozialer Diversität durch den zunehmenden Einsatz von algorithmengenerierter Steuerung von Infrastrukturen im privaten und öffentlichen Raum. Lebensweisen, die eher auf Entschleunigung und Vergemeinschaftung setzen, sind in den Reallaboren einer digitalen Transformation nicht vorgesehen.

Städte sind keine Labore, in denen kontrollierte Experimente durchgeführt werden können. Städte sind vielmehr reale Orte mit realen Menschen, die das Recht haben, mit smarten Problemlösungen jenseits von Wachstumsinteressen oder den Digitalisierungsfantasien globaler IT-Unternehmen zu leben. Um diese Perspektiven in der Smart-City-Forschung aufnehmen zu können, ist eher eine Grundlagenforschung notwendig, die auch die Probleme einer unternehmerischen Stadt kritisieren kann, als eine transdisziplinäre Forschung, die auf eine unternehmensorientierte Begleitforschung beschränkt bleibt. Und diese Grundlagenforschung sollte sich auch mit den Konsequenzen der beschriebenen Tendenzen von Standardisierung, Lokalismus, Machtverschiebung, Normierung und Normalisierung für eine nachhaltige Stadtentwicklung auseinandersetzen.

SMART-CITY-FORSCHUNG ALS BEGLEITFORSCHUNG DER DIGITALEN URBANISIERUNG

Die deutsche und europäische Forschungsförderung zur Zukunft der Städte setzt aktuell auf eine kooperative Forschung zwischen Wissenschaft, Kommunalverwaltung und Privatwirtschaft mit dem Ziel, gesellschaftlichen Wandel in Städten zu gestalten (Bulkeley/Castán Broto 2012). In der EU und explizit in Deutschland gibt es eine Reihe von Förderprogrammen, die mit dem Anspruch verbunden sind, Stadtforschung mit kommunaler Praxis und Privatwirtschaft zu verbinden und eine konkrete Übersetzung von Forschungsergebnissen in die Verwaltungspraxis und den kommunalen Infrastrukturwandel (insbesondere in den Bereichen Energiewende, Klimaanpassung und E-Mobilität) zu gewährleisten.

Für die deutsche Smart-City-Forschung sind u. a. die Forschungsförderungen des BMBF im Rahmenprogramm »Forschung für Nachhaltige Entwicklung« relevant, die sich explizit mit transdisziplinärer Forschung in städtischen Reallaboren beschäftigen. Mit dem Ansatz soll die Mensch-Technik-Interaktion in den Bereichen Mobilität, Wohnen, Energie, Entsorgung und Ressourcenschutz verbessert werden. In Reallaboren testen öffentliche und private Forschungseinrichtungen zusammen mit kommunalen und privaten Unternehmen und zivilgesellschaftlichen Akteuren (z. B. Umweltverbänden) neue Prototypen und Geschäftsmodelle unter besonderem Einbezug u. a. digitaler Produkte und Dienstleistungen.

In der Stadtforschung findet durch die Einbindung der Privatwirtschaft eine Kanalisierung von Fördermitteln statt, die in einem solchen Umfang zuvor eher aus der Energieforschung bekannt war. Das wird bei der Stadtforschung durch EU-Mittel noch deutlicher: In der laufenden Horizont 2020-Förderperiode stehen »smart city solutions, performance measurement and best practice identification« im Fokus. Für das fünfjährige Projekt »GrowSmarter – transforming cities for a smart sustainable Europe« mit 38 Partnern aus zwölf Ländern werden z. B. knapp 25 Millionen Euro investiert. In dem Projekt verfolgen die beteiligten Kommunen, Unternehmen des IT-, Verkehrs- und Energiesektors und Forschungsinstitute das Ziel, in drei so genannten Leuchtturmstädten die Markteinführung von digitalen Innovationen in den Bereichen Mobilität, Wohnen und Lebensqualität vorzubereiten (vgl. www.grow-smarter.eu). Im gleichen Zeitraum wird auch das Projekt »REgeneration MOdel for accelerating the smart URBAN transformation, REMOURBAN« mit über 21 Millionen Euro gefördert, das ein ähnlich zusammengesetztes Forschungskonsortium aufweist. Welche Rolle können kritische Stadtforscher*innen in solchen Verbünden mit eindeutigen Verwertungsinteressen überhaupt noch spielen? Können sie überhaupt alternative Transformationen anstoßen? Vorliegende Evaluationen zur Forschungspraxis in Smart-City-Projekten lassen keine eindeutige Antwort zu, zeigen aber einen Trend zu normativ-affirmativen Fragestellungen (vgl. Castán Broto/Bulkeley 2013).

Kritische Perspektiven sind in der aktuellen Smart-City-Forschung auf Grund der bevorzugten Vergabe öffentlicher Forschungsmittel an IT-Unternehmen nur marginal vertreten. Zusätzlich zu dieser institutionell bedingt affirmativ ausgerichteten Smart-City-Forschung hat die Reallabor-Praxis zu einer stark lösungs- und managementorientierten Ausrichtung geführt, die gesellschaftsstrukturelle Problemstellungen wie die zunehmende soziale Spaltung in Städten oder Gentrifizierung nicht mehr hinterfragt.

Mit der Forschungspraxis der Reallabore hat sich auch die Rolle der Forschenden so weit verändert, dass kritische Positionen nur schwer zu formulieren sind. Anders als bei der naturwissenschaftlichen Laborforschung nehmen hierbei Wissenschaftler*innen jedoch nicht nur eine beobachtende Rolle ein, sondern sind gestaltend am Realexperiment beteiligt. Außerdem übernehmen sie eine moderierende Rolle zwischen den am Experiment beteiligten kommunalen, privatwirtschaftlichen und zivilgesellschaftlichen Akteuren und entwickeln Handlungsempfehlungen für die zukünftige Umsetzung der Ergebnisse und die Übertragbarkeit in andere Kommunen (vgl. Forschungsagenda Zukunftsstadt des BMBF 2015). Die Problematik dieser Rollenvielfalt – die in vielen Projekten von ein und der selben Person übernommen wird – ist im Kontext der Partizipationsforschung ausführlich thematisiert worden (Knierim/Bauriedl/Foos/Hutter 2013). Stadtforscher*innen können in diesem Setting gegenüber den Projektpartner*innen nicht mehr ihre kritische Expertise einbringen und werden von der zivilgesellschaftlichen Öffentlichkeit nicht mehr als unabhängige Wissenschaftler*innen wahrgenommen.

Paradoxerweise war gerade die Forschung für Nachhaltigkeit des BMBF ursprünglich mit einem kapitalismus- und wachstumskritischen Anspruch angetreten. Die Umwelt- und Nachhaltigkeitsforscher*innen hatten in den

1990er Jahren eine praxisorientierte, interdisziplinäre Forschung gefordert, die dem Anspruch gerecht wird, komplexe Wechselwirkungen sozialer und ökologischer Prozesse besser verstehen zu können. Mit der Verschiebung des Nachhaltigkeitsdiskurses hin zu einem *green growth*-Diskurs wurde auch das Ideal einer nachhaltigen Stadtentwicklung immer stärker mit einer unternehmerischen Stadt verbunden. Die Digitalisierung passt sich in diesem Diskurs gut als alternativlose Chance für Wirtschaftswachstum und Umweltschutz der Städte ein. Eine kritische Stadtforschung hat nun die Aufgabe, emanzipatorische und kapitalismuskritische Forschungsperspektiven (wieder) einzubringen und gleichzeitig die dominante Erzählung der Alternativlosigkeit wachstums- und technologiefixierter Urbanisierung aufzubrechen.

Literatur

BBSR – Bundesinstitut für Bau-, Stadt- und Raumforschung (2018): Nudging in der digitalen Stadt. Bonn: BBSR.

BBSR – Bundesinstitut für Bau-, Stadt- und Raumforschung (2017): Smart City Charta. Digitale Transformation in den Kommunen nachhaltig gestalten. Bonn: BBSR.

BMBF – Bundesministerium für Bildung und Forschung (2015): Zukunftsstadt. Strategische Forschungs- und Innovationsagenda. Berlin: BMBF.

Bulkeley, Harriet/Castán Broto, Vanessa (2012): Government by experiment? Global cities and the governing of climate change. In: Transactions of the Institute of British Geographers 37, S. 1–15.

Castán Broto, Vanessa/Bulkeley, Harriet (2013): A survey of urban climate change experiments in 100 cities. In: Global Environmental Change 23, S. 92–102.

Defila, Rico/Di Giulio, Antonietta (2018): What is it good for? Reflecting and systematizing accompanying research to research programs. In: GAIA 27 (1), S. 97–104.

Deutscher Städtetag (Hg.) (2015): Integrierte Stadtentwicklungsplanung und Stadtentwicklungsmanagement – Positionspapier des Deutschen Städtetages. Berlin, Köln: Deutscher Städtetag.

Evans, James/Karvonen, Andrew/Raven, Rob (Hg.) (2016): The Experimental City. London: Routledge.

Folstad, Asbjorn (2008): Living labs for innovation and development of information and communication technology: a literature review. In: The Electronic Journal for Virtual Organization and Networks 10, S. 99–131.

Hajer, Maarten (1993): Discourse Coalitions and the Institutionalization of Practice. The Case of Acid Rain in Great Britain. In: Frank Fischer/John

Forester (Hg.), The Argumentative Turn in Policy Analysis and Planning, Durham: Duke University Press, S. 43–76.

Karvonen, Andrew/Heur, Bas von (2014): Urban Laboratories: Experiments in Reworking Cities. In: International Journal of Urban and Regional Research 38 (2), S. 379–392.

Kemper, Jan/Vogelpohl, Anne (2011): Lokalistische Stadtforschung, kulturalisierte Städte. Zur Kritik einer »Eigenlogik der Städte«. Münster: Westfälisches Dampfboot.

Knierim, Andrea/Bauriedl, Sybille/Foos, Eva/Hutter, Gerard (2013): Zur Rolle der Forschenden beim Praktizieren von Partizipation. In: Andrea Knierim/ Stefanie Baasch/Manuel Gottschick (Hg.), Partizipation und Klimawandel. Ansprüche, Konzepte, Umsetzungen, München: Oekom-Verlag, S. 259–265.

van Laak, Dirk (2018): Alles im Fluss. Frankfurt a. M.: Fischer.

Luque-Ayala, Andrés/Marvin, Simon (2016): The maintenance of urban circulation: An operational logic of infrastructural control. In: Environment and Planning D: Society and Space 34 (2), S. 191–208.

Lange, Steffen/Santarius, Tilman (2018): Smarte grüne Welt. Digitalisierung zwischen Überwachung, Konsum und Nachhaltigkeit. München: Oekom.

Schliwa, Gabriele/McCormick, Kes (2016): Living labs. Users, citizens and transitions. In: James Evans/Andrew Karvonen/Rob Raven (Hg.) (2016), The Experimental City, London: Routledge, S. 163–176.

Schneidewind, Uwe (2014): Urbane Reallabore. Ein Blick in die aktuelle Forschungswerkstatt. In: Planung neu denken 3, S. 1–7.

WBGU – Wissenschaftlicher Beirat der Bundesregierung Globale Umweltveränderungen (2016): Hauptgutachten. Der Umzug der Menschheit: Die transformative Kraft der Städte. www.wbgu.de/hg2016 vom 20.05.2018.

»Smart«, aber ungerecht?
Die Smart-City-Kritik mit Nancy Fraser denken

Marit Rosol, Gwendolyn Blue, Victoria Fast

1 EINLEITUNG[1]

Nachdem lange Zeit befürwortende Perspektiven die Smart-City-Debatte dominierten, werden seit etwa 2014 zunehmend auch kritische Stimmen laut (u. a. Hollands 2015; Kitchin 2016; Köhler 2016; Söderström/Paasche/Klauser 2014; Viitanen/Kingston 2014; Wiig/Wyly 2016; Greenfield 2013; Bauriedl/Strüver 2017; Hollands 2008). Zwar verweisen diese Beiträge indirekt auf Fragen sozialer Gerechtigkeit und Teilhabe (vgl. ausführlicher in Abschnitt 2); was genau darunter zu verstehen ist, bleibt jedoch bisher vage und theoretisch unterentwickelt.

Um den recht abstrakten Begriff der Gerechtigkeit für die Smart-City-Kritik nutzbar zu machen und diese somit zu stärken, nutzen wir in diesem Beitrag die Gerechtigkeitstheorie der Philosophin Nancy Fraser. Auch wenn er nicht explizit für städtische Zusammenhänge entwickelt wurde (vgl. dafür u. a. Harvey 1973; Fainstein 2010; Soja 2010; Lefebvre 2003 [1970]; Brenner/Marcuse/Mayer 2009; Marcuse et al. 2009), überzeugt uns der Gerechtigkeitsansatz Frasers. Er erlaubt uns, Fragen ökonomisch-materieller, kultureller und politischer Gerechtigkeit analytisch zu trennen und zugleich deren enge (empirische) Verflechtung herauszuarbeiten. Somit geht er über Theorien hinaus, die entweder materielle Umverteilung oder aber kulturelle Anerkennung in den Vordergrund stellen; denn, wie Fraser betont: »[N]o redistribution or recognition without representation« (Fraser 2005: 85 f.). Eine auf Frasers Gerechtigkeitstheorie basierende Kritik ermöglicht eine umfassende und differenzierte Auseinandersetzung mit den ungleich verteilten Rechten, Verantwortlichkei-

---

1 | Übersetzung: Marit Rosol. Wir danken Hanna Augustin und Benno Fladvad sowie den Herausgeberinnen für ihre hilfreichen Anmerkungen. Dieser Beitrag entstand im Rahmen des interdisziplinären Forschungsprojekts »The Social and Environmental Implications of Smart Cities: A Global Comparative Research Agenda« an der Universität Calgary.

ten, Pflichten und Möglichkeiten in Zeiten, in denen digitale Netzwerke und internetbasierte Infrastrukturen zunehmend als zentrales Ziel der Stadtentwicklung und öffentliches Gut dargestellt werden.

Der folgende Abschnitt reformuliert und erweitert die existierende Kritik an der Smart City entlang der von Fraser beschriebenen drei Achsen von Gerechtigkeit: Umverteilung, Anerkennung und Repräsentation. Im letzten Abschnitt diskutieren (und verwerfen) wir Ideen für die »alternative« Smart City. Stattdessen plädieren wir dafür, dass sich kritische Analysen, politische Maßnahmen und soziale Kämpfe in einem weiteren Sinne für städtische soziale Gerechtigkeit im digitalen Zeitalter einsetzen und dabei von Frasers theoretischen Einsichten anleiten lassen. Insgesamt möchten wir unseren konzeptuell angelegten Beitrag als mögliche Grundlage für weitergehende empirische Studien als auch politische Interventionen anbieten.

2 Gerechtigkeit als Gleichheit von Teilhabe

Fraser definiert Gerechtigkeit zunächst allgemein als Gleichheit von Teilhabe am gesellschaftlichen Leben *(parity of participation)*, basierend auf »social arrangements that permit all (adult) members of society to interact with one another as peers« (Fraser 2013: 164). Dies verlangt zum einen die Beseitigung von ungerechter materieller Verteilung *(redistribution)*, zum anderen von fehlender kultureller Anerkennung *(recognition)*. In ihren späteren Arbeiten, vor dem Hintergrund einer zunehmend vernetzten und globalisierten Welt und der sich daraus ergebenden veränderten Rolle von Nationalstaaten (Fraser 2013: 191), ergänzt Fraser Repräsentation *(representation)* als dritte, politische Bedingung. Zentral für Frasers Ansatz ist es, dass soziale Gerechtigkeit auf keine einzelne Dimension reduziert werden kann, sondern notwendig alle drei Dimensionen umfasst (Fraser 1995; 1997).

2.1 Umverteilung

Eine Analyse der Smart-City-kritischen Literatur aus der Perspektive von Frasers dreidimensionaler Theorie zeigt, dass der Mehrheit der Kritik indirekt ein materielles Verständnis von Gerechtigkeit zugrunde liegt. Die Kritik bezieht sich also v. a. auf die »social arrangements that institutionalize deprivation, exploitation and gross disparities of wealth, income, and leisure time, thereby denying some people the means and opportunities to interact with others as peers« (Fraser 2013: 164).

So kritisiert z. B. Hollands Smart-City-Programme insgesamt als »technologically led, corporately influenced and tied to competitive models of the entrepreneurial city [...] undertaken by city governments for urban marketing/

branding purposes« (Hollands 2015: 70). Das Ziel von transnationalen Technologieunternehmen wie IBM, Cisco und Google sei es, ihren Profit zu maximieren, indem sie Märkte schaffen und ausdehnen, sowie Städte an die von ihnen gelieferten technischen Infrastrukturen binden (Rauth 2015; Söderström/Paasche/Klauser 2014; Datta 2015; Kitchin 2014; Viitanen/Kingston 2014). Die Smart City sei dabei ein Beispiel für einen allgemeinen Trend hin zu einem kognitiv-kulturellem Kapitalismus[2] (Söderström/Paasche/Klauser 2014: 308; vgl. auch Wyly 2013; Scott 2011), der auch als Suche nach einem neuen »spatial fix« (Harvey 2001) in Zeiten von Überakkumulation verstanden werden kann (Hollands 2008). Kritiker_innen erinnern uns zudem daran, dass derartige Akkumulationsstrategien erst durch die Privatisierung staatlicher Telekommunikationssysteme möglich wurden (Hollands 2015).

Eine solcherart kommerzielle Ausrichtung städtischer Governance hat verschiedene distributive Konsequenzen: Erstens werden die beträchtlichen Kosten für Smart-City-Technologien mehrheitlich öffentlich getragen, was einer Subventionierung des privaten Sektors gleichkommt. Zudem führt die politisch forcierte Priorisierung von IT-Investitionen zu einer problematischen Verschiebung öffentlicher Gelder. Weniger spektakulären und ohnehin bereits unterfinanzierten Bereichen öffentlicher Aufgaben (z. B. Sozialwohnungsbau, Bildung, Gesundheit), die für die Lösung drängender städtische Probleme wie Armut und Ungleichheit weitaus geeigneter sind, werden dringend benötigte Mittel entzogen. Darüber hinaus führt die Priorisierung der IT potentiell zur Vernachlässigung von grundlegenden analogen städtischen Infrastrukturen wie der Abfallwirtschaft und Abwassersystemen (Hollands 2008; 2015; Söderström/Paasche/Klauser 2014). Drittens werden Kosten teilweise direkt auf die Privathaushalte umgelegt, z. B. die Kosten für smarte Stromzähler. Diese belasten ärmere Haushalte stärker, da die Anschaffungskosten nicht durch einen geringeren Verbrauch ausgeglichen werden können (Viitanen/Kingston 2014: 810; Rauth 2015). Ein viertes Umverteilungsproblem ergibt sich aus der grundsätzlichen Frage, wer die permanent gewonnenen Daten besitzt und den Zugang zu ihnen kontrolliert bzw. wer davon profitiert. Auch hier ist die Einschätzung pessimistisch, denn »large private vendors [...] control huge swathes of the information economy and will have disproportionate control over the future development of the economy and society thanks to the winner-take-all dynamic enabled and amplified by the internet.« (Rabari/Storper 2014: 38 f.)

---

2 | Dessen Hauptcharakteristika sind: »(1) [T]he new forces of production that reside in digital technologies of computing and communication; (2) the new divisions of labor that are appearing in the detailed organization of production and in related processes of social re-stratification; and (3) the intensifying role of mental and affective human assets (alternatively, cognition and culture) in the commodity production system at large« (Scott 2011: 846).

Insgesamt wird »the real geography of an unevenly-developed world of richer and poorer cities, regions and countries [...] not be effaced by the digital revolution« (Rabari/Storper 2014: 40). Eine Überlagerung bestehender Ungerechtigkeiten mit Smart-City-Technologien löst diese also nicht auf, sondern wird sie i. d. R. verstärken. Somit sind neue soziale und ökonomische Spaltungen zu erwarten (Söderström/Paasche/Klauser 2014; Hollands 2008; 2015; Viitanen/Kingston 2014; Köhler 2016: 273). All dies steht einer *parity of participation* als Voraussetzung sozialer Gerechtigkeit entgegen.

2.2 Anerkennung

Anerkennung, die zweite Gerechtigkeitsdimension, ist für Fraser keineswegs mit Identitätspolitik gleichzusetzen. Vielmehr bezieht sie sich auf die sozialen Kämpfe, welche Strukturen der Unterordnung und Abwertung überwinden wollen. Der Fokus liegt auf den institutionalisierten Mustern, Strukturen und Politiken, die Ungleichheiten in Bezug auf sozialen Status erzeugen und aufrechterhalten. Fehlende Anerkennung *(misrecognition)* tritt dann auf, wenn die kulturellen Werte, die mit bestimmten Gruppen in Verbindung gebracht werden, diese als minderwertig erscheinen lassen und somit ihre gleichberechtigte Teilhabe am sozialen Leben erschwert oder verunmöglicht (Fraser 2013: 164).

Insgesamt ist die Aufmerksamkeit für Status entlang von Herkunft, Geschlecht und anderen Achsen sozialer Differenzierung in der kritischen Smart-City-Literatur noch stark vernachlässigt und die vielfältigen und miteinander verbundenen Statusungleichheiten erfordern deutlich mehr Aufmerksamkeit in der kritischen Analyse. Entgegen der weitverbreiteten Behauptung der Smart-City-Befürworter_innen, dass die Vorteile der technologischen Innovation sämtlichen Bewohner_innen zugutekommen würden (McFarlane/Söderström 2017), weisen kritische Wissenschaftler_innen jedoch darauf hin, dass die Realisierung der Smart City auch »smart citizens« erfordere. Dies lässt nur wenig Raum für die »technologically illiterate, the poor and, in general, those who are marginalised from the smart city discourse« (Vanolo 2014: 893).

Zudem benachteiligt die Smart City nicht nur die diskursiv abgewerteten weniger technologie-affinen Bevölkerungsgruppen, sondern potentiell sämtliche Bevölkerungsgruppen, da »smarte« Systeme i. d. R. intransparenter und schwieriger zu navigieren sind als analoge Systeme (Rabari/Storper 2014: 39). Diese neuen Formen der sozialen Ausgrenzung arbeiten über verschiedene Maßstabsebenen hinweg und betreffen nicht nur Einzelpersonen, sondern auch Städte und ganze Regionen. Indem die Unvermeidbarkeit eines universellen Entwicklungspfads – hin zur Smart City – propagiert wird, können diejenigen, die keine digitalen Technologien übernehmen, als hinterherhinkend (»*lagging behind*«) bezeichnet und damit abgewertet und ausgeschlossen werden (Vanolo 2014: 891–92).

2.3 Repräsentation

In jüngeren Arbeiten erweitert Fraser ihre Gerechtigkeitstheorie um die Dimension der Repräsentation. Diese dritte, politische und zugleich räumliche Dimension bezieht sich auf die Frage, »who is included and who excluded from the circle of those entitled to a just distribution and reciprocal recognition« (Fraser 2013: 195). Repräsentation beinhaltet also zum einen den Aspekt der *Zugehörigkeit*, d. h. der Frage, wer Teil einer politischen Gemeinschaft ist und wer ausgeschlossen wird. Zum anderen sind die Verfahren und Prozesse, welche Inklusion und Exklusion strukturieren, relevant. Ungerechtigkeit liegt bei *misrepresentation* und *misframing* vor, d. h. »when political boundaries and/or decision rules function to wrongly deny some people the possibility of participating on a par with others in social interaction« (Fraser 2013: 196). Die Frage der Repräsentation spielt auch in der Smart-City-Kritik eine Rolle. Sie wird jedoch mehrheitlich indirekt über die Perspektive der Partizipation verhandelt, d. h. über die Frage nach den Möglichkeiten, in konkreten Situationen zur Entscheidungsfindung oder auch zur Datenerhebung beizutragen. Eine Diskussion darüber, wie eine gleichberechtigte Teilhabe sichergestellt werden kann, sowie die Kritik an *misframing* ist unseres Wissens bisher nicht präsent.

Ein Kernargument der Smart-City-Befürworter_innen lautet, dass digitale Technologien partizipative und interaktive Plattformen sowie Daten in Echtzeit zur Verfügung stellen. Beides fördere eine stärkere Beteiligung an kollektiven Entscheidungsprozessen, verstärke die Kontrolle öffentlicher Einrichtungen und trage so zum *empowerment* der Bürger_innen bei. Einige argumentieren sogar, dass digitale Technologien eine fundamentale Rolle in der Förderung demokratischer Werte spielen, wie z. B. »individual freedom, a more genuinely participatory political system, a critical culture and social justice« (Rabari/Storper 2014; zit. in Benkler 2006: 31). So beobachtet etwa Kitchen, dass einzelne »smart city vendors« wie IBM und Cisco inzwischen damit begonnen haben, ihren Diskurs zu verändern »from being top-down managerially focused to stressing inclusivity and citizen empowerment« (Kitchin 2015: 133). So verspricht z. B. die Smart-City-Vision der Stadt Wien eine breite gesellschaftliche Teilhabe als integralen Bestandteil ihrer Strategie.[3]

Mit Hilfe des Konzeptes der Repräsentation kann die Behauptung, die Smart City ermögliche und fördere Partizipation, kritisch hinterfragt werden. Das Konzept der *misrepresentation* ist u. E. für die Kritik von drei der SC zugrundeliegenden Logiken relevant: (1) dem Verständnis von Bürger_innen als

---

3 | Allerdings bezweifeln lokale Kritiker_innen stark, dass die Voraussetzungen dafür, d. h. Mechanismen und Verfahren zur Stärkung der Bürgerbeteiligung, gegeben seien (Laimer 2014; Rauth 2015).

Konsument_innen und Sensoren, (2) der unternehmensgesteuerten urban governance und (3) der Rolle von digitalen Technologien.

1) Vor allem die Anrufung von Bürger_innen als Konsument_innen und Sensoren, anstatt als Gestalter_innen digitaler Technologien (Cardullo/Kitchin 2017; Viitanen/Kingston 2014), erschwert eine gleichberechtigte Teilhabe. Die vielfältigen neuen Technologien ermöglichen es Einzelpersonen zwar, Daten zu sammeln. Wenn sie jedoch nicht in die Lage versetzt werden, diese sinnvoll zu handhaben, bleiben sie lediglich Sensoren (Goodchild 2007), d.h. »a generator of data and a responsive node in a system of feedback« (Gabrys 2014: 38). Entsprechend kann die vermeintliche Bürgerorientierung der Smart City lediglich als eine Tarnung von »Kauf-Mehr«-Strategien entlarvt werden. Die Reduzierung auf Konsument_innen unterliegt nicht nur einer Marktlogik, sondern lenkt v.a. von den Prozessen ab, welche eine demokratische Teilhabe ermöglichen oder aber behindern. Zudem lässt sie Teile der Stadt und der Bevölkerung unberücksichtigt, vor allem diejenigen, denen die Ressourcen, Möglichkeiten oder auch der Wunsch fehlen, digital vermittelte Formen der Partizipation zu nutzen (Viitanen/Kingston 2014). In der Konsequenz werden Bürger_innen zumeist lediglich dazu ermutigt, Lösungen für praktische Probleme zu finden, z.B. eine App mitzuentwickeln, jedoch nicht dazu, die den Planungen zugrundeliegenden politischen Rationalitäten herauszufordern oder zu verändern (Cardullo/Kitchin 2017: 18). Dies reduziert Partizipation auf »computational responsiveness [...] coextensive with actions of monitoring and managing one's relations to environments, rather than advancing democratic engagement through dialogue and debate« (Gabrys 2014: 38). Aktuelle Smart-City-Experimente sind so auch in den wenigsten Fällen das Ergebnis von partizipativer *governance* und demokratischer Entscheidungsfindung (Arbeitsgruppe Smart City 2017: 27).

2) Ein zweiter Fall von *misrepresentation* ergibt sich aus der bereits angesprochenen zunehmenden Kontrolle von Unternehmen über Technologien und Daten (Bauriedl/Strüver 2017; Hollands 2015). Digital vermittelte Interaktionen werden nicht nur von den wirtschaftlichen, kulturellen und politischen Werten sowie den Interessen der gewinnmaximierenden Akteure des Privatsektors dominiert (Hollands 2015). Auch die Behandlung von Problemlagen, auf die Smart Cities reagieren sollen – z.B. der Klimawandel –, werden zunehmend von Unternehmensinteressen geprägt (Blue 2016; Rosol/Béal/Mössner 2017). Es ist daher naheliegend, dass die Hinwendung zu technologisch vermittelten Formen des Regierens auch zukünftig die Interessen transnationaler korporativer Akteure gegenüber anderen Akteuren begünstigen wird (Viitanen/Kingston 2014: 813–4).

3) Ein dritter Bereich von *misrepresentation* resultiert aus der Art und Weise, in welcher interaktive digitale Technologien und künstliche Intelligenz die materiellen und diskursiven Bedingungen von Partizipation restrukturieren

(vgl. ausführlich Greenfield 2017). Technologien bieten nicht einfach ein zusätzliches Angebot, welches Menschen nutzen oder auch nicht nutzen können, sondern sie greifen in gesellschaftliche Prozesse ein und verändern diese. Zum Beispiel erleichtern smarte Technologien die Fähigkeit von Regierungen, Kritik und Proteste zu überwachen, sie zu antizipieren und zu unterdrücken (Arbeitsgruppe Smart City 2017: 35; Laimer 2014). Die Präsenz und die Erfordernisse smarter Technologien führen zu neuen Formen erwünschten Verhaltens, zu Kontrolle und auch Verantwortungszuschreibung, mit der Folge einer »disziplinierten Stadt« (Vanolo 2014: 884): »On the one hand, citizens are very subtly asked to participate in the construction of smart cities, on the other, they are implicitly considered responsible for this objective.« (Vanolo 2014: 893) Digitale Partizipation geht letztlich also mit Responsibilisierung einher (vgl. u.a. Rosol 2015). Schließlich muss Stadt bzw. müssen städtische Prozesse in eine maschinenlesbare Sprache, d.h. einen Code übersetzt werden, damit digitale Technologien überhaupt zum Einsatz kommen können. Dies wiederum fördert ein seit langem in der Stadtforschung kritisiertes Systemdenken, welches die Entscheidungsfindung auf »technocratic conception of urban management where data and software seem to suffice« (Söderström/Paasche/Klauser 2014: 317) reduziert. Ein solches Systemdenken negiert das immanent Politische von Stadtentwicklung: das Setzung von Prioritäten und den Widerstreit von Interessen.

3 Von der smarten zur gerechten Stadt im digitalen Zeitalter

Jüngere kritische Beiträge weisen nicht nur auf die Probleme der Smart City hin, sondern rufen auch dazu auf, eigene, »alternative smart city stories« zu entwickeln (Söderström/Paasche/Klauser 2014: 307; vgl. auch McFarlane/Söderström 2017). Alternative Konzepte eines smarten Urbanismus aus der kritischen Stadtforschung sehen ihren Ausgangspunkt in den Bewohner_innen und in real-existierenden Städten mit ihren aktuellen Problemlagen, nicht in den Technologien selbst (Hollands 2015: 63). Sie setzen sich beispielsweise für die Verlagerung von technokratischen hin zu einer orts- und wissensbasierten Smart City ein, welche soziale und politische Auseinandersetzungen explizit einschließen (Söderström 2016: 63). Sie lenken unsere Aufmerksamkeit auf Möglichkeiten einer gerechten Nutzung von Technologien, z.B. durch »digitizing slums« (McFarlane/Söderström 2017). Sie verweisen auf »myriads of initiatives where technology is used to empower community networks, to monitor equal access to urban infrastructures or scale up new forms of sustainable living« (Söderström/Paasche/Klauser 2014: 318) und befürworten einen Einsatz von Technologien, welche der Stärkung von partizipativen und bürgerbasierten

»intelligenten« Initiativen dienen (Hollands 2015; 2008). Diese alternativen Visionen von smartem Urbanismus sind vor allem deswegen wertvoll, da sie Gegenerzählungen schaffen, die den vorherrschenden Diskurs transnationaler IT-Konzerne in Frage stellen.

Die Frage jedoch bleibt, wie wir eine starke alternative Vision erschaffen, die sich nicht auf das beschränkt, was Krivý als eine *auxiliary critique* bezeichnet, die nur »particulars to the object of critique« hinzufügt, »while leaving its foundational contradictions unexamined« (Krivý 2018: 14)? Dazu müssen wir über eine Kritik der Smart City hinausgehen, die von den Befürworter_innen ohne größere Anstrengung zu entkräften ist, indem sie z. B. behaupten »Of course, that's our agenda, too« oder »we are working on it.« (Krivý 2018: 21–22) Krivý bezweifelt daher, dass die Smart City durch eine »bottom-up liberation of technologies in the name of people« oder über »liberal humanist values of inclusion, empowerment, sustainability and digital privacy« herausgefordert werden kann (Krivý 2018: 21). Auch Söderström et al. fragen, wie wir alternative Narrative fördern können, die zwar ortsbezogen sind und somit auf lokale Bedürfnisse eingehen, jedoch über »anecdotal small-scale actions« (Söderström/Paasche/Klauser 2014: 318) hinausgehen.

Im Rückgriff auf Fraser ordnen wir die bisher vorgeschlagenen Alternativen als lediglich *affirmative* Lösungen für die Probleme der Smart City ein. Mit affirmativen Lösungen meint sie »remedies aimed at correcting inequitable outcomes of social arrangements without disturbing the underlying framework that generates them« (Fraser 1995: 82). Affirmative Abhilfemaßnahmen können durchaus wertvolle Ergebnisse haben, indem z. B. Daten erhoben werden, welche die Forderungen von Slum-Bewohner_innen unterstützen können. Jedoch beseitigen sie nicht die Ursachen für die Existenz von Slums.

Deshalb plädieren wir mit Fraser für *transformative* Ansätze, »aimed at correcting inequitable outcomes precisely by restructuring the underlying generative framework« (Fraser 1995: 82). Bezogen auf das Beispiel der Smart City bedeutet dies, dass wir den Kern der Diskussion verschieben wollen weg von der Smart City, auch einer alternativen Smart City, hin zu einer gerechten Stadt und einem gerechten Urbanismus im digitalen Zeitalter. Eine solche Stadt im Sinne Frasers umfasst eine *distributive* Dimension, die auf die Überwindung von materiellen Ungleichheiten abzielt, eine *Anerkennungsdimension*, die den Abbau von Statushierarchien forciert, und eine *Repräsentationsdimension*, die auf transformative Möglichkeiten zur Umgestaltung der Bühne »on which struggles over distribution and recognition are played out« (Fraser 2013: 195) ausgerichtet ist.

Dabei können (und wollen) wir nicht definieren, wie eine solche gerechte Stadt im Detail aussehen wird. Jedoch erlaubt Frasers Idealvorstellung von Gerechtigkeit als Parität von Partizipation, Fragen zu formulieren, welche entsprechende Bemühungen und Maßnahmen anleiten können. Einige dieser Fragen werden sich sehr direkt auf die Charakteristika einer zunehmend digital vernetzten Stadt beziehen, beispielsweise, inwieweit Bürger_innen die Möglichkeit haben, sich einer zunehmend internetbasierten Organisation des Städtischen zumindest teilweise zu verweigern und dennoch die Fähigkeit zur vollständigen Teilnahme am gesellschaftlichen Leben beibehalten zu können. Eine weitere wichtige Frage wäre, welche Formen der Präsentation von Forderungen und des Kampfes um Anerkennung durch neue Technologien erleichtert oder aber behindert werden und welche Rolle dabei Eigentums- und Regulationsformen spielen.

Da transformative Ansätze jedoch auf die zugrundeliegenden strukturellen Ursachen einwirken und diese verändern wollen, werden die zentralen Fragen auf die Grundlagen von Gerechtigkeit allgemein ausgerichtet bleiben. Dazu gehören z.B. die folgenden Fragen: Wie werden Ressourcen wie Wohlstand, Einkommen, Arbeit, Freizeit und Land verteilt, wer profitiert von der Einführung digitaler Technologien und wer verliert dabei (Umverteilung)? Werden bestimmte Gruppen von Menschen systematisch abgewertet und damit in ihren Möglichkeiten eingeschränkt, Ansprüche geltend zu machen (Anerkennung)? Wer setzt den Rahmen für politische Kämpfe und Gerechtigkeitsansprüche und wer ist von dieser Rahmensetzung ausgeschlossen (Repräsentation)?

Frasers Ansatz für eine Smart-City-Analyse nutzbar zu machen, bedeutet schließlich, sich den Verbindungen zwischen Ungleichheit hinsichtlich Ressourcenverteilung, sozialem Status und politischer Repräsentation zuzuwenden, die von einer unternehmensgetriebenen Digitalisierung des Städtischen hervorgerufen oder zumindest verstärkt werden. Die Smart-City-Kritik kann dabei von anderen Gerechtigkeitsbewegungen lernen. Gemäß Schlosberg konzentrierten sich z.B. frühe Ansätze der Umweltgerechtigkeitsbewegung primär auf Verteilungsfragen. Neuere Interventionen verfolgen hingegen einen breiteren Ansatz, denn »a thorough notion of global environmental justice needs to be locally grounded, theoretically broad, and plural – encompassing issues of recognition, distribution, and participation« (Schlosberg 2004: 518). Für die Bewegungen für Ernährungssouveränität zeigt Fladvad wiederum, dass diese sich sowohl gegen ein *misframing* wenden, indem sie die globale Ebene adressieren (politische Dimension), die Anerkennung einer bäuerlichen Lebensweise (kulturelle Dimension) fordern, als auch ihre ungerechte Klassenlage anprangern (ökonomische Dimension) (Fladvad 2017: 60f.). Schließlich argumentieren auch Bulkeley et al. in Bezug auf Klimagerechtigkeit für einen dreidimensionalen Ansatz, der die Art und Weise anerkennt, in der »each facet of justice is bound to each of the others« (Bulkeley/Edwards/Fuller 2014: 34). Daran anknüpfend möchten wir mit unserem Beitrag die kritische Stadtforschung ermuntern, ihrer Smart-City-Kritik ein umfassenderes Verständnis von Gerechtigkeit zugrunde zu legen, welches auf ökonomischer, kultureller und politischer Parität von Partizipation basiert.

Literatur

Arbeitsgruppe Smart City (2017): Smart City: Zur Bedeutung des aktuellen Diskurses für die Arbeit am Zentrum Technik und Gesellschaft. Zentrum Technik und Gesellschaft, TU Berlin, Berlin. https://www.tu-berlin.de/file admin/f27/PDFs/Discussion_Papers_neu/discussion_paper_Nr__37.pdf vom 23.01.2018.

Bauriedl, Sybille/Anke Strüver (2017): Smarte Städte. Digitalisierte urbane Infrastrukturen und ihre Subjekte als Themenfeld kritischer Stadtforschung. In: sub\urban. zeitschrift für kritische stadtforschung 5 (1/2), S. 18.

Benkler, Yochai (2006): The wealth of networks: How social production transforms markets and freedom. New Haven: Yale University Press.

Blue, Gwendolyn (2016): Framing Climate Change for Public Deliberation: What Role for Interpretive Social Sciences and Humanities? In: Journal of Environmental Policy & Planning 18 (1), S. 67–84.

Brenner, Neil/Peter Marcuse/Margit Mayer (2009): Cities for people, not for profit. In: City: analysis of urban trends, culture, theory, policy, action 13 (2-3), S. 176–184.

Bulkeley, Harriet/Gareth A. S. Edwards/Sara Fuller (2014): Contesting climate justice in the city: Examining politics and practice in urban climate change experiments. In: Global Environmental Change 25, S. 31–40.

Cardullo, Paolo/Rob Kitchin (2017): Being a ›citizen‹ in the smart city: Up and down the scaffold of smart citizen participation. The Programmable City Working Paper 30. National University of Ireland Maynooth, https://osf.io/ preprints/socarxiv/v24jn vom 10.05.2018.

Datta, Ayona (2015): A 100 smart cities, a 100 utopias. In: Dialogues in Human Geography 5 (1), S. 49–53.

Fainstein, Susan S. (2010): The Just City. Ithaca: Cornell Univ. Press.

Fladvad, Benno (2017): Topologien der Gerechtigkeit. Eine politisch-geographische Perspektive auf das Recht auf Ernährungssouveränität in Bolivien. Kiel: Geographisches Institut der Universität Kiel.

Fraser, Nancy (1995): From Redistribution to Recognition? Dilemmas of Justice in a ›Post-Socialist‹ Age. In: New Left Review (I/212), S. 68–93.

Fraser, Nancy (1997): A Rejoinder to Iris Young. In: New Left Review (I/223), S. 126–129.

Fraser, Nancy (2005): Reframing Justice in a Globalizing World. In: New Left Review (36), S. 69–88.

Fraser, Nancy (2013): Fortunes of Feminism. From State-Managed Capitalism to Neoliberal Crisis. London and New York: Verso.

Gabrys, Jennifer (2014): Programming Environments: Environmentality and Citizen Sensing in the Smart City. In: Environment and Planning D: Society and Space 32 (1), S. 30–48.

Goodchild, Michael F. (2007): Citizens as sensors: the world of volunteered geography. In: GeoJournal 69 (4), S. 211–221.
Greenfield, Adam (2013): Against the smart city. New York City: Do projects.
Greenfield, Adam (2017): Radical Technologies. The Design of Everyday Life. London and New York: Verso.
Harvey, David (1973): Social Justice and the City. Baltimore: John Hopkins University Press.
Harvey, David (2001): Globalization and the »Spatial Fix«. In: Geographische Revue 3 (1), S. 23–30.
Hollands, Robert G. (2008): Will the real smart city please stand up? Intelligent, progressive or entrepreneurial? In: City 12 (3), S. 303–320.
Hollands, Robert G. (2015): Critical interventions into the corporate smart city. In: Cambridge Journal of Regions, Economy and Society 8 (1), S. 61–77.
Kitchin, Rob (2014): The real-time city? Big data and smart urbanism. In: GeoJournal 79 (1), S. 1–14.
Kitchin, Rob (2015): Making Sense of Smart Cities: Addressing Present Shortcomings. In: Cambridge Journal of Regions, Economy and Society 8 (1), S. 131–136.
Kitchin, Rob (2016): Reframing, reimagining and remaking smart cities. Maynooth University, Ireland, https://osf.io/preprints/socarxiv/cyjhg vom 10.05.2018.
Köhler, Bettina (2016): Smart City. In: Bauriedl, Sybille (Hg.) Wörterbuch Klimadebatte. Bielefeld: transcript, S. 269–276.
Krivý, Maroš (2018): Towards a critique of cybernetic urbanism: The smart city and the society of control. In: Planning Theory 17 (1), S. 8–30.
Laimer, Christoph (2014): Smart Cities – Zurück in die Zukunft. In: dérive. Zeitschrift für Stadtforschung (56), S. 4–9.
Lefebvre, Henri (2003 [1970]): The Urban Revolution. Minneapolis: Univ. of Minnesota Press.
Marcuse, Peter/James Connolly/Johannes Novy/Ingrid Olivo/Cuz Potter/Justin Steil (Hg.) (2009): Searching for the just city: debates in urban theory and practice. London: Routledge.
McFarlane, Colin/Ola Söderström (2017): On alternative smart cities. In: City 21 (3-4), S. 312–328.
Rabari, Chirag/Michael Storper (2014): The digital skin of cities: urban theory and research in the age of the sensored and metered city, ubiquitous computing and big data. In: Cambridge Journal of Regions, Economy and Society 8 (1), S. 27–42.
Rauth, Elke (2015): Smart Tales of the City. In: dérive. Zeitschrift für Stadtforschung (58), S. 40–44.
Rosol, Marit (2015): Governing Cities through Participation – A Foucauldian Analysis of CityPlan Vancouver. In: Urban Geography 36 (2), S. 256–276.

Rosol, Marit/Vincent Béal/Samuel Mössner (2017): Greenest cities? The (post-) politics of new urban environmental regimes. In: Environment and Planning A 49 (8), S. 1710–1718.

Schlosberg, David (2004): Reconceiving Environmental Justice: Global Movements And Political Theories. In: Environmental Politics 13 (3), S. 517–540.

Scott, Allen J. (2011): A World in Emergence: Notes Toward a Resynthesis of Urban-Economic Geography for the 21st Century. In: Urban Geography 32 (6), S. 845–870.

Söderström, Ola (2016): From a technology intensive to a knowledge intensive smart urbanism. In: Stollmann, Jörg/Wolf, Konrad/Brück, Andreas/Frank, Sybille/Million, Angela/Misselwitz, Philipp/Schlaack, Johanna/Schröder, Carolin (Hg.): Beware of smart people! Berlin: Universitätsverlag TU Berlin, S. 63–69.

Söderström, Ola/Till Paasche/Francisco Klauser (2014): Smart cities as corporate storytelling. In: City 18 (3), S. 307–320.

Soja, Edward (2010): Seeking Spatial Justice. Minneapolis: Univ. of Minnesota Press.

Vanolo, Alberto (2014): Smartmentality: The Smart City as Disciplinary Strategy. In: Urban Studies 51 (5), S. 883–898.

Viitanen, Jenni/Richard Kingston (2014): Smart Cities and Green Growth: Outsourcing Democratic and Environmental Resilience to the Global Technology Sector. In: Environment and Planning A: Economy and Space 46 (4), S. 803–819.

Wiig, Alan/Elvin Wyly (2016): Introduction: Thinking through the politics of the smart city. In: Urban Geography 37 (4), S. 485–493.

Wyly, Elvin (2013): The city of cognitive-cultural capitalism. In: City 17 (3), S. 387–394.

Smart Cities in Indien
Fortschreibung einer Geschichte modernistischer Stadtplanung

Christian Eichenmüller, Boris Michel

SMART CITIES IM GLOBALEN SÜDEN

Um dem Gegenstand Smart Cities aus einer kritisch sozialwissenschaftlichen Perspektive heraus gerecht zu werden, bedarf es auch eines Blicks auf nichtwestliche Kontexte und dies besonders, da im Globalen Süden unter dem Begriff der Smart City teilweise materiell und symbolisch sehr ambitionierte städtebauliche und stadtplanerische Vorhaben verhandelt und umgesetzt werden. Für Forscher*innen besteht eine der Herausforderungen in diesen oftmals post-kolonialen Räumen darin, den lokalen Gegebenheiten und historischen Entwicklungen der jeweiligen städtischen und nationalstaatlichen Kontexte Rechnung zu tragen, ohne dabei die Diffusionslogiken einer kapitalistisch organisierten und globalisierten Welt aus den Augen zu verlieren. Die Transfer- und Anpassungsprozesse des Smart-City-Konzepts wurden auch in den jüngeren wissenschaftlichen Diskussionen um »policy mobilities« (McCann/Ward 2011) aufgegriffen, allerdings insbesondere mit Bezug auf Städte im globalen Norden (Wiig 2015). Diese Arbeiten beleuchten die Rolle transnationaler Akteure und deren Einfluss auf Zielvorstellungen und Imaginationen auf Seiten von Planer*innen und Politiker*innen: In Graphiken, Hochglanzprospekten und Werbevideos inszenieren PR-Agenturen, Beratungsgesellschaften und IT-Unternehmen die Smart City als eine den Eliten zugewandte, konsumorientierte, durchtechnologisierte und »effiziente« Stadt der Zukunft. Solch idealisierte Vorstellungen sind ein weiteres Beispiel von »fantasy cities« (Watson 2014), also fantastisch anmutende Stadtimaginationen ohne Rückbindung an lokale Gegebenheiten und politische Durchsetzbarkeit. Arbeiten zu »policy mobilities« und Politiktransfer fragen daher danach, wie solche Imaginationen in den unterschiedlichsten Kontexten lokal übersetzt werden.

Die jüngeren Debatten um Vergleichbarkeit und Unterschiedlichkeit von Städten des Globalen Nordens und Südens (z. B. Robinson 2011; Roy 2016) rufen dazu auf, den Blick gen Süden zu richten und kritisch zu reflektieren, dass der

Fokus der bisherigen Stadtforschung maßgeblich von der Geschichte der großen Städte im Globalen Norden geprägt war. Mit Bezug auf die Diskussionen und Politiken rund um den Begriff der Smart City stellt sich also die Frage, welche Rolle Smart-City-Konzepte – die ihren Ursprung in Diskursen nordamerikanischer und europäischer Unternehmen und deren Vorstellung zukünftiger Stadtentwicklung haben – im Globalen Süden spielen? Welche Versprechen stehen im Zentrum von Smart-City-Vorhaben in post-kolonialen Kontexten und wie verhalten sich diese Konzepte zu jenen Modernisierungsdiskursen, die in den letzten Jahrzehnten die Stadtplanung in vielen dieser Länder maßgeblich geprägt haben? Welche Faktoren und Logiken wirken sich positiv oder negativ auf die Akzeptanz lokaler »Mutationen« (Peck 2011) dieser Konzepte aus? Wie gestalten sich jeweilige Aushandlungsprozesse und die Implementation vor Ort?

Angesichts der multimedial verbreiteten Versprechen und der idealisierten Ikonographie der hochtechnologischen Smart City, die meist als ein globalisierter Typus von Stadt vor- und dargestellt wird, ist es umso wichtiger die Smart City »zu provinzialisieren« (Datta 2015: 5 f.; Chakrabarty 2010). Dies bedeutet auch, symbolische Repräsentationen und die implizite Definition von Zielvorstellungen einer als erstrebenswert nahegelegten (westlichen) Moderne in Frage zu stellen. Dementsprechende Betrachtungen der »real existierenden Smart City« (Shelton/Zook/Wiig 2015) beruhen auf einem kontingenten Weltverständnis und meiden einen »(vorab festgelegten) spezifischen Bedeutungszusammenhang« (Hoerning 2017: 162). Konkrete Geographien und lokale Bedingungen »gelten als radikal bedeutsam« (ebd.). Statt sich allerdings in der jeweiligen Einzigartigkeit empirischer Fälle zu verlieren, soll eine solche Betrachtungsweise Logiken in den Mittelpunkt empirischer Untersuchungen rücken: in diesem Beitrag ist dies vor allem die Logik der »Lesbarmachung«, verbunden mit dem Versprechen von zentral regierbaren und planbaren Städten.

Der vorliegende Beitrag betrachtet die »Smart-City-Mission« der indischen Zentralregierung, die einerseits den globalen Diskurs um Smart Cities aufgreift und sich dabei globaler »player« der Politikberatung und Planung bedient, deren konkrete Ausgestaltung und Implementation sich aber andererseits nur im lokalen Kontext verstehen lässt. Verkündet durch Premierminister Narendra Modi im Juni 2015 ist die Smart-City-Mission ein Programm der Stadterneuerung und des Stadtumbaus, das vorsieht, 100 bestehende Städte zu Smart Cities zu machen.

Im Folgenden betten wir die Smart-City-Mission der indischen Zentralregierung in eine Geschichte kolonialer und post-kolonialer Bestrebungen um »Lesbarmachung« und Kalkulierbarkeit städtischer Räume ein. Danach widmen wir uns den Gemeinsamkeiten und Unterschieden der Smart-City-Mission mit anderen zentralstaatlichen Stadterneuerungsprogrammen wie der vorherigen »Jawaharlal Nehru National Urban Renewal Mission« (JNNURM) und der zeitgleichen »Atal Mission for Rejuvenation and Urban Transformation« (AMRUT), um sowohl historische Kontinuitäten als auch neuere Bestrebungen und Entwicklungen im Rahmen zentralstaatlicher Förderprogramme deutlich zu machen – bei aller Rede von radikaler Neuheit und den technischen Versprechen der »Smart City« schließt vieles an deutlich ältere Ideen der Planung von Stadt und Gesellschaft an. In einem letzten Teil widmen wir uns lokalen Aushandlungsprozessen im Kontext der Smart-City-Vorhaben und Lesbarmachungsprozessen der Stadt Pune.

Stadtplanung in Indien als Geschichte der »Lesbarmachung«

Stadtplanerische Vorstellungen und Utopien haben im unabhängigen Indien eine lange Geschichte und diese verweisen zudem auf eine wirkmächtige Vorgeschichte in der britischen Kolonialpolitik. Die Bedeutsamkeit kolonialer Stadtentwicklung, bzw. deren Nachwirken bis in die Gegenwart, lässt sich am Beispiel Neu-Delhi nachvollziehen. Imperialer Anspruch ging hier mit der Schaffung eines »geordneten« Raums als neue Kapitale für die Kolonie Britisch-Indien seit 1858 einher (Legg 2008). Prominente Beispiele der frühen post-kolonialen Stadtplanung sind seit 1950 die teilweise umgesetzten Pläne von Le Corbusier in Chandigarh und Otto Königsberger in Bhubaneswar, die beide auf jeweils eigene Art und Weise die Fortschrittlichkeit, Internationalität und Zukunftsgewandtheit des unabhängigen Indien unter Jawaharlal Nehru in Form und Architektur zeigen sollten (Kalia 1987, 1994). Sie können beide als Ausdruck eines staatlichen Modernisierungsversprechens und »nation buildings« verstanden werden (King 2004).

Sowohl kolonialpolitische Planung wie auch modernistische Stadtplanungsutopien und -programme zielten dabei auf das, was James C. Scott in seinem Buch »Seeing Like A State« (1998) als die Durchsetzung einer »Lesbarkeit von außen« beschreibt und in der er ein wesentliches Element staatlicher Kontroll- und Machtausübung über städtische Räume und ihre Bevölkerungen sieht. Da das Verwalten großer Städte die damit beauftragten Akteure in vielerlei Hinsicht vor große Probleme stellt, ging Stadtplanung oftmals mit Projekten der Standardisierung und Vereinfachung einher, die diese Städte für die Blicke kolonialer und modernistischer Planer*innen lesbar machen sollte. Scott kontrastiert dabei eine »Lesbarkeit von außen« mit einer auf lokalem, situiertem Wissen beruhenden »Lesbarkeit von innen« (ebd.: 53 f.). Er will damit deutlich machen, dass Zustände und Abläufe, die aus planerisch-staatlicher Perspektive als unlesbar, das heißt als ungeordnet erscheinen, aus lokaler Perspektive durchaus lesbar und logisch sein können. Lesbarkeit von außen ist damit vor allem mit Kontroll- und Machtausübung externer Autorität verbunden.

In Kombination mit den materiellen und administrativen Kapazitäten staatlicher Bürokratien zielt der planerische Blick darauf, Städte und Bevölkerungen sicht- und lesbar zu machen; ein Vorhaben, das in Indien zu Zeiten der britischen Kolonialherrschaft seinen Ursprung nahm und in post-kolonialen Bürokratien bis heute eine Fortsetzung erfährt. Der koloniale Verwaltungsapparat Britisch-Indiens führte, in den Worten Arjun Appadurais, zum Aufbau einer »numerologischen Infrastruktur« (1993: 325), welche sich in statistischer Beschreibung durch staatliche Bürokratien ausdrückt. So war ein Zensus im Kontext kolonialer Herrschaft nicht einfach ein passives Instrument der Informationssammlung über das koloniale Territorium, sondern muss als Einführung einer Logik verstanden werden, die erst ihre eigenen Kategorien erstellt, welche in ein resultierendes Verständnis von Gesellschaft eingeschrieben werden.

Die Kombination aus planerischem Blick einerseits und numerologischer Beschreibung von Stadt andererseits erfährt in Vorstellungen der Planbarkeit, Effizienz und Kontrollierbarkeit von Smart Cities eine Fortsetzung und Radikalisierung. Über die massenhafte Einführung von Sensoren und den Aufbau einer Infrastruktur automatisierter Sammlung und Speicherung von Information, die in einem »Command and Control Center« zusammenfließen, soll Stadt »von außen« lesbar, kalkulierbar und steuerbar gemacht werden – bereits die militärische Konnotation dieses Begriffs macht diese externe Perspektive deutlich. Dies gilt insbesondere und in verstärktem Maße in Bezug auf Städte, die »von außen« vielfach als unregierbare, chaotische und unverständliche »Drittwelt-Städte« oder »Megacities« im Globalen Süden beschrieben werden. Während in der Vergangenheit die Produktion einer vergleichbaren Sicht- und Kalkulierbarkeit mit sehr hohem Arbeits- und Ressourcenaufwand verbunden war, werden in der Gegenwart urbane Räume durch Informationstechnologien kontinuierlich und potentiell in Echtzeit sichtbar und lesbar – so zumindest das Versprechen der Advokaten von Smart Cities.

PROGRAMMATISCH-STAATLICHE INTERVENTIONEN: STADTERNEUERUNG IM »MISSION MODE«

Den wesentlichen Rahmen für gegenwärtige Stadtplanung und Stadtmodernisierung in Indien bilden so genannte »Missionen«. Seit den 1990er Jahren setzt sich auch in Indien eine stärker marktförmige und neoliberale Perspektive auf Stadtplanung durch. Im Anschluss an den im Jahre 1992 beschlossenen 74. Zusatzartikel der indischen Verfassung, der städtischen Verwaltungen mehr Befugnisse und größere Autonomie hinsichtlich der Finanzierung und Ressourcenmobilisierung einräumt (Kundu/Krishna 2017), entwickelte die Zentralregierung in den 2000er Jahren ein flächendeckendes Förderprogramm zur Stadterneuerung, die »Jawaharlal Nehru National Urban Renewal Mission« (JNNURM). Das Programm beruhte auf der Feststellung, dass urbane Zentren wesentlichen Einfluss auf das Wirtschaftsgeschehen und die Wachstumsbestrebungen Indiens ausüben und daher explizit zu fördern sind. Infrastrukturmaßnahmen und Reformen auf städtischer Ebene sollten in diesem Sinne einen Beitrag zur Wirtschaftsförderung leisten. Daher kann JNNURM als Baustein einer indischen Ausprägung von unternehmerischer Stadtpolitik (Harvey 1989) verstanden werden, also einer Stadtpolitik, die sich selbst zunehmend einer unternehmerischen Logik unterwirft.

Die im Jahre 2015 offiziell verkündete Smart-City-Mission steht in der Tradition von JNNURM und zielt explizit darauf ab, Investoren und Kapital anzuziehen. Unternehmerische Logiken spiegeln sich besonders in einer entscheidenden Neuerung der Smart-City-Mission wieder: der Gründung der so genannten »special purpose vehicle« (SPV). Dies sind Unternehmen, die vom indischen Staat mit der Planung, Finanzierung, Umsetzung und Evaluation der Smart-City-Mission beauftragt werden. Der Unternehmensvorstand setzt sich aus Repräsentant*innen der zentralstaatlichen und bundesstaatlichen Ebene, als auch lokalen Abgeordneten und Vertreter*innen der städtischen Körperschaften zusammen. SPVs genießen weitgehende Autonomie hinsichtlich der Implementation der Smart-City-Mission – sie können Teilprojekte über Ausschreibungen extern in Auftrag geben und Beratungsgesellschaften hinzuziehen. So wird beispielsweise die Erstellung jeweiliger Smart-City-Masterpläne seitens der SPVs oftmals an eine Reihe transnational agierender Beratungsgesellschaften ausgelagert. Zwar ist vorgesehen, dass herkömmliche städtische Planungsinstanzen Entscheidungsbefugnisse an die SPVs abtreten, allerdings kommt es in der Praxis oftmals zu Kompetenzüberschneidungen und Konkurrenzen.

Begleitet wird die Smart-City-Mission durch ein weiteres Förderprogramm, der »Atal Mission for Rejuvenation and Urban Transformation« (AMRUT). Im Vergleich zu JNNURM und AMRUT (siehe Abb. 1) unterscheidet sich die Smart-City-Mission vor allem hinsichtlich der Förderschwerpunkte. So rückt mittels Informations- und Kommunikationstechnologien und so genannte »Smart Solutions« die Idee der »intelligenten« Stadt in den Mittelpunkt. Informations- und Kommunikationstechnologien sollen demnach zu »intelligenten« Lösungen in den Bereichen E-Governance, Energie, Müllentsorgung, Wasserversorgung und Mobilität beitragen. Die im Rahmen der Smart-City-Mission implementierten Projekte reichen von Smart Parking Anlagen und Infrastrukturmaßnahmen im Öffentlichen Nahverkehr (z. B. Bus Rapid Transit Systemen) zu deutlich leichter implementierbaren Maßnahmen im Bereich E-Governance. Da die Nutzung von Mobiltelefonen und Smartphones in Indien weit verbreitet ist, gibt es eine Vielzahl an lokalen und regionalen Initiativen, die sich um partizipative Angebote bemühen und versuchen, sowohl geschäftliche als auch amtliche Anliegen online abzuwickeln.

Auch wenn sich in Bezug auf Smart Cities oftmals eine »Rhetorik der Dringlichkeit« (Datta 2015; Watson 2015), Unausweichlichkeit und der radikalen Neuheit feststellen lässt, so sind viele dieser Initiativen oftmals vor allem als »Marketingetikett wettbewerbsorientierter Stadtregierungen« (Bauriedl/ Strüver 2017) dem jeweiligen Stadt-Image dienlich. Des Weiteren werden im Zuge der indischen Smart-City-Mission statt kompletter Städte in der Regel lediglich Stadtteile infrastrukturell und informationstechnologisch nachgerüstet. Zwischen den Visualisierungen der Hochglanzbroschüren und Präsentationen und den umgesetzten Projekten ist daher eine erhebliche Diskrepanz zu beobachten. Zudem werden besonders jene Stadtteile gefördert, deren Bewohner*innen bereits ökonomisch bessergestellt sind. Informelle Siedlungen werden im Zuge der Smart-City-Mission meist vernachlässigt oder unterliegen Verdrängungsprozessen, die sich auf geplante infrastrukturelle Maßnahmen zurückführen lassen. Diese Form des »splintering urbanism« (Graham/Marvin 2001) ist in Grundzügen bereits im Förderprogramm angelegt, in dem sämtliche Maßnahmen in »pan-city developments« (Maßnahmen im kompletten Stadtgebiet) und »area based developments« (Maßnahmen in ausgewählten Stadtteilen) untergliedert werden, wobei letztere in der Regel den Großteil der Förderung für sich reklamieren. Gerechtfertigt wird der Fokus auf bestimmte Stadtteile oftmals mit Verweisen auf die Schaffung neuer Arbeitsplätze und lokales Wirtschaftswachstum, von dem wiederum alle Bevölkerungsschichten profitieren würden. Hierbei erinnert das »Inklusivität durch Wachstum«-Argument stark an Vorstellungen einer »Trickle-down«-Ökonomie. Der Fokus auf spezifische Stadtteile droht stattdessen zur Verschärfung intra-urbaner als auch städtisch-ländlicher Ungleichheiten beizutragen.

Abb. 1: Gemeinsamkeiten und Unterschiede der Stadterneuerungsmissionen (eigene Darstellung)

	JNNURM	AMRUT	Smart City Mission
Laufzeit	2005-2012 (verlängert bis 2014)	seit 2015	seit 2015
Anzahl der Städte	65	500	100
Förderschwerpunkte	Urbane Infrastruktur und Governance (UIG); Armutsbekämpfung (BSUP)	Urbane Infrastruktur, vor allem Wasserversorgung, Kanalisation, Transport, Grünflächen	Energieversorgung, Wasserversorgung, Kanalisation, Transport & Nahverkehr, Sicherheit
Maßnahmen	Infrastrukturmaßnahmen, Reformen	Infrastrukturmaßnahmen, Reformen	Informations- und Kommunikationstechnologien, ›Smart Solutions‹
Räumlicher Maßstab	ausgewählte Städte, Projekte	ausgewählte Projekte	ausgewählte Stadtteile (›area based development‹)
Implementierende Körperschaft	›Urban local bodies‹, Stadtverwaltung (Municipal Corporations, Development Agencies	›Urban local bodies‹, Stadtverwaltung (Municipal Corporations, Development Agencies	›Special purpose vehicle‹ (SPV), ggf. externe Beratungsgesellschaften und Unternehmen

Der Traum der lesbaren, zentral gesteuerten Stadt: das Beispiel Pune

Im Zuge des mehrstufigen Auswahlprozesses der »India Smart City Challenge« zur Bestimmung der zu fördernden Städte belegte Pune im westindischen Bundesstaat Maharashtra im Ranking der 100 ausgewählten Smart Cities hinter Bhubaneswar den zweiten Platz. Durch Bevölkerungswachstum und Eingemeindungen mittlerweile auf vier Millionen Einwohner*innen angewachsen, gilt Pune als ein kulturelles Zentrum mit aktiver Zivilgesellschaft und einer Vielzahl tertiärer Bildungseinrichtungen. Wie im Rahmen der Smart-City-Mission vorgesehen, wurde auch in Pune mit der »Pune Smart City Development Corporation Limited« (PSCDCL) ein »special purpose vehicle« gegründet. Die Implementation der Smart-City-Pläne wird in Pune von der transnational agierenden Beratungsgesellschaft McKinsey begleitet.

Die Smart-City-Pläne für Pune orientieren sich ebenfalls an so genannten »Smart Solutions«. Maßnahmen zur Stauvermeidung und Stärkung des Öffentlichen Nah- und Radverkehrs gehen in Pune mit eklektischen Kampagnen zur Abfallvermeidung, zur Begrünung öffentlicher Flächen und zur Kriminalitätsbekämpfung (über Crime Monitoring und Hilferufeinrichtungen) einher. Das wesentliche Kernelement von Pune Smart City ist jedoch ein »Command and Control Center« als zentraler Knotenpunkt für Informationssammlung und Ort zentraler Stadtsteuerung. Die entsprechende Vereinbarung zum Aufbau und einer vorerst fünfjährigen Operation des Command and Control Centers wurde seitens der PSCDCL an das in Mumbai ansässige multinationale Unternehmen Larsen & Toubro vergeben. Unterschiedliche Sensoren für Verkehr sowie für die Sammlung von Umweltdaten und die Bilder von CCTV-Kameras laufen in diesem Command and Control Center zusammen.

Lesbarmachung des städtischen Raums ist in Pune allerdings nicht nur Sache der Pune Municipal Corporation oder PSCDCL. Prozesse der (digitalen) Lesbarmachung werden ebenfalls von zivilgesellschaftlichen Akteuren vorangetrieben. Während der Schwerpunkt der derzeitigen Smart-City-Mission auf wohlsituierten Stadtteilen liegt, stellt die Nichtregierungsorganisation »Maharashtra Social Housing Action League« (MASHAL) seit Jahren einen GIS-basierten so genannten »Pune Slum Atlas« für das gesamte Stadtgebiet zusammen, um auf städtische Ungleichheiten hinzuweisen und informelle Siedlungen zu verorten.[1] Sichtbarkeit ist hier mit Möglichkeiten staatlicher Zuwendung und der Interessenvertretung von Menschen verknüpft, die in den Feedback-Schleifen der offiziellen Smart City kein Gehör finden.

---

1 | Verhandlungen über die Integration des Slum Atlas in ein städtisches »Open Data Portal« konnte einer der Autoren als teilnehmender Beobachter beiwohnen.

Dieses Beispiel illustriert stellvertretend erstens eine Diversifizierung der im Sinne einer Smart City engagierten Akteure: Ob durch Stadtregierungen, neugegründete Unternehmen wie die SPVs oder Nichtregierungsorganisationen, technologische Lösungen und verbundene Prozesse der Lesbarmachung werden von diversen Akteuren vorangetrieben. Damit einhergehend lässt sich zweitens eine Verknüpfung abweichender Interessenlagen mit unterschiedlichen Prozessen der Lesbarmachung feststellen. Die Frage danach, was lesbar gemacht wird, ist daher zweifelsohne mit Marginalisierungsprozessen und Fragen von Inklusion/Exklusion verbunden.

Fazit

Einerseits spiegeln Smart-City-Versprechen im post-kolonialen Indien die Vorstellungen und Imaginationen der durchtechnologisierten Stadt des Globalen Nordens wider. Über nationalstaatliche Förderprogramme und die Aktivitäten transnational agierender Beratungsgesellschaften und Technologieunternehmen erreichen etwaige Konzepte sämtliche Landesteile und erfahren eine Übersetzung in lokale Kontexte. Andererseits schließen die Versprechen einer zentral gesteuerten Stadt an vergangene Modernisierungsvorhaben an. So rücken über Command and Control Center, als zentrales Element der jeweiligen Pläne, Vorstellungen von Planbarkeit und Kontrollierbarkeit von Städten erneut in den Mittelpunkt. Die Idee der zentral gesteuerten Smart City knüpft an Versprechen planbarer und geplanter Urbanität an, wie sie im Zuge modernistischer Stadtplanung im post-kolonialen Indien zu finden waren.

In diesem Zusammenhang ermöglicht eine kritische Perspektive der Lesbarmachung die Problematisierung der ontologischen und epistemologischen Grundlagen eines bestimmten Blicks, eines »numerical gaze« (Appadurai 1993: 321), im Zuge dessen Elemente des Städtischen identifiziert, quantifiziert, klassifiziert und durch Feedback-Schleifen verändert werden sollen.

Am Beispiel von Pune wird deutlich, wie Marginalisierungen und Fragen nach Inklusion/Exklusion sich in Fragen der Lesbarmachung widerspiegeln. Einerseits ist die Smart City in dieser Hinsicht unausweichlich an materielle Bedingungen geknüpft: Sensoren, Glasfaserkabel, Serverfarmen und Bildschirme sind integrale Bestandteile ebenjener numerologischen Infrastruktur, die mit Smart-City-Konzepten aufgewertet wird. Andererseits müssen diese Technologien und die globalen Diskurse »provinzialisiert« werden, d.h. sie sind vor Ort in lokale Kontexte eingebunden, denen sie sich anpassen müssen. Versuche der »Lesbarkeit von außen« treffen hier auf lokales, situiertes Wissen. Da Lesbarmachung immer an die Frage geknüpft ist »was für wen lesbar gemacht wird« und entsprechende Zielsetzungen und Umsetzungen umkämpft sind, kommt damit auch den Geographien nicht-hegemonialer Gruppen eine zentrale Bedeutung zu.

Literatur

Appadurai, Arjun (1994): Number in the Colonial Imagination. In: Carol Breckenridge und Peter van der Veer (Hg.): Orientalism and the postcolonial predicament. Perspectives on South Asia. Philadelphia: University of Pennsylvania Press, S. 314–339.

Bauriedl, Sybille; Strüver, Anke (2017): Smarte Städte. Digitalisierte urbane Infrastrukturen und ihre Subjekte als Themenfeld kritischer Stadtforschung. In: sub\urban. zeitschrift für kritische stadtforschung, 5 (1/2), S. 87–104.

Chakrabarty, Dipesh (2010): Europa als Provinz: Perspektiven postkolonialer Geschichtsschreibung. Frankfurt: Campus.

Datta, Ayona (2015): New urban utopias of postcolonial India: ›Entrepreneurial urbanization‹ in Dholera smart city, Gujarat. In: Dialogues in Human Geography, 5 (1), S. 3–22.

Graham, Stephen; Marvin, Simon (2001): Splintering Urbanism. Networked infrastructures, technological mobilities and the urban condition. London/New York: Routledge.

Harvey, David (1989): From Managerialism to Entrepreneurialism: The Transformation in Urban Governance in Late Capitalism. In: Geografiska Annaler B 71, S. 3–17.

Hoerning, Johanna (2018): Städte weltweit. Ein postkolonial-materialistischer Ansatz zwischen ›Worlding‹ und ›Planetarisierung‹. In: Belina, Bernd et al. (Hg.): Raumproduktionen II – Theoretische Kontroversen und politische Auseinandersetzungen. Münster: Dampfboot, S. 158–177.

Kalia, Ravi (1987): Chandigarh: In search of an identity. Southern Illinois University Press.

Kalia, Ravi (1994): Bhubaneswar: from a temple town to a capital city. Southern Illinois University Press.

King, Anthony (2004): Spaces of Global Cultures: Architecture, Urbanism, Identity. London/New York: Routledge.

Kundu, Debolina; Krishna, Sudhir (2017): Introducing Urban Entrepreneurialism in India: An Analysis of Programmatic Interventions. In: Entrepreneurial Urbanism in India. Singapore: Springer, S. 53–56.

Legg, Stephen (2008): Spaces of colonialism: Delhi's urban governmentalities. Oxford: Blackwell.

MASHAL (2011): Pune Slum Atlas. Pune.

McCann, Eugene; Ward, Kevin (Hg.) (2011): Mobile urbanism: cities and policymaking in the global age (Vol. 17). Minneapolis: University of Minnesota Press.

Ministry of Urban Development (2015): Smart City Mission. Mission Statement and Guidelines. New Delhi.

Peck, Jamie (2011): Geographies of policy: From transfer-diffusion to mobility-mutation. In: Progress in human geography, 35 (6), S. 773–797.
Robinson, Jennifer (2011): Cities in a World of Cities: The Comparative Gesture. In: International Journal of Urban and Regional Research, 35, S. 1–23.
Roy, Ananya (2016): Who's afraid of postcolonial theory? In: International Journal of Urban and Regional Research, 40 (1), S. 200–209.
Scott, James C. (1998): Seeing like a state. How certain schemes to improve the human condition have failed. New Haven: Yale University Press.
Shelton, Taylor; Zook, Matthew; Wiig, Alan (2015): The ›actually existing smart city‹. In: Cambridge Journal of Regions, Economy and Society, 8 (1), S. 13–25.
Watson, Vanessa (2014): African urban fantasies: dreams or nightmares? In: Environment and Urbanization, 26 (1), S. 215–231.
Watson, Vanessa (2015): The allure of ›smart city‹ rhetoric: India and Africa. In: Dialogues in Human Geography, 5 (1), S. 36–39.
Wiig, Alan (2015): IBM's smart city as techno-utopian policy mobility. In: City, 19 (2-3), S. 258–273.

Smart City Learning
Exkursionsdidaktik zwischen Materialität und Digitalisierung

Inga Gryl, Jana Pokraka

EINLEITUNG –
EXKURSIONEN IN DER SMART CITY, EXKURSIONEN ALS MASHUP

Die Zukunft der (Stadt-)Exkursion ist eine, die sich der Infrastruktur der Smart City nicht entziehen kann, sondern diese als inhärenten Bestandteil verstehen, thematisieren und nutzen muss. Dieser Beitrag wird zunächst einige potentiell exkursionsrelevante Beispiele aus Smart Cities aufzeigen und diese in einen theoretischen Hintergrund einordnen. Anschließend werden exkursionsdidaktische Überlegungen zusammengefasst und auf aktuelle mediale Zugänge angepasst. Schlussendlich wird eine Exkursion nach Riga und Tallinn vorgestellt, die die Exkursionsorte als Smart Cities versteht und zugleich die Exkursion als Mashup aus verschiedenen sinnlichen, materiellen und digitalen Zugängen mit all ihren sich den vielfältigen, individuellen, sozial geteilten Erfahrungen eröffnenden Zwischenräumen.

Exkursionen erfreuen sich unter Geograph*innen, zumindest mit Blick auf die geographische Vermittlung in Schule, Universität, Fortbildung und populärem Bildungssektor, einer hohen Beliebtheit. Dabei wurde das traditionelle Argument der Originalbegegnung (Kreuzer 1980) dank einer Ausdifferenzierung von Erkenntnistheorien von konstruktivistischen Ansätzen (z. B. Ohl/Neeb 2012) über poststrukturalistische Theorien (z. B. Scharvogel 2007) bis hin zu Herangehensweisen des Neuen Realismus (Rhode-Jüchtern 2017) in der Geographiedidaktik zunehmend hinterfragt. Dennoch ist die direkte Erfahrung, die die Geographiedidaktik mittels phänomenologischer Theorien (Dickel/Jahnke 2012, in Anlehnung an Waldenfels 2002) und der soziologischen Theorien der Resonanz (Keßler 2017, in Anlehnung an Rosa 2016) aufgreift, weiterhin von Bedeutung. In diesem Zusammenhang werden Exkursionsorte in ihrer vielfachen Konstruiertheit – Raumkonstruktionen in ihrer alltäglichen Nutzung und Praktiken der Inszenierung in der Begehung und Kommunikation als Exkursionsorte – wahrgenommen und dieser Umstand auch der Vermittlung eröffnet (Rhode-Jüchtern/Schneider 2009; Budke/Wienecke 2008).

Mediale Kommunikation trägt zu dieser Konstruktion bei – und im Alltag sind längst Ebenen an Informationen/Bedeutungen, die durch mobile Endgeräte und ein allgegenwärtiges *geoweb* bereitgestellt werden, untrennbar mit dem Erleben von Räumen verbunden (Dickel/Jahnke 2013; Strobl 2008). Smartphones leiten durch die Smart City, die wiederum mit Nutzerinformationen (oder der Summe aus diesen) interagiert. Exkursionen müssen deshalb neu gedacht werden, in ihren (neuen) Möglichkeiten des Getrieben- und Orientiertwerdens, Erlebens, Erfahrens, Lernens. Virtualität und Materialität gehen nunmehr eine deutlich engere Bindung ein, die in der *augmented reality* (AR) (Milgram et al. 1994) die sinnlichen Grenzen der Erfahrbarkeit des nur scheinbar originalen Materiellen auflöst und Bedeutungen und Bedeutungszuweisungen vermehrt einer sinnlichen Erfahrung eröffnet.

BAUSTEINE –
BEISPIELE FÜR ALLTAG UND ERFAHREN IN SMART CITIES

Smart Cities als Entitäten eines Mashups – der vielfältigen Anordnung und Neuordnung bestehender und neuer (Medien-)Inhalte – zwischen Materialität und Digitalität sind bereits heute Lebensrealität für viele Menschen, die in urbanen Zentren leben und/oder arbeiten. Gleichzeitig stellt das Agieren als kritisches und emanzipatorisches Subjekt innerhalb von Smart Cities besondere Herausforderungen im Hinblick auf digitale Bildungsansätze. Innerhalb einer Smart City wird jede*r Einzelne, ob er*sie nun als Bürger*in, Exkursionsteilnehmer*in oder Flaneur*in Zeit in der Stadt verbringt, Teil der ihr eigenen, »smarten« Infrastruktur.[1] Dabei entstehen in diesem analog-digitalen Geflecht das Erleben und Agieren prägende Räume, deren Bezug zur Materialität variantenreich ist, von der Georeferenzierung bis hin zur örtlichen Loslösung bei gleichzeitiger lebensweltlicher Anbindung, und zeitlich/räumlich/individuell fluide, das heißt, den Bedingungen und Bedarfen der Situation entsprechend veränderlich. Der Übergang zwischen Materialität und Vir-

---

1 | Die Autorinnen sind sich des unscharfen Charakters des Begriffs der Smart City bewusst und fokussieren hier – angesichts der Ausrichtung des Aufsatzes auf Exkursionen, Erleben und Lernen, mehr auf die Auswirkungen auf das Individuum als auf die Ausgestaltung im Bereich der (Stadt-)Logistik. Die durchaus marketingtechnisch und technologieorientiert geprägte Begrifflichkeit »smart« wird in diesem Text als gegeben hingenommen, eröffnet aber weitreichende wie essentielle Fragen etwa nach der Intelligenz von KI und ihrer Rolle in der Entscheidungsfindung menschlicher Akteure.

tualität ist geprägt durch Bedeutungszuweisungen im Sinne der alltäglichen Regionalisierungen (Werlen 1995). Smart Cities zeichnen sich insbesondere durch diverse Zwischenräume aus, in denen Algorithmen auf das menschliche Denken und Handeln wirken, und sich zugleich Menschen in web-gestützte Kommunikation begeben (vgl. Spaces of the In-Between, Gryl et al. 2017). Diese Räume der fluiden Kommunikation eröffnen einerseits Partizipationsmöglichkeiten über (gewisse) materielle Grenzen hinweg, sind andererseits (meist) jedoch ebenfalls den Nutzungs- und somit Zugänglichkeitsrichtlinien von Technologiekonzernen oder (seltener) den neu ausgehandelten und teils reproduzierten Hierarchien der Open-Source-Gemeinschaft unterworfen (vgl. Haklay/Budhathoki 2010).

Daran schließt Greenfields (2013) weitergehende Kritik an, dass das bestehende, auf Vermarktung und Restriktion abzielende Konzept der Smart City die in ihr Lebenden auf die Rolle passiver Konsumenten technischer Systeme reduziert. Sennett (2012) kritisiert die mangelnde Kompetenz im Umgang mit und im Verständnis von Technologien der Smart City und sieht hierin eine Gefahr der Entmündigung der urbanen Bevölkerung. Die Digital-Citizenship-Initiative (2017) stellt daher eine Reihe von Kompetenzen im Umgang mit digitalen Umgebungen zusammen, die jedoch nicht über die basale Ebene des Umgangs mit diesen hinausgehen, beispielsweise Kommunikation oder sicherer Umgang mit digitaler Technologie. Es fehlt die Argumentation für einen reflexiven Zugang zur Verwobenheit von Digitalität, Materialität und Bedeutungszuweisung, welche einer Dekonstruktion der der Smart City zugrunde liegenden (Macht-)Strukturen zu Gute käme.

Um das Feld einer für das Erleben und potentiell für Exkursionen wirksamen Smart City weiter aufzuspannen, werden im Folgenden einzelne Beispiele vorgestellt, die das genannte urbane Mashup exemplarisch aufspannen und an denen sich entsprechende Möglichkeiten und Problemfelder kristallisieren.

1) Nebenan.de

Nebenan.de ist eine Nachbarschaftsplattform, die im Sinne eines sozialen Netzwerkes Bewohner*innen eines Stadtviertels die Möglichkeit der Vernetzung bietet und somit als hybrider Raum von Nachbarschaftlichkeit fungiert: Ziel des Austauschs über die digitale Plattform ist die materielle Begegnung beim Joggen, Frühstücken oder beim Babysitten im physischen Raum der Nachbarschaft, allerdings maßgeblich über die digitale Kommunikation angebahnt, kanalisiert und strukturiert. Um an diesem hybriden Raum zu partizipieren, müssen interessierte Nutzer*innen ein eigenes Benutzerkonto anlegen, welches sie durch den Scan eines offiziellen, mit Wohnadresse versehenen Dokuments oder durch das Anfordern einer Postkarte mit Registrierungscode an die eigene Adresse freischalten lassen können (Nebenan.de, o. J.). An dieser Vorgehensweise zeigt sich die Ambivalenz der Partizipation in digitalisierten Stadträumen im Spannungsfeld zwischen Datenschutz der Bewohner*innen und der Teilhabe für alle: Auf der einen Seite wollen die Betreiber*innen der Plattform sicherstellen, dass sich nur tatsächliche Anwohner*innen der jeweiligen Nachbarschaft für diese registrieren können und damit der Ausbeutung der lokalen Kommunikation durch Externe entgegenwirken (die zum digitalen Raum leichten Zugang hätten), auf der anderen Seite schaffen sie durch ebendiese Nutzungsbedingungen Exklusionsmechanismen, die all diejenigen Bewohner*innen betreffen, die nicht offiziell an ihrem Wohnort gemeldet sind, weil sie bspw. keine offizielle Aufenthaltsgenehmigung besitzen. Nebenan. de erlangt somit in gewisser Weise Definitionsmacht darüber, wer zu einer Nachbarschaft dazugehört und wer nicht, trotz möglicher physisch-materieller Präsenz der Betroffenen.

2) Jeff Koons oder: Wem gehört der digitale Raum?

Snapchat ist ein Instant Messaging Dienst, der besonders auf das Erstellen und Teilen von Fotos und Videos mit dem persönlichen Online-Netzwerk spezialisiert ist. Eine besondere Rolle spielen hierbei Filter, die sich über die Kamera von Smartphones o. ä. auf die materiellen Objekte und Subjekte übertragen lassen und diese im Sinne von AR verändern bzw. der physisch-materiellen Umwelt neue Objekte hinzufügen. Im Herbst 2017 gaben der Künstler Jeff Koons und Snapchat ihre Zusammenarbeit an einem AR-Projekt bekannt, bei dem an bestimmten Standorten in einzelnen Städten weltweit virtuelle Skulpturen von Koons über den Snapchat-Filter erscheinen (Cascone 2017). Als Reaktion auf die Kooperation von Koons mit dem Technologiekonzern nutzte der New Yorker Graffitikünstler Sebastian Errazuriz ebenfalls AR, um auf dem virtuellen Kunstwerk von Koons im New Yorker Central Park mittels einer eigenen App mehrere Graffiti zu hinterlassen und diese Version der Skulptur am gleichen Ort zu platzieren, an dem sie sich auch in der Snapchat App befindet (Codrea-Rado 2017). Seine Kritik richtete sich hierbei gegen die »Rolle, die Firmen in der Kommerzialisierung des öffentlichen Raumes unter der Verwendung von Kunst spielen« und beschrieb seine Aktion als eine »Positionierung gegen die Invasion der AR durch Wirtschaftsunternehmen« (ebd., Übersetzung d. Verf., o. S.).

3) Pokémon GO – Multiplayer-Augmented-Reality-Spiele

Pokémon GO ist eine AR-, aber auch Multiplayer-App, die in Deutschland im Frühsommer 2016 auf den Markt kam und seinen Höhepunkt an weltweiten Nutzer*innen im darauffolgenden August 2016 hatte (Räth 2016). Ziel des Spiels ist es, mit Hilfe des Smartphones (oder eines anderen mobilen Endgerätes) kleine bunte Monster, Pokémon, durch Einschalten der Kamera und Aktivierung der zusätzlichen digitalen Filter an bestimmten Orten des physischen Raums aufzuspüren und einzufangen. Darüber hinaus entstanden an markanten Orten (z. B. Sehenswürdigkeiten, Bahnhöfe, Restaurants) so genannte PokéStops, an denen man sich entweder mit digitalen Gegenständen, die man zum Fangen von Pokémon benötigt, versorgen kann, oder Arenen vorfindet, in denen man gegen andere Nutzer*innen in einem Online-Wettkampf antreten kann. Gelobt wurde die gesundheits-, da bewegungsfördernde Wirkung der App, und als interessant hervorzuheben ist die Tatsache, dass Nutzer*innen vollkommen neue Wege jenseits bestehender Raumdeutungen beschreiten. Um die Festlegung der PokéStops entstanden im Zuge des massiven Erfolgs allerdings starke Kontroversen: Für die Erstellung von PokéStops wurden zunächst Daten aus Ingress, einem weiteren AR-Spiel der Entwicklerfirma Niantic, herangezogen, es wurde dann aber auch zum Zweck der Finanzierung des Free-to-play-Games die Möglichkeit für Unternehmen (vorzugsweise Einzelhandel und Restaurants) geschaffen, Pokéstops zu kaufen und somit Spieler*innen in ihre Nähe zu locken. Dies wirft die Frage nach der Rolle von Bürger*innen als Rezipient*innen einer konsumorientierten Smart City und deren Befähigung zur Reflexion dieser Strukturen auf.

4) Actionbound

Actionbound ist eine Plattform, die es ermöglicht, Exkursionen für mobile Endgeräte, bspw. Smartphones oder Tablets, zu erstellen und mit anderen zu teilen. Die Autorinnen hatten die Gelegenheit, an einem Schulprojekt einer Grundschule, in dessen Rahmen eine Version der App genutzt wurde, mitzuwirken. Dabei und bei einer stichprobenartigen Untersuchung der auf der Actionbound-Plattform veröffentlichten Exkursionen fiel auf, dass die Produkte trotz der Möglichkeit der Verknüpfung materieller und digitaler Inhalte oft eher auf der Ebene der digitalen Erfassung physisch-materieller, räumlicher Artefakte verbleiben, wenn beispielsweise im Zuge von Rallyes Fotos von bestimmten Orten angefertigt werden müssen. Irreführenderweise werden auch in einigen Fällen diese medial digitalisierten Exkursionen von den Ersteller*innen unter dem Stichwort der Spurensuche (vgl. Hard 1989) gelabelt, obwohl es sich bei den angebotenen Formen allenfalls um Arbeitsexkursionen handelt. Auf der anderen Seite hat Actionbound durchaus das Potential, zur Spurensuche im exkursionsdidaktischen Sinne genutzt zu werden, beispielsweise wenn Schüler*innen zunächst auf einer Exkursion für sie selbst relevante Inhalte erfassen und daraus eine Exkursionsvorlage auf der Plattform erstellen.

5) Wie bereitest du dich auf den Besuch einer Stadt vor? Eine Umfrage unter Studierenden

Im Rahmen zweier Seminare im Bachelor- und im Masterstudiengang im Lehramt Sachunterricht an der Universität Duisburg-Essen wurde im Jahr 2018 eine Erhebung in Form eines One-Minute-Papers unter der Fragestellung durchgeführt, inwiefern die Studierenden (N=22) in der Vorbereitung auf den Besuch einer Stadt durch digitale Informationen geleitet werden bzw. auf welche Art von digitalen Informationen sie zur (räumlichen wie inhaltlichen) Orientierung zurückgreifen. Exemplarisch seien hier zwei Aussagen genannt:

»Ich greife kaum noch auf etwas anderes [als digitale Informationen] zu.«

»Ich greife generell nur auf digitale Medien zurück oder Infos von Freunden.«

Die Auswertung hat gezeigt, dass ausnahmslos alle Studierenden für die Planung auf digitale Inhalte über Städte zurückgreifen und diese für allgemeine Informationen zur Stadt, zur Orientierung in der Stadt, zur Sichtung des Kulturprogramms und zur Recherche nach kulinarischen Angeboten nutzen. Ein Teilnehmer äußerte, dass er Bewertungsportale nutzt, um persönliche Empfehlungen zu verifizieren: »Konkrete [persönliche] Restaurantempfehlungen werden meist nach Online-Bewertung kontrolliert.« Eine Studierende gab an, auf Instagram nach »Hashtags zur Stadt« zu suchen und basierend hierauf ihren Zielort auszuwählen. Jedoch scheint das Phänomen der so genannten »Instagramability« von Orten als Auswahlkriterium für zukünftige Urlaubsdestinationen (vgl. Hosie 2017) (noch) keine große Rolle für die Teilnehmenden unserer Befragung gespielt zu haben. Instagramability beschreibt das Potential eines Ortes, Photographien zu ermöglichen, die aufgrund ihrer Ästhetik Zuspruch auf Instagram erhalten;

dies setzt freilich eine produktive Komponente in der Nutzung digitaler Medien voraus, nach der hier nicht primär gefragt wurde.

Generell zeigen die Ergebnisse der Befragung (wenig überraschend) eine deutliche Dominanz von Google, besonders im Bereich Navigation/Orientierung, allerdings auch bereits im Zugang zur Suche nach überblicksartigen Informationen zur Stadt (»Ich google zuallererst den Ort der Stadt«). 16 Studierende gaben darüber hinaus an, zur Orientierung oder Navigation vor Ort auf digitale Karten zurückzugreifen, wobei fast alle elf Personen, die einen konkreten Anbieter erwähnten, sich hierbei auf Google-Produkte bezogen (Google Maps 9; Google Earth 1). Daraus ergibt sich die Notwendigkeit, im Bildungskontext die Dominanz einzelner Internetdienstleister und die damit verbundenen Implikationen bezüglich Datenmanagement und algorithmengesteuerter Informationsbereitstellung zu reflektieren, bewusst über den Preis nachzudenken, den man bereit ist, für die Partizipation in diesem Netzwerk zu zahlen, und gleichzeitig Instrumente aufzuzeigen, mit denen Partizipation jenseits einer auf Google-Algorithmen basierenden reduzierten Smart City möglich ist.

EXKURSIONSDIDAKTIK – ERLEBEN UND ERFAHREN, LERNEN UND BILDEN IM MASHUP

Die Beispiele zeigen auf, dass die für Exkursionen – für das Erfahren/Erleben und Kommunizieren der Individuen – maßgeblichen Komponenten in der Smart City präsent sind und Potential für Neudeutungen und didaktische Inszenierung entfalten. In diesem Zusammenhang vereinfachen digitale Elemente, insbesondere AR u. a. das für Exkursionen notwendige Einbringen von Irritationen, die eine exkursionsdidaktische »Wahrnehmungsdressur« (Wardenga 2001) – das bloße Gestalt(wieder)erkennen in physisch-materiellen Objekten – überwinden helfen. Theoretische Überlegungen und praktische Anwendungen für eine digital angereicherte Exkursionsdidaktik sind jedoch noch ausbaufähig.

Bisher gut dokumentiert sind virtuelle Exkursionen, die eine mediale Betrachtung (meist aber tatsächlich nur eine einzige) bieten, indem sie eine Begehung komplett durch ein mediales Angebot ersetzen. Exkursionsteilnehmende entkoppeln sich vollständig von den physisch-materiellen Referenzen, die sie »besuchen«; ihre eigene Leiblichkeit erlangt nur an der Schnittstelle Mensch/Computer Relevanz. Im Zuge von ersten Web-Angeboten wurde die Debatte hierum etwa von Budke und Kanwischer (2006) eröffnet, die zwar die (teils kompensatorischen) Möglichkeiten virtueller Exkursionen registrieren, aber auch den Mangel an Irritationen in der Beobachtung zweiter Ordnung, die dieses Angebot nun einmal darstellt, monieren. Angebote wie Google Street View stellen mittlerweile flächendeckende Informationen dar, die in diesem Sinne genutzt werden können (wobei der Zufall gelegentlich auch die eine oder andere Irritation ins Bild laufen lässt). Mit Virtual Reality, etwa Angeboten wie Google Expeditions unter Nutzung einfacher VR-Brillen, werden virtuelle Exkursionen deutlich technisch elaborierter, wobei allerdings angesichts des explizit zeigenden/hinweisenden Lehrenden (https://edu.google.com/expeditions/ar/#about) der Charakter einer klassischen Übersichtsexkursion überwiegt.

Für Methodenkombinationen oder auch Mashups – Exkursionen, die stärker mediale Inhalte in das Erleben einbeziehen – ist die Literaturlage dünner, obgleich alltägliches Erleben zunehmend durch Ebenen an medial transportierter Bedeutung geprägt wird. Freilich haben auch bisher Exkursionen oftmals mediale Inhalte genutzt, Exkursions- und Reiseführer etwa, Hinweistafeln vor Ort, im weiten Medienbegriff (McLuhan 1964) auch vor Ort befragte Expert*innen. Auch können heutige Informationsebenen schlicht und einfach als Ergänzungen der Vielfalt an Bedeutungen verstanden werden, die den Dingen, denen man auf der Exkursion begegnet, angeheftet werden. Mit der Wahrnehmung von physisch-materiellen und medialen Aspekten als äquivalent werden allerdings klassische Rahmungen von Exkursionen gebrochen. Zugleich folgt die Vermittlung den digitalisierten Lebenswelten und deren didaktischen Implikationen konsequent, da sie mittels einer entsprechenden Medienkombination die Räume des Analogen und Digitalen sowie die Fluidität des Übergangs dazwischen auszureizen und die digitalen Lebenswelten zu berücksichtigen vermag. In theoretischer Hinsicht beleuchten beispielsweise Dickel und Jahnke (2012) dieses Feld, indem sie die nur scheinbaren Pole Virtualität und Realität als Kontinuum analysieren. Medien werden in diesem Zusammenhang verstanden als »Bedingungen der Möglichkeiten unserer Welterfahrung und unseres Weltverständnisses« (Krämer 2008 zit. in Dickel/Jahnke 2012: 238). Sie sind »an der Erzeugung der Botschaften [...] beteiligt« (Dickel/Jahnke: 238), was letztendlich mit Baudrillard (2005), den diese Autor*innen zu Rate ziehen, bedeutet, dass statt eines Verweises von Medien auf Realität diese ihre eigene hervorbringen, was die »Originalbegegnung« einmal mehr in Frage stellt. Der Gegenstand entsteht demzufolge erst im Zuge der Auseinandersetzung auf medialer *und* kognitiv-leiblicher Ebene »vor Ort«.

TALLINN UND RIGA ALS PIONIERE
DER DIGITALISIERUNG – TALLINN UND RIGA ALS SMART CITIES

Die für das Sommersemester 2018 geplante Veranstaltung »Tallinn und Riga als Pioniere digitaler Alltags- und Bildungswelten. Eine Exkursion zwischen Materialität und Virtualität« ist für das Lehramtsstudium konzipiert, genauer gesagt, im Bereich der Ausbildung von Primarstufenlehrer*innen bzw. des Sachunterrichts (SU), rangiert aber im Feld der geographischen Bildung und kann damit als Beispiel für geographische Exkursionen genutzt werden. Sie soll Exkursionen als mediales Mashup erlebbar und vermittelbar machen. Die Auswahl des Exkursionsziels ist kohärent zur Thematik: Estland und Lettland nehmen im Bereich E-Government und alltäglicher Digitalisierung eine Vorreiterrolle ein und wirken als Blaupause zukünftiger digitalisierter Alltagswelten. Dazu gehören u.a. die Omnipräsenz von freiem WLAN in den Städten, eine spezielle virtuelle, ortsunabhängige Staatsbürgerschaft, die auch Ausländern einige Dienstleistungen wie Firmengründung erlaubt, Datenvernetzung im öffentlichen Sektor, E-Governance und Online-Wahlen, technische Ausstattung und auf digitale Kompetenzen abzielende Curricula an den Schulen. Die Initiative Free Riga hat sich beispielsweise konkret zum Ziel gesetzt, leerstehende Gebäude in der Stadt über Zwischennutzungsverträge für soziokulturelle Projekte temporär zur Verfügung zu stellen, wobei Informationen über ein Web-GIS und alle Prozesse der Verwaltung und Bewerbung ebenfalls online ablaufen. Re:Creation bzw. das »Augmented and Virtual Reality Laboratory Tallinn« ist ein Entwicklungslabor für AR- und VR-Umgebungen, das in Kooperation mit der Universität Tallinn u. a. Forschung zu synästhetischer AR, d.h. der Verknüpfung von Raum, Visualisierung und Klang vorantreibt (Kose et al. 2018).

Die Exkursion wird sich dabei einerseits der AR-Erschließungsmöglichkeiten der Städte bedienen, andererseits aber zugleich auch Informationen über digitalisierte Alltagswelten einer Smart City sammeln, die (noch) über deren Bedeutung für Besucher*innen und Flaneur*innen hinausgehen, d.h. auf einer konkreten Nutzer- *und* auf einer Meta-Ebene arbeiten. Methodisch ermöglicht die Exkursion es einerseits, durch Nutzung vorhandener, ortsbezogener Apps u.a. aus dem AR-Bereich (u.a. Pokémon GO) leiblich-sinnliche und digitale Erfahrung untrennbar zu kombinieren (vgl. oben zur kritischen Diskussion des Begriffspaars) – und zugleich auch die nicht digital gestützte Erfahrung einer Smart City (»unsmart«) zu erleben. Die darin liegende Begrenzung wird im Zuge der zunehmenden Digitalisierung der Lebenswelt und der Reduzierung des analogen Angebots (etwa beim Ersetzen von analogen Informationstafeln durch QR-Codes) sichtbar. Andererseits finden in der Exkursion Methoden der Datenerhebung wie Mapping mit Tablets, GPS-Tracking, sprachlich gestütztes kognitives Kartieren, verschiedene Formen und

Aufzeichnungsmodi von Interviews und visuelle Protokolle Platz. In Kleingruppen finden auf diese Weise teilweise eigenständig Erhebungen zu vier Themenschwerpunkten (Abb. 1) statt, zu denen zudem jeweils Expert*innen vor Ort interviewt werden.

Abb. 1: Bezugsfelder und Themenschwerpunkte der Lehrveranstaltung (eigene Abb.)

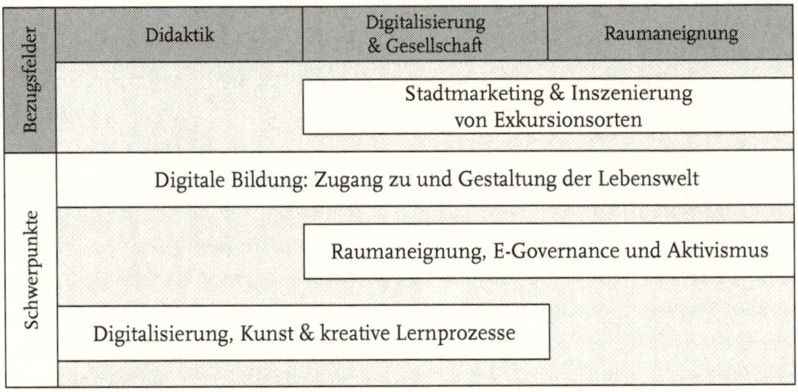

Bezugsfelder	Didaktik	Digitalisierung & Gesellschaft	Raumaneignung
		Stadtmarketing & Inszenierung von Exkursionsorten	
Schwerpunkte	Digitale Bildung: Zugang zu und Gestaltung der Lebenswelt		
		Raumaneignung, E-Governance und Aktivismus	
	Digitalisierung, Kunst & kreative Lernprozesse		

Es sollen u. a. Vertreter*innen der Riga International Biennial of Contemporary Art, der Initiative Free Riga, der Universität Tallinn und Vertreter*innen aus dem digitalen Stadtmarketing im Smart-City-Lab Tallinn angesprochen werden. Fachlich vermittelt werden im Zuge der Erhebung, deren theoretischer Rahmung und Auswertung, Modelle des Zusammenspiels von Raum, Medium und Subjekt, Praxisbeispiele der analog-digitalen Vernetzung von Lebenswelten sowie die Produktion eigener digital gestützter Lernumgebungen. Methoden der Dokumentation, Darstellung und didaktischen Aufbereitung sind Präsentationstools und -modi wie Story Maps, Prezi, H5P-Videos und analog-digitale Modelle (Mashup aus analogen didaktischen Materialien und digitalen Inhalten) sowie Lernumgebungen wie Geocaching, virtuelle Exkursionen und Moodle, die in ihrem Mehrwert für Erleben, Begegnung und Lernen jeweils kritisch diskutiert werden. Am Ende der Veranstaltung soll aus den Prüfungsleistungen, die in einer Projektarbeit bestehen, als kollaboratives Produkt ein thematisch die Veranstaltungsinhalte aufgreifendes Lernmodul (vorzugsweise über digital begleitete Exkursionen, die Themenfindung ist Teil der gemeinsamen Erarbeitung) für die Plattform digiLL NRW entstehen (dann abrufbar unter https://digill-nrw.de/). Jene Plattform bietet wiederum zweifach thematisch verankert *digitale* Selbstlernmaterialien, die Lehrkräfte mit dem *didaktischen Potential digitaler Medien* vertraut machen sollen. Die Exkursion wird in eine durch Blended-Learning (Kombination von Präsenzveranstaltung und Online-Lehrangeboten) gekennzeichnete Vor- und Nachbereitung eingebettet, die wiederum durch eine Lernplattform mit vernetzenden Arbeitsanregungen und -foren (über Moodle) und Konsultationsangebote (über Adobe Connect) gestützt wird.

Als Veranstaltung der Lehramtsausbildung werden in dieser Exkursion neben der in der Lehre des SU bisher eher vernachlässigten Analyse der Verbindung von Lebenswelt, Sachbegegnung (ein spezifischer Begriff des SU, vgl. u. a. GDSU 2013), digitalen Repräsentationen und virtuellen Räumen, auch die Didaktisierung dieser Zusammenhänge für die schulische Vermittlung in den Blick genommen. Diese ist insofern relevant, als dass mediales Lernen im SU überaus präsent ist: Die Exkursion trägt damit zur Beantwortung der Frage bei, wie sowohl einem Lernen mit Medien, das einen durch Medien erzeugten Mehrwert für die Vermittlung beinhaltet, als auch einem Lernen über Medien in der aktuellen Medienwelt Genüge getan werden kann. Ersteres besitzt im SU eine lange Tradition (Gervé 2009), da Teile der Lebenswelt ohne Repräsentationen nicht anschaulich erschließbar wären, insbesondere, da sich im SU die abstrakt-begrifflichen Kompetenzen der Kinder noch in steter Entwicklung befinden (Kaiser 2004). In Bezug auf Letzteres ist SU das einzige Fach im Primarbereich, das Lernen über Medien explizit verfolgt (GDSU 2013), weshalb auch Smart Cities und insbesondere ihre alltäglichen medialen Zugänge hoch relevant in diesem Kontext sind.

DOKUMENTATION DER EXKURSION – EIN BLICK IN DIE NÄCHSTE ZUKUNFT UND IRGENDWANN INS DIGITALE NICHTS

Dieser Aufsatz wird verfasst, bevor die Exkursion stattgefunden haben wird/hat. Damit unterliegt er den Problemen einer Printpublikation (oder ihres digitalen pdf-Pendants), dass das Prädikat der Aktualität, das (spätestens) mit dem Erscheinen ein Verfallsdatum erhält, nicht sehr lange vorhält. Gerade bei sich technologisch rasant entwickelnden Themen wie Smart City entfalten Texte wie dieser – und die dahinterstehende Exkursion – vor allem den Wert einer Zustandsdokumentation und -diagnose. Die Problematik der Terminierung der Exkursion können wir allerdings lindern: Die Karte, die dem QR-Code hinterlegt ist (Abb. 2), wird in Vorbereitung und im Zuge der Exkursion aktualisiert – das heißt, es kann im Prozess, und im Gegensatz zur gedruckten Publikation, in ständiger Veränderung nachvollzogen werden, wie Lehrende und Studierende ihre Exkursion gestalten. Und es kann auch zur Thematik der Smart Cities Tallinn und Riga auf Basis eigener virtueller wie leiblicher Exkursionen beigetragen werden: Hierzu bitte eine E-Mail mit Koordinaten, Beschriftung, Links und, ggf., möglichst gemeinfreien Medien mit CC0-Lizenz

Abb. 2: QR-Code zur Online-Karte

an jana.pokraka@uni-due.de senden. Die ausgewählten Orte können Beispiele für digitale Infrastrukturen sein, die beschrieben werden, aber auch Orte des eigenen, digital gestützten Erlebens.

Die Karte ist damit eine Anschauung für die zeitliche Veränderbarkeit von Information, doch irgendwann freilich wird auch diese Karte ein Relikt sein – zuerst in inhaltlicher Hinsicht, wenn die Gegenwart der Zukunft die Einträge überholt hat, und irgendwann, wenn der Anbieter den Dienst transferiert oder einstellt, auch in technischer Hinsicht. Bis dahin ist die Karte eine der vielen Ungleichzeitigkeit und Entwicklung dokumentierenden Spuren des Erlebens und Erfahrens, die sich im Web niederschlagen und gleichzeitig das eigene Erleben und Erfahren und das anderer, etwa der Leser*innen dieses Aufsatzes, strukturieren und, bei einem eventuellen Besuch der Beispielstädte, vor-prägen.

ANSTELLE EINES FAZITS

Wir verzichten an dieser Stelle bewusst auf ein klassisches Fazit – angesichts der Offenheit dessen, was uns auf der geplanten Exkursion erwartet, aber viel mehr auch angesichts der Unwägbarkeit der zukünftigen Entwicklungen, bei denen sowohl unklar ist, mit welchen Mitteln Smart Cities zukünftig erkundet werden (können), inwiefern diese Möglichkeiten sich als zielführend für geographische Bildung erweisen (wobei sie auf einer Metaebene des Verstehens von Erleben und Raumkonstruktionen in Smart Cities aufgrund des engen Zusammenspiels aus physisch-materiellem Erleben und digitalen Raumkonstruktionen nahezu unumgehbar sind) und ob und in welcher Form sie in Bildungskontexten aufgegriffen werden. Daher möchten wir lieber Fragen stellen – etwa Folgende:

- Wenn zusätzliche Informations- und Gestaltungsebenen durch digitale Medien hinzutreten, wird die Spurensuche hochgradig komplex, vor allem durch eine mehrseitige, durch Nutzerinput flexible Kommunikation. Wie kann Komplexität insbesondere der AR in Smart Cities und der möglichen Daten-Interaktionen für Bildungsprozesse reduziert werden, ohne die Komplexität in ihrer absichtsvollen wie unvermeidbaren Bedeutsamkeit zu negieren?
- Wenn Resonanz (Keßler 2017; Rosa 2016) ein neues potentielles Paradigma der Exkursionsdidaktik ist, wie verträgt sich dieser ding- und sachbezogene Ansatz mit digitalen Medien?

Zudem möchten wir dazu einladen, ebenfalls Fragen zu stellen (und sie natürlich auch nach Möglichkeit zu kommentieren oder gar zu beantworten), und zwar im dem QR-Code hinterlegten Etherpad (Abb. 3). Wir sind uns bewusst, dass diese Herangehensweise eine technisch konservative, aber damit wahrscheinlich – schließlich halten Sie, ohne Ihnen etwas unterstellen zu wollen, mit einer gewissen Wahrscheinlichkeit eine gedruckte Ausgabe dieses Buches in der Hand (oder ein recht statisches pdf auf dem Bildschirm) – niederschwellige ist. Wir freuen uns auf dieses kleine digitale Schlupfloch, das ein witziger Baustein im »smarten« System ist, mit all seinen Implikationen und Nebenbedingungen, aber auch mit der Chance auf wertvollen Austausch.

Abb. 3: QR-Code zum Etherpad

LITERATUR

Baudrillard, Jean (2005): Violence of the virtual and integral reality. In: International Journal of Baudrillard Studies 2. https://www2.ubishops.ca/baudrillardstudies/vol2_2/baudrillard.htm vom 01.07.2005.

Budke, Alexandra/Kanwischer, Detlef (2006): Virtuelle Exkursionen contra reale Begegnungen. In: Hennings, Werner/Kanwischer, Detlef/Rhode-Jüchtern, Tilman (Hg.), Exkursionsdidaktik, Nürnberg: Geographiedidaktische Forschungen, S. 128–142.

Budke, Alexandra/Wienecke, Maik (2009, Hg.): Exkursionen selbst gemacht, Potsdam: Universität Potsdam.

Cascone, Sarah (2017): Snapchat Unites With Jeff Koons for a Globe-Spanning Augmented Reality Sculpture Project. https://news.artnet.com/art-world/snapchat-reveals-massive-jeff-koons-sculptures-augmented-reality-partnership-1103774 vom 03.10.2017.

Codrea-Rado, Anna (2017): Virtual Vandalism: Jeff Koons's ›Balloon Dog‹ Is Graffiti-Bombed. In: New York Times online. https://www.nytimes.com/2017/10/10/arts/design/augmented-reality-jeff-koons.html vom 10.10.2017.

Dickel, Mirka/Jahnke, Holger (2012): Realität und Virtualität. In: Haversath, Johann-Bernhard (Hg.), Geographiedidaktik, Braunschweig: Westermann, S. 236–248.

Digital Citizenship (2017): Nine Themes of Digital Citizenship. www.digitalcitizenship.net vom 20.05.2018.

GDSU (Gesellschaft für Didaktik des Sachunterrichts) (2013): Perspektivrahmen Sachunterricht, Bad Heilbrunn: Klinkhardt.

Gervé, Friedrich (2009): Materialien für den Sachunterricht. In: Die Grundschulzeitschrift 23, 230, S. 34–38.

Greenfield, Adam (2014): Against the Smart City, New York: Do, Kindle Edition.

Gryl, Inga/Scharf, Claudia/Weis, Swantje/Schulze, Uwe (2017): Geomedia and the space of the in-between. Geo-referencing, non-localisation, and glocalisation. In: GI_Forum 2017, 2, S. 49–59.

Haklay, Muki/Budhathoki, Nama (2010): OpenStreetMap – Overview and Motivational Factors. Vortrag auf dem Horizon Infrastructure Challenge Theme Day in Nottingham am 19.03.2010.

Hard, Gerhard (1989): Geographie als Spurenlesen. Eine Möglichkeit, den Sinn und die Grenzen der Geographie zu formulieren. In: Zeitschrift für Wirtschaftsgeographie 33 (1/2), S. 2–11.

Hosie, Rachel (2017): ›Instagrammability‹: Most important factor for millennials on choosing holiday destination. In: The Independent Online. http://www.independent.co.uk/travel/instagrammability-holiday-factor-millenials-holiday-destination-choosing-travel-social-media-photos-a7648706.html vom 24.03.2017.

Kaiser, Astrid (2004): Kommunikativer Sachunterricht. In: Kaiser, Astrid/Pech, Detlef (Hg.), Neuere Konzeptionen und Zielsetzungen im Sachunterricht. Basiswissen Sachunterricht Band 2, Baltmannsweiler: Schneider Verlag, S. 48–57.

Keßler, Lisa (2017): »Originale Begegnung« vor dem Hintergrund resonanztheoretischer Überlegungen. Vortrag auf dem Deutschen Kongress Geographie am 01.10.2017.

Kose, Ahmed/Tepljakov, Aleksei/Astapov, Sergej/Draheim, Dirk/Petlenkov, Eduard/Vassiljeva, Kristina (2018): Towards a synesthesia laboratory: real-time localization and visualization of a sound source for virtual reality applications. In: Journal of Communications Software and Systems 14, 1, 1–9.

Krämer, Sybille (2008): Medium, Karte, Übertragung. Kleine Metaphysik der Medialität, Frankfurt a. M.: Suhrkamp.

Kreuzer, Gustav (1980): Unterrichtsprinzipien – ihr Beitrag zur Umsetzung von Lernzielen in Unterricht. In: Kreuzer, Gustav (Hg.), Didaktik des Geographieunterrichts, Hannover: Schroedel, S. 207–226.

McLuhan, Marshall (1964): Understanding media, New York: McGraw-Hill.

Milgram, Paul/Takemura, Haruo/Utsumi, Akira/Kishino, Fumio (1994): Augmented reality. A class of displays on the reality-virtuality continuum. In: Journal of the International Society for Optics and Photonics 2351, S. 282–292.

Nebenan.de (o. J.): https://nebenan.de vom 20.05.2018.

Ohl, Ulrike/Neeb, Kerstin (2012): Exkursionsdidaktik. Methodenvielfalt im Spektrum von Konstruktivismus und Kognitivismus. In: Haversath, Johann-Bernhard (Hg.), Geographiedidaktik, Braunschweig: Westermann, S. 259–288.

Räth, Georg (2016): Ist Pokémon GO noch zu retten? In: Gründerszene online https://www.gruenderszene.de/allgemein/pokemon-go-rettung vom 16.11.2016.

Rhode-Jüchtern, Tilman (2017): ›Dunkelflaute‹ – Der Konstruktivismus unter Verdacht. In: GW-Unterricht 147, 42–53.

Rhode-Jüchtern, Tilman/Schneider, Antje (2006): La Gomera unter dem Aspekt von ... Fünf Aspekte einer konstruktiven Exkursionsdidaktik. In: Dickel, Mirka/Glasze, Georg (Hg.), Vielperspektivität und Teilnehmerzentrierung, Münster: Lit, S. 141–163.

Rosa, Hartmut (2016): Resonanz. Eine Soziologie der Weltbeziehung, Berlin: Suhrkamp.

Scharvogel, Martin (2007): Erzählte Räume. Frankfurts Hochhäuser im diskursiven Netz der Produktion des Raumes. Praxis Neue Kulturgeographie, Band 4, Münster: Lit.

Sennett, Richard (2012): The stupefying smart city. https://lsecities.net/media/objects/articles/the-stupefying-smart-city/en-gb/ vom 20.05.2018.

Strobl, Joseph (2008): Digital earth brainware. In: Schiewe, Jochen/Michel, Ulrich (Hg.), Geoinformatics paves the highway to digital earth. gi-reports@igf, Osnabrück: Universität Osnabrück, S. 134–138.

Waldenfels, Bernhard (2002): Bruchlinien der Erfahrung, Frankfurt a.M: Suhrkamp.

Wardenga, Ute (2001): Zur Konstruktion von Raum und Politik in der Geographie des 20. Jahrhunderts. In: Reuber, Paul/Wolkersdorfer, Günter (Hg.), Politische Geographie. Handlungsorientierte Ansätze und Critical Geopolitics. Heidelberger Geographische Arbeiten112, Heidelberg: Universität Heidelberg, S. 17–31.

Werlen, Benno (1995): Sozialgeographie alltäglicher Regionalisierungen. Band 1: Zur Ontologie von Gesellschaft und Raum, Stuttgart: Franz Steiner.

3 Neue Verbindungen digitaler und anderer Technologien

Smarter Bevölkerungsschutz?
Risiko- und Sicherheitskommunikation
zwischen Warnung und Werbung

Simon Runkel

Einleitung

»Smart City« wird häufig mit Sicherheitsversprechen verbunden. Dies verweist auf die Versicherheitlichung öffentlicher Räume in der Sicherheitsgesellschaft (Legnaro 1997; Füller/Glasze 2014). Sicherheitsversprechen adressieren die vermeintliche Allgegenwärtigkeit von Bedrohungen. Der Begriff Sicherheit hat einen unbestimmten informativen Gehalt. Relevant ist die »emotionale Appellqualität des Wortes« (Kaufmann 1973: 32), die in affirmativen Beschreibungen der Smart City aufgerufen wird. Dies steht mit der sicherheitsgesellschaftlichen »Neukonfiguration öffentlicher Räume durch Privatisierung und Technisierung sozialer Kontrolle« (Groenemeyer 2010: 13) in Verbindung. Wenn Sicherheit und Unsicherheit als Leitmotive der Stadtentwicklung beschrieben werden können (Glasze/Pütz/Schreiber 2005), dann ist der Smart-City-Diskurs für die Vermarktung neuer Technologien eine willkommene Rahmung und notwendige Bedingung der Durchsetzung privater sowie staatlicher Raumkontrolle.

Die Sicherheitsversprechen dieses Diskurses lassen sich in drei Teilbereiche untergliedern. Erstens geht es um die technische Absicherung wie die Betriebssicherheit der vernetzten Infrastrukturen oder zum anderen die Resilienz von z.B. kritischen Infrastrukturen in der Stadt gegenüber Angriffen (Cyber- bzw. IT-Security). Zweitens wird die öffentliche Sicherheit von (Stadt-)Räumen adressiert. Die Smart City wird als störungsfreie Utopia (Vanolo 2016) skizziert, in der die Erhebung und Analyse von Big Data zur Erkennung und Kontrolle sozialer Devianz eingesetzt wird: z.B. durch *predictive policing* (Belina 2016) oder Personenverfolgung als »geoslavery« (Dobson/Fisher 2003). Dies steht in der Logik des Postpanoptizismus (Boyne 2000; Dobson/Fisher 2007).

Dieser Beitrag interessiert sich für ein drittes Sicherheitsversprechen: den Bevölkerungsschutz im Fall von Naturrisiken und Sozialkatastrophen (Felgentreff/Glade 2008: 1ff.). Die These dieses Beitrags ist, dass das Geschäftsmodell von Plattformen, nämlich die Erfassung, Akkumulation und Bereitstellung von Daten, sich nur indirekt gewinnbringend mit der hoheitlichen Aufgabe des Bevölkerungsschutzes vereinen lässt bzw. sich in Zukunft sogar als kontraproduktiv erweisen könnte. Es stellt sich die Frage, inwieweit die Diskurse und Materialitäten der Smart City einen smarten Bevölkerungsschutz ermöglichen können und welche Widersprüche und Probleme dabei entstehen.

Im Anschluss an Söderström et al. (2014) kann der Smart-City-Diskurs als unternehmerische Marketingstrategie verstanden werden, der die Logiken des *platform capitalism* (Srnicek 2017) zugrunde liegen. Plattformen sind ein neuer Unternehmenstyp, der Infrastrukturen für sozialen Austausch anbietet. Netzwerk-Effekte führen dazu, dass Plattformen monopolistische Tendenzen haben. Srnicek (2017: 48) beschreibt, wie Plattformen darauf ausgerichtet sind, Daten von natürlichen Prozessen, von Produktionsprozessen oder von anderen sozioökonomischen Prozessen zu extrahieren. Dies ist die zentrale Logik des Plattformkapitalismus: der über das Marketing vorangetriebene Ausbau der Smart City stellt sich für Plattform-Unternehmen als Eintrittstor dar, um mehr Bereiche des öffentlichen Lebens zur Datengenerierung zu kolonialisieren. Der Begriff »smart« ist hierbei ein leerer Signifikant, der in variabler Färbung als Erfüllungsgehilfe für techno-utopische Verkaufsargumente gebraucht werden kann (Hollands 2008; Vanolo 2014).

Die Konsequenzen für die Städte lassen sich mit dem Begriff des *platform urbanism* (Marvin/Luque-Ayala 2017) beschreiben. IT-Unternehmen entwickeln ganzheitliche Soft- und Hardware-Lösungen für das integrative Management von Prozessen des urbanen Systems. Sie prägen damit ein spezifisches Regime des städtischen Regierens. Urbane Steuerungssysteme werden zunehmend von Plattform-Unternehmen dominiert. Die Strategien von Regierungsbehörden diesen ökonomischen und technologischen Transformationen zu begegnen werden uneinheitlich bewertet (Meyjer/Bolivar 2016: 399). In Bezug auf den Bevölkerungsschutz lässt sich keine eindeutige Strategie erkennen.

Im Beitrag werden Beobachtungen aus Projekten, in denen technologische Lösungen im Spannungsfeld von Smart City und Bevölkerungsschutz erarbeitet wurden, reflektiert. Konkret werden Technologien der Warnung und Information der Bevölkerung vorgestellt. Erstens werden bestehende Warnsysteme erläutert. Zweitens werden Ansätze, die bestehende Warnsysteme erweitern könnten, erörtert. Abschließend wird diskutiert, inwieweit ein smarter Bevölkerungsschutz in Zukunft möglich ist.

Die Organisation der Warnung und Information der Bevölkerung in Deutschland

In den letzten Jahren war zu beobachten, dass in vielen Städten und Kommunen Sirenenanlagen abgebaut wurden. Nach dem Kalten Krieg wurde die Auflösung des Zivilschutz-Sirenennetzes durch den Bund beschlossen. 80.000 Standorte der vom Bund betriebenen Sirenen in Deutschland wurden den Gemeinden bis 1993 kostenlos zur Übernahme angeboten. Die Hälfte der Sirenen wurde schließlich inklusive der Auslöseinfrastruktur, d. h. Warnämter sowie das Sirenensteuergesetz, aufgelöst bzw. suspendiert. Gleichzeitig beschlossen aber manche Städte und Gemeinden, in die Sanierung oder den Neuaufbau eines digitalen Sirenennetzes zu investieren.

In Baden-Württemberg ergibt sich ein heterogenes Bild: Heidelberg betreibt kein Sirenennetz mehr und setzt auf Warnkanäle wie TV, Rundfunk und Internet (Munz 2017). Dem gegenüber stehen Städte wie Mannheim und Baden-Baden, die ein volltaugliches Sirenennetz aufweisen. Karlsruhe investiert derzeit ebenfalls in den Ausbau eines Netzes mit insgesamt 60 Sirenen im Stadtgebiet, da, wie der örtliche Abteilungsleiter für Zivil- und Katastrophenschutz im Herbst 2017 zu Protokoll gab, sie sich »nicht nur auf das Handy und eine Warn-App verlassen« (Wolter 2017 zit. in Riedel 2017) wollen. Heute gibt es schätzungsweise ca. 15.000 aktive Sirenen (und eine unbekannte Anzahl inaktiver Sirenen), die ein Warnsignal ausgeben können. Betrieben werden diese Sirenen von den Kreisen bzw. kreisfreien Städten. Munz (2017) konnte für ausgewählte Städte und Kommunen in Baden-Württemberg zeigen, dass die Prioritätensetzung in der Risiko- und Sicherheitskommunikation eher beim Bund gesehen wird und den Städten und Kommunen der finanzielle Aufwand zu hoch erscheint (ebd.: 82 ff.). Der Bund hingegen sieht gemäß der Gesetzeslage die Länder in der Pflicht, die wiederum die Warnung und Information der Bevölkerung auf die Stadt- und Kreisebene delegieren (ebd.). Mit anderen Worten: eine einheitlich geregelte Warnung und Information der Bevölkerung mit Sirenen ist im Ereignisfall derzeit auf dem Gebiet der Bundesrepublik nicht gegeben.

Der Bund hat für dieses Nebeneinander unterschiedlicher Warnkanäle einen strategischen Begriff gefunden: das modulare Warnsystem (MoWaS). Der Aufbau des MoWaS berücksichtigt laut Aussage des Bundes veränderte Informationsgewohnheiten der Bevölkerung und weltpolitische Bedrohungslagen (Bundesamt für Bevölkerungsschutz und Katastrophenhilfe 2018a). Ein weiterer technischer Ausbau bzw. die Ergänzung weiterer Warnkanäle wird als wünschenswert erachtet.

Juristisch und organisatorisch ist zwischen Zivilschutz (z. B. im Verteidigungsfall laut Art. 73, Abs. 1, Nr. 1 des GG) und Katastrophenschutz (nach Art. 30 und 70 des GG) zu unterscheiden. Im Verteidigungsfall obliegt dem Bund die

Pflicht, die Länder zentral zu informieren. Der Bund würde gleichzeitig Warnmeldungen über Rundfunk, Presseagenturen, Fernsehen und angeschlossene Multiplikatoren (z. B. Deutsche Bahn) ausgeben. Ebenfalls würde die Warn-App NINA (Notfall-Informations- und Nachrichten-App) mit einer Warnmeldung bespielt. Für die Warnung der Bevölkerung im Zivilschutz sind hingegen gemäß föderaler und gesetzlicher Regelungen die Behörden der Länder zuständig. Diese haben auch eigene Lagezentren, delegieren aber die Aufgaben gemeinhin an die Kreise und die kreisfreien Städte weiter; institutionell ist die Warnung und Information der Bevölkerung also zumeist bei den örtlichen Katastrophenschutzstellen angelagert. Damit ist es meist Aufgabe der Feuerwehr-Leitstellen, die zum Teil ans MoWaS angeschlossen sind. In Baden-Württemberg sollen die Eingabestationen bis zum Jahr 2019 von zwei Stationen auf ca. 30 Stationen erhöht werden.

Die Meldungsübertragung erfolgt im MoWaS via Satellit und Kabel. Es wird auf redundante Strukturen zurückgegriffen. Ziel ist es, alle Warnkanäle aus einem System heraus über standardisierte Schnittstellen bedienen zu können. Es gibt einen zentralen Warnserver, eine GIS-basierte Benutzeroberfläche und ein einheitliches Übertragungsprotokoll.

Man unterscheidet dabei drei Strukturen. Erstens gibt es eine Auslösestruktur, die alle Sende- und Empfangssysteme in den Lagezentren von Bund, Ländern sowie angeschlossene Leitstellen der unteren Katastrophenschutzbehörden einschließt. Zweitens findet die Übertragung über Warnmultiplikatoren statt, das heißt über die Steuersysteme der Endnutzer. Diese Multiplikatoren sind Behörden, Organisationen und Unternehmen (z. B. Sendeanstalten), welche die Meldungen an ihre Kund*innen und Nutzer*innen weiterleiten. Dazu sind 160 Rundfunkanbieter, ein Paging-Betreiber, ein Internetprovider und die Deutsche Bahn rechtlich verpflichtet. Drittens werden Warnmittel mit hohem informationellen Austausch priorisiert (Radio, Fernsehen, Internet und Smartphones). Letztere haben eine potentielle Weckfunktion, allerdings nur bei proaktiver Einstellung der App durch die Nutzer*innen. Die einzigen Warnmittel mit ausschließlichem Weckeffekt sind Sirenen.

Die Warnmittel können anhand der sozialgeographischen Durchdringung, des Responsibilisierungspotentials und der Verbreitungslogiken der Kanäle typologisiert werden. Zum einen will man mit diesem Multiplikatoren-System eine hohe soziale Durchdringung erreichen, indem man potentiell Betroffene geographisch präzise warnt. Die Durchdringung lässt sich kaum evaluieren; die Auffassungen, wann eine Warnung als erfolgreich und effektiv zu gelten hat, gehen stark auseinander (Kunz-Plapp 2008: 219 f.). Zudem erhofft man sich ein maximales Responsibilisierungspotential, d. h. man ist auf das kommunikative Verhalten der zu warnenden Bevölkerungsgruppen und deren Bereitschaft zur Umsetzung entsprechender Maßnahmen angewiesen (Kunz-Plapp 2008: 220). Drittens decken sich die Warnmittel implizit mit der Verbreitungslogik der genutzten Medien, d.h. es wird auf Netzwerk-Effekte vertraut. Plattformen bieten sich hier an (vgl. Srnicek 2017: 45).

Seit einigen Jahren ist im MoWaS die NINA zentral. Mit 3,3 Millionen Nutzer*innen (mit ca. 70.000 Downloads pro Monat; Stand August 2018) hat die App einen soliden Wirkungsgrad. Die Infrastruktur wird zentral bereitgestellt; die unteren Katastrophenschutzbehörden (Leitstellen) sowie überregionale (z. B. das Innenministerium des Landes) und nationale Leitstellen können Warnungen für ihre geographischen Zuständigkeitsbereiche ausgeben. Die App ist per Design für eine kommerzielle Verwendung unverfügbar, da keine Daten gesammelt und ausgewertet werden. Ähnliche Apps wie KatWarn (betrieben von der Versicherungsbranche) oder BIWAPP (betrieben von einer Agentur in Zusammenarbeit mit einzelnen Kommunen) gelten aus Sicht der Behörde nicht als Konkurrenz, da die von den staatlichen Behörden bespielte NINA die höchste Glaubwürdigkeit für sich zu reklamieren weiß (vgl. Kunz-Plapp 2008: 220). Warnungen dürfen unter Quellenangabe weitergegeben werden bzw. die Nutzer*innen haben das Recht, die bereitgestellten Warnmeldungen und Informationen auf nicht-gewerbliche Art zu nutzen.

Die App ist für verschiedene Plattformen (Android, iOS) verfügbar und greift auf Google-Services (Maps, Analytics) zurück. Der Datenschutz wird von Seiten der staatlichen Behörden betont. Einen Aufschluss über Identität, geographische Position und Nutzungsverhalten gibt es nicht. Die Behörde kennt nur die Zahl der regionalisierten Abonnements von Warnungen und kann das Nutzungsverhalten anonymisiert nachvollziehen.

Die paradoxe Datenschutzsituation wird deutlich: einerseits besteht bei den staatlichen Behörden das Interesse, die vertrauensvolle Nutzung dieses Warnmittels nicht durch die Erfassung und Auswertung der Daten zu gefährden und auf Anonymität zu beharren. Andererseits sind staatliche Behörden gezwungen, mit Plattform-Anbietern zusammenzuarbeiten, deren Geschäftsmodell auf der umfassenden Erfassung, Akkumulation und Auswertung von personenbezogenen Daten beruht (Srnicek 2017: 101).

Der Ausbau des MoWaS ist nicht abgeschlossen und es wird geprüft, welche weiteren Endgeräte angeschlossen werden könnten. Hierzu müssen neue Schnittstellen geschaffen werden. Derzeit läuft ein Bund-Länder-Projekt zur Sondierung und Begutachtung neuer Möglichkeiten: »Als mögliche neue Warntechnologien kommen [...] Gegenstände des täglichen Gebrauchs in Betracht – Stichwort SmartHome und SmartCity. Das Projekt greift solche Möglichkeiten auf, bewertet sie und regt in enger Abstimmung mit den Ländern ggf. deren Umsetzung an.« (Bundesamt für Bevölkerungsschutz und Katastrophenhilfe 2018b) Die staatlichen Behörden reagieren positiv auf die Sicherheitsversprechen im Smart-City-Diskurs und hoffen auf technologische Innovationen der Plattform-Unternehmen. Srnicek (2017: 101) macht deutlich, dass Plattformen darauf ausgerichtet sind, Datenschutz-Restriktionen zu unterlaufen.

Geofencing, Cell Broadcasting und Beacons: Sicherheitsversprechen materialisieren sich

Das MoWaS soll sukzessive erweitert und mit Multiplikatoren ergänzt werden. Für die Optimierung der Katastrophenwarnung verfügt das Bundesamt für Bevölkerungsschutz und Katastrophenhilfe (BBK) seit 2016 über drei bis fünf Jahre 14 Millionen Euro für Forschung und Entwicklung (Samimy/Suntrup 2017: 1). Finanziert wird dies mit Bundes- und Landesmitteln, aber v. a. mit Mitteln des Innere-Sicherheit-Fonds (ISF) der Europäischen Union. Als Ziel wurde ausgegeben, dass Warnungen Betroffene »geografisch skalierbar« erreichen müssen, »um einen Gewöhnungseffekt durch ständige Warnmeldungen ohne Betroffenheit des Einzelnen zu vermeiden« (ebd.: 2). Die Sicherheitsversprechen der Smart-City- und Smart-Home-Diskurse werden als vielversprechend aufgenommen.

Für die Optimierung der Warnung und Information der Bevölkerung lassen sich verschiedene technologische Trends erkennen, in denen sich Sicherheitsversprechen materialisieren. Diese Materialitäten sind Kreuzungspunkte zwischen dem Interesse der staatlichen Behörden, die Warnung und Information der Bevölkerung technologisch zu aktualisieren und optimieren und dem Interesse der IT-Unternehmen, Eintrittspunkte zur weiteren Erfassung, Akkumulation und Verarbeitung von Daten zu finden.

Es wird die Implementation von Technologien angestrebt, die eine präzise und durchdringende Warnung und Information von Personen in betroffenen Gebieten ermöglicht. Die geographische Lokalisierbarkeit und soziale Unterscheidung von Betroffenen eines (potentiellen) Schadensereignisses steht hier im Vordergrund. Dies kann vor allem mit Technologien gelingen, die sowohl mit territorialer Präzision Warnungen ausgeben können, als auch bestimmte soziale Gruppen identifizieren können. Dies entspricht den Technologien, die von Werbeplattformen genutzt werden, deren Ziel wie folgt beschrieben werden kann: »which extract information on users, undertake a labour of analysis, and then use products that process to sell ad space« (Srnicek 2017: 49). Es überrascht nicht, dass die Optimierung der Bevölkerungswarnung auf Technologien des zielgruppengerechten Geomarketings setzt. Der doppelte Verwendungszweck *(dual use)* ist hierbei Warnung und Werbung.

Im Folgenden werden technologische Optionen skizziert, die im Kontext der Warnung und Information der Bevölkerung als Multiplikatoren diskutiert werden.

Geofencing bezeichnet eine Methode zur Errichtung virtueller Zäune, sodass ein mobiles Objekt mit dem Überschreiten einer festgelegten Bereichsgrenze eine Aktion auslöst. Die Ortsbestimmung des Objekts kann anhand der Funkzelle eines an den Mobilfunk angeschlossenen Geräts (z. B. GMS/UMTS) oder über die Korrespondenz zwischen einem Sender und einem Navigationssatellitensystem (GPS) nachvollzogen werden. Der Geofence wird über ein geographisches

Informationssystem programmiert. Die ausgelöste Aktion kann z. B. eine Benachrichtigung oder ein sanktionierender oder erlaubender Mechanismus sein. Die Anwendungen von Geofencing sind vielfältig: So werden im Flottenmanagement Mietwagen überwacht, Transporteinheiten werden verfolgt, Gefahrenalarme werden bei der Näherung von Raubtieren ausgelöst (Wall et al. 2014) oder Herden werden gehütet (Wendel 2017). Im Zusammenspiel mit Smartphones wird Geofencing für Marketing genutzt: Smartphone-Benutzer*innen können gezielt in einem Bereich, den sie betreten, angesprochen werden.

Die Technologien zur Ortung und Lokalisierung weisen verschiedene geographische Skalierbarkeiten auf. Zur Warnung und Information der Bevölkerung kommen v. a. zwei Möglichkeiten in Betracht, die genutzt werden oder genutzt werden könnten: Cell Broadcasting (CB) und die Beacon-Technologie (Bluetooth).

Über CB kann, erstens, eine Mitteilung an alle aktiven Geräte innerhalb einer Funkzelle gesendet werden.[1] Allerdings bieten in Deutschland die meisten Mobilfunkbetreiber dies nicht an (vgl. Hufschmidt et al. 2017). Im MoWaS ist kein CB vorgesehen. Die Bundesregierung hatte 2017 gegenüber der Einführung eines CB-Warnsystems keine grundsätzlichen Einwände, verweist aber darauf, dass die Kompetenzen bei den Ländern liegen würden (Deutscher Bundestag 2017). CB-Systeme werden für kleinräumigeren Einsatz diskutiert, indem z. B. bei Großveranstaltungen mobile Funkzellen (Pico- oder Femtozellen) zwischengeschaltet werden könnten.

Vielversprechender – da kostengünstiger und energiesparender – erscheinen, zweitens, Beacon-Technologien. Dies ist eine Weiterentwicklung von Bluetooth. Dabei gibt es einen Sender (meist fest installiert) und einen Empfänger (z. B. mobile Smartphones). Die Reichweite solcher Beacons bewegt sich derzeit in einem Wirkungsradius von zehn und 50 Metern. Anwendungsgebiete sind Bereiche wie die Navigation in Gebäuden, Verkehrsanlagen und auf Großveranstaltungen, Anwendungen im häuslichen Bereich (smart homes), Vereinfachung von Zahlungsverkehr und standortbezogene Werbung (z. B. in Flughäfen und Shopping Malls) (Altpeter 2017: 15 ff.). In der Smart City nehmen Beacons eine besondere Rolle ein, wenn es um Sicherheitsversprechen geht. Mögliche Anwendungsbereiche sind hier die Implementation von »intelligenten Umgebungen« oder »smarten Stadtmöbeln« wie z. B. Werbeträger (Tafeln, Anzeigen etc.) im öffentlichen Raum. Unternehmen, die solche Werbeträger unterhalten, bieten die großflächige Installation von Beacons an und argumentieren, dass darüber zum Zwecke der Warnung und Information in der Umgebung befindliche Personen (z. B. bei Terroranschlägen) direkt adressiert werden könnten. Gleichzeitig ermöglicht die Beacon-Technologie den Unternehmen – im Namen

---

1 | So geschehen beim von der hawaiianischen Katastrophenschutzbehörde ausgelösten Fehlalarm am 13.01.2018.

der Sicherheit – eine direkte Ansprache der sich in einer Umgebung befindlichen Smartphone-Nutzer*innen für die eigenen Werbezwecke. Warnung und Werbung laufen über den gleichen Kommunikationskanal.

Fazit

Das Geschäftsmodell von Plattformen lässt sich nur indirekt gewinnbringend mit der hoheitlichen Aufgabe der Warnung und Information der Bevölkerung vereinen. Wenn der Smart-City-Diskurs davon angetrieben wird, dass sich IT-Unternehmen Schlüsselpositionen im urbanen System (Srnicek 2017: 103) sichern wollen, dann scheint eine Allianz zwischen staatlichen Behörden und Plattform-Unternehmen nur zum Preis einer Vermarktlichung von Sicherheit möglich. Im Gegensatz zum herkömmlichen Sirenennetz verlieren staatliche Behörden mit der Digitalisierung der Warnung und Information der Bevölkerung die Hoheit über Kommunikationsinfrastrukturen und -schnittstellen. Gleichzeitig bieten Plattformen für Katastrophenereignisse robuste Infrastrukturen. Privatisierungstendenzen im Katastrophenschutz sind längst nicht mehr undenkbar. Die Funktion Crisis Response von Facebook überragt bereits längst die sozialgeographische Durchdringung, das Responsibilisierungspotential und die Verbreitungslogiken der Warnmittel im MoWaS.

Es ergeben sich drei gesellschaftspolitische Herausforderungen, deren Konsequenzen es in zukünftiger Forschung abzuschätzen gilt:

Erstens konnte gezeigt werden, dass die Technologien, die für Sicherheitskommunikation benötigt werden und über deren Materialitäten im Smart-City-Diskurs Sicherheitsversprechen generiert werden, ihre vornehmliche Anwendung im Bereich der Werbung und des Marketings haben. Damit wird deutlich, dass die hoheitliche Aufgabe des Staats zur Warnung und Information der Bevölkerung in einen aufmerksamkeitsökonomischen Wettbewerb gerät. Öffentliche Sicherheit in der Smart City läuft Gefahr, zu einem ebensolchen Spektakel zu werden wie es Boyle und Haggerty in Bezug auf Mega-Events diagnostiziert haben: »spectacular representations of security continually risk breaching desired limits, fostering a semiotics of in-security that undermines the project of public reassurance by inadvertently accentuating the ultimately uncontrollability of contemporary threats.« (2009: 271) Gleichzeitig kontrollieren private Unternehmen die Schnittstellen zwischen staatlichen Behörden und Bürger*innen.

Zweitens wird deutlich, dass im Datenschutz für staatliche Behörden längst der Rubikon überschritten ist. Die Versicherung, dass die Behörden weder Daten erfassen, noch diese auswerten, laufen insofern ins Leere, als dass Warnmedien wie die NINA darauf angewiesen sind, dass die Nutzer*innen den Plattformen ihre Daten zu Verfügung stellen. Rufe nach mehr Datenschutz zielen dabei am eigentlichen Problem vorbei, da – vor allem aufgrund des »*privacy paradox*« (Young/Quan-Haase 2013) – die Etablierung der Plattformen bereits vollzogen ist. Progressiv wäre es, wenn die staatlichen Behörden für die Nutzung von Technologien im Bevölkerungsschutz vertraglich Pflichten und Lasten zwischen Unternehmen und Nutzer*innen festhalten würden. An das modulare Warnsystem sind Unternehmen wie TV-Sendeanstalten oder die Deutsche Bahn angeschlossen, die verpflichtet sind, Warnungen auszugeben. Jedoch existieren keine Regelungen mit weit verbreiteten Plattformen.

Drittens ist dem modularen Warnsystem zugutezuhalten, dass implizit der Gefahr des »*urban digital divide*« (Graham 2002) vorgebeugt wird. Die NINA mag ein trendiges Werkzeug sein, mit dem staatliche Behörden ihre Anschlussfähigkeit an digitale Entwicklungen beweisen wollen. Bei der Prüfung neuer Technologien zur Warnung und Information der Bevölkerung muss aber berücksichtigt werden, dass für diese Aufgabe nicht die gleichen Agglomerationsvorteile und Netzwerk-Effekte von Bedeutung sein können, wie es sich die Befürworter*innen von Smart Cities wünschen. Auch wenn technisch und rechtlich unbestimmt ist, wie hoch bei Warnungen der Prozentsatz der erreichten Bevölkerung sein sollte (Kunz-Plapp 2008: 219), so muss beachtet werden, dass Sicherheit flächendeckend gewährleistet sein muss. Inklusions- und Exklusionsmechanismen der Warnmittel müssen mitbedacht werden. Wenn die Materialitäten der Smart City soziale Ausschlüsse produzieren (Bauriedl/Strüver 2017: 101), dann laufen Technologien im Bevölkerungsschutz Gefahr, diese zu reproduzieren.

Dies ist kein Plädoyer für die ausschließliche Rückkehr zur guten alten Sirene. Allerdings lässt sich nicht von der Hand weisen, dass – trotz aller Nachteile in dynamischen Einsatzlagen – Sicherheitsversprechen dieses Warnmittels in vielerlei Hinsicht effizienter, günstiger und v.a. weniger kompliziert wirken. Der Einsatz von modernisierten, digitalen Sirenen erscheint nach wie vor als smarte Lösung.

Literatur

Altpeter, Marco (2017): Akzeptanz von Beacons für Location-based Advertising. Eine empirische Analyse aus konsumentenorientierter Sicht. Springer Gabler: Wiesbaden.
Bauriedl, Sybille/Strüver, Anke (2017): Smarte Städte. Digitalisierte urbane Infrastrukturen als Themenfeld kritischer Stadtforschung: Zwischen Effizienz, Optimierung und Widerstand. In: suburban. Zeitschrift für kritische Stadtforschung 5 (1/2), S. 87–104.
Belina, Bernd (2016): Predictive Policing. In: Monatsschrift für Kriminologie und Strafrechtsreform 99 (2), S. 85–100.

Boyle, Philipp/Haggerty, Kevin D. (2009): Spectacular Security: Mega-Events and the Security Complex. In: International Political Sociology 3, S. 257–274.

Boyne, Roy (2000): Post-Panopticism. In: Economy and Society 29 (2), S. 285–307.

Bundesamt für Bevölkerungsschutz und Katastrophenhilfe (2018a): Warnung der Bevölkerung. https://www.bbk.bund.de/DE/AufgabenundAusstattung/Krisenmanagement/WarnungderBevoelkerung/warnungderbevoelkerung_node.html vom 17.04.2018.

Bundesamt für Bevölkerungsschutz und Katastrophenhilfe (2018b): ISF-Projekt-Bund-Länder »Warnung der Bevölkerung«. https://www.bbk.bund.de/DE/AufgabenundAusstattung/Krisenmanagement/WarnungderBevoelkerung/ISF/ISF_node.html vom 17.04.2018.

Deutscher Bundestag (2017): Beschluss einer Beratung über eine Petition, ID 66974. https://epetitionen.bundestag.de/petitionen/_2016/_07/_26/Petition_66974.nc.html vom 17.04.2018.

Dobson, Jerome E./Fisher, Peter F. (2003): Geoslavery. In: IEEE Technology and Society Magazine, Spring, S. 47–52.

Dobson, Jerome E./Fisher, Peter F. (2007): The Panopticon's Changing Geography. In: Geographical Review 97 (3), S. 307–323.

Felgentreff, Carsten/Glade, Thomas (2008): Naturrisiken – Sozialkatastrophen: zum Geleit. In: Felgentreff, Carsten/Glade, Thomas (Hg.), Naturrisiken und Sozialkatastrophen. Berlin/Heidelberg: Spektrum. S. 1–10.

Füller, Henning/Glasze, Georg (2014): Sicherheit, Prävention und Verortung. In: Geographische Rundschau 9, S. 4–7.

Glasze, Georg/Pütz, Robert/Schreiber, Verena (2005): (Un-)Sicherheitsdiskurse: Grenzziehungen in Gesellschaft und Stadt. In: Berichte zur deutschen Landeskunde 79 (2/3), S. 329–340.

Graham, Stephen (2002): Bridging Urban Digital Divides? Urban Polarisation and Information and Communications Technologies (ICTs). In: Urban Studies 39 (1), S. 33–56.

Groenemeyer, Axel (2010): Wege der Sicherheitsgesellschaft. Transformationen der Konstruktion und Regulierung von Unsicherheiten. In: Groenemeyer, Axel (Hg.), Wege der Sicherheitsgesellschaft. Gesellschaftliche Transformationen der Konstruktion und Regulierung innerer Unsicherheiten. Wiesbaden: VS Verlag, S. 7–19.

Hollands, Robert G. (2008): Will the real smart city please stand up? In: City 12 (3), S. 303–320.

Hufschmidt, Gabriele et al. (Hg.), Bevölkerungsschutz. Notfallvorsorge und Krisenmanagement in Theorie und Praxis. Berlin/Heidelberg: Springer. S. 225–322.

Kaufmann, Franz-Xaver (1973): Sicherheit als soziologisches und sozialpolitisches Problem. 2. umgearbeitete Auflage. Stuttgart: Ferdinand Enke Verlag.

Kunz-Plapp, Tina (2008): Vorwarnung, Vorhersage und Frühwarnung. In: Felgentreff, Carsten/Glade, Thomas (Hg.), Naturrisiken und Sozialkatastrophen. Berlin/Heidelberg: Spektrum. S. 213–239.

Legnaro, Aldo (1997): Konturen der Sicherheitsgesellschaft. Eine polemisch-futurologische Skizze. In: Leviathan 25 (2), S. 271–284.

Marvin, Simon/Luque-Ayala, Andrés (2017): Urban Operating Systems: Diagramming the City. In: International Journal of Urban and Regional Research 41 (1), S. 84–103.

Meijer, Albert/Bolívar, Manuel Pedro Rodríguez (2016): Governing the Smart City: a Review of the Literature on Smart Urban Governance. In: International Review of Administrative Science 82 (2), S. 392–408.

Munz, Nabila (2017): Risiko- und Krisenkommunikation im Bevölkerungsschutz aus sozialgeographischer Perspektive. Welche Herausforderungen begegnen der Warnung heute? Unveröffentlichte Masterarbeit, Heidelberg: Geographisches Institut.

Riedel, Thomas (2017): 60 neue Sirenen: Karlsruhe rüstet sich für den Ernstfall. In: ka-news.de vom 21.10.2017. https://www.ka-news.de/region/karlsruhe/Karlsruhe~/60-neue-Sirenen-Karlsruhe-ruestet-sich-fuer-den-Ernstfall;art6066,2133627 vom 03.04.2018.

Samimy, Wahid/Suntrup, Marianne (2017): Gut gewarnt ist halb gerettet. Pressemitteilung des Bundesamts für Bevölkerungsschutz und Katastrophenhilfe (BBK), Bonn, 01.03.2017. https://www.bbk.bund.de/SharedDocs/Downloads/BBK/DE/Presse/Pressemeldung_2017/PM_Start_Projekt_Warnung_der_Bevoelkerung.pdf?__blob=publicationFile vom 03.04.2017.

Söderström, Ola/Paasche, Till/Klauser, Francisco (2014): Smart cities as corporate storytelling. In: City: analysis of urban trends, culture, theory, policy, action 18 (3), S. 307–320.

Srnicek, N. (2017): Platform Capitalism. Cambridge/Malden: Polity Press.

Vanolo, Alberto (2014): Smartmentality: The Smart City as Disciplinary Strategy. In: Urban Studies 51 (5), S. 883–898.

Vanolo, Alberto (2016): Is there anybody out there? The place and role of citizens in tomorrow's smart cities. In: Futures 82, S. 26–36.

Wall, Jake/Wittemyer, George/Klinkenberg, Brian/Douglas-Hamilton, Iain (2014): Novel opportunities for wildlife conservation and research with real-time monitoring. In: Ecological Applications 24 (4), S. 593–601.

Wendel, Mariella (2017): Alptracker: Schafe hüten per Smartphone. In: Home & Smart vom 21.03.2017. https://www.homeandsmart.de/alptracker-fuer-moderne-hirten (17.04.2018).

Young, Alyson Leigh/Quan-Haase, Anabel (2013): Privacy protection strategies on Facebook: The internet privacy paradox revisited. In: Information, Communication & Society 16 (4), S. 479–500.

Am laufenden (Fitnessarm-)Band

Quantified Self, Science and Technology Studies
und Urban Scholarx im Gespräch

Anke Strüver

START: STATION 1 (BODO'S BOOTSSTEG)[1]

»*»Schau mal dort«, sagte Penthesilea. Die Sonne blendete ein bisschen, doch dann sah ich im Osten eine Staubwolke aufsteigen. Sie kam langsam näher. Das mussten sie sein!«*[2]

Und in der Tat, da kamen sie pünktlich auf die Sekunde und an den vereinbarten Koordinaten an. Vorfreudig lief ich STS und US entgegen. Wir sind zum Laufen an der Hamburger Außenalster verabredet. Normalerweise laufe ich natürlich alleine, rede dabei nicht. Das lenkt nur ab, macht mich langsamer und kompromittiert mich und meine Nutzerprofile bei ALSTERRUNNING und RUNTASTIC. Doch ausnahmsweise und um der Forschung willen lasse ich mich doch mal gehen und gehe, viel mehr wird das heute wohl nicht.

Nachdem sich unsere smarten Fitnessarmbänder verschiedener Hersteller ohne technische Probleme über die MYFITNESSPAL-Community befreundet und synchronisiert haben, drücken wir auf den »Start«-Button unserer Armbänder und es geht los. Ich erkundige mich zunächst einmal, was das Ganze soll, so ein »walk & talk«.[3] Mich interessiert vor allem, wie sie auf mich, QS1, im Netz gestoßen sind und auch, wie sie mich hier in der Menge der Menschen

---

1 | Der Stil dieses Textes, teilweise auch die Inhalte, sind inspiriert durch zwei Artikel, die meine persönliche Wissenschaftssozialisation stark geprägt haben (Dixon & Jones 1998 sowie Reichert 2000). Aufgrund dieses Stils wird hier teilweise auch mit Fußnoten statt mit Referenzen im Text gearbeitet; die Kommunikation zwischen Dagmar Reichert und Penthesilea ist in kursiv wiedergegeben, alle Firmennamen in Kapitälchen.
2 | Reichert 2000: 20.
3 | Evans & Jones 2011.

erkannt haben? Denn laut GOOGLE MAPS sind hier »aktuell mehr Besucher als gewöhnlich«, was wohl am Sonnenschein liegt. US lacht und sagt, mein Schuh habe mich verraten, also der in der Sonne silbrig-glitzernde ALSTERRUNNING-Lauf-Chip, zumindest in Kombination mit dem angestrengten Blick auf mein Display am Arm. Beides liefert dann auch direkt die Erklärung, wie sie mich im Netz gefunden haben, nämlich über ALSTERRUNNING.DE und die dort bekannten bzw. bekennenden *lifelogger*.

US (Urban Scholarx) berichtet, dass sich mit der zunehmenden Digitalisierung nicht nur die Raumproduktionen in Städten verändert haben, sondern dass die Vernetzungen urbaner digitaler Infrastrukturen mit persönlichen Gadgets bereits weite Teile des städtischen Alltagslebens umfassen. Meine *wrist unit*,[4] die meine Tätigkeiten ja sicherlich rund um die Uhr protokolliere und online fixiere, sei dafür ein super Beispiel, da ... hier fällt STS (Science and Technology Studentx) US direkt ins Wort und mahnt eine weniger technikfeindliche Grundstimmung an, nicht zuletzt auch, um unser *emotion tracking* nicht zu irritieren.

Wir bewegen uns Richtung Norden, passieren eine Eisdiele und eine große Hundewiese, die ich beide zum ersten Mal als Teil meiner Laufstrecke registriere. Womöglich wird dieser Teil der Alster auch von Nichtläufern genutzt? Egal – ich kann die erste ALSTERRUNNING-Messstation schon sehen und ärgere mich einmal mehr über die gleich erfasste Zeit, bzw. Geschwindigkeit, die ich leider nie wieder aus der Community-Datenbank werde löschen können, denn: »Das System bemerkt alles, was beim Laufen passiert (Pausen, Sprints, Richtungswechsel ...) und: Es merkt sich alles – für dich und für die Community!«[5]

STATION 2 (KRUGKOPPEL)

Aufgrund der Sorge um unsere positive Grundstimmung beginnt STS zu erläutern, wie die Vernetzung zwischen mir, immer weiteren Teilen der Bevölkerung und verschiedenen Orten in der Stadt über smarte Infrastrukturen zu verstehen sei: Unsere mobilen Endgeräte, wie Smartphones, Smartwatches oder Tablets, werden dabei zu Schnittstellen und Schaltzentralen zwischen Mensch und Raum. Diese Geräte bekommen als Elemente des Internets der Dinge Handlungsmacht, da sie Daten nicht nur sammeln, sondern mithilfe von Algorithmen aus diesen Daten digitale Personenprofile erstellen, zukünftig wahrscheinliche Ereignisse und Bedürfnisse berechnen und Entscheidungen für uns treffen (also »smart« sind). Besonders spannend ist dies in öffentlichen wie privaten

---

4 | J. D. Robb über digitales Alltagsleben in New York City im Jahr 2060.

5 | Dieses und folgende Zitate, gekennzeichnet als »Alster-Interview«, stammen aus einer Befragung von Studierenden und »laufenden Interviews« mit Läufer*innen an der Hamburger Außenalster im Sommer 2017.

Räumen, die auf Basis von verarbeiteten Informationen zu *smart environments* werden, die auf die sie nutzenden Menschen »reagieren«. Das Internet der Dinge kann daher weder nur vom Menschen, noch nur von den Dingen ausgehend gedacht werden, sondern verweist auf eine Ontologie, in der nur das existiert, was digital vernetzt ist. Voraussetzung dafür ist zum einen das *ubiquitous computing*, also die allgegenwärtige computergestützte Informationsverarbeitung, und zum anderen die Aggregation und Auswertung großer Datenmengen in den Infrastrukturen des *cloud computing*. Denn auch wenn die Daten von uns Usern mit/in mobilen Endgeräten produziert werden – verarbeitet werden sie von großen IT-Firmen wie GOOGLE, FACEBOOK, APPLE und MICROSOFT.

Nun ist es an US, STSs Monolog ins Wort zu fallen, zumal mir das alles nicht neu ist und ich eher glücklich bin, so gut vernetzt zu sein. US erzählt, dass es bereits vor dem Smart-City-Hype Kritik an der unzureichenden wissenschaftlichen Analyse der Folgen einer Übertragung urbaner Alltagspraktiken in digitale Codes gab; dass »software-sorted cities« in »code-based technologized environments« überführt wurden. Diese haben andauernd und unsichtbar Personen anhand ihrer Datenspuren klassifiziert und standardisiert und dadurch normative Ein- und Ausschlüsse, Rechte und Privilegien produziert (vgl. Graham 2005: 563). Eine solche Stadt ist dann eine »fühlende« bzw. »empfindende Stadt« (Crang/Graham 2007), bestehend aus Umgebungsintelligenz, die auf der digitalen Vernetzung von Menschen mit ihrer räumlichen Umwelt über mobile Endgeräte und Apps automatisch und in Echtzeit basiert. Wenn diese Umgebungsintelligenz Personen über die GPS-Sensoren in ihren Mobilgeräten automatisch lokalisiert, bei der Bewegung im Raum orts- und personenspezifische Informationen verarbeitet und so die Personen kategorisiert, wirkt diese allgegenwärtige Datensammlung und -verarbeitung sowohl auf die Menschen als auch auf die räumliche Umwelt (bzw. auf die Wahrnehmung der Umwelt) zurück.

Ich stehe weiter auf dem Schlauch, denn mir gefällt das Zeitalter der Umgebungsintelligenz sehr – durch das die physische Umgebung aufgrund vernetzter Datenströme auf meine individuellen, durch Algorithmen errechneten Präferenzen »re-agiert«, mein Verhalten prognostiziert und meine Selbstoptimierung protegiert.

STATION 3 (LANGEZUGBRÜCKE)

Ich merke schon, US nimmt langsam Fahrt auf und fängt sogar an, schneller zu gehen (sehr gut!). Während mein Schuh-Chip durch ein Zirpen signalisiert, dass er mit dem nächsten ALSTERRUNNING-Pillar kommuniziert, hört US gar nicht mehr auf zu dozieren: So soll durch die in der Smart City anhaltend produzierten digitalen Daten aus Mensch-Umwelt- und Mensch-Maschine-Interaktionen die automatische Regulierung urbaner Prozesse ermöglicht und v. a. das »Reagieren« im Sinne effizienter und resilienter Stadtentwicklung optimiert werden. Mithilfe eines Umweltkonzepts, ach nein, eines Environmentalitätskonzeptes von Michel Foucault habe eine britische Soziologin analysiert, wie intelligente Umgebungstechnologien räumliche Formen des Reagierens und Regierens darstellen können, d. h. wie urbane Prozesse und Räume durch Smart-City-Technologien in Interaktion mit den Praktiken der Bewohner*innen entstehen. Dieses Konzept der Environmentalität verschiebt dabei die Verortung von Regierungsmacht in die Sphäre der »Umgebungsmacht«, d. h. Regierung und Regulierung funktioniert weniger über subjektbezogene denn über umgebungsbezogene Technologien, die wiederum das individuelle wie kollektive Verhalten adressieren. Diese Form einer Biopolitik 2.0 (Gabrys 2014) umfasse gleichwohl nicht nur Herrschaft, Kontrolle und Steuerung, sondern auch Partizipation. Dennoch zielt sie primär auf die Schaffung von Umgebungsbedingungen, die normgerechtes Verhalten ermöglichen.

Abb. 1: Alsterrunning-Station mit Sensor zur Datenlesung eines Chips am Laufschuh (Foto: A. Strüver)

»›Sag mal, was du vorhin meintest, daß die Wissenschaft ihre Forschungsgegenstände konstruierte, aber ihre Erkenntnisse dann direkt in der Realität anwenden wollte, galt das auch für die Humanwissenschaft?‹ – ›Ja, es folgte ziemlich dem gleichen Muster, mit dem zusätzlichen Effekt jedoch, daß sie das Verhalten dieser Forschungs›gegenstände‹, eben der Menschen, veränderte. Die von der Humanwissenschaft konstruierten Modelle wurden zu Normen für ihr Tun‹.«[6]

---

6 | Reichert 2000: 12 f.

US regt sich auf: Umso fragwürdiger ist es daher, dass die ALSTERRUNNING-Messstation, an der wir eben vorbeigekommen sind, vom Hamburger Hochschulsport mit Strom versorgt wird, das ist wirklich ein Unding! Für alle anderen Stationen finanzieren private Unternehmen wie Cafés und Restaurants den nötigen Strom, aber dass die Hochschule, also ein Ort und Hort des kritischen Denkens, sowas wie Kontrolle und Normierung unterstützt, da fehle es doch an wissenschaftlicher Distanz.

Wissenschaftliche Distanz berührt mich nicht, ich bin ja Praxismensch! Und für mich sind Normen und Kontrolle fester Bestandteil des Alltags. So ist die Umgebungsmacht auch im eigenen Haushalt aktiv, da digital gesteuerte Geräte nicht nur ihre programmierten Tätigkeiten ausführen, sondern durch ihre Lernfähigkeit »fühlende Kompetenzen« entwickeln und den menschlichen Besitzer*innen Entscheidungen abnehmen, z. B. die »Wahl« des TV-Programms, die »Entscheidung«, ein paar Kilo abzunehmen, die Zähne länger zu putzen oder sich gesünder zu ernähren (Dodge/Kitchin 2009; Sprenger/Engemann 2015; Selke 2016). Zudem realisieren die Heizung und andere Haushaltsgeräte über die GPS-Sensoren des Smartphones, dass der*die Besitzer*in auf dem Weg nach Hause ist und bereiten schon mal alles für die Ankunft und das Abendessen vor. Zur Nachjustierung kann ein *Wearable* den heimischen Heizungsthermostaten die evtl. erforderliche Änderung der Raumtemperatur senden und schließlich teilen die digital programmierten Dinge in der Wohnung zum einen den Bewohner*innen per *Smartphone* ihren »Zustand« mit (z. B. die Leere im Kühlschrank, die Fertigstellung des Programms der Waschmaschine), andererseits re-agieren die Dinge auf die Gewohnheiten der Bewohner*innen und antizipieren darauf aufbauend weitere Bedürfnisse.

Doch hier muss ich unterbrechen, um auf QS2 zuzustürmen, die ich gerne in dieses abstrakte Gespräch einbeziehen möchte (und der ich dringend erklären möchte, warum ich heute um die Alster gehe statt renne). Ich finde es wirklich wunderbar, dass alles so digital vernetzt funktioniert, ein Leben ohne ist doch gar nicht mehr vorstellbar! Ich hatte es anfangs nicht für möglich gehalten, dass ich eine so emotionale Beziehung zu meinem Fitnessarmband entwickeln könnte. Ein Verzicht auf das Armband würde bedeuten, sich selbst aufzugeben, d.h. die Möglichkeit, sich zahlenförmig »Selbst-verständlich« zu sehen.[7] Genau das greift QS2 direkt auf und berichtet, dass letzte Woche das Armband ihres FITBIT-Trackers kaputt war UND ihre Laufschuhe mit dem Chip im Urlaub abhanden gekommen seien. »Unter diesen Umständen, also ohne jegliche Messung, macht das Laufen keinen Spaß, und es ist auch irgendwie sinnlos!«[8]

---

7 | Verändert aus der Beschreibung eines Selbstversuchs mit dem Fitnesstracker UP von jawbone (Shnayien 2015: 10) sowie eines Forschungsberichts mit Sportstudierenden (Rode & Stern 2017: 6).
8 | Alster-Interview.

Station 4 (Schöne Aussicht)

STS und US gucken beide äußerst erstaunt, denn sie genießen unseren *walk*. Die nächste ALSTERRUNNING-Station heißt nicht zufällig »Schöne Aussicht«, wie mir heute auffällt. STS und US scheinen aber auch so was Banales wie das Gefühl der Sonne im Gesicht, den Geruch des Frühlings, vielleicht sogar den Lärm der vorbeispazierenden Familien mit Kindern zu genießen. Der Lärm fällt mir nämlich auch gerade auf und ich erinnere mich, wie es sonst beim Laufen oft ist: »Die Spaziergänger nerven mich, der Chip hetzt mich. Die Spaziergänger nerven mich nur, weil durch den Chip die Rundenzeit wichtig wird, vorher waren die mir egal. Ich überlege deswegen früher am Tag zu laufen, also richtig früh morgens. Aber dann sieht mich ja keiner, nur die Online-Community sieht meine Rundenzeit. Das wiederum tut nur gut, wenn ich unter den Top-3 des Tages bin.«[9]

Abb. 2: Alsterrunning-Schuh-Chip (http://alsterrunning.de/static/schuhe.jpg)

Denn ja, Selbstvermessung tut gut! Für mich ist diese »Selbst-Digitalisierung«, manche bezeichnen es auch als *lifelogging*, eine umfassende digitale Protokollierung meines Lebens. Selbstvermessung mithilfe von Fitnessarmbändern oder Smartwatches und die Protokollierung mit Apps bzw. entsprechender Hard- und Sportsoftware am Computer entspricht (m)einer Selbsttechnologisierung im wahrsten Sinne des Wortes: *Lifelogging* ermöglicht die permanente körperliche Selbstprotokollierung – mit dem Ziel der Optimie-

---

9 | Alster-Interview.

rung – von Schlaf-, Sex-, Ess- und Trinkverhalten, von sportlichen Aktivitäten und emotionalen Stimmungen sowie die Lokalisierung und Aktivitätskontrolle von Mitgliedern der gleichen *digital community*. Die Fitnessdaten werden korreliert, aggregiert und untereinander verglichen. *Lifelogging* steht damit auch für einen kulturellen Wandel, in dem die Digitalisierung alle Bereiche des privaten wie öffentlichen Lebens durchdringt und in ökonomische Rationalitäten übersetzt. Besonders die *quantified self*-Bewegung (QS, nach der ich mich ja benannt habe und die das Motto verfolgt »self-knowledge through numbers«) stellt eine ganz besondere Form des *lifelogging* dar, indem über das QS-Netzwerk die Selbstvermessungsdaten untereinander verglichen werden. Ziel dieser komparativen Selbstoptimierung ist ein gesundes Leben; Voraussetzung ist »die Bereitschaft sich kontrollieren und ›führen‹ zu lassen«.[10] »Self-Tracking ist eine digitale Möglichkeit der sehr intimen Selbstwahrnehmung; das hat weniger mit [leiblichem] Fühlen, denn mit rationalem [körperlichen] Führen zu tun!«[11]

QS2 bringt sich hier nochmal ein und berichtet, dass die Selbstvermessung auch zu einer Irritation der Selbstwahrnehmung führen kann. Z. B. weil man ohne digitale Protokollierung nicht mehr laufen mag, sich gehen lässt oder auch, wenn die Fitnessarmbänder und ihre Apps mit »passiv-aggressiver Freundlichkeit«[12] Erwartungen und Aufforderungen formulieren, die aufgrund fehlender Zeit, von Krankheit oder einfach Unlust nicht erfüllt werden können. »Vor dem FITBIT hatte ich ein GARMIN-Armband, das hat immer so rote Blitze gesendet, wenn ich mich zu wenig bewegt hab, schrecklich! Wer bin ich denn, dass ich mich von so einem Ding terrorisieren lasse?! Ich musste mich davon regelrecht befreien und eine Zeitlang war das sehr zwiespältig.«[13]

»Ich hab' gar keine Lust mehr, meinen Körper immer wieder in die Rüstung zu zwängen, meine Sensibilität einzuziehen, Kriegerin zu spielen. Um in der männlichen Kriegskultur zu bestehen, mußt du alles Persönliche ablegen, mußt dich zur universellen objektiven Kraft machen.«[14]

Fitnessarmbänder können eine emotionale Abhängigkeit erzeugen, das Bedürfnis nach digitaler Rückversicherung. Zugleich können sie auch in Übererfüllung der Norm oder in Schuldgefühlen resultieren, wenn die Normwerte nicht erfüllt werden (vgl. Albrechtslund/Lauritsen 2013; Selke 2016; Zillien et

---

10 | Alster-Interview.
11 | Alster-Interview.
12 | Shnayien 2015: 12.
13 | Alster-Interview.
14 | Reichert 2000: 4.

al. 2015): »Ich trau mich gar nicht, meine Fitness-Statistik aufzurufen, wenn ich ein paar Tage faul war. Dann sitze ich da vor diesen Diagrammen und der Balken ist jeden Tag *unter* der Normlinie, das ist doch total demotivierend!«[15]

»*Die Wissenschaftler meinten, für Wissen sei Distanz nötig. Sie dachten vom Sehen her. Sie meinten, bei zu großer Nähe würde man nichts mehr wahrnehmen.*«[16]

Für mich (also QS1) ist dieser medialisierte Blick, die visuelle Darstellung total wichtig: »Nach dem Laufen gucke ich zuhause immer zuallererst online meinen Streckenverlauf an. Natürlich weiß ich, wo ich langgelaufen bin, aber wo war ich wie schnell, wo habe ich gebummelt und sowas; ich brauche das quasi als digitale Selbstvergewisserung.«[17]

US wird schon ganz hibbelig und betont, dass die Prinzipien von *lifelogging* und *quantified self* genau das vollziehen, was Foucault (der schon wieder!) als Selbsttechnologien und als Praktiken der Autoformation bezeichnet hat. Wir QSler vollzögen damit neoliberale Prinzipien der Selbstsorge und seien selbst-geführte, perfektionierte *smart citizens*, so eine Art »Unternehmerisches Selbst« (Foucault 2004): Unser Körper wird durch das Selbstvermessungsregime modifiziert und optimiert, an die Stelle der (vermeintlichen) Normalität des Körpers tritt eine Normativität. Unsere Selbstwahrnehmung wird ganz objektiv, nicht entlang von leiblichen Gefühlen praktiziert, sondern entlang von Messwerten, Daten und Vergleichen. Die digitale Selbstvermessung und Quantifizierung des Körpers führt zu einer Objektivierung und Verdinglichung des Körpers; emotionales Erleben wird über die Medialisierung re-subjektiviert. D.h. es geht nicht um den spürenden Leib, sondern um die Gestalt und die Gestaltung des Körpers bzw. darum, dass die vermessene Gestalt des Körpers bestimmt, wie der eigene Leib erfahren wird. Das Wissen über den eigenen Körper (z. B. die Geschwindigkeit bei der letzten Alsterumrundung oder das Körpergewicht) bestimmt dann das leibliche Erleben; oder, radikaler formuliert, die Körperbesessenheit der QS-Bewegung beinhaltet eine Leibvergessenheit (Villa 2016).

»*Die Daten werden digital aufgezeichnet. Dann kann man es analysieren, anderen zeigen und läuft nicht Gefahr, subjektiv, gefühlvoll oder romantisch zu werden.*«[18]

---

15 | Alster-Interview.
16 | Reichert 2000: 13.
17 | Alster-Interview.
18 | Verändert nach Reichert 2000: 10. Im Original heißt es: »Das Leuchten der Sterne wurde digital aufgezeichnet und so in Daten verwandelt. Dann konnte man es tagsüber

»Ich weiß nicht, wie ich es nennen soll, dieses [gefühlte] Wissen. Einfach ›es‹ vielleicht, oder ›lebendiges Wissen‹, oder ›Erfahrungswissen‹.«[19]

STATION 5 (ST. GEORG)

Von Leibvergessenheit kann überhaupt nicht die Rede sein! Wir sind mittlerweile bereits in der Mitte des Ostufers der Außenalster angekommen und gehen Richtung Süden. Leider fließt direkt neben uns dichter Autoverkehr und ich möchte nicht wissen, was hier für Feinstaubwerte vorliegen! Doch hinter der Straße versteckt sich St. Georg mit seinen Nobel-Fitnesscentern und der Restaurantmeile »Lange Reihe«, die beide das Gegenteil von Leibvergessenheit symbolisieren. Leider lenkt STS nun von diesen Gedanken ab und möchte weiter über *lifelogging* als Regierungstechnik, als »Führung zur Selbstführung« im Anschluss an diesen Foucault (1987) philosophieren. Außerdem gelte es im Anschluss an einen Bruno Latour (2009) die Unterscheidung zwischen Menschen und Dingen als Handlungsverkettungen zu verstehen. Denn dann erweist sich die technologische Durchdringung des menschlichen Körpers als eine Form der Biopolitik, die nicht nur staatlich kontrolliert, sondern in der neoliberalen Risiko- und Individualisierungsgesellschaft als Optimierungsdispositiv soziokulturell inkorporiert wird. Diese Art der »Cyborgisierung des Körpers« entsteht, »wenn Technologie in ein ›intimes Funktionsverhältnis‹ mit dem Organismus eintritt, sich also an oder unter der Hautgrenze mit dem Körper zu einem erweiterten Leibsystem verbindet« (Spreen 2015: 33). Cyborgisierung? Damit kann ich ja wohl nicht gemeint sein!

»Doch, doch, Du auch, gerade Du!« schreit STS: Durch die Schaffung von *smart environments*, durch digitale urbane und personale Infrastrukturen und das Internet der Dinge, verschmilzt alles zu einer *augmented reality* und Städte wie Menschen stellen darin Hybride aus soziomateriellen und digitalen Artefakten dar. D.h. dass die Grenzen zwischen Stadt, Technologien und menschlichen Körpern verschwimmen und »Cyborg Cities« als Assemblagen aus Beton, Informationen und Fleisch entstehen: In der Cyborg City wird der Austausch von Informationen wichtiger als materielle Konstellationen und die Möglichkeiten der digitalen Vernetzung werden zur ausschlaggebenden Kraft in der Gestaltung urbaner Räume (vgl. Gandy 2005: 35). In Anlehnung an Donna Haraway wird von STS und Kolleg*innen die Idee vom Cyborg als ontologische und epistemologische Strategie verwendet, um Mensch-Maschine- und Körper-Technologie-Schnittstellen zu definieren.

---

analysieren, konnte es später noch anderen zeigen und war auch gar nicht in Gefahr, subjektiv, gefühlvoll oder romantisch zu werden.«
19 | Reichert 2000: 17.

»The emphasis of the cyborg on the material interface between the body and the city is perhaps most strikingly manifested in the physical infrastructure that links the human body to vast technological networks. If we understand the cyborg to be a cybernetic creation, a hybrid of machine and organism, then urban infrastructures can be conceptualized as a series of interconnecting life-support systems.« (Ebd., S. 28)

Diese Haraway scheint ja mit STS wirklich eng befreundet zu sein, und richtig, STS erklärt: Die metaphorische Figur des Cyborgs als *kyb*ernetischen *Org*anismus hat Haraway als Gegenmodell zum vorgesellschaftlich-kohärenten Subjekt entwickelt (Haraway 1995; 2008). Bereits in den 1980er Jahren waren die neuen kommunikations- und biotechnologischen Möglichkeiten Voraussetzung für die Konstruktion dieser Vorstellung – und bereits damals ging es Haraway nicht um die Dämonisierung der Technologien, sondern um eine positive Umarmung der sich auflösenden Grenzen zwischen Organismus und Maschine; und zwar im Sinne eines verantwortungsbewussten Umgangs mit den gesellschaftlichen Strukturen, die durch die neuen soziotechnischen Verhältnisse entstehen. Für sie ist zudem Objektivität keine Faktizität, sondern situiert, relational und prozessual. STS erinnert daran, dass es um die »*Fabrikation* von Erkenntnis« (Knorr-Cetina 1991) geht und winkt die passenderweise uns gerade entgegenkommende PS *(poststructuralism)* heran. PS wirft auch direkt ein: »Objektivität ist performativ, ihre Effekte sind kontingente Formen wissenschaftlicher Narrationen, die wiederum konstitutiv für die Realität sein können.«[20] Wenn dazu auch die Inter- bzw. Intraaktionen zwischen technologischen Artefakten und soziomateriellen Körpern gehören, bedeutet dies, dass es nicht nur um die Erforschung der medialen Effekte von IKT geht, sondern auch um deren Materialisierung – die bspw. mit ethnographischen Methoden auf der Mikroebene (wie in unserem walk & talk) »aufgespürt« werden können. Objektivität und Realität gehen weder Forschungs-, noch Alltagspraktiken voraus (Mol 2002), sie sind Teil von Intra-Aktion: »Bodies do not simply take their places in the world. They are not simply situated in, or located in, particular environments. Rather, ›environments‹ and ›bodies‹ are intra-actively co-constituted.« (Barad 2007: 170)

US war zwar erstaunlich lange schweigsam gewesen, fängt aber angesichts der nahenden Station 6 wieder an zu dozieren. Sie erklärt uns, dass in der Produktion und vor allem im Umgang mit Big Data ein Problem liegt, wenn diese Daten als wertneutral, als »wahre« Aussagen über soziale Wirklichkeiten sowie als empirische Evidenzen für politische Maßnahmen be- und gehandelt werden. Diese Kritik schließe fast nahtlos an die der gesellschaftlichen wie wissenschaftlichen Prämissen der *spatial analysis* (SA) an, z. B. zum politischen Umgang mit so genannten Rohdaten im Allgemeinen

---

20 | Dixon & Jones 1998: 258.

und an der Modellorientierung sowie dem Anspruch auf Wertfreiheit und Objektivität im Besonderen (Kitchin 2014; Söderström et al. 2014). »[A]s a predictive approach to models [...] spatial analysts project future spatiotemporal states of affairs.«[21]

Aufgrund dieser Prämissen erscheint auch unsere smarte Datenproduktion und -vernetzung als neutrale und objektive Abstraktion einer (ver-)messbaren und modellierbaren Umwelt. Eine Stadt wie Hamburg wird somit zum objektiv vermessenen Raum. Die Daten der vernetzten Sensoren liefern eine Echtzeit-Analyse urbanen Lebens, infrastruktureller Bedürfnisse und Nutzungen. Doch die Reduktion städtischen Lebens auf Quantifizierbarkeit und planerische Optimierbarkeit geschieht zu Ungunsten von sozialräumlichen Alltagspraktiken. Die Alternative einer »cyborg city is [...] closer to an interpretative analytical framework that can connect analysis with the cultural and ideological realm of everyday life« (Gandy 2005: 36). Mit einem ähnlichen Grundtenor haben Coutard & Guy (2007) eine weitere STS-Perspektive für den Umgang mit Netzwerktechnologien in Städten vorgeschlagen: Im Mittelpunkt steht dann die Frage, wie diese Technologien im Kontext von individualisierter Selbstregulierung sowie Privatisierung und Kommodifizierung von städtischen Infrastrukturen das Gesellschaftliche beeinflussen. STS merkt an, wie wichtig es sei, pessimistische Analysen durch eine Betonung der Wechselwirkungen zwischen Technologie und Gesellschaft aufzuweichen: Die potentielle Macht der *User* als *Produser* (die gleichzeitig Daten nutzen und produzieren) beinhaltet Widerstandspotentiale – »politics and practices of hope«. Mit diesem Ausdruck beziehen sich Coutard & Guy (2007) in Anlehnung an David Harvey explizit auf die Berücksichtigung gesellschaftlicher Strukturen und Ungleichheiten, aber durch die relationale STS-Perspektive eben auch auf die Mikroebene der einzelnen Subjekte.

Von der Kennedybrücke winken und rufen uns weitere Freund*innen von STS zu: Sie plädieren für eine *citizen ownership* (de Lange/de Waal 2013), in der sich Bürger*innen mithilfe digitaler Medien aktiv in der Stadtgestaltung engagieren. Gerade für Letzteres hat Vanolo (2016) die Notwendigkeit einer *smart citizenship* betont, die jenseits der tendenziell passiven Rolle als urbane *Produser* die technologische Revolution subversiv, emanzipativ und performativ praktizieren: Mensch-Maschine-Interaktionen verstehen Isin & Ruppert (2015) als »doing things through digital data«, die gesellschaftliche Subjekte und Räume konstituieren. PS betont an dieser Stelle: »Es geht nicht um die Frage nach Realität *oder* Repräsentation, sondern um ihre wechselseitige Konstitution!«[22] Diese umfasst auch »verkörperte Allianzen und Politik (auf) der Straße« (But-

---

21 | Dixon & Jones 1998: 249; siehe auch Füller in diesem Band.
22 | Dixon & Jones 1998: 251.

ler 2015), d.h. expressive Ereignisse, die neben digitalen Foren in öffentlichen Stadträumen performativ wirkmächtig sind.

Wir laufen rauf auf die Kennedybrücke ...

»›*Das hier ist eine Erhebung!*‹ ›*Eine was?*‹ ›*Eine Erhebung. So hieß die Kommunikation zwischen den Forschenden und den sogenannten* ›*Betroffenen*‹. *Das geschah hier. Beide waren streng getrennt*‹.«[23]

STATION 6 (ALSTERTERRASSEN)

Wir hingegen in unserem »walk & talk« kommen uns immer näher. US wirft die Frage auf, wie sich in der kombinierten Betrachtung der Dynamiken smarter urbaner Infrastrukturen (Stadt-Optimierung) und *lifelogging* (Selbst-Optimierung) Soziales bzw. Sozialräumliches rein technologisch steuern lässt bzw. ob Soziales dann technologisch determiniert wird. In beiden Fällen wird Big Data – und »Re(a)gieren-über-Distanz« – produziert; dieses Regieren wiederum ist niemals neutral, sondern basiert auf normierten Algorithmen und naturalisierten Klassifizierungen, die das Alltagsleben beeinflussen. Auf der Makroebene produzieren smarte Infrastrukturnetzwerke (z. B. von Elektrizität und Mobilität) Big Data, um die Stadt effizienter und resilienter zu machen – dies beinhaltet personenbezogene Daten über bspw. die Verkehrsmittelnutzung, die Aufenthaltsorte sowie über Art und Umfang des Stromverbrauchs. Die Visionen der datengesteuerten *quantified self*-Bewegung basieren ebenfalls auf Vermessung und digitaler Protokollierung aller Lebensbereiche und verfolgen das Ziel, das eigene Leben zu optimieren. Jedoch lassen sich diese Daten (zu) einfach in soziale Erwartungen übersetzen: Indem deskriptive Daten sozial kontextualisiert werden, verwandeln sie sich in normative Daten – und »normative Daten ›übersetzen‹ soziale Erwartungen an ›richtiges‹ Verhalten.« (Selke 2014: 54) Normative Daten führen u. a. zu rationaler Diskriminierung, wenn die vermeintlich objektiven Daten aus *lifelogging*- und QS-Protokollen mit sozial negativ konnotierten Identitätskategorien verbunden werden. Außerdem ermöglicht das große Feld des *data mining* Aussagen und Prognosen darüber, »*was* passiert, ohne dass sich sagen ließe, *warum* es passiert« (ebd.: 227, Hervorh. i. O.). Zusammenhänge zwischen Daten – und teilweise zwischen Daten aus unterschiedlichsten Erhebungszusammenhängen – werden somit von künstlicher Intelligenz entdeckt, ohne dass vorab Fragestellungen oder Hypothesen formuliert werden.

---

23 | Reichert 2000: 13.

Abb. 3: Hamburger Außenalster mit den Standorten der Alsterrunning-Sensoren (http://alsterrunning.de/standorte)

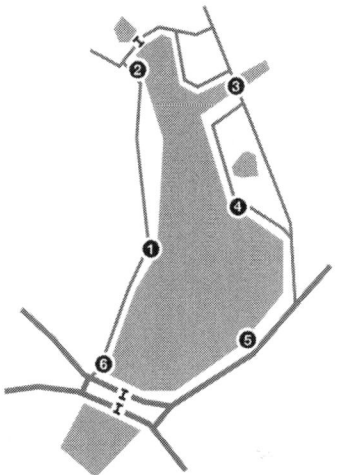

ZIEL: STATION 1 AGAIN

Wir drücken alle drei auf das »Stop«-Symbol an unseren Armbändern und vergleichen sofort die Anzeigen unserer Displays. Ok, das Tempo lassen wir heute außen vor, aber wie viele Schritte waren es, wie viele Kalorien wurden verbrannt, und wie lang ist denn nun eine Alsterrunde *wirklich*? Als smarter ALSTERRUNNER weiß ich natürlich, dass eine Runde exakt 7,33 km lang ist – auch wenn die archaischen Kilometersteine (Steine!) am Rande der Strecke 7,4 km angeben, der GARMIN-Forerunner von US nur 7,2 km gemessen haben will und STS's Gear Sport von SAMSUNG sogar 7,6 km anzeigt. Ausnahmsweise beschließen wir: Digital ist uns egal, wir hatten alle Spaß!

LITERATUR

Albrechtslund, Anders/Lauritsen, Peter (2013): Spaces of everyday surveillance: Unfolding an analytical concept of participation. In: Geoforum 49, S. 310–316.
Barad, Karen (2007): Meeting the Universe Halfway, Durham: Duke UP.
Butler, Judith (2015): Notes Toward a Performative Theory of Assembly, Cambridge: Harvard UP.
Coutard, Olivier/Guy, Simon (2007): STS and the City. In: Science, Technology, & Human Values 32, S. 713–734.
Crang, Mike/Graham, Stephen (2007): Sentient Cities. Ambient intelligence and the politics or urban space. In: Information, Communication & Society 10, S. 789–817.

Dixon, Deborah P./Jones, John P. (1998): My dinner with Derrida, or spatial analysis and poststructuralism do lunch. In: Environment and Planning A: Economy and Space 30, S. 247–260.
Dodge, Martin/Kitchin, Rob (2009): Software, objects and home space. In: Environment and Planning A: Economy and Space 41, S. 1344–1365.
Evans, James/Jones, Phil (2011): The walking interview: Methodology, mobility and place. In: Applied Geography 31, S. 849–858.
Foucault, Michel (1987): Das Subjekt und die Macht. In: Hubert L. Dreyfus/Paul Rabinow (Hg.), Jenseits von Strukturalismus und Hermeneutik, Frankfurt a. M.: Athenäum, S. 243–261.
Foucault, Michel (2004): Die Geburt der Biopolitik. Frankfurt a. M.: Suhrkamp.
Gabrys, Jennifer (2014): Programming environments. Environmentality and citizen sensing in the smart city. In: Environment and Planning D: Society and Space 32, S. 30–48.
Gandy, Matthew (2005): Cyborg Urbanization. Complexity and Monstrosity in the Contemporary City. In: International Journal of Urban and Regional Research 29, S. 26–49.
Graham, Stephen (2005): Software-sorted geographies. In: Progress in Human Geography 29, S. 562–580.
Haraway, Donna (1995): Die Neuerfindung der Natur. Frankfurt a. M.: Campus.
Haraway, Donna (2008): When Species Meet. Minneapolis, MN: Minnesota UP.
Isin, Engin/Ruppert, Evelyn (2015): Being Digital Citizens. London: Rowman & Littlefield.
Kitchin, Rob (2014): The real-time city? Big data and smart urbanism. In: GeoJournal 79, S. 1–14.
Knorr-Cetina, Karin (1991): Die Fabrikation von Erkenntnis. Frankfurt a. M.: Suhrkamp.
de Lange, Michiel/de Waal, Martijn (2013): Owning the city: new media and citizen engagement in urban design. In: First Monday 18, S. 1–15.
Latour; Bruno (2009): Das Parlament der Dinge. Für eine politische Ökologie. Frankfurt a. M.: Suhrkamp.
Mol, Annemarie (2002): The body multiple: ontology in medical practice. Durham: Duke UP.
Reichert, Dagmar (2000): Penthesilea am Schrottplatz. In: Dagmar Reichert/Patricia Fry/Claudia Heid/Ursina Steinemann (Hg.), Wissenschaft als Erfahrungswissen. Wiesbaden: Springer, S. 3–20.
Rode, Daniel/Stern, Martin (2017): »Oh Shit, die Uhr« – Zur körperlichen Dynamik des Self-Tracker-Werdens. Verhandlungen des 38. Kongresses der Deutschen Gesellschaft für Soziologie. http://publikationen.soziologie.de/index.php/kongressband_2016/article/view/500/pdf_229.
Selke, Stefan (2014): Lifelogging. Berlin: Econ.

Selke, Stefan (Hg.) (2016): Lifelogging. Digitale Selbstvermessung und Lebensprotokollierung zwischen disruptiver Technologie und kulturellem Wandel. Wiesbaden: Springer VS.

Söderström, Ola/Paasche, Till/Klauser, Francisco (2014): Smart cities as corporate storytelling. In: City 18, S. 307–320.

Spreen, Dierk (2015): Upgradekultur. Der Körper in der Enhancement-Gesellschaft. Bielefeld: transcript.

Sprenger, Florian/Engemann, Christoph (Hg.) (2015): Internet der Dinge. Über smarte Objekte, intelligente Umgebungen und die technische Durchdringung der Welt. Bielefeld: transcript.

Shnayien, Mark (2015): »There's a better version of you out there«. Überwachung, Personalisierung und die Sorge um sich im Selbstversuch. In: onlinejournal kultur & geschlecht #15. https://kulturundgeschlecht.blogs.ruhr-uni-bochum.de/wp-content/uploads/2015/08/shnayien_selbstversuch.pdf vom 07.03.2018.

Vanolo, Alberto (2016): Is there anybody out there? The place and role of citizens in tomorrow's smart cities. In: Futures 82, S. 26–36.

Villa, Paula-Irene (2016): Die Vermessung des Selbst. Einsichten in zeitgenössische Formen der Körperarbeit. AVISO 3, S. 14–19.

Zillien, Nicole/Fröhlich, Gerrit/Dötsch, Mareike (2015): Zahlenkörper. Digitale Selbstvermessung als Verdinglichung des Körpers. In: Kornelia Hahn/Martin Stempfhuber (Hg.), Präsenzen 2.0, Wiesbaden: Springer VS, S. 77–94.

Funkfrequenzidentifizierung (RFID)
Aktives und passives Senden von Informationen im urbanen Alltag

Sybille Bauriedl

»Sogenannte Smart Tags und intelligente Systeme gehören bereits zum Alltag. Sie machen Systeme einfacher und verhelfen der Wirtschaft zum Aufschwung«, so die Vizepräsidentin der Europäischen Kommission, Neelie Kroes (EK 2014).

Gemeint sind RFID-Chips (*radio-frequency identification* oder deutsch: Funkfrequenzkennzeichnung), eine Technologie für Sender-Empfänger-Systeme zum automatischen und berührungslosen Identifizieren und Lokalisieren von Objekten und Lebewesen durch Radiowellen. Sie beziehen Strom über die Induktion in einem Funkfeld und benötigen keine Batterien. RFID-Chips sind wiederbeschreibbar und können bis zu 90 KB speichern. Die Lesereichweite von passiven Hochfrequenz-Etiketten liegt bei 30–50 cm zwischen Sender und Empfänger, bei Ultrahochfrequenz-Transpondern können aktuell Daten bis zu einer Reichweite von 1,5 Metern ausgelesen werden. Aktive Transponder (mit eigener Energieversorgung) können mit einer Reichweite von 10 m gelesen werden (digitalcourage 2018). Bei RFID-Chips (die zusammen mit der dazugehörigen Antenne »Transponder« heißen) handelt es sich also um Minidatenspeicher und -sender, die mittlerweile so klein und kostengünstig sind, dass sie auch in Preisetiketten verwendet werden. Ein RFID-System dient, ähnlich wie ein Barcode, zur Identifikation oder dem Tracking von Objekten, Personen oder Tieren. Der Transponder befindet sich am zu identifizierenden Objekt, während das RFID-Lesegerät mobil geführt wird oder fest installiert ist. Das Lesegerät empfängt die codierte Nummer, sobald sich der Transponder in Lesereichweite befindet. RFID-Systeme sind den Barcodes überlegen, da sie vom Lesegerät nicht visuell wahrgenommen werden müssen und viel mehr Informationen enthalten.

RFID trägt mit dem Begriff »Identifikation« schon einen zentralen Bestandteil des »Internets der Dinge« im Namen. Die Dinge sollen adressierbar werden, d.h. innerhalb eines Netzwerks unter einer bestimmten und eindeutigen Adresse erreichbar sein. Sie ermöglichen die Inventarisierung und Identifizierung von Objekten und können mit einander vernetzt werden (Sprenger/ Engemann 2015: 16). Die für Informationsgesellschaft und Medien zuständige EU-Kommissarin Viviane Reding äußerte sich hierzu wie folgt:

»Als vielversprechende Technologie für die Zukunft können RFID-Chips das Leben in vielerlei Hinsicht vereinfachen. Es geht dabei um Gegenstände des Alltags, die durch Verbindung mit einem Netzwerk und Datenübertragung plötzlich intelligent werden. Denken Sie an intelligente Kühlschränke, die Ihnen mitteilen, dass das Haltbarkeitsdatum der Milch überschritten ist, oder an intelligente Lebensmittelverpackungen, die Eltern vor möglichen Allergien warnen. Die Verwendung intelligenter Mikrochips für den Datenaustausch zwischen Gegenständen ist wirtschaftlich durchaus vielversprechend. Die Europäer müssen über die Anwendung der neuen Technologie allerdings stets unterrichtet sein.« (EK 2009: o. S.)

Mit RFID-Chips werden große Versprechen für einen effizienten Konsum- und Verkehrsalltag verbunden, und insbesondere in Städten sind die Chips massenhaft im öffentlichen Raum installiert bzw. im Umlauf. Tatsächlich ist der Kontakt mit RFID-Chips alltäglich geworden. Mittlerweile tragen die meisten Menschen – bewusst oder oft unbewusst – RFID-Chips bei sich, als elektronische Schlüssel, auf Kundenkarten, Kreditkarten, bargeldlosen Bustickets, in Bibliotheksbüchern oder in Kleidungsetiketten.

Schon in den 1970er Jahren wurde die RFID-Technik als Warensicherungssystem eingesetzt, seit den 1980er Jahren in einigen Ländern auch im Straßenverkehr für Mautsysteme. In zahlreichen europäischen Kommunen sind seit Mitte der 1990er Jahre in Mülltonnen RFID-basierte Müllmesssysteme installiert. Das System registriert das Müllaufkommen je Mülltonne und verknüpft diese Information mit eindeutigen Adresselementen (Straße, Hausnummer, Wohnungsnummer) für eine automatisierte Gebührenberechnung. Mit der App »Park and Joy« bietet die Telekom AG Autofahrer*innen in Hamburg und drei Großstädten in NRW seit 2017 Informationen an, wo sie Bezahlparkplätze in der Nähe ihres Zielorts finden können und bargeldlos bezahlen können. In Kürze soll die App auch anzeigen, wo ein freier Parkplatz zu finden ist. Dafür werden rund 11.000 RFID-Chips bis Ende 2019 im gesamten innerstädtischen Bereich der Hansestadt installiert.[1] Ob dieses »smarte Parkraummanagement« zu weniger oder mehr Verkehr in den Städten führt, ist bisher nicht bekannt.

Seit dem massenhaften Einsatz von RFID-Chips im Konsumalltag werden auch die problematischen Aspekte benannt, die sich vor allem mit Fragen der intransparenten Überwachung und der Datenkontrolle beschäftigen. Der oder die RFID-Träger*in weiß oft nicht, dass sie einen Transponder mit sich führt

---

1 | https://www.telekom.com/de/medien/medieninformationen/detail/park-and-joy-in-hamburg-513304 (letzter Zugriff 20.07.2018).

und/oder dass ein Empfänger passiert wird und/oder dadurch eine Aktion ausgelöst wurde. Vielen Bürger*innen ist vermutlich auch nicht bewusst, dass z. B. seit 2005 in allen deutschen Reisepässen und seit 2010 auch in Personalausweisen RFID-Technologien eingebaut sind.

Es ließe sich somit – theoretisch – mit Hilfe des RFID-Chips unbemerkt das Bewegungsmuster eines Transponders und damit der Person, die diesen mit sich führt, herstellen. Und auch bei aktiver Nutzung von RFID bleiben der Umfang und der Inhalt der übertragenen Daten intransparent. Essen aufs Tablett, Karte gezückt – bargeldlos bezahlt: Mensakarten sparen viel Zeit an der Kasse. An manchen Universitäten kann man mit der Karte auch Türen oder Schließfächer öffnen, Bücher entleihen und im Sportcenter einchecken. Was bequem daherkommt, kann ein Überwachungsrisiko mit sich bringen: Wann betritt und verlässt ein*e Mitarbeiter*in ihren Arbeitsplatz, und womit beschäftigt sie oder er sich dann?

Die an tragbaren Gegenständen angebrachten und von Personen mit sich geführten RFIDs beschränken die informationelle Selbstbestimmung. Überwachungstechnisch ähnelt ein RFID-Chip einem eingeschalteten Mobiltelefon, dessen Standort anhand der nächstgelegenen Funkzelle ermittelt werden kann. Aufgrund der vergleichsweise geringen Reichweite von wenigen Metern bei passiven RFID-Chips ist die Standortbestimmung in dem Moment des Auslesens aber wesentlich genauer als bei einer Mobiltelefonortung über Funkzellen. Durch geschicktes Platzieren von Lesegeräten ließe sich ein zeitlich und räumlich genaues Bewegungsprofil ermitteln.

Die Materialisierung und Verortung der RFID-Technologie hat Einfluss auf das Verhalten im urbanen Alltag. Darüber, welche vielfältigen Effekte zu beobachten sind und wie unterschiedlich Menschen auf diese Technologie im Alltag reagieren, habe ich mich im Mai 2018 mit Ulf Treger unterhalten, der sich seit vielen Jahren mit Kontrollpolitiken, digitalem Mapping und Recht auf Stadt-Politik beschäftigt (siehe seinen Beitrag in diesem Band).

Welchen Einfluss haben mobile RFID-Transponder in unseren Taschen für den urbanen Alltag?

Ulf Treger: In der Regel werden solche Transponder, wie sie für das Öffnen von Türen oder für das Betreten von nicht öffentlichen Bereichen genutzt werden, als etwas Praktisches, vielleicht noch etwas Neuartiges wahrgenommen. Dabei erinnert diese Art von »Radio frequency identification« auch an die Beschreibung der Kontrollgesellschaft von Gilles Deleuze und darin der Einlasskontrolle, die einen mal passieren lässt, mal nicht, wobei es diffus bleibt, wie jemand (der Computer?) diese Entscheidung fällt bzw. unter welchen Bedingungen sie umkippt, vom Status »Einlass gewährt« zu »Einlass verweigert« oder umgekehrt.

Die Benutzung von RFID fällt im Alltag meist nicht auf, sondern hinterlässt ein angenehmeres Gefühl, als es die Warnung von Deleuze erwarten lässt – immer vorausgesetzt, die Technik funktioniert und man hat, sagen wir, die letzten Mitgliedsgebühren für seinen Sportverein korrekt entrichtet. So nistet sich dieser Chip in tägliche Routinen ein – Anderes wird vielleicht als lästig wahrgenommen (weil es plötzlich Sperren gibt, wo sich vorher keine befanden), aber RFID wird nicht als grundsätzlich falsch empfunden.

Er ist in jedem Fall nicht, oder nur in überwachungskritischen Kontexten, Thema eines allgemeinen Diskurses, einer Verhandlung, ob und wie wir solche Technologien nutzen wollen, warum sie eingesetzt werden, was für Daten erhoben werden, in welchem Kontext und mit welchen Absichten das geschieht.

Und wo begegnen wir in einer Stadt wie Hamburg auf der Straße, in Fußgängerzonen, in Freizeitarealen oder anderen Bereichen des öffentlichen Raums vielleicht unbemerkt RFIDs?

Bei Transpondern, beim automatisierten Auslesen von digitalen Informationen, fällt mir ein übles Szenario ein, das bei der Einreise am Hamburger Flughafen zu beobachten ist: Dort werden erst EU- von Nicht-EU-Bürger*innen separiert. Danach kann sich die privilegierte EU-Bürger*in entscheiden – noch freiwillig, mit dem Versprechen einer beschleunigten Abfertigung –, den Pass statt eines Passbeamten in einer anderen Schlange einer Maschine zu zeigen. Dieser Lesevorgang funktioniert oft nicht richtig, die Maschine ist zu unflexibel (oder schlecht designt). Vor allem aber sind die Menschen, die sich dem aussetzen, noch nicht richtig konditioniert, um dieser Maschine den Ausweis in der genau richtigen Entfernung und im richtigen Winkel, für eine genau abgestimmte Zeit hinzuhalten, die die Maschine braucht, um die Bytes an Informationen auszulesen. Übrigens gilt dieses Mensch-Maschine-Verhältnis bzw. der Anpassungsdruck für ganz viele Automatisierungsprozesse, die oft dann auch noch als »intelligent« oder »smart« verkauft werden.

Am Flughafen, an dieser automatischen Schleuse, schauen dann verzweifelt Noch-nicht-richtig-Konditionierte nach oben. Nach oben müssen sie schauen, weil schräg oberhalb, in einer Art verglastem Hochsitz ein Grenzbeamter die Szenerie überblickt. Per Knopfdruck aktiviert er dann die Lautsprecheranlage, und die hilflose Person wird halb gelangweilt, halb genervt belehrt, wie der Ausweis richtig zu halten wäre. Eine entwürdigende Situation, zumal das alle Umstehenden aufgrund der Lautstärke der Ansage mitbekommen. Das Drama setzt sich fort, weil im zweiten Schritt eine Gesichtserkennung bedient werden, also auch das eigene Gesicht in einem bestimmten Abstand in eine Kameralinse gehalten werden muss. Dieses kafkaeske Setting wird sich künftig an vielen Stellen wiederfinden. Wir werden aufgefordert sein, uns in den nächsten Jahren daran zu gewöhnen, und die Möglichkeiten werden seltener, sich dem entziehen zu können. Das architektonische-polizeiliche Setting vom Flughafen fand ich jedenfalls beim ersten Mal extrem irritierend, als wenn so eine cineastische Dystopie lebendig geworden wäre, als zynisches Re-Enactment aufgebaut würde.

Ach ja, natürlich wird hier immer der Datenschutz streng beachtet! Weswegen auch hier klar wird, dass der Datenschutz nicht unbedingt ein geeignetes Mittel ist, um sich gegen Überwachung, diffuse Mechanismen der Inklusion/Exklusion zur Wehr zu setzen.

Du sprichst hier Beispiele von Alltagspraktiken an, die soziale Differenz manifestieren und zu sozialer Segregation führen können. Wie könnten denn widerständige Praktiken aussehen? Bietet die RFID-Technologie vielleicht auch Möglichkeiten der bürgerschaftlichen Nutzung für Recht-auf-Stadt-Projekte? Oder noch radikal-materieller gefragt: Lassen sich RFIDs-Chips hacken?

Digitale Geräte, zumal wenn sie als Gegenstände des alltäglichen Gebrauchs auch im eigenen Haushalt landen, eignen sich für eine kritische Untersuchung. Zu RFID gibt es eine längere Geschichte an Hacks. Es gab z. B. 2007 einen Hack des weit verbreiteten Chips »Mifare Classic« der Firma Phillips (je nach Quelle mit einer weltweiten Auflage von 1–3 Milliarden Chips), der beim 24. Chaos Communication Congress vorgestellt wurde (die Kongresse des CCC sind immer ein guter Ort, um etwas über kritische Untersuchungen von Hardware zu lernen). Und kürzlich vielleicht durch den Hack von Chipkarten, die in vielen Hotels den Zimmerschlüssel ersetzt haben. Hacking heißt hier, in seiner basalen Bedeutung, in etwa »umgedrehtes Konstruieren« *(reverse engineering)*, also die schrittweise Entzauberung eines Geräts (oder auch eines Protokolls oder einer Software), um dabei mehr über seine Funktionsweise zu erfahren und zu sehen, ob diese Geräte das machen, was sie versprechen und wie man ihre Mechanismen verändern kann. Hacken mutet als ein hyperkompliziertes Hobby einiger Insider an, und auch wenn das de facto vielleicht zutrifft, so versteht sich diese Tätigkeit nicht als etwas Exklusives. So genannte »White-Hat-Hacks« werden in der Regel sehr transparent dokumentiert und zeigen auf, dass die Problemstellen solcher IT-Produkte sich meist auf die schwierige Kombination aus patent- oder urheberrechtlichen Schutzmechanismen und einem Sicherheitskonzept der Verschleierung *(security through obscurity)* zurück führen lassen. Dies sind aber Geräte, die sich unmittelbar in unseren Alltag einnisten und sensible Daten speichern oder verarbeiten – und es gibt davon eine immer größere Anzahl und Verbreitung.

Deshalb wäre es essentiell, dass mehr Menschen diese Gadgets und überhaupt digitale Maschinen nicht nur anwenden, sondern auch verstehen, bei Bedarf auch verändern und diese angepassten Form auch weitergeben können. Douglas Rushkoff hat das mal zugespitzt auf die Entscheidung zwischen »[To]

Program Or To Be Programmed« und betont dabei auch, wie einfach es eigentlich sei, eine der heutigen Programmiersprachen zu erlernen. Ich kann das bestätigen, zumindest bei Skriptsprachen wie Ruby, Javascript oder Python. Wer allererste Schritte unternehmen will, dem sei P5.js empfohlen, mit dem sich einfache graphische Animationen erstellen lassen, und nebenbei basale Programmierroutinen angeeignet werden können. Im Gegenzug sollten die Hersteller und Distributoren solcher Geräte gezwungen sein, technische wie rechtliche Rahmenbedingungen zu erfüllen, die solchen Formen der offenen Inspektion und Modifikation ermöglichen.

LITERATUR

Biselli, Anna (2018): Hacker erklären, wie leicht man Hoteltüren knacken kann – und wie ihr euch schützt. https://motherboard.vice.com/de/article/3k4n5v/hacker-erklaeren-leicht-hoteltueren-knacken-wie-ihr-euch-schuetzt vom 02.06.2018.

Digitalcourage (2018): Entlarvte RFID-Mythen und Kritik an einfachen Lösungen. https://digitalcourage.de/blog/2003/grenzen-der-rfid-technologie-mythen-werden-entlarvt vom 20.05.2018.

EK – Europäische Kommission (2009): Kleine Chips mit großen Möglichkeiten: Neue EU-Empfehlungen sorgen dafür, dass die »Strichcodes des 21. Jahrhunderts« die Privatsphäre nicht verletzen. http://europa.eu/rapid/press-release_IP-09-740_de.htm?locale=en vom 20.05.2018.

EK – Europäische Kommission (2014): Privatsphäre im digitalen Umfeld: Nutzung von RFID-Systemen soll durch EU-weit geltendes Logo und durch »Datenschutzfolgenabschätzungen« gefördert werden. Presseveröffentlichung am 30.07.2014. http://europa.eu/rapid/press-release_IP-14-889_de.htm vom 20.05.2018.

Nohl, Karsten/Plötz, Henryk (2008): Mifare. Little Security, Despite Obscurity. https://media.ccc.de/v/24c3-2378-en-mifare_security vom 02.06.2018.

Rushkoff, Douglas (2010): Program Or To Be Programmed. New York: OR Books.

Sprenger, Florian/Engemann, Christoph (2015): Im Netz der Dinge. Zur Einleitung. In: Dies. (Hg.), Internet der Dinge. Über smarte Objekte, intelligente Umgebungen und die technische Durchdringung der Welt, Bielefeld: transcript, S. 7–58.

Smart Cities – Smart Bodies?

Peter Lindner

Technologische Entwicklungen und die Art und Weise, wie sie die Funktionsbeziehungen ebenso wie die Lebens- und Ausdrucksformen des Städtischen verändern, haben immer wieder sowohl zu utopischen wie auch zu dystopischen Visionen Anlass gegeben. Die Positionierung von menschlichen Körpern, deren Anpassung an die Möglichkeiten und Zwänge von Maschinen sowie die damit verbundenen neuen Subjektivierungsformen und gesellschaftlichen Differenzierungen bilden dabei oft den Ausgangspunkt. Ein herausragendes Beispiel dafür ist Fritz Langs expressionistisches Monumentalwerk *Metropolis* aus dem Jahr 1927, die Sozial-Dystopie einer Maschinenstadt, welche zu Recht als ein Meilenstein der Filmgeschichte gilt und in vielerlei Hinsicht neue Maßstäbe setzte, obwohl sie an den Kinokassen floppte. Der Film beschreibt eine Stadt der Zukunft, deren soziales und funktionales Gefüge von einem »Maschinenviertel« abhängt, welches den Komfort der Bevölkerung in der »Oberstadt« ebenso wie das Leben der Arbeiterfamilien in der von Überflutung bedrohten »Unterstadt« ermöglicht. Maschinen halten hier nicht nur die Stadt am Leben, wofür metaphorisch die zentrale »Herz-Maschine« steht, deren Zerstörung zur Katastrophe führt. Die räumlich-soziale Beziehung zur Welt der Maschinen, das Leben unter- oder oberhalb des Maschinenviertels, die körperliche Arbeit zu deren Betrieb oder ein Leben mit den Annehmlichkeiten technischen Fortschritts definieren darüber hinaus auch das soziale (Klassen-)Gefüge der Stadt.

Knapp 100 Jahre später ist diese Vision abgelöst von der Idee einer »smarten« Stadt und die Kontraste könnten kaum größer sein: An die Stelle einer zentral-hierarchischen tritt eine dezentral-vernetzte Administration, monströse Technik wird durch Mikrotechnologien ersetzt, Kontrolle durch Macht und Gewalt weicht der Selbststeuerung und inhumane Maschinenarbeit wird abgelöst vom *humanitarian design* neuer Sensor-Software-Technologien. Die ultimative Gefahr, dass diabolische Maschinen irgendwann in menschlicher Gestalt auftreten könnten – in *Metropolis* wird eine Roboter-Maschine als Replikat eines Menschen geschaffen, die Unheil über die Stadt bringt – ist nun dem Bild des »smarten Cyborg« gewichen, der durch am Körper getragene oder implantierte Technologien die Grenzen des Wahrnehmungs-, Erlebnis- und Kommunikationsraums (Pink/Fors 2017) seiner natürlichen Sinne überwindet. Doch ebenso wie Fritz Langs Maschinenstadt ist auch die smarte Stadt weniger Gegenwartsdiagnose als Projektion, allerdings mit positiven Attributen versehen: effizient, dezentral organisiert, grün, inklusiv und lebenswert.

KÖRPER UND STADT, SELBST-OPTIMIERUNG UND STADT-OPTIMIERUNG

Nicht erst seit der Industrialisierung, aber doch entscheidend motiviert durch die Technisierung zuerst der Arbeits-, später auch der privaten Lebenswelten, fand dabei die raum-zeitliche *Synchronisation von Körpern und Bewegung* mit den sich rasant verändernden Stadt-Umwelten in Wissenschaft und Kunst zunehmend Beachtung. Walter Benjamins Figur des Flaneurs, der sich auf den Takt der Stadt einlässt und gleichzeitig Distanz dazu hält, beschrieben in einem Werk, das nicht zufällig eine exemplarisch städtische Bauform – die Passage – im Titel trägt, kann dafür als paradigmatisches Beispiel gelten (Benjamin 1982). Aber genauso stark haben sich die neuen Ikonographien des frühen 20. Jahrhunderts eingeprägt, welche den gemeinsamen Rhythmus von Menschen/Körpern und Technik thematisieren: als »Übertaktung« am Fließband beispielsweise in Charles Chaplins *Modern Times* oder aber als fast schon tänzerischer Gleichklang von ArbeiterInnen mit den um sie wirbelnden frisch gegossenen Stahlstreben – Symbolen des Fortschritts – in Dziga Vertovs *Enthusiasmus: Donbass Symphony* (Abb. 1). Auch in *Metropolis* findet sich eine Vielzahl bildmächtiger Szenen, in denen das Funktionieren der Stadt von der Disziplinierung der Körper abhängt, die einerseits als Gleichschritt einer undifferenzierten Menschenmasse auf dem Weg zur Arbeit, andererseits durch individuelle körperliche Überforderung dargestellt wird. Und auch hier ist der Gegensatz – auf der Ebene des Imaginären – zu den durch Sensor-Software-Technologien unterstützten Körpern der Smart City offensichtlich: An Stelle von fordistischem Gleichschritt verspricht die smarte Stadt einen Zugewinn an persönlicher Autonomie durch die Bereitstellung individualisierter Information und die fremdbestimmte Körper-Überlastung in der Maschinenstadt wird abgelöst durch vermeintlich selbstbestimmte, sanfte Köper-Optimierung.

Dennoch liefert die assoziative Suche nach Parallelen zwischen den imaginierten Funktionsweisen einer Stadt, materiellen Infrastrukturen und den körperlichen Aktivitäten ihrer BewohnerInnen, deren Klammer im frühen 20. Jahrhundert die neuen Großtechnologien der Industrialisierung waren, im Fall der Smart City keine wirklich eindeutigen Bilder oder Ergebnisse. Das

Abb. 1: Enthusiasmus – *Arbeit im Stahlwerk, hier dargestellt als rhythmische Harmonie von Körper, Maschine und leuchtendem Stahl*

Quelle: Entuziazm: Simfoniya Donbassa (1930) von Dziga Vertov (Ukrainfilm)

liegt nicht zuletzt daran, dass das leichthin vergebene Attribut »smart« eine Einheitlichkeit suggeriert, die kaum belegt ist. Sie bezieht sich oft auf oberflächliche Homologien, deren gemeinsamer Ursprung die mittlerweile ubiquitären, in die städtische Infrastruktur integrierten ebenso wie als Smartphones, Smartwatches oder andere Wearables am Körper getragenen digitalen Technologien sind. Darauf aufbauend bildet das Versprechen gesteigerter Effizienz eine wenig spezifische, doch gleichwohl imaginativ wirkmächtige Klammer, welche Stadt-Optimierung und Selbst-Optimierung diffus miteinander in Verbindung bringt. Dezentrale Sensoren, Vernetzung, algorithmische Steuerung sowie die drei »V's« von Big Data – *volume*, *velocity* und *variety* (Kitchin 2014: 67 ff.; vgl. auch Amoore/Piotukh 2015) – bilden den gemeinsamen Bezugspunkt dieses Versprechens, so dass es nahe liegt, von einer »Smart-Body-Vision« zu sprechen, die sich nahtlos in das Smart-City-Narrativ einfügt und im Umkehrschluss die Smart City als Netzwerk-Ressource versteht, auf die Smart-Body-Technologien zurückgreifen können. Doch in der Praxis ist die sozio-technische Verknüpfung von Smart Cities mit Smart Bodies bislang kaum realisiert. Ausnahmen wie die Steuerung von Mobilität und Verkehr, bei der dezentrale Datenerfassung und -weitergabe, aggregierte Analyse und die Rückübersetzung in individualisierte Informationen mit handlungsleitender Wirkung tatsächlich schon in Echtzeit ineinandergreifen, gibt es selbstverständlich (z. B. Marvin/Luque-Ayala 2016; Tironi/Valderrama 2018; Valdez/

Cook/Potter 2018) und so sind es in erster Linie beispielhafte Belege – *anecdotal evidence* – auf welche die Smart-Cities/Smart-Bodies-Verbindung maßgeblich aufbaut.

SMART CITIES – SMART BODIES: SCHNITTSTELLEN UND BRUCHLINIEN

Wo nun liegen die imaginierten Schnittstellen zwischen Smart-Cities- und Smart-Bodies-Visionen? Wie könnten sie die Art und Weise ändern, in der StadtbewohnerInnen den urbanen Raum alltäglich nutzen (sollen)? Inwieweit bewirken sie eine sozial-räumliche Neupositionierung von Körpern und neue Formen körperbezogener Subjektivierungsprozesse? Und welche Form der Urbanität wird in diesen Imaginationen entworfen? Diese Fragen sind nicht zuletzt deshalb bedeutsam, weil Visionen performativ werden können, sobald sie als Leitbilder für Planungs- und Investitionsentscheidungen dienen, wie das im Fall von Smart Cities und Smart Bodies längst geschehen ist (Marvin/Luque-Ayala/McFarlane 2016; Valdez/Cook/Potter 2018). Doch im Rahmen der Smart-Cities-Diskussionen werden sie bislang bestenfalls am Rande thematisiert. Empirische Untersuchungen dazu gibt es nur sehr wenige und insbesondere die vielfältigen neuen Formen und Effekte der Einbindung von Körpern und ihrer Bewegungen im Stadtraum finden kaum Beachtung.

Als Ausgangspunkt für kritische Reflexionen über das neue Verhältnis von Körper und Stadt ist es grundlegend, nicht aus dem Blick zu verlieren, dass das Narrativ der Smart City zuallererst die Anrufung einer neuen Form von (politischer) Steuerung ist, für die als »smart« bezeichnete Körpertechnologien ideale Anknüpfungspunkte und Schnittstellen bieten: »Be smart!« ist eine normative (Selbst-)Verpflichtung für den individuellen Alltag (vgl. Sanders 2017) ebenso wie für die städtische Entwicklungsplanung und der Einsatz von Sensor-Software-Technologien ist deren entscheidendes Bindeglied (Andrejevic/Burdon 2015). Diese Kongruenz wird leicht übersehen und Smart-City-Visualisierungen (vgl. Abb. 2) zeichnen sich häufig durch eine erstaunliche Abwesenheit von Menschen und Körpern aus, obwohl deren Einbindung, Positionierung und Lenkung integraler Bestandteil der üblicherweise identifizierten Funktionsfelder ist. Doch das ist alles andere als verwunderlich, denn die Verschmelzung der Ziele von Regierung mit den (vermeintlich) selbst gewählten Lebensweisen der Regierten ist *das* Kennzeichen schlechthin für biopolitische *governance* unter den Rahmenbedingungen eines libertären Paternalismus. Während allerdings Foucault im »Willen zum Wissen« und in der »Geburt der Biopolitik« (Foucault 1983, 2006) der technisch-materiellen (und damals selbstverständlich der digitalen) Technik keine Aufmerksamkeit schenkte, ist die Smart-Cities/Smart-Bodies-Vision der Verknüpfung von Technologien des

Smart Cities – Smart Bodies? 165

Abb. 2: *Smart-City-Visualisierungen: räumliche Territorialität (oben) und bauliche Vertikalität (unten) sind von einer Netzwerkstruktur überlagert und eingehegt*

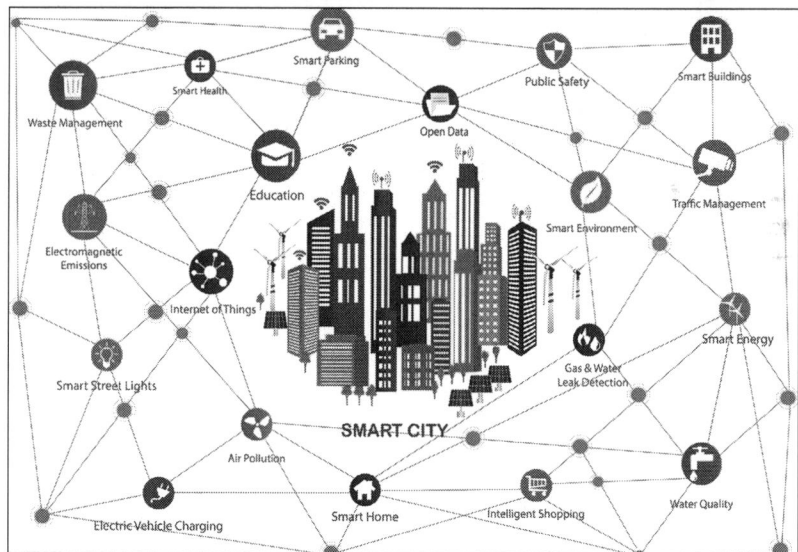

Quellen: http://smartcity.leipziger-westen.de und https://smartcitiesworld.net/news/news/smart-cities-services-worth-225bn-by-2026-1618

Selbst und des Körpers einerseits mit Technologien der Bevölkerung und des Sozialen (Lemke 2011) andererseits nur vor dem Hintergrund ganz konkreter Innovationen im Hard- und Softwarebereich denkbar, verstehbar und auch problematisierbar geworden.

Eine erste, unübersehbare Eigenheit der Smart-Cities/Smart-Bodies-Vision ist es, dass sie soziale Differenzen sowie die daraus resultierende und darauf rückwirkende Positionierung von Körpern in den Hintergrund rückt. Im Gegensatz zur Metropolis besitzt die Smart City keine Ober- und Unterstadt, die durch eine Ebene von Maschinen verbunden und zugleich getrennt sind, es gibt keine separaten Bereiche mehr, in denen Menschen sich entweder dem Takt der Maschinen anpassen, um deren Betrieb zu ermöglichen, oder aber Schalter und Knöpfe betätigen können, um die Leistungen der Maschinen abzurufen und sich körperlich zu entlasten. Auch Steuerbefehle fließen nicht mehr von einem räumlich-sozialen »oben« nach »unten«, sondern die Smart City ist radikal flach, Territorialität und bauliche Vertikalität sind zwar noch sichtbar, aber eingehegt und überlagert von einer vermeintlich hierarchielosen Netzwerkstruktur und dezentraler Steuerung. In den Vordergrund dieser Netzwerk-Imaginationen rücken stattdessen distribuierte Funktionsbereiche, in denen die Stadtbewohner mal eine größere (»smart home«, »education« oder »intelligent shopping«), manchmal aber auch gar keine (»smart street lights«, »water quality«) Rolle spielen (Abb. 2). Die Smart City verspricht, ihre BewohnerInnen auf eine egalitäre Art zu integrieren; der ungleiche Zugang zu digitalen Technologien, welche für die Nutzung des Stadtraums immer wichtiger werden, das Risiko eines innerstädtischen *digital divide* und grundsätzliche Fragen städtischer Teilhabe als *urban citizenship* in wachsender Abhängigkeit von digitalen Infrastrukturen werden hingegen selten oder nur am Rand thematisiert.

Zweitens positioniert die Smart-Cities/Smart-Bodies-Vision die StadtbewohnerInnen in ein widersprüchliches und kaum durchschaubares Feld von neuen Verantwortlichkeiten einerseits und Formen der Abhängigkeit bzw. »Entmündigung« andererseits. Die Digitalisierung im Gesundheitswesen in Verbindung mit der Individualisierung medizinischer Information und Analyse durch Wearables hat eine in dieser Hinsicht ausgesprochen aufschlussreiche Diskussion hervorgebracht. Zwar ist noch kaum absehbar, wo und wie konkret individuelle und mobile Gesundheitstechnologien tatsächlich zu Bestandteilen von Smart-City-Netzwerken werden, aber die entwicklungsleitenden Hoffnungen von Herstellern und Programmierern sind weitreichend. Der Betonung des emanzipatorischen Potentials, einer neuen Souveränität von PatientInnen, die ihren eigenen Körper genau kennen, weil permanentes *self-tracking* und der Austausch in sozialen Netzen für sie zur Selbstverständlichkeit geworden ist, steht hier die Kritik neuer Formen der Abhängigkeit von vor-selektierten, vor-strukturierten und vor-interpretierten Daten gegenüber. Die optimistische Idee eines mündigen *citizen health* (Fox 2017), der Gesundheit als Bürgerrecht begreift und durch netzbasierte Auswertung seiner individuellen Körperdaten in die Lage versetzt wird, dieses Recht auch einzufordern, weil er nun mit ÄrztInnen »auf Augenhöhe« verhandeln kann, bildet den einen Pol dieser Debatte.

Den anderen charakterisiert die Befürchtung, der seinen PHTs *(personal health technologies)* ausgelieferte, immer stärker unkritisch-reaktiv agierende *dumb patient* (Fox 2017: 143) könne der Endpunkt dieser Entwicklung sein.
Doch im Hinblick auf veränderte Modalitäten biopolitischer Steuerung greift diese Einordnung zu kurz. Entscheidend ist vielmehr, dass die Integration der StadtbewohnerInnen in die sozio-technischen Netzwerke der Smart City appellativen Charakter besitzt und deshalb eine Form der Responsibilisierung darstellt. Ein nicht zu unterschätzender verstärkender Einfluss geht dabei vom *New-public-health*-Ansatz und dem Grundsatz »Vorsorge statt Heilung« aus (Larsen 2011), welcher auf eine umfassende Rationalisierung des individuellen Alltagsverhaltens im Hinblick auf einen gesünderen Umgang mit dem eigenen Körper abzielt und genau wie Smart-City-Strategien nicht auf den selektiven Einsatz neuer Technologien, sondern auf die zeitliche und räumliche Integration bislang getrennter Lebens- und Funktionsbereiche baut. So entstehen – nicht nur im speziellen Bereich der Gesundheitsvorsorge, sondern ganz allgemein – neue Entscheidungsmöglichkeiten und -zwänge, mit denen der Einzelne verantwortlich umzugehen hat: die eigene Mobilität effizienter zu planen, die für das tägliche 10.000-Schritte-Ziel noch fehlende Runde zu laufen oder die Nutzung energieintensiver Geräte im Haushalt auf eine andere Uhrzeit zu verschieben. Die oben bereits angesprochene Integration in neue sozio-technische Netzwerke bringt also nicht nur veränderte Formen sozialer Differenz mit sich, sondern macht die StadtbewohnerInnen auch in ambivalenter Weise in neuen Handlungsfeldern zu verantwortlichen Subjekten.

Ein dritter, eng damit verbundener Aspekt der Smart-Cities/Smart-Bodies-Gouvernementalität besitzt insbesondere für das Verhältnis von städtischer Politik zu Stadt-BürgerInnen kritische Implikationen. Die neue Responsibilisierung in den unterschiedlichsten Handlungsfeldern geht einher mit einer Vorstrukturierung von Alltagssituationen durch dezentral verfügbare, individuell vorselektierte Daten, welche als nicht-neutrale Orientierungspunkte dienen. Dadurch rücken Gesetze, Verordnungen und verbindliche Regeln als Steuerungsinstrumente tendenziell in den Hintergrund. Stattdessen wird es wichtiger, die »richtigen« Informationen zur »richtigen« Zeit und im »richtigen« Kontext so aufzubereiten und bereitzustellen, als dass sie tatsächlich handlungsleitend wirken. Im Dienst des gesund zu haltenden Körpers bzw. der zu optimierenden alltäglichen Routinen können beispielsweise *geofencing*-Apps die NutzerInnen rechtzeitig vor dem Betreten eines Raucherlokals warnen, und Apps für AsthmatikerInnen wie *Propeller* bzw. *Propeller Air* liefern stets aktuelle Informationen zum städtischen Mikroklima; *smart community apps* gehen insofern noch darüber hinaus, als sie das aktive Einspeisen verhaltensrelevanter Informationen durch die städtische Verwaltung ermöglichen. Häufig sind diese Anwendungen inspiriert von verhaltensökonomischen Ansätzen und dem Vertrauen in einen »libertären Paternalismus« (Pykett et al. 2011), der eine »sanfte« Steuerung durch die Gestaltung von »choice architectures« (Thaler/Sunstein 2008) – im konkreten Fall die *information architecture* der Smart City als Orientierungspunkt für individuelle Handlungsentscheidungen – verspricht. Potentiell damit verbunden ist die Entpolitisierung vieler Fragen des öffentlichen Lebens in der Stadt, welche ganz generell eine problematische Implikation des *technological fix* darstellt, den die Smart City anbietet und die durch den großen Einfluss privater Unternehmen bei der Entwicklung und Umsetzung von Smart-City-Projekten noch verstärkt wird.

Die verbreitete Diagnose, dass *lifestyle diseases* – durch ungesunde Verhaltensweisen wie Rauchen, übermäßigen Alkoholgenuss, Bewegungs- oder Schlafmangel und berufsbedingten Stress ausgelöste Krankheiten – die Epidemien des 21. Jahrhunderts darstellen (Milani/Bover/Lavie 2016), liefert eine wichtige Rechtfertigung für die Forderung nach einer Rationalisierung des Alltagsverhaltens durch differenzierte Anreizsysteme und die Smart City bietet dafür eine Fülle neuer Interventionsmöglichkeiten. Doch es gehört, viertens, zu den Paradoxien dieser gezielt geförderten Rationalisierung, dass sie nicht mehr wie in der Anfangszeit primär an die kalkulierende Vernunft appelliert, sondern auf spielerische Elemente setzt und Emotionen mobilisiert. Denn insbesondere bei *mHealth*-Systemen *(mobile health)* und Wearables, durch deren Nutzung die StadtbewohnerInnen in die Smart City integriert werden sollen, wird die technische Weiterentwicklung von den privatwirtschaftlichen Anbietern in den letzten Jahren nicht mehr als die größte Herausforderung angesehen. Stattdessen hat sich nach anfänglicher Euphorie Ernüchterung im Hinblick auf die Bereitschaft von KäuferInnen breit gemacht, die neu erworbenen Geräte über eine Experimentierphase hinaus tatsächlich kontinuierlich zu nutzen und deren Informationen zu einem festen Orientierungspunkt der Tagesplanung zu machen. »Die Menschen dazu zu bringen, das verfluchte Ding auch zu gebrauchen und es Teil ihres *Lifestyles* werden zu lassen« sei das drängendste Problem, betont beispielsweise der stellvertretende Vorstandsvorsitzende eines der größten Anbieters von Krankenversicherungen, der derzeit mit PAYL-Tarifen (*pay as you live*: Tarife, bei denen das individuelle gesundheitsrelevante Verhalten digital erfasst, übermittelt und monetär belohnt wird) experimentiert (Schüll 2016). *Gamification* und die Vermarktung als Modeartikel wurden deshalb in den letzten Jahren zu den wichtigsten Strategien in der Branche, um eine echte Bindung der NutzerInnen an ihre Geräte und Apps aufzubauen (Munson et al. 2014). Ein in mehrfacher Hinsicht paradigmatisches Vorbild dafür ist das Spiel *PokémonGo*, das von einem Vertreter des Herstellers Niantic auf der größten deutschen *Wearable-Technologies*-Messe in München als die erfolgreichste »Gesundheits-App« aller Zeiten präsentiert wurde, weil auf der Jagd nach »Taschenmonstern« bis Januar 2017 global bereits 8,7 Milliarden Kilometer zurückgelegt worden waren (vgl. auch Ganzert et al. 2017). Künstlerische Arbeiten rund um die Themen »Subjektivität – Körper – Emotion« und

»Information – Sensor-Technologien – Interaktion« bringen die in der Start-up-Szene kursierenden Visionen dieser affektiv-spielerischen (Ver-)Bindung am anschaulichsten zum Ausdruck (vgl. Abb. 3). Sie vermitteln einen Eindruck davon, dass das durch »smarte« Technologien konstituierte Schnittfeld zwischen Körpern und Stadt keineswegs nur mit rational-effizienter Steuerung assoziiert werden darf, sondern auch neue Interaktionsformen sowie urbane Erlebnisweisen und -räume entstehen lassen kann (s. u.).

Abb. 3: »Opale« von Behnaz Farahi. Die Jacke registriert den Gesichtsausdruck des Gegenüber mit einer integrierten Kamera und ›reagiert‹ darauf mit Veränderungen ihrer Faserstruktur.

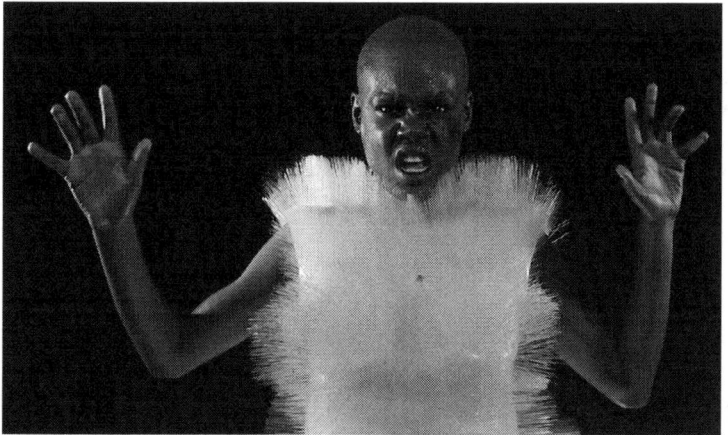

Quelle: Foto von Nicolas Cambier und Kyle Smithers, mit herzlichem Dank an Behnaz Farahi für die Genehmigung des Abdrucks

Gerade Beispiele aus dem Bereich der Kunst zeigen sehr anschaulich, dass biopolitische Ziele wie »die Bevölkerung zu mehr Bewegung motivieren« hinter den gouvernementalen Mitteln ihrer Durchsetzung – der Eigendynamik von Mode und Spiel – oft kaum mehr erkennbar sind. Denn letztlich, fünftens, sind konkrete Smart-Cities/Smart-Bodies-Projekte immer komplexe Assemblages, deren heterogene, materielle und immaterielle Komponenten einerseits nur in ihrem Zusammenspiel Verhaltensweisen in eine ganz bestimmte Richtung lenken können, andererseits aber eine gewisse Eigendynamik behalten. Projekte zur Steuerung des Einkaufsverhaltens, Smart-Home-Systeme oder Sensor-Software-Kombinationen zur Optimierung von Mobilitätsentscheidungen sprechen genau wie *mHealth*-Technologien zugleich Komfortgewinn, Spaß am Spiel, Technologiebegeisterung, monetäre Ersparnis, Gesundheit, Effizienz und Zeitgewinn an. Sie bringen individualisierende und de-politisierende – weil gesellschaftliche Herausforderungen auf die Ebene von technologischen

Problemen verlagert werden – ebenso wie sozial verbindende und re-politisierende Effekte hervor, letztere nicht zuletzt im Zuge der häufig anzutreffenden Integration in die *Quantified-self*-Bewegung (Barta/Neff 2015; Lomborg/Frandsen 2016; Swan 2013). Die Ziele ebenso wie die tatsächlichen Wirkungen sind deshalb immer vielfältig und lassen sich nicht jeweils einer einzigen gouvernementalen Zweck-Mittel-Relation zuordnen (Tironi/Valderrama 2018).

PokémonGo ist aber, sechstens, auch paradigmatisch im Hinblick auf eine spezifische Ontologie von Räumen, die Smart-Cities/Smart-Bodies-Projekten zu Grunde liegt. Dass nicht nur konkrete städtische Orte, sondern auch die dort angesiedelten Praktiken und Interaktionen für Dritte erleb- und konsumierbar aufbereitet werden, ist grundsätzlich nicht neu. Grube und Welz (2014) haben dafür die treffende Charakterisierung »Inszenierung *in situ*« vorgeschlagen: Durch eine spezifische Rahmung, die aus einschlägigen Informationen, einem bestimmten Rhythmus der Bewegung in der Gruppe und einer komplex ausdifferenzierten Verschränkung von Nähe und Distanz besteht, kann ein Stadtraum einschließlich der dort lebenden und arbeitenden Bevölkerung als »Aufführung« für BesucherInnen erlebbar gemacht werden. Das von Grube/Welz (2014) thematisierte Beispiel des Alltags im Rotlichtmilieu, den geführte TouristInnengruppen beispielsweise in Frankfurt a. M. interessiert an seinen Originalschauplätzen verfolgen können, macht diese Neupositionierung aller Beteiligten besonders eindrucksvoll deutlich, da hier ein üblicherweise vor der Öffentlichkeit verstecktes Verhalten »auf die Bühne« gebracht wird. Smart-Cities/Smart-Bodies-Apps erlauben derartige Inszenierung *in situ* nun in ganz besonderer Weise und gehen zugleich darüber hinaus, da sie für NutzerInnen nicht die Rolle von BetrachterInnen, sondern von aktiven MitspielerInnen vorsehen. Den Ausgangspunkt bilden vielfältige neue Möglichkeiten, den Stadtraum digital zu präsentieren und damit auch in seiner Bedeutung für StadtbewohnerInnen zu verändern. Konkrete Orte werden dabei in einem ersten Schritt (Thatcher 2017) dadurch neu konstituiert, dass sie ein virtuelles Pendant erhalten, welches mit seinem Ursprung in einem wechselseitig konstitutiven Verhältnis steht – die oft zitierten »Data Doubles« (Lomborg/Frandsen 2016; Lupton 2014; Missomelius 2016) sind in Wirklichkeit das Ergebnis eines notwendigerweise selektiven Übersetzungsprozesses und eher Erweiterungen als Replikate (Grew/Svendsen 2017). Digital verfügbar gemacht verlieren sie in einem zweiten Schritt ihren Charakter als idealtypische Sinnbilder für »hier« und »jetzt«; stattdessen kann man nun »immer« und »überall« auf einen Ort zugreifen, wobei die Formen des Zugriffs von bloßen Visualisierungen über Echtzeit-Bilder und -Informationen bis hin zu *Augmented-reality*-Interaktionen wie bei *PokémonGo* reichen können. Die so verfügbar gemachten Orte stehen damit bereit für einen dritten Schritt der Neukonstitution: Durch Re-Kontextualisierung erhalten sie andere Bedeutungen und werden zu Bühnen, auf denen StadtbewohnerInnen entsprechend den Skripten der Smart-Cities/Smart-Bodies-Anreizarchitekturen interagieren oder sich der Interaktion entziehen, beispielsweise wenn städtische Teilräume von Apps wie *Safe City* (www.safecity.in) als »unsicher« oder »überfüllt« beschrieben bzw. visualisiert werden. Im Bereich der Beeinflussung von KonsumentInnenverhalten sind entsprechende Anwendungen, die auf eine standortabhängige, auf individuelle Präferenzen abgestimmte visuelle und akustische Präsentation von Orten basieren, zum Kaufen einladen und wie ein Leitsystem durch den Stadtraum funktionieren sollen, bislang am weitesten entwickelt, auch wenn sich entsprechende Apps wie beispielsweise die »smaRT« App der Stadt Reutlingen (https://www.sma-rt.de) keineswegs nur als Einkaufsführer präsentieren.

Ausblick

Die bildliche wie inhaltliche Entgegensetzung von Menschen – gerade auch in ihrer Körperlichkeit – und Maschinen, ein zentrales Merkmal der fordistischen Stadt, taucht im Smart-City-Narrativ nicht mehr auf. Und während in *Metropolis* die Überwindung dieses Gegensatzes in Gestalt eines bio-technischen Maschinen-Menschen die ultimative Bedrohung für das Leben in der Stadt darstellt, ist sie in der Smart City konstitutiv für eine neue Form städtischer Administration und städtischen Lebens geworden, die aus der Dystopie eine Utopie werden lässt. So suggeriert die im Smart-City-Kontext omnipräsente Netzwerk-Metapher in erster Linie Inklusion und nicht Exklusion sowie dezentral-angepasste Steuerung anstatt bevormundend-hierarchischer Abhängigkeiten und die Individualisierung von Information verspricht Autonomiegewinne für alle. Der mikrotechnologisch-smart ergänzte, erweiterte und vernetzte Körper ist ein zentrales Element dieser Utopie. Es sind nicht nur die »klassischen« sozialen und materiellen Ungleichheiten (spät-)moderner Metropolen, die in dieser Vision unbemerkt verschwinden. Mindestens ebenso problematisch ist, dass neue Paradoxien im Rahmen von Smart-City-Diskursen bislang wenig thematisiert werden. Dazu zählen die Gleichzeitigkeit von Responsibilisierung *und* Abhängigkeit, die Verfügbarkeit von Information als Handlungsressource *und* Teil einer manipulativen *choice architecture*, die Rationalität eines technologisch unterstützten Alltagslebens *und* neue emotional-spielerische Bindungen (»captivation«) sowie die gouvernementale Intentionalität neuer sozio-technischer Assemblages einerseits *und* deren vielfältige, nicht-intendierte Effekte andererseits. Dies sind die Spannungsfelder, in denen sich eine sozial-räumliche Neupositionierung von Körpern in der Stadt und damit veränderte körperbezogene Subjektivierungsprozesse abzeichnen, die neue Formen von Urbanität hervorbringen.

Literatur

Amoore, Louise/Piotukh, Volha (2015): Life beyond big data: Governing with little analytics. In: Economy and Society 44 (3), S. 341–366.

Andrejevic, Mark/Burdon, Mark (2015): Defining the sensor society. In: Television & New Media 16 (1), S. 19–36.

Barta, Kristen/Neff, Gina (2015): Technologies for sharing: Lessons from quantified self about the political economy of platforms. In: Information, Communication & Society 19 (4), S. 518–531.

Benjamin, Walter (1982 [1940]): Das Passagen-Werk (2 Bd.), Frankfurt a. M.: Suhrkamp.

Foucault, Michel (1983 [1976]): Der Wille zum Wissen (Sexualität und Wahrheit 1), Frankfurt a. M.: Suhrkamp.

Foucault, Michel (2006 [1979]): Geschichte der Gouvernementalität II: Die Geburt der Biopolitik; Vorlesungen am Collège de France 1978–1979 (= Suhrkamp-Taschenbuch Wissenschaft; 1809), Frankfurt a. M.: Suhrkamp.

Fox, Nick J. (2017): Personal health technologies, micropolitics and resistance: A new materialist analysis. In: Health 21 (2), S. 136–153.

Ganzert, Anne et al. (2017): In the footsteps of smartphone-users: Traces of a deferred community in Ingress and Pokémon Go. In: Digital Culture & Society 3 (2), S. 41–57.

Grew, Julie Christina/Nordahl Svendsen, Mette (2017): Wireless heart patients and the quantified self. In: Body & Society 23 1), S. 64–90.

Grube, Nils/Welz,Gisela (2014): Inszenierte Vielfalt: Kulturanalysen neuer Veranstaltungsformate. In: Zeitschrift für Volkskunde 110 (1), S. 65–89.

Kitchin, Rob (2014): The Data Revolution: Big Data, Open Data, Data Infrastructures and their Consequences, Los Angeles: SAGE.

Larsen, Lars Thorup (2011): The birth of lifestyle politics: The biopolitical management of lifestyle diseases in the United States and Denmark. In: Bröckling, Ulrich/Krasmann, Susanne/Lemke, Thomas (Hg.), Governmentality: Current Issues and Future Challenges. New York: Routledge, S. 225–246.

Lemke, Thomas (2011): Beyond Foucault: From biopolitics to the government of life. In: Bröckling, Ulrich/Krasmann, Susanne/Lemke, Thomas (Hg.), Governmentality: Current Issues and Future Challenges, New York: Routledge, S. 165–184.

Lomborg, Stine/Frandsen, Kirsten (2016): Self-tracking as communication. In: Information, Communication & Society 19 (7), S. 1015–1027.

Lupton, Deborah (2014): Self-tracking cultures: Towards a sociology of personal informatics. In: Association for Computing Machinery (Hg.), Proceedings of the 26th Australian Computer-Human Interaction Conference on Designing Futures: The Future of Design, Sydney: ACM, S. 77–86.

Marvin, Simon/Luque-Ayala, Andrés/McFarlane, Colin (2016): Smart Urbanism: Utopian Vision or False Dawn? London/New York: Routledge.

Milani, Richard V./Bober, Robert M./Lavie, Carl J. (2016): The role of technology in chronic disease care. In: Progress in Cardiovascular Diseases 58 (6), S. 579–83.

Missomelius, Petra (2016): Das digitale Selbst – Data Doubles der Selbstvermessung. In: Selke, Stefan (Hg.), Lifelogging: Digitale Selbstvermessung und Lebensprotokollierung zwischen disruptiver Technologie und kulturellem Wandel. Wiesbaden: Springer, S. 257–286.

Munson, Sean A. et al. (2014): Gamification and health. In: Walz, Steffen P./ Deterding, Sebastian (Hg.), The Gameful World: Approaches, Issues, Applications, Cambridge, MA: MIT Press, S. 597–624.

Pink, Sarah/Fors, Vaike (2017): Being in a mediated world: Self-tracking and the mind-body-environment. In: Cultural Geographies 24 (3), S. 375–388.

Pykett, Jessica et al. (2011): Interventions in the political geography of ›libertarian paternalism‹. In: Political Geography 30 (6), S. 301–310.

Sanders, Rachel (2017): Self-tracking in the digital era: Biopower, patriarchy, and the new biometric body projects. In: Body & Society 23 (1), S. 36–63.

Schüll, Natasha Dow (2016): Data for life: Wearable technology and the design of self-care. In: BioSocieties 11 (3), S. 317–333.

Swan, Melanie (2013) The quantified self: Fundamental disruption in big data science and biological discovery. In: Big Data 1 (2), S. 85–99.

Thaler, Richard H./Sunstein, Cass R. (2008): Nudge: Improving Decisions About Health, Wealth, and Happiness. New Haven/London: Yale University Press.

Thatcher, Jim (2017): You are where you go, the commodification of daily life through ›location‹. In: Environment and Planning A 49/12, S. 2702–2717.

Tironi, Martín/Valderrama, Matías (2018): Unpacking a citizen self-tracking device: Smartness and idiocy in the accumulation of cycling mobility data. In: Environment and Planning D: Society and Space 36 (2), S. 294–312.

Valdez, Alan-Miguel/Cook, Matthew/Potter, Stephen (2018 forthcoming): Roadmaps to utopia: Tales of the smart city. In: Urban Studies, advance online, S. 1–18.

# 4 Digitale Governance und Interventionen

Ein informationelles Recht auf Stadt?
Code, Content, Kontrolle und die Urbanisierung von Information

Joe Shaw, Mark Graham

> Wird man alle Gegebenheiten des Problems in Computer einfüttern? Warum nicht. Aber die Maschine verarbeitet nur solche Gegebenheiten, die sich aus mit »ja« oder »nein« zu beantwortenden Fragen ergeben. Sie selbst antwortet nur mit »ja« oder »nein« auf Fragen, die man an sie richtet. Wer würde zu behaupten wagen, daß damit *alle* Fakten erfaßt wären? Wer sollte die Verwendung einer solchen Art von *Totalität* legitimieren? Wer wird beweisen können, daß die »Sprache der Stadt«, soweit sie existiert, sich mit dem ALGOL, dem SYNTOL oder dem FORTRAN, den Computerdialekten, deckt, und daß die Übersetzung nicht Verrat sei? Besteht nicht überdies die Gefahr, daß die Maschine zum Werkzeug der einen oder anderen Interessengruppe, des einen oder anderen Politikers wird? Ist sie nicht schon heute eine Waffe in der Hand des Mächtigen und der Handlanger der Politiker?
> HENRI LEFEBVRE (1990A: 67)

EINFÜHRUNG: DIE URBANISIERUNG VON INFORMATION

Als er Stadtraum zum wichtigsten Schauplatz des politischen Kampfes erklärte, schwebte Henri Lefebvre ein »Recht auf Stadt« in Form einer tiefgreifenden, ehrgeizigen Transformation des politischen Lebens vor. Dies setzt beispielsweise neue Zugänge zu und eine Selbstverwaltung von Ressourcen, Produktionsüberschüssen und dem Stadtkern voraus (Harvey 2012; Lefebvre 2016). Zugleich rief Lefebvre zu einem komplementären »Recht auf Information« auf, welches das Absterben des Staates unterstützen und die durch *métro-boulot-dodo* (»U-Bahn-Arbeit-Schlaf«) strukturierte Stadtgesellschaft egalitärer und erfüllender machen sollte (Lefebvre 1990b). Er befand, solche Konzepte könnten dazu beitragen, die von den Kräften des Kapitalismus hervorgebrachte und ideologisch aufrechterhaltene »urbane Problematik« zu lösen (Lefebvre 1990a). Beispiele hierfür sind etwa ungleiche Entwicklung, Ressourcenknappheit und öffentliche Beteiligung.

Die weltweite Stadtbevölkerung hat heute mehr Zugriff auf Informationen als jemals zuvor, und doch herrschen in Städten weiterhin massive Ungerechtigkeiten. Daher argumentieren wir hier, dass das Recht auf Information heute einen komplexeren Aspekt des politischen Kampfes darstellt, als Lefebvre das seinerzeit begreifen konnte, und dass ein Recht auf Stadt heute auf einem tieferen Verständnis der momentanen kritischen Phase der Urbanisierung beruhen muss, in der die Stadt zunehmend mittels digitaler Informationen reproduziert wird (Shaw/Graham 2017).

Lefebvres ursprüngliche Analyse von Raumproduktion und politischem Kampf war von seiner Einschätzung geprägt, dass »abstrakter« Raum von Stadtplaner*innen und Architekt*innen hervorgebracht und gesteuert wird (Lefebvre 1991: 229). Heute dagegen entsteht dieser abstrakte Raum aus Repräsentationsflüssen, die auf digitalen Daten beruhen bzw. durch diese vermittelt werden. So liegt heute eine digital äußerst verdichtete Stadtumgebung vor (Graham et al. 2013).

Die Allgegenwart solcher digitalen Informations- und Kommunikationstechnologien (IKT), die diesen abstrakten Raum hervorbringen und kanalisieren, spielt in der Reproduktion von Stadtraum heute also eine wesentliche Rolle. Kitchin und Dodge (2011) analysieren beispielsweise, wie Computer-Code die Gestaltung von Räumen formen kann. Graham et al. (2013) zeigen in ähnlicher Weise auf, wie digitale Informationen Raumerleben intensivieren können. Zwar beziehen sich diese Autoren nicht ausdrücklich auf Lefebvre, doch können solche expliziten Konzeptualisierungen von Code und Content als Raum einen nützlichen Ausgangspunkt darstellen, um über die problematischen Verstrickungen von digitalen Informationen und abstraktem Raum im Lefebvre'schen Sinn nachzudenken. Ob in Smartphone-Apps oder GPS-Geräten, ob auf Uber, Wikipedia oder TripAdvisor: Der Code und Content, der die Räume und Gebäude unserer Städte repräsentiert, ist oft genauso wichtig wie Backstein und Mörtel. Folglich stehen traditionell mächtigen urbanen Akteur*innen – Bauunternehmer*innen, Planer*innen, Vermieter*innen – heute expandierende Konzerne mit informationellen Monopolen wie Google (das mittlerweile zum Mutterkonzern Alphabet gehört) gegenüber.

In dieser Hinsicht könnte sich die Stadt nun als Korrelat der Glasfaser entpuppen, so wie sie früher als Korrelat der Straße konzeptualisiert worden ist. Die Stadtgesellschaft wird heute materiell als Funktion vernetzter Informationskreisläufe hervorgebracht; mit Deleuze und Guattari (1997) kann man hier von einem durch Ein- und Ausgänge definierten Punkt sprechen. Der

Urbanisierungsprozess hat IKT und Menschen derart verzahnt, dass eine außerordentlich kreative Produktivkraft planetarischen Ausmaßes entstanden ist (Brenner 2014; Lefebvre 1990a: 183 f.). Will man Lefebvres Recht auf Stadt im Angesicht dieser Tatsache weiterentwickeln, muss man die heutige Stadt unserer Ansicht nach als primär informationell verstehen und mit stärkerem Augenmerk auf digitale Informationsflüsse untersuchen, die von Technologien produziert und vermittelt werden; diese Technologien verdichten den Stadtraum weiter, belassen die Stadt aber gleichzeitig als primären Raum für Experimente (Luque-Ayala und Marvin 2016: 194).[1]

Aus einer an räumlicher Gerechtigkeit und Recht auf Stadt orientierten Perspektive heißt das Thema hier also »Urbanisierung von Information« – was es nötig macht, die an Schnittstellen digitaler Informationen gekoppelten Machtverhältnisse kritisch zu untersuchen, und zwar an dem Punkt, wo sie Einfluss auf die Stadt nehmen. Genau wie die Urbanisierung von Wasser ein Prozess ist, der »Geschichten über die Struktur und Entwicklung der Stadt« sichtbar machen kann, so kann eine Lesart der von Informationen durchflossenen »politischen, sozialen und wirtschaftlichen Kanäle« der Stadt auch »das Potential eines besseren, gerechteren und egalitäreren Rechts auf Stadt in sich tragen« (Swyngedouw 2004: 4). Die Urbanisierung von Information ist heute genauso relevant für Fragen von räumlicher Gerechtigkeit und Stadt, wie andere historische Infrastrukturen und Güter es gewesen sind. Und so ist Lefebvres Unterscheidung zwischen einem Recht auf Information und einem Recht auf Stadt auch insofern problematisch, als IKT mittlerweile integraler Bestandteil städtischen Alltagslebens sind. Informationen produzieren (Stadt-)Raum; sie zirkulieren als Güter, die angehäuft werden können; und wir werden zunehmend von ihnen abhängig. Das wirft viele Fragen auf: Was geschieht, wenn das Urbane zu Information wird? Welche räumlichen Prozesse verkörpern die Reproduktion der digital-informationellen Stadt? Und inwiefern ist dies für räumliche Gerechtigkeit und das Recht auf Stadt von Bedeutung?

Um die Relevanz der IKT für Analysen von Machtverhältnissen und des Rechts auf Stadt aufzuzeigen, bedienen wir uns der fünf »Machtfragen«, die der britische Labour-Politiker Tony Benn 2001 stellte: »Welche Macht haben Sie? Woher haben Sie sie? Zu welchem Zweck nutzen Sie sie? Vor wem müs-

---

1 | Von Server-Farmen in Wüsten des US-amerikanischen Mittleren Westens oder der skandinavischen Tundra abgesehen (wo Technologie eher als »Raketen-« oder »Radarstation« denn als Stadtraum anzutreffen ist; Lefebvre zitiert in Elden 2004: 133), ist großflächige Internet-Infrastruktur immer noch weitgehend deckungsgleich mit traditionellen Stadtkernen (Tranos 2013). Diese Beobachtung will die These der planetaren Urbanisierung nicht anfechten; es soll lediglich darauf hingewiesen werden, dass die Stadt im Hinblick auf IKT und Machtverhältnisse immer noch große Bedeutung und Innovationspotential hat (siehe auch Luque-Ayala/Marvin 2016).

sen Sie sich verantworten? Und wie können wir Sie wieder loswerden?« (Britisches Parlament 2001).[2] Anstatt diese Fragen an Einzelpersonen wie Josef Stalin oder Bill Gates zu richten, wenden wir sie hier auf eine theoretische Fallstudie über Google an, um Googles Macht über urbane Informationen besser zu verstehen und die ultimative Frage der Demokratie und des Rechts auf Stadt zu beantworten: »Wie werden wir Sie wieder los?« Wir hoffen, dabei eine postpolitische Lesart Lefebvres zu vermeiden (Purcell 2002), indem wir unsere Analyse auf drei Prinzipien wahrhaft politischer Handlungen richten: notwendigerweise abweichende Meinungen zu artikulieren, die Fantasien der Eliten zu durchqueren sowie sich zu weigern, so zu handeln, wie wir aufgefordert werden, es zu tun (Swyngedouw 2011). Dieser Artikel illustriert also einerseits den Nutzen einer – konkret wie auch immer gearteten – Reflexion über die Rolle von IKT aus einer an Lefebvre und dem Recht auf Stadt orientierten Perspektive, während er andererseits Möglichkeiten aufzeigt, ein wie auch immer geartetes informationelles Recht auf Stadt als politisches Projekt zu verfolgen.

GOOGLE – WELCHE MACHT HAST DU?

Wir argumentieren, dass Google heute die Macht besitzt, über ein informationelles Recht auf Stadt zu bestimmen. Google kann nämlich auf die von Lefebvre (1991) beschriebene Weise Stadtraum tatsächlich *produzieren*, und zwar über seine Dominanz des abstrakten Raums, die von riesigen, allgegenwärtigen digitalen Informationsflüssen abhängt. Um das Ausmaß dieser Macht nachzuvollziehen, konzeptualisieren wir mit Lefebvre die gesamte Raumproduktion einer Gesellschaft als Resultat einer räumlichen Triade: Der Raum einer Gesellschaft wird durch eine Interaktion zwischen erstens »gelebten« räumlichen Praktiken, zweitens dem Raum, der um uns herum »wahrgenommen« wird, und drittens dem für unsere Zwecke wichtigsten *abstrakten* oder (oft von mächtigen Technokrat*innen) »erdachten« Raum hervorgebracht. Die Interaktionen zwischen diesen drei Produktionsweisen verkörpern die totalen sozialen Beziehungen der Reproduktion einer Gesellschaft, sodass jede Gesellschaft ihren eigenen, spezifischen sozialen Raum hervorbringt (Lefebvre 1991: 26). Was Lefebvre als »graphische oder technologische Verfahren« abzutun

---

2 | Tony Benn stellte diese fünf Fragen in seiner letzten Rede als Parlamentsabgeordneter 2001. Als Teil eines umfassenden Lobliedes auf die Demokratie und die Bedeutung aktiven politischen Engagements der Bürger*innen betonte er die entscheidende Bedeutung insbesondere der letzten Frage. Denn wenn man die Menschen, die einen regieren, nicht loswerden könne – einschließlich mächtiger nichtgewählter Organisationen –, dann lebe man nicht in einem demokratischen politischen System.

scheint, ist dabei von besonderer Bedeutung für das heutzutage dominante Medium abstrakten Raums – digitale Informationen (Lefebvre 1990a: 191). Unsere Welt wird heute von abstrakten Raumprojekten dominiert, die von traditionellen Konzepten wie Stadtvierteln und Stadtplänen bis zu neuartiger Datenvisualisierung in Echtzeit, Modellen, Wegweisungsalgorithmen und Pokémon-Spielen reichen (Hern 2016; Madden 2014: 479). Letztere scheinen in materieller Hinsicht nicht real zu sein; trotzdem beeinflussen sie durch ihre »hochgradig, verstörend echte« Rolle in der (Re-)Produktion materiellen Raums die Wirklichkeit (Merrifield 2015).

Die *Allgegenwart* digitaler Technologie im Stadtraum markiert also einen wichtigen Unterschied zu Lefebvres Jahrhundert. Trotz seines visionären und hellsichtigen Interesses an Modellen, »Visualisierungslogik« und sogar Onlinehandel (Lefebvre 1991: 41, 2014: 824) hatte er keine Wirklichkeit im Sinn, wo diese Modelle in leistungsstarken, bezahlbaren und geolokalisierten Computern, die vom Handgelenk aus unsere Schritte zählen, vom Nachtschränkchen aus unseren Schlaf überwachen oder an ein gigantisches Latte-Art-Simulakrum namens Instagram angekoppelt sind, Amok laufen würden.[3] Lefebvres Theorie muss heute auf einen Stadtraum angewandt werden, der mittlerweile ein hybrider, stark verdichteter und vielfach vermittelter Prozess ist (Graham et al. 2013); eine materielle Wirklichkeit, die durch endlos viele internetbasierte, raumbezogene Informationstechnologien und -plattformen produziert wird. In der urbanen Alltagsrealität sind diese mittlerweile essentielle Formen abstrakten Raums, was bedeutet, dass der Ort nicht lediglich zufällig mit digitalem Inhalt verknüpft ist. Städte *sind* ihre digital-informationellen Präsenzen und werden als solche reproduziert.

Google hat an der informationellen Vermittlung dieses abstrakten Raums bedeutenden Anteil. Sein Marktanteil von 90 Prozent in Europa lässt sich in 550 Millionen potentielle Nutzer*innen von Google Maps übersetzen (Europäische Kommission 2013), es verarbeitet 60 Prozent aller weltweiten Suchanfragen (Jackson 2015) und hat Zugriff auf schier endlose Datenströme von Nutzer*innen seiner Dienste YouTube, Gmail und anderen. Durch diese massive, konzentrierte Macht im Feld räumlicher Repräsentation beeinflusst Google, wohin Menschen gehen, wie und wann sie dort ankommen und was sie dort tun; Google steuert Geographie und Merkmale wirtschaftlicher, sozialer und politischer Aktivitäten; und insbesondere entscheidet Google, welche Teile der Welt sichtbar oder unsichtbar werden. Kraft dieser Kontrolle über digitale Informationen hat Google die Macht, die Reproduktion von Stadtraum zu steuern. Dies ist die Macht zu bestimmen, wie eine Stadt auf Information reduziert, in Wissen übersetzt und wiederum in materielle

---

3 | Henri Lefebvre starb nur 38 Tage, bevor im August 1991 die erste Webseite der Welt online ging.

Alltagsrealität umgesetzt wird (Lefebvre 1991: 137, 230). So wird städtische Alltagsrealität auch zunehmend als Google-Raum reproduziert – vermessen und quantifizierbar.

Wenn dieser quantifizierbare, abstrakte Raum nun auch unbestreitbar auf der »Bühne praktischer Handlungen« einigen Nutzen bringt (arena of practical actions, Lefebvre 1991: 288), so muss doch klar sein, dass er sehr reale und oft unerwartete (und unerwünschte) Auswirkungen auf die Stadt hat. Google reduziert die Stadt auf Informationen, und das bedeutet, dass für uns (intransparent und scheinbar durch Zauberei) Entscheidungen getroffen werden, etwa darüber, welche Stimmen, Körper, Gesten und Wege ein- und welche ausgeschlossen werden, also auch, welche Menschen und Räume als »Außenseiter« oder »die Anderen« reproduziert werden. Solche digitalen Informationen werden tatsächlich bereits produziert, konsumiert und gesammelt, wobei sie Muster krasser Ungleichheit widerspiegeln (Graham et al. 2015b); zu kleinen europäischen Ländern wie Belgien liegen beispielsweise oft mehr digitale Daten vor als zum gesamten Kontinent Südamerika bzw. Afrika. Dieses unterschiedliche Vorliegen bzw. Fehlen von Daten macht nun zwar einerseits deutlich, dass digitale Geographien genauso ungleich sein können wie wirtschaftliche. Andererseits sind solche informationellen Ungleichheiten aber nicht immer direkte Repräsentationen: Trotz ihrer angeblichen Objektivität (Google 2015a) sorgen die verschiedenen Google-Schnittstellen dafür, dass nicht jeder Ort auf die gleiche Weise gesehen wird und nicht jede*r denselben Ort sieht (Graham/Zook 2013; Pariser 2011).

Hier existiert also das Potential, eine Reihe bereits vorhandener räumlicher Ungleichheiten zu verstärken und durch die Dominanz digitaler Informationen und räumlicher Suche neue urbane Differenzen zu schaffen. Technologien wie Microsofts Patent »Avoid the Ghetto« oder die »Pot Hole App« waren weniger allgegenwärtig, sind aber ähnlich kritisch betrachtet worden (Matyszczyk 2012). An diesen Beispielen wird klar ersichtlich, dass ärmere Stadtviertel den Kürzeren ziehen, während digital adäquat vernetzte Gegenden florieren und saubere, sichere und gut gepflegte Straßen haben. Zwei Beispiele zu Google: Nutzer*innen, die verschiedene Sprachen sprechen, erhalten verschiedene Antworten auf Suchanfragen. Das bewirkt, dass hebräisch- und arabischsprachige Sucher*innen sich unterschiedlich durch Tel Aviv bewegen, wodurch vorhandene Segregation reproduziert wird (Graham/Zook 2013). Oder: Das Verschwinden der Bezeichnung »Chinatown« für ein Viertel auf Google Maps stellt für Gruppen, die um einen bestimmten Stadtkern oder eine »Zentralität« kämpfen, einen realen Sieg dar – oder eine reale Niederlage (Lefebvre 2003; Tosoni/Tarantino 2013).

Diese beiden Beispiele zeigen auch, wie digitale Informationen ein Verständnis von Lefebvres Recht auf Stadt als Recht auf Zentralität verkomplizieren,[4] da die »immer mögliche Zentralität«, die er postuliert, durch die Allgegenwart digitaler Informationen irrelevant wird (Lefebvre 1990a: 140, Übers. geänd.): Wie kann jemand heute noch an der städtischen Peripherie wohnen *(habiting)* wollen, wenn Google doch schon (in Echtzeit) quantifiziert, wohin man sich wann und wie bewegt? – wobei Google diese Prozesse sogar explizit als solche *bewirbt.* So besteht die Möglichkeit, die Güter-, Dienstleistungs- und Personenflüsse sowohl zu überwachen als auch im Laufe der Zeit auf neue Zentren informationellen Wohlstands hin – und damit weg von informationellen Peripherien – auszurichten, basierend auf der algorithmischen Deutung durch von einem einzigen Monopolkonzern kontrollierte gigantische Datenbanken. Lefebvres (2003: 81) Frage, wie man in diesem quantifizierbaren abstrakten Raum leben kann, ist noch nie wichtiger gewesen als jetzt.

Schließlich muss man diese Entwicklungen im Kontext der allgemeinen Bedeutung der IKT für die »dritte industrielle Revolution« (Schröter 2012) als Schlüsselfaktor eines »reibungslosen« (Castells 2010) oder »informationellen« (Gates 1996) Kapitalismus verstehen. Dies unterstreicht Googles Macht in Bezug auf ökonomische Wertschöpfung; die urbane Matrix – die »rationale Landschaft für Akkumulation« (Harvey 1989: 23) – ist der Ort, wo solche Technologie zu Innovation werden kann. Allein auf dem Immobilienmarkt sind endlos viele lukrative Anwendungen solcher Informationen denkbar. Was Google (2014) als »radius bidding« bewirbt, könnte man genauso gut algorithmisches Blockbusting[5] nennen: Anstatt, wie in den 1950ern geschehen, mithilfe verleumderischer Flyer und anderer Zeichen den Wert von Land zu manipulieren oder radikal zu senken, kann heute die sekundenschnelle Umleitung von Fußgängerströmen auf eine Straßenseite die Geschäfte auf der anderen ruinieren.[6]

---

4 | Urbane Zentralität ist bei Lefebvre (2003) ein Schlüsselbegriff, der offenbar auf Zugang zu und Teilhabe an Stadtkern(en) und zentralen Ressourcen abzielt. Andy Merrifield (2011) argumentiert jedoch, dass der Begriff genauso existentielle wie geographische Bedeutung hat. Hier scheint ein weiterer Fall auf, wo Lefebvres eher singulärer Machtbegriff mit zeitgenössischer Urbanisierung zu kämpfen hat; wir halten Googles Macht in der Tat für ein Phänomen, das Lefebvres Machtanalyse etwas archaisch erscheinen lässt.
5 | Der Begriff »blockbusting« bezieht sich auf heimliche Praktiken von US-Immobilienmakler*innen in der Mitte des 20. Jahrhunderts, die mittels einer Reihe verschiedener Taktiken versuchten, ängstliche weiße Bewohner*innen bzw. Familien dazu zu bringen, ihre Häuser schnell und zu einem niedrigen Preis zu verkaufen; die Häuser sollten dann mit Profit an schwarze Bewohner*innen bzw. Familien weiterverkauft werden (Hirsch 2015). Die Methoden reichten vom Verteilen von Broschüren und gefälschten Begrüßungsbriefen von »neuen« schwarzen Nachbar*innen zu weißen »bevollmächtigten Käufer*innen« und dem Anheuern von *agents provocateurs* aus ethnischen Minderheiten.
6 | Es gibt Beispiele solcher Vorgänge, wo Geschäfte vor Gericht gegangen sind, siehe z. B. Poulsen (2014).

Googles Fähigkeit, Zentralität zu vermitteln und neu zu bestimmen, ist auch die Macht, urbane Informationsflüsse als Produktivkräfte zu steuern. Durch seine Kontrolle über abstrakten Raum in Form digitaler Informationen kann Google Raum in ein (gewinnbringendes) soziales Produkt verwandeln, was es erlaubt, »Raum zu kontrollieren und sogar zu produzieren« (Lefebvre zitiert in Elden 2004: 84). Daher gesellt sich zu den Vermieter*innen, Bauunternehmer*innen und Planungsakteur*innen aus Lefebvres Zeit heute ein neuer Typ Akteur*in in der Produktion von Stadtraum – einer, der durch das Medium digitaler Information immerzu auf sozialen Raum einwirkt.

Dementsprechend ist Google in den allermeisten Städten mittlerweile eine dominante Kraft in der informationellen Reproduktion von Stadtraum. Insbesondere im globalen Norden besitzt Google heute eine Art informationelles Recht auf Stadt; es wird zunehmend den Produktionsüberschuss einer Stadt steuern und seine eigene Ideologie und Vision davon, wie die Stadt sich entwickeln sollte, durchsetzen können. Die aktuelle urbane Form wird durch das Zusammenbringen und Kanalisieren digitaler Informationen verkörpert, über die Google waltet – und die vorherrschende Ideologie eines mit vernetzten digitalen Geräten und Subjekten gefüllten abstrakten und quantifizierbaren Raumes unterfüttert diese Machtposition. Genau wie in Lefebvres Analyse das Einkaufszentrum der Agora entsprach, müssen die Menschen, Gegenstände und sozialen Beziehungen im Einkaufszentrum heute allesamt digital vernetzt, quantifiziert und informationell produktiv sein (Lefebvre 1990a: 15). Dies ist die Google-Stadt. In dieser Hinsicht erscheint Lefebvres Einschätzung, dass wir uns über die Produktion von Dingen im Raum hinaus- und damit zur Produktion von Raum selbst hinbewegt haben, zutreffend. Seine konzeptuelle Trennung von Recht auf Information und Recht auf Stadt allerdings wird durch digitale Technologie in Zweifel gezogen; Google kann Raum und räumliche Ungleichheiten via Information verstärken und reproduzieren, einschließlich der raschen Vermittlung und Neudefinierung von Stadtraum, städtischer Zentralität und den Themen, die langsam als »big urban problems« (Google Sidewalk Labs 2016) Anerkennung finden. Sowohl Lefebvres politische Strategie als auch Tony Benns zweite, dritte und vierte Frage fordern uns heute dazu auf, diese Macht weiter kritisch zu untersuchen, um letztlich zu verstehen, wie wir denn nun handeln sollen.

GOOGLE – WOHER BEKOMMST DU DEINE MACHT?

Traditionelle Machttheorien, die davon ausgehen, dass Mediator*innen als »Gatekeeper« fungieren, haben mit der »Many-to-many«-Struktur von Internetkommunikation meist Schwierigkeiten, doch ihr Augenmerk auf Code und Algorithmen ist ein sinnvoller Ausgangspunkt für unsere Untersuchung (Barzilai-Nahon

2008). Google nutzt riesige Mengen von Software-Code, um Algorithmen zu erstellen, die alle Arten von Gütern, Informationen und Dienstleistungen räumlich ordnen und einstufen. Dieser Code ist Teil einer größeren systematischen Architektur aus Daten und Steuerung mit einer riesigen, interoperablen Datenbank geographischer Informationen (von geschützten API-Feeds zu Commons-basierten Ressourcen wie Wikipedia). Diese Technologien informationeller Vermittlung werden oft in Debatten um das angebliche demokratische Potential des Internets vorgebracht. Insbesondere die Tatsache, dass Algorithmen »wie eine Blackbox funktionieren« und rechtlich geschützt (proprietär) sind (Introna/Nissenbaum 2000), hat zu Spekulationen um die Zentralisierung von Informationen innerhalb einer »Googlearchie« (Hindman 2008), um das Sammeln von Informationen über das Verhalten anderer Menschen (Halavais 2009) und um informationelle »Filterblasen«, die um Personen und ganze Gruppen herum entstehen (Pariser 2011), geführt. Hier zeigt sich die Notwendigkeit, die Macht von Googles Algorithmen, Informations-, Menschen-, Kapital- und Warenflüsse zu überwachen und zu steuern, aus raumbezogener Perspektive näher zu untersuchen.

Das Aufkommen freiwillig geteilter geographischer Informationen (etwa Einträge in offenen Online-Landkarten und -Enzyklopädien) ist ein nützliches Sujet für eine solche Untersuchung, da diese oft als demokratischere und partizipatorischere Formen abstrakten Raums bezeichnet werden (Goodchild 2007; Google 2015a: 4). Ihre Einbindung in Googles Index (erleichtert durch die wachsende Nutzung semantischer Webtechnologien[7]) zeigt jedoch, dass Googles Darstellung umkämpfter Orte wie Jerusalem (von Googles Info-Kasten – trotz mangelnder Anerkennung durch die internationale Gemeinschaft – als »Hauptstadt von Israel« bezeichnet) alles andere als transparent ist. In ähnlichen Fällen gibt Google häufig geographische Informationen aus, die unklarer Herkunft sind, kaum noch Nuancen aufweisen und individuell gefiltert sind. Will man den Daten widersprechen, sie auf den neuesten Stand bringen oder sie anderweitig ändern, ist eine zunehmend komplexe technische Operation nötig (Ford/Graham 2016a, 2016b). Hier werden nun zwei signifikante Themen für das Recht auf Stadt deutlich.

Erstens zeigt Googles zentralisiertes Ranking von in der vernetzten Gesellschaft gesammelten Informationen, dass der abstrakte Stadtraum hochgradig komplex und für uns unveränderlich ist. So wird bestimmten Stimmen viel mehr Platz eingeräumt als anderen (eine digitale »Tyrannei der Mehrheit«). Daher verstärkt Googles Technologie in manchen Fällen vorhandene Ordnungen und Ungleichheiten, während sie andere soziale Beziehungen neu ord-

---

7 | Dieser Begriff bezeichnet die Verknüpfung von Daten in einer standardisierten Struktur, durch die Plattformen Daten untereinander stärker teilen können, was für normale Nutzer*innen positive Auswirkungen haben soll.

net und umbildet, was es neuen Informationseliten erlaubt, in der Produktion von Raum anderen Gruppen ihren Willen aufzuzwingen (Graham et al. 2013). Solche »informationellen« Klassen können so ihre eigene Vision eines Ortes besser voranbringen, als es die technisch weniger gut Ausgestatteten können (Castells 2010; Zukin et al. 2015). Während ein wachsender Anteil der urbanen Subalternen zwar digitale Kommunikationsgeräte besitzt, ist ihre Fähigkeit, diesen Prozess (Raumproduktion durch digitale Information) herauszufordern oder Widerspruch zu äußern, jedoch zunehmend eingeschränkt. Deshalb prägt die Macht der Algorithmen und Datenbanken von Google – und vielen anderen Akteuren – die Geschichte mit einer ganz spezifischen Art räumlich-informationeller Ungerechtigkeit.

Zweitens, und anknüpfend daran, ändert dieses Filtern des materiell-sozialen Raums dessen Potential für »politischen Wert« (Dikeç 2012). Dies liegt daran, dass die materiellen Manifestationen von »Googlearchie« oder »Filterblasen« eine Raumpolitik, die auf Begegnungen, Möglichkeiten und Brüchen zwischen verschiedenen Gruppen und Personen gründet, umgestaltet und letztlich verunmöglicht (z. B. Rancière 2002): »Wenn Raum politischen Wert haben soll, muss er an eine Veränderung der etablierten Ordnung der Dinge geknüpft sein und zu neuen Verteilungsformen, Beziehungen, Verbindungen und Brüchen führen können.« (Dikeç 2012: 675) Lefebvre beschreibt dies ähnlich. In der Tat ist die Möglichkeit der Begegnung zwischen vielfältigen Gruppen und Personen selbst ein Zugang zum Recht auf Stadt, ganz davon zu schweigen, dass es zum Attraktivsten gehört, was das Stadtleben zu bieten hat (Jacobs 1961; Merrifield 2012). Eine solche Macht, Dissens unmöglich zu machen, steht beispielhaft für Lefebvres Thesen zu den Homogenisierungstendenzen abstrakten Raums und dem Reduktionismus digitaler Informationen (Lefebvre 1990a: 67; 1991: 287; 2014: 811) – hier allerdings werden beide in einer mächtigen neuen Technologie kombiniert. Genau wie TripAdvisor oder Yelp zu Tyrannen der Welt des Gastgewerbes geworden sind,[8] könnten die »neutralen« und »objektiven« Algorithmen von Google Maps in eine hegemoniale Konsensordnung für die allgemeine Stadtbevölkerung münden – ein Todesurteil für die Artikulation widerständiger Meinungen.

Die regulatorischen Prozesse, die hinter Google stehen – etwa Algorithmen, Code und Daten-Governance-Systeme –, beeinflussen die Raumprozesse der Stadtpolitik. Sie können einerseits die Raumprojekte mancher Bürger*innen

---

8 | TripAdvisor kann über Erfolg oder Scheitern kleiner Betriebe im Gastgewerbe entscheiden. Darüber hinaus ist die bimodale Tendenz solcher Rezensionssysteme, entweder nur einen einzigen oder fünf Sterne zu vergeben, allerdings selbst eine Tyrannei, die nuanciertere und komplexere Werturteile auf einfache »bestanden/nicht bestanden«-Ergebnisse reduziert (Shaw 2015). Das Internet bringt kaum Drei-von-fünf-Sternen-Rezensionen hervor.

und Gruppen befördern, andererseits zum Ausschluss bestimmter politischer Meinungen beitragen. Insofern repräsentiert das zunehmend undurchsichtige und komplexe Wesen dieser Algorithmen eine ideologische Machtstruktur, die auf ähnliche Weise Raum produzieren kann wie andere mit regulatorischer Macht ausgestattete Regime (Mager 2014; Ruppert 2013). Daher wird die Handlungsmacht bzw. -ohnmacht, in Googles Regime der Repräsentation Änderungen zu erwirken, zur (Un-)Fähigkeit, zur Produktion von Stadtraum selbst beizutragen. Und: Die Gelegenheit zum Dissens wird entscheidend, damit Stadtraum auf egalitäre Weise repräsentiert werden kann. Daher – weil Stadtraum zunehmend durch Googles Informationsvermittlungsregime definiert wird – *hängt ein informationelles Recht auf Stadt von der Fähigkeit ab, innerhalb dieser Ordnung Dissens zu artikulieren.*

GOOGLE – IN WESSEN INTERESSE ÜBST DU DEINE MACHT AUS?

Lefebvre war optimistisch, dass Technologie das Alltagsleben in der Stadtgesellschaft aufwerten könnte. Aber er war auch besorgt, dass mächtige Akteure den Diskurs um dieses Potential steuern könnten, um »tiefer liegende Motive« (Lefebvre 1990a: 153, Übers. geänd.) zu verdecken. Diese Analyse dreht sich um Google, einen Konzern, der mit Informationen und Werbung handelt und 2014 66 Milliarden US-Dollar Umsatz gemacht hat. Google geht es zuallererst und unleugbar um Profit, Wachstum und Rendite für die Unternehmensteilhaber*innen. Um Googles Strategie als auf Profit ausgerichteter multinationaler Konzern zu verstehen und eine Gegenstrategie zu entwickeln, müssen wir zunächst untersuchen, wie solche Interessen durch andere Faktoren maskiert werden (Lefebvre 2003: 144).

Erstens könnten die scheinbar harmlosen räumlichen Repräsentationen, die Googles Dienste liefern, von der Politik übersehen werden, da sie auf PCs, Tablets oder Smartphones laufen und damit immer alltäglicher werden. Diese Geräte sind kommodifizierte Komplettsysteme, wobei die vermittelnde Technologie hinter sauberen weißen Oberflächen verschwindet, mit als Bäume getarnten Mobiltelefonmasten kommuniziert oder durch tief unter der Straße vergrabene Kabel reist (Crang/Graham 2007; Kaika/Swyngedouw 2000). Genau wie Wasser (über Dämme, Stauseen und Kontrollsysteme) aus dem Hahn kommt, so verbergen die Vorgänge und Operationen, die Google möglich macht, einen enormen Prozess von Operationen und sozialen Beziehungen vor dem Blick normaler Nutzer*innen. Raumbezogene Informationen werden also als Ware produziert und getauscht, was so banale wie wichtige Fragen aufwirft: »Wer produziert Information? Wie? Für wen? Und wer konsumiert sie?« (Lefebvre 2014: 813–816)

Zweitens werden solche Interessen verschleiert, indem der Nutzwert der IKT gesellschaftlich derart zum Fetisch gemacht wird, dass das zugrundeliegende Tauschinteresse nicht mehr auszumachen ist (Fuchs 2016). Dies wird besonders deutlich in der Verehrung von Google, dem Silicon Valley und IKT im Allgemeinen als Heilsbringer, die endlose Möglichkeiten technologischer Befreiung bieten (Morozov 2013). In dieser Hinsicht sind Lefebvres kybernetische Technokrat*innen immer noch unter uns, doch ihre Methoden und Computer sind schneller, cooler und überzeugender. Obwohl ähnliche Versprechen in der Vergangenheit nicht eingelöst worden sind (Graham et al. 2015a), dauern diese Visionen in wortgewaltigen Behauptungen vom »Tod der Entfernung« (*death of distance*, Cairncross 1997) und einer »flachen Welt« (*flattened world*, Friedman 2007) sowie im nicht verstummenden Jubel über das Ende der Geographie und ihrer »Gesetze« (Gillespie/Williams 1988; Kello 2013: 23) und die Immanenz des Cyberspace fort. Die mit Google verknüpften neuen Medienphänomene werden daher oft, anstatt als in banale Alltagspraktiken eingebettete Informationen, als ein »blendendes Licht [...], das über Alltagssorgen schwebt« (Haythornthwaite zitiert in Graham 2004), dargestellt. Google derart seiner Grundlage im Alltagsleben zu entheben, kann im Kontext von Lefebvres früher Analyse von »Informationsideologie« (Lefebvre 2014: 818) gelesen werden, welche die kritische Aufmerksamkeit von Fragen über das Alltagsleben, Konsumgüter, Produktion und Konsum ablenken soll.

Eine dritte Art des Verbergens dieses Profitinteresses ist die Form des Handels selbst: Die kostenlose Bereitstellung von Googles Diensten steht beispielhaft für den Handel mit Profildienstleistungen (*service-for-profile exchange*), bei dem man im Austausch gegen das Recht, Profildaten für eine Reihe von Zwecken auszuwerten (die teils über Werbung hinausgehen – vom aktuellen Standort der Nutzer*innen bis hin zur nicht-intendierten Übertragung von Kommunikationsinhalten: was man dachte und wo man es dachte), Google-Dienste kostenfrei nutzen kann. Dies ist der Prototyp des Diktums »Ist man nicht der Kunde, so ist man das Produkt«: Google ist eine hochprofitable »Datenbank der Absichten«, in der »wir Dinge suchen, die wir wissen, tun und werden möchten« (Halavais 2009: 147). Dies positioniert den Konzern an der Spitze einer 130 Milliarden US-Dollar schweren Werbeindustrie und macht sein Interesse an der kleinteiligen, aber relativ risikolosen Erfassung sozialer Prozesse und gelebten Raums deutlich – so macht Google Profit als Mittler zwischen Produktion und Konsum (Lefebvre 1990a: 110). Zum Beispiel können solche Informationen, kombiniert mit aussagekräftigen raumbezogenen Daten über individuelle Nutzer*innen, zur Schaffung neuer, lukrativer Werbeprodukte wie »radius bidding« genutzt werden – deren Strategien auf einer Synthese von individuellen Profildaten und exakter Echtzeit-Standortbestimmung gründen (Google 2014). Der Konzern wird immer besser darin, solches konzentriertes Wissen zu produzieren (Lefebvre 1991: 137); bereits Lefebvre argumentierte, dass abstrakter Raum zunehmend wieder in soziale Praxis und materielle Produktion eingebunden werden wird, was zu einem immer stärker kommodifizierten Stadtraum und einer Wirtschaft führen werde, die genau diese Art von Beziehungen aufwerte (Lefebvre 1991: 56): »Wie viele Rezensionen hat das? Wie bitte, es ist *nicht* auf Google!?«

Googles Profitinteresse aufzuzeigen ist ein Schritt, dieses in den Kontext allgemeiner kritischer Theorien zu setzen ist der nächste. In seiner Kritik der Informationsideologie situiert Lefebvre das Profitinteresse an der Ware Information in einer Darstellung von Fortschritten in der Kybernetik, die auf »eine perfekte Marktwirtschaft [...] und eine vollständig durchgeplante Gesellschaft« abzielen, »in der das Zentrum von jeder Einheit an der Basis korrekte Botschaften zur jeweiligen Anordnung von Präferenzen erhielte und die gleiche Struktur und Einstellung hätte. [...] Information und Partizipation schreiten so gemeinsam voran.« (Nora/Minc 1978: 136)[9] In Googles kürzlich entwickeltem »Soli Chip« (einer Technologie zur Erkennung von Gesten) ist die Absicht, immer detailliertere und feinere Daten zu menschlichen Interaktionen zu sammeln, klar ersichtlich: »Wir interpretieren menschliche Absichten« über einen Mikrochip, der Radartechnologie nutzt, um die »Möglichkeiten der menschlichen Hand [und] die Finesse menschlicher Handlungen« (Google 2015b) zu erfassen. Den Schluss zu ziehen, dass diese zunehmend abstrakte Erfassung menschlicher Alltagsinteraktion (die Gesten, die zu Lefebvres »gelebtem« Raum gehören) zu einer technologischen urbanen Befreiung führen kann, heißt, der Fantasie anheim zu fallen, der Nutzwert von Googles Diensten überwiege sein 66 Milliarden US-Dollar schweres Profitinteresse. Darum *hängt ein informationelles Recht auf Stadt von der Fähigkeit ab, über diese Fantasien hinauszugehen.*

Google – Vor wem musst Du dich verantworten?

Liest man Lefebvres Analyse des Nora-Minc-Berichts sowie seine Deutung von abstraktem Raum als vom Staat eingesetztes politisches Werkzeug (Lefebvre 1991: 285, 2014: 810), so scheint seine Betonung staatlicher Informationskontrolle dem Fall Google nicht gerecht zu werden. Trotz einiger auf staatlicher Ebene geführter Debatten um Suchmaschinen und Webdienste (etwa das EU-weite

---

9 | Eine ähnliche, aber radikalere Kritik dieser Ideologie wurde von Tiqqun (2001) unter dem Titel der »Kybernetik-Hypothese« *(The Cybernetic Hypothesis)* entwickelt. Diese Kritik baut zum Teil auf Deleuzes (1992) Idee von »Kontrollgesellschaften« auf und betrachtet Organisationen wie Google als Teile einer »gigantischen abstrakten Maschine«, die ein weiterreichendes politisches Projekt verfolgt, welches darauf abzielt, »die gesamte Disziplinierung, Biopolitik, Polizei und Werbung zusammenzuführen«.

»Recht auf Vergessenwerden«) ist sozio-technische Macht in vielen politischen Debatten überraschend abwesend – was dazu führt, dass Technologiekonzerne wie Google sich kaum transparent verantworten müssen. Dies kommt, vereinfacht gesagt, durch zwei Faktoren zustande, die beide für ein wie auch immer geartetes Recht auf Stadt von großer Bedeutung sind.

Erstens: Die historische Entwicklung und Bereitstellung von Internet-Infrastruktur unterscheidet sich insofern von herkömmlichen Modellen der Infrastrukturentwicklung, als hier in den meisten Fällen eine komplette (und nicht lediglich teilweise) Privatisierung und Deregulierung stattfand (Tranos 2013: 55). Dies wird auch in der Evolution theoretischer IKT-Diskurse deutlich, die früher von Bells keynesianischem Projekt, die negativen Effekte des Kapitalismus abzufedern, geprägt waren, heute dagegen flexible Marktregulierung sowie das technologische Genie und die Innovationskraft etwa des Silicon Valley betonen (Ampuja/Koivisto 2014). Komplettprivatisierungen haben sich in der Praxis in einer, verglichen mit Straßen oder Wasser, recht ungleichen Verteilung von Internet-Infrastruktur niedergeschlagen. So legen Studien in ärmeren Vierteln US-amerikanischer Städte nahe, dass die Schuld für die Deregulierung von Telekommunikation und das darauf folgende Scheitern des Marktes in der unzureichenden Internet-Versorgung liege (Byrum/Breitbart 2013).

Ein zweiter Aspekt von Googles Rechenschaftspflicht ist allerdings komplexer: Zu welchem Grad ist Google direkt den Nutzer*innen gegenüber verantwortlich? Während typische Internet-Nutzer*innen sich angeblich von Konsument*innen zu Informations-»Prosument*innen« (Fuchs 2014) gewandelt haben, hat sich auch die Internetsuche zu einem System entwickelt, das, auf der Grundlage von Nutzer*innen-Feedback, seinen eigenen Betrieb ständig neu bewertet.[10] Geben Nutzer*innen also der Suchorganisation und den nicht-menschlichen algorithmischen »Verdichtern« *(compactants)* durch ihre Handlungen selbst die Macht in die Hand (Berry 2014: 69)? Als Kollektiv wären Nutzer*innen dann ein signifikant schuldfähiges Publikum, das die gelebte Ideologie des informationellen Kapitalismus mit jedem Klick reproduziert und in Szene setzt: »Der ideologische Überbau und die ökonomische Basis treffen sich – und nähren sich gegenseitig – in jeder einzelnen Google-Suche«, und so wird »Zustimmung durch die Schaffung von Win-win-Situationen erreicht, die den Einzelnen nach den Regeln des Kapitalismus spielen lassen.« (Mager 2014: 32)

Angesichts derartiger Vernetzung die Verantwortlichkeit der Mächtigen einzuschätzen, scheint Lefebvre schwerzufallen. Wenn es eine »Entscheidung

---

10 | Eine ähnliche Wandlung hat sich im Fall digitaler Karten und dem Geoweb ereignet, wo man eine Wandlung von einer hierarchischen »Stadtortrepräsentation« zu einer induktiven »Navigation von Orten« oder zu *»net localities«* beobachten konnte (Evans 2015; Gordon/de Souza e Silva 2011).

für jene an der Basis« (d.h. im Alltagsleben, Lefebvre 2014: 824) ist, Google zu benutzen, warum bieten sich dann anscheinend so wenige Möglichkeiten für widerständige Handlungen? Wir halten es für eine bessere Strategie, wenn Googles Macht durch Konzentration auf eine Situation erklärt wird, in der Kontrolle gerade durch solche möglichen individuellen Handlungen erreicht wird: Googles Macht speist sich nämlich aus einer Ideologie der individuellen Selbststeuerung, wo die Autonomie und Handlungen der Einzelnen im Mittelpunkt der disziplinären Kontrolle stehen (Barnett et al. 2008; McNay 2009: 56). »Offenheit«, »Demokratie«, »Nutzer*innen-Feedback« und »Teilhabe« sind allesamt Teil der Regierungsform des informationellen Kapitalismus – gerade die Aufforderung, als Individuum zu handeln, reproduziert die Macht der Elite (Žižek 2010). Während Lefebvres allgemeine Theorie der Urbanisierung und der Raumproduktion im Kontext digitaler Technologie gut funktioniert, muss seine Machtanalyse zu diesen Prozessen daher wohl neu gedacht werden. Sein besonderes Augenmerk auf den abstrakten Raum sowjetischer Planstädte ist dafür typisch (Lefebvre 1990a) – die Reproduktion von Macht geht heute nicht mehr von einer einzigen verortbaren, hierarchischen Quelle aus, sondern vielmehr von verstreuten Handlungen, die zusammen eine »induktive Navigation von Orten« (*bottom-up navigation of places*, Evans 2015) ergeben.

Theoretiker*innen, die von informationellen Gatekeepern ausgehen, sollten nicht vergessen, dass Google – in der gleichen Weise, wie die Tore von Stadtstaaten normalerweise allen offen standen (außer in Kriegszeiten sowie um Steuern zu erheben, zu kontrollieren und letztlich eine souveräne Gesellschaft zu reproduzieren) – für alle zugänglich bleiben muss, um seine Strategie der Neutralität und Nützlichkeit aufrechtzuerhalten. Gerade Googles Imperativ der Suche – was einschließt, widerständige Meinungen zu suchen oder auszudrücken – macht den Konzern so mächtig und gewinnträchtig. Google braucht und schätzt zuvorderst *authentische* Absichten und Handlungen.[11] Und diese Macht und diese informationelle Ökonomie werden von einer neuen Form von alltäglichem Habitus reproduziert: Kulturelle Kontrollmechanismen wie die Kapellen in Stadttoren des 16. Jahrhunderts (wie der Porta San Gennaro in Neapel) kommen heute als Google Doodles und Rainbow Filters daher; in einem informationellen Machtregime, das von den quantifizierbaren Handlungen der Einzelnen abhängt, etablieren sie neue Formen von Subjektivität.[12]

---

11 | Google ist wohl das beste Beispiel für Andrés Luque-Ayalas und Simon Marvins (2016) Ausdruck »infrastrukturelle*r Journalist*in des Alltags«.

12 | Googles reguläre Startseite »Doodle« hat die Macht, Milliarden von Nutzer*innen eine bestimmte politische Weltsicht, die Wichtiges von weniger Wichtigem trennt, zu präsentieren. Die Nationalfeiertage, Gedenktage und Personen, die Google – anstelle von anderen möglichen – feiert, sind äußernd kennzeichnend für eine liberale westliche Weltsicht: Ein kurzer Blick auf die Namensliste zeigt Charles Darwin und Nikola

Während also der Staat zweifellos vielen Wünschen Googles nachkommt (Lefebvre 2009: 120), sind es doch die Nutzer*innen, die mit jeder quantifizierbaren Handlung den Gatekeeper ins Reale einschreiben. Und so muss die beste Strategie, solche Macht zu entschärfen, in einer Weigerung liegen, zu handeln (Žižek 2006: 381):[13] die Aufforderung, die Rolle von Prosument*innen von Informationswaren zu spielen, ablehnen; die Vorstellung zurückweisen, ein »Klicken Sie hier!« genügte, um alles zu retten (Morozov 2013); eine abstrakte Negation anzubieten, die nicht bereits in eine binäre Berechnung eingepasst ist (Tiqqun 2001); noch einmal gut darüber nachzudenken; und sich nicht so zu verhalten, wie Google es will oder erwartet. Ein *informationelles Recht auf Stadt* hängt also von der Weigerung ab, zu handeln.

GOOGLE – WIE WERDEN WIR DICH WIEDER LOS?

Der politische Nutzen eines Konzepts liegt nicht allein darin, ein besseres Verständnis der Wirklichkeit zu gewinnen; es muss uns auch befähigen, mit der Wirklichkeit zu experimentieren und damit neue Möglichkeiten und Öffnungen zu entdecken (Merrifield 2011). In dieser Hinsicht ist das ursprüngliche Recht auf Stadt als ohnmächtige und postpolitische Direktive missverstanden worden, laut der Akteure wie Google nach wie vor »das Stadtleben für alle besser machen« (Google Sidewalk Labs 2016; Souza 2010) und wir uns ihrer daher auch nicht entledigen müssen. Deshalb ist in diesem Artikel versucht worden, drei Prinzipien wahrhaft politischer Handlungen zu umreißen, um Tony Benns letzte Frage zu unterfüttern. Will man Google aus der

---

Tesla, aber keine Heiligen oder religiösen Gestalten, sowie zahlreiche Künstler*innen des 20. Jahrhunderts, aber quasi keine zeitgenössischen Politiker*innen außer Nelson Mandela. Facebooks Regenbogenfilter, eine Funktion, durch die Nutzer*innen eine Regenbogenfahne als Symbol für LGBTQ-Rechte über ihr Profilbild legen können, stellt ein ähnliches Werkzeug dar, wenn auch eins, das Profilinformationen über die Person, die es anwendet, an Facebook zurücksendet – eine Art »Kontrollmechanismus« (Deleuze 1992: 4). Indem Facebook hier auf eine identitätsbasierte liberale Postpolitik abzielt (Žižek 2004, 2006: 379), wird offensichtlich, dass es krachend daran scheitert, politische Handlungen zu fördern, da politische Emanzipation nie die Form simpler Proklamation von Identität (wie der Anwendung eines Regenbogenfilters) hat – dafür braucht es aktive Einbindung in eine breitere politische Bewegung (Rancière 2001).

13 | In den Arbeiten von Slavoj Žižek, Tiqqun und Erik Swyngedouw ist diese Weigerung durch Herman Melvilles Figur Bartleby illustriert, ein Schreiber, der für einen Manhattaner Anwalt arbeitet; Bartleby wird plötzlich hartnäckig unkooperativ und antwortet auf die Anweisungen seines Arbeitgebers lediglich mit den Worten »Ich möchte lieber nicht«.

Stadt tilgen, muss man irgendwie Kritik am Status quo äußern, die Phantasien der IKT-Eliten durchqueren und sich trotzdem weigern, so zu handeln, wie es innerhalb jeglichen etablierten Raums für performative Placebo-Politik erwartet wird (Swyngedouw 2011). Mit diesen drei Prinzipien im Hinterkopf entwickelt der folgende Abschnitt eine Strategie, um »das Quantifizierbare [zu] überw[inden]« (Lefebvre 1990a: 195) und »dem Möglichen einen Weg freizumachen« (ebd.: 13), der auf IKT basiert: mit anderen Worten, um auf eine Google-freie Stadt hinzuarbeiten.

Um zu verstehen, warum diese Prinzipien wichtig sind, ist es sinnvoll, zunächst einmal zu prüfen, welche Arten von Maßnahmen tatsächlich *nicht* zu mehr Gleichheit führen werden. Insbesondere Initiativen im Zusammenhang mit Informationsungleichheit möchten oft eine »digitale Kluft« *(digital divide*, Hilbert 2011) überwinden, um größere Gleichheit wiederherzustellen. Ganzen Kontinenten ist nach dem Eintreffen von ein paar neuen Unterwasserkabeln oder Laptops sofortiges Wachstum versprochen worden. Diese Projekte scheinen mit Lefebvres ursprünglicher Forderung nach einem Recht auf Information im Einklang zu stehen. Aber ein solcher Zugang ficht die Interessen von Konzernen wie Google, die auf Mantren wie »The More We Connect, the Better It Gets« gründen, nicht wirklich an.[14] Googles jüngster Eintritt in den Internetprovider-Markt im globalen Norden wie auch im Süden ist bezeichnend für die Strategie, so viele Menschen wie möglich an die eigenen Dienstleistungen anzubinden. Im Kontext dieser Erschließungen erscheint »Project Loon« (Googles Plan, die Milliarden von bislang nicht vernetzten Menschen in der ganzen Welt mit Hilfe von Luftballons ans Netz anzuschließen) als kaum mehr denn ein *spatial fix* für das dringend benötigte Wachstum der Nutzer*innenbasis und die frischen Datenquellen, die es zu systematisieren und auszubeuten gilt (Andrejevic 2014: 1686), oder vielleicht eine neue Marktpraxis des »Datenkolonialismus« (Thatcher et al. 2016). Ohne von Herzen kommende oder revolutionäre Versuche, den bislang Ausgeschlossenen Zugang zu Informationen zu ermöglichen, von vornherein abwehren zu wollen: Initiativen und Aktionen, die den Zugang zu Informationen als intrinsisches Gut formulieren, sind grundsätzlich zunächst kritisch zu betrachten. Angesichts von Unrecht ist eine gerechtere Informationsverteilung nicht automatisch »die ideale Ordnung« (Badiou zitiert in Dikeç 2002: 96), und ein informationelles Recht auf Stadt sollte nicht einfach als gezähmte Form des informationellen Kapitalismus daherkommen.

Daher werden Lefebvres Forderungen nach einem Recht auf Information, Zugang oder Partizipation durch IKT-vernetzte Technologien problematisiert, die zwar einen gewissen Nutzwert zu bieten scheinen, letztlich aber auf die Kommerzialisierung und Simulation sozialer Beziehungen ausgerichtet sind.

---

14 | https://internet.org/

Offenbar müssen wir uns die Technologien zuerst wieder neu aneignen (Elden 2004: 152). Genau das hat sich eine Reihe kleinerer Initiativen zum Ziel gesetzt, die jene Art von Widerstand, Widerspruch und Ablehnung, die wir suchen, und sogar eine Spontaneität, die Lefebvre selbst vielleicht befürwortet hätte, besser repräsentieren. Dazu können etwa Werkzeuge zählen, die es Benutzer*innen ermöglichen, ihre eigenen Profildaten oder archivierten Gespräche endgültig zu löschen, ihre digitale Arbeit wertlos zu machen oder in einer Weise zu handeln, die Vorstellungen von einem digital quantifizierten und kommerzialisierten Selbst oder Raum ablehnt.

Beispiele dafür sind die »Web 2.0 Suicide Machine«[15] und die Fabrizierung von mehreren hundert nicht existierenden kleinen Cupcake-Konditoreien in der New Yorker South Bronx auf Google Maps nebst fantastisch überschwänglichen Rezensionen auf Yelp. Diese Aktionen können demonstrieren, wie digitale Werkzeuge eulenspiegelhaft invertiert werden können, um die »Ideo-Logik« der abstrakten Substitution oder Visualisierung zu stören oder Widerspruch zu äußern (Lefebvre 2003: 183). Und das zeigt, dass dieselben offenen und nichtlinearen Systeme, denen Google entsprungen ist, immer noch das Potential einer Politik des Flusses und der Vitalität (Lash 2005) in sich tragen. Gemeinsam verfolgt – zum Beispiel durch Organisationen wie Anonymous – zeigt dies »die Bedeutung von Kunst, Ausdruck, Autonomie und Schöpfung durch nicht entfremdete Arbeit« (Coleman 2014: 270). Daher kann einer solchen Wiederaneignung von Googles abstraktem Raum im Rahmen eines informationellen Rechts auf Stadt, als Ausdruck und Praxis städtischen Bürgertums, eine gewisse Bedeutung zukommen, da sie in der und durch die informationelle Aneignung von Stadträumen Gruppenrechte artikulieren, einfordern und erneuern kann.

Diese »mikropolitischen« Akte reichen jedoch nicht aus, da sie an eine zutiefst simulierte Realität gebunden bleiben und sich nicht vollständig zu einer nachhaltigen Vorstellung der Stadtgesellschaft entwickeln zu scheinen. Erstens können wir uns nicht alle mit Anonymous auf dem 4chan-Forum tummeln (weil wir alle »Newfags« sind), zweitens haben solcherlei Aktionen oft wenig mehr politische Motivation als »for the lulz« (»Lachen auf Kosten anderer« – wobei die Entscheidung, auf *wessen* Kosten, oft genauso intransparent oder willkürlich ist wie Googles Algorithmen). Dies birgt die Gefahr von Aneignung um der Aneignung willen und würde wohl eine Stadt hervorbringen, die letztlich nicht egalitärer wäre als die Google-Stadt – eine, in der jede Art von »Moralschwuchteligkeit« (*›moralfaggotry‹*) nicht willkommen wäre (Coleman 2014: 62). Zusammenfassend lässt sich sagen, dass der dezentrale Ansatz von Anonymous in der Lage sein könnte, sich über eine Fülle abstrakter Informationen (und durch alle möglichen anderen, an sich extrem sinnvollen politi-

---

15 | http://suicidemachine.org/

schen Handlungen) mit Googles dezentraler Macht zu messen – aber zu welchem möglichen Stadtleben führt uns das letztlich? Hier stellt sich Lefebvres Frage, wie wir »Habitat« durch »Bewohnen« (frz. *habiter*) ersetzen können: Wie ersetzen wir die Ideologie des Habitats *(»Ihr datengesteuertes Online-Leben!«)* durch eine Praxis, tatsächlich mit den digitalen Informationen, die wir produzieren, und den Werkzeugen, mit denen wir sie produzieren, zu *leben*? Wie bringen wir durch digitale Technik Leben und gelebten Raum hervor und vermeiden zugleich informationelle Quantifizierung und Ausbeutung durch Google und Konsorten? Wie *leben* wir in der digital erweiterten Stadt, *trotz* Google und *trotz* Anonymous?

Von solchen Einzelfällen der Wiederaneignung und Teilhabe abgesehen konzentrierte Lefebvre sich auch auf eine nachhaltige Praxis der »Selbstbestimmung« (frz. *autogestion*, Lefebvre 1990a: 150) – der Selbstverwaltung von Technologien, Ressourcen und Überschüssen. In diese Richtung ist in der letzten Zeit ein neuerliches Augenmerk auf den Wert von Commons-basierten digitalen Plattformen, den »IKT der Arbeiterklasse« (Fuchs 2014), gegangen. Derartige Ideen haben dazu beigetragen, die IKT neu im Klassenkampf zu kontextualisieren, der trotz der großen Versprechen der genannten Technologien bislang noch nicht aus der Welt geschafft ist (Dyer-Witheford 2015: 9). Und der Einsatz solcher traditionellen Systeme in einer neuen Umgebung – zum Beispiel in Uber-Fahrergewerkschaften oder kommunalen Airbnb-Kooperationen (Schneider 2015) – könnte dazu beitragen, die Funktionen von Google als kollektive Technologie zum Wohl der Stadt neu zu definieren und möglicherweise Evgeny Morozovs Frage zu beantworten: »Die Frontlinien sind klar, die Frage ist nur: Kann all dieses Zeug irgendwie emanzipatorisch genutzt werden?« (Morozov 2015) Daher verdienen Commons-basierte Plattformen wie Wikipedia immer noch Aufmerksamkeit, denn ihre relativ offenen Mechanismen erlauben vielen Menschen Mitwirkung an einem vielfältigen Spektrum geographischer Informationen. Sie geben alle Kerndaten der Plattform kostenlos für die Öffentlichkeit frei und verfügen über transparente Mechanismen zur Lösung von Konflikten darüber, wie Orte, Menschen und Prozesse dargestellt werden sollen. Dies entspricht Masons (2015) Vision von postkapitalistischen Ökonomien, in denen anstelle von volkswirtschaftlich unproduktiver Bereicherung kollaborative Arbeitsformen gefördert werden. Sollte eine Commons-basierte räumliche Suchmaschine vielleicht ähnlich verfahren? Mehr *autogestion*, weniger *Autosuggestion*!

Abgesehen von den institutionellen Herausforderungen, denen sich solche Commons (Ostrom 1999) ausgesetzt sehen – heute etwa durch die vielen praktischen, politischen oder ethischen Fragen rund um Plattformen wie OpenStreetMap ein Thema (Haklay 2010; McConchie 2015) –, halten wir es jedoch für wichtig, über die Befürwortung von Commons-basierten IKT-Plattformen als Allheilmittel hinauszugehen. Schließlich ist die Vorstellung, dass eine Plattform »alle Informationen der Welt organisieren« (Google), die »Summe allen menschlichen Wissens« (Wikipedia) sein oder sonstwie den gesamten abstrakten Raum abdecken sollte, selbst eine Vorstellung, die viel mit der Informationsideologie gemeinsam hat. In Bezug auf die drei Prinzipien ist das kein totaler Dissens. Aufgrund dessen *könnten* Commons-IKT, wie wir sie kennen, ein informationelles Recht auf Stadt darstellen, aber sie täten gut daran, sich auf einen Aspekt von Macht zu konzentrieren, den Lefebvre offenbar nicht so gut zu fassen vermag: eine Vorstellung von urbaner Macht, die allgemein auf »zirkuläre Kontrolle« (*circulatory control,* Foucault zitiert in Luque-Ayala und Marvin 2016) abzielt, also auch auf die von Google gesteuerte Zirkulation und Urbanisierung digitaler Informationen.

Ein solches Verständnis von Googles Macht deutet darauf hin, dass derartige »Commoning«-Strategien möglicherweise leichter durchführbar sowie effektiver sind, wenn sie auf *autogestion* an kleineren, greifbareren Punkten und Verdichtungen von gelebtem Raum und menschlichen Beziehungen abzielen. Oder wenn sie versuchen, das Leben von bereits existierenden Gemeinschaften oder Netzwerken von Beziehungen zu verbessern, anstatt globale zu simulieren, die noch gar nicht existierten. Ein aktuelles Beispiel dafür ist »Dewey Maps«, eine auf der Plattform OpenStreetMap basierende Karte von den und für die Einwohner*innen von Brüssel, als Instrument, um »praktische Informationen zu sammeln, die zeigen, wie man *lokal gut lebt*, ohne dass es das Portemonnaie sprengt«.[16] Die Karte ist eine Mischung aus globaler Commons-Technologie und lokalem Wissen, das nur direkter gelebter Erfahrung entspringen kann. Sie versucht, um einen bestimmten Ort herum eine informationelle Allmende zu verfestigen, wobei der Ort über die engen Beziehungen zwischen den Ebenen – der wahrgenommenen, der gelebten und der abstrakten – des gesamten Raumes verstanden wird, und aus dieser Position heraus kann ein Projekt ein informationelles Recht auf Stadt am besten verfolgen. Solche Initiativen könnten sich zwar eines Tages über den Raum hinweg zusammenschließen (und die Protokolle von freien und Open-source-Softwareplattformen werden dabei sicherlich helfen), ein entscheidender Schritt wäre aber, die Informationsflüsse kontinuierlich selbst dort zu managen, wo sie um bestimmte Punkte oder Verdichtungen herum zirkulieren.

Zu guter Letzt ruft eine solche Vorstellung vom »Guten Leben« auch Lefebvres Ruf nach dem Recht auf das Werk in Erinnerung (Lefebvre 1996: 65): die Forderung, dass Technologien genauso für menschliche Werke der Freude (*œuvres*) eingesetzt werden sollten wie für reinen Profit. Eine solche bewusste und freudige Informationsproduktion zu entdecken wäre sicherlich nicht einfach, aber ein weniger entfremdetes informationelles Erleben der Stadt könnte die Mühen wert sein (Purcell 2017) – so wie der langsame, aber selbstbeherrsch-

---

16 | http://maps.dewey.be/

te Aufstieg von Bergsteiger*innen verglichen mit der vorgegebenen Geschwindigkeit von Skiliftfahrer*innen ein lohnendes Unterfangen ist (Lefebvre zitiert in Elden 2004: 133). Zu diesem Zweck und jenseits der auf Dewey Maps gezeigten Szene-Cafés und besetzten Häuser finden sich in »Sousveillance«- oder »Citizen Science«-Projekten, die eine Reihe von sozialen, politischen und ökologischen Anliegen verfolgen (z. B. Public Lab, SPLASSH, Air Quality Egg) (Cohn 2008; Mann et al. 2002), weitere lohnenswerte Produktionen informationeller Werke. Während Wikipedia für seine wachsende Professionalität kritisiert wird, versprühen viele dieser kleineren Projekte den Spaß des Amateurhaften (Merrifield 2015). Und solche Triumphe könnten auch den Erfolg kleinerer, lokal verankerter Unternehmen wie Carteiro Amigo (»Freundlicher Postbote«), eines neuartigen und dringend benötigten Adressierungssystems und Postdienstes in Rocinha, einer Favela von Rio, mit sich bringen: »Google kam letzten Monat hier vorbei. Sie fragten, ob sie ein Foto von unserer Karte machen könnten. Ich sagte: ›Auf keinen Fall.‹ Lasst sie doch ihre eigene machen!« (Mier 2014). Solche lokalen Initiativen zeigen, dass noch nicht alle sich damit abfinden wollen, im Kampf um die Deutungshoheit der Stadt lediglich passive Nutzer*innen zu sein – manche haben noch immer Spaß am Kämpfen. In jedem dieser Fälle ist *autogestion* urbaner Informationen als lohnenswerte Tätigkeit realisiert worden, die zum Kampf für mehr Eigenverantwortung und Demokratie für alle Bürger*innen der Stadt beitragen kann.

Vor diesem Hintergrund gilt es zu bedenken, dass die Anfänge des Internets fast überall ein Werk waren (als eine Gemeinschaft geschickter, entscheidungsfähiger, lebenslustiger und kreativer Amateur*innen und Geeks vorherrschte), im Vergleich zur heutigen elektronischen Schufterei (wo Regeln und IT-Fachleute dominieren, während das Gros der Beschäftigten ungelernt und ohne Entscheidungsbefugnis ist, und die oft als langweilige Notwendigkeit erlebt, jedoch als berauschende Erfahrung beworben wird – wenn wir nur der Reklame für das neueste, superschnelle Breitband Glauben schenken!). Ebenso ist es ein Problem, dass die Informationen unserer Stadt und der abstrakte Raum für uns als Teil des Werkes anderer verwaltet werden: von Risikokapital-Investor*innen, Bürokrat*innen oder *technology evangelists*. Und oft als ein Werk, das zu Google gehört.

Daher muss ein informationelles Recht auf Stadt all dies – Wiederaneignung und Teilhabe im Rahmen einer nachhaltigen *autogestion* – nutzen sowie das digitale *œuvre* als lohnende Beschäftigung betrachten bzw. es wieder zu einer solchen machen. Wir müssen uns aktiv an der Praxis des Produzierens und Verwaltens unserer städtischen Informationen erfreuen. Es reicht nicht aus, von Google zu erwarten, dass es eine auf uns abgestimmte Freude liefert.

Fazit

Das Konzept »Informationelles Recht auf Stadt« ist für das Verständnis eines Informationsmonopols wie Google durchaus von Nutzen. Googles Kontrolle über die neuerdings allgegenwärtige Form des digitalen abstrakten Raums ermöglicht es dem Konzern, den urbanen Raum selbst zu reproduzieren und zu kontrollieren. In dieser Funktion hat er sich nun zu den Stadtplaner*innen, Bauunternehmer*innen und Vermieter*innen, die in Lefebvres Ära die Macht über die Stadt und ihre vielen Probleme hatten, gesellt – und sie in einigen Fällen sogar von der Spitze verdrängt. In ähnlicher Weise wird diese Macht auch von einer neuerdings dominanten Ideologie verschleiert, die Google als Technologie im Dienste des »allgemeinen Interesses« der Stadt darstellt (Lefebvre 1974: 235): Angeblich können wir »Liebe verbreiten«, wenn wir »unsere Städte bekannt machen« (*put our cities on the map*, Google 2016). Indem solche Akteure beginnen, die Stadt neu zu formen, verdienen ihre Macht und Ideologie kritische Aufmerksamkeit aus einer Lefebvre'schen Perspektive, und seine Theorie über die Produktion von Raum bietet einen starken Ausgangspunkt.

Die Abhängigkeit dieser neuen Technologien des abstrakten Raums von riesigen digitalen Informationsströmen zeigt aber auch, dass Lefebvres ursprüngliche Trennung von Recht auf Information und Recht auf Stadt problematisch ist. Die beiden zu verknüpfen hat uns dabei geholfen, sowohl das Verhältnis von Information zum Recht auf Stadt als auch die Art und Weise, wie diese Technologie Lefebvres ursprüngliche These über Urbanisierung, Macht und Raum verkompliziert und herausfordert, zu überdenken. Durch innovative Informationstechnologien kann Google urbane Zentralitäten und politische Repräsentationen kontrollieren, den urbanen Raum homogenisieren, abstrakte Werbeprodukte in den materiellen Raum einbetten, manchen (digitalen) Beziehungen gegenüber anderen den Vorzug geben und sie aufwerten, die Überschussproduktion durch technologische Innovation nutzen und den digitalen Prozess der Reduktion konkreter sozialer Praxis auf abstrakte Information dominieren. Allerdings leben wir heute in einer Welt, in der sogar die Ärmsten ein Google-fähiges Smartphone besitzen können: Welche Rolle werden diese passiven Nutzer*innen und Informationsproduzent*innen in der Urbanisierung von Informationen einnehmen – und werden sie Lefebvre googlen?

Bei dem Versuch, ein angemessenes politisches Verständnis davon zu gewinnen, was ein informationelles Recht auf Stadt bedeuten könnte, ist diese Untersuchung der Macht Googles drei Leitprinzipien gefolgt, um einen Weg zu einem gerechteren Informationsfluss in der Stadt zu finden. Diese Prinzipien lassen sich grob als kritische Auseinandersetzung mit der gegenwärtigen Anordnung und Konfiguration von Technologien räumlicher Repräsentation ausdrücken und sind aus der allgemeinen Arbeit an der »postpolitischen« Stadt übernommen worden. Diese Analyse hat gezeigt, dass der Begriff der

Commons-basierten IKT für ein solches Vorhaben von besonderem Nutzen ist, wobei sich alte wie neue Möglichkeiten und Herausforderungen ergeben. Zu diesem Zweck bleiben Lefebvres Vorstellungen von *autogestion* und dem Werk (*œuvre*) nützliche Konzepte. Ein informationelles Recht auf Stadt erfordert, dass uns dessen Wichtigkeit klar wird und wir jetzt im Rahmen eines bewussten Projekts zu handeln beginnen, das darauf abzielt, uns die Informationen, die wir produzieren, so wieder anzueignen und sie selbst zu verwalten, dass es Freude macht und nachhaltig ist.

Während Organisationen wie Google weiterhin mit der Quantifizierung menschlicher sozialer Phänomene Gewinn machen und diese auf neue Profitquellen hin erkunden, zeigt Lefebvres Theorie, dass die Wirtschaftssysteme, die diese Quantifizierung antreiben, räumliche Konsequenzen haben werden: ungleiche informationsbasierte Geographien und Volkswirtschaften. Daher ist es in einer Zeit, da immer mehr Menschen an digitalen, digital vermittelten und digital erweiterten Orten leben, unerlässlich, genau zu verstehen, wie Macht durch Code, Inhalt, Kontrolle und Urbanisierung von Information reproduziert wird. Zu diesem Zweck muss das Konzept eines informationellen Rechts auf Stadt weiterentwickelt werden.

Deutsch von Demian-Noah Niehaus

Literatur

Ampuja, Marko/Koivisto, Juha (2014): From »post-industrial« to »network society« and beyond: The political conjunctures and current crisis of information society theory. In: tripleC 12 (2). www.triple-c.at/index.php/tripleC/article/view/568 vom 28.10.2016.

Andrejevic, Mark (2014): The big data divide. In: International Journal of Communication 8, S. 1673–1689.

Barnett, Clive/Clarke, Nick/Cloke, Paul/Malpass, Alice (2008): The elusive subjects of neo-liberalism. In: Cultural Studies 22 (5), S. 624–653.

Barzilai-Nahon, Karine (2008): Toward a theory of network gatekeeping: A framework for exploring information control. In: Journal of the American Society for Information Science and Technology 59 (9), S. 1493–1512.

Berry, David M. (2014): Critical Theory and the Digital, New York: Bloomsbury.

Brenner, Neil (Hg.) (2014): Implosions/Explosions, Berlin: JOVIS.

Britisches Parlament (2001): House of Commons debate, 22 March. www.publications.parliament.uk/pa/cm200001/cmhansrd/vo010322/debtext/10322-13.htm vom 31.10.2016.

Byrum, Greta/Breitbart, Joshua (2013): Wireless organizing in Detroit: Churches as networked sites in under-resourced urban areas. In: First Monday 18 (11). http://firstmonday.org/ojs/index.php/fm/article/view/4962 vom 28.10.2016.

Cairncross, Frances (1997): The Death of Distance, London: Orion.
Castells, Manuel (2010): The Rise of the Network Society (2. Aufl.), Chichester: Wiley-Blackwell.
Cohn, Jeffrey P. (2008): Citizen science: Can volunteers do real research? In: BioScience 58 (3), S. 192–197.
Coleman, Gabriella (2014): Hacker, Hoaxer, Whistleblower, Spy, London: Verso.
Crang, Mike/Graham, Stephen (2007): Sentient cities: Ambient intelligence and the politics of urban space. In: Information, Communication and Society 10 (6), S. 789–817.
Deleuze, Gilles (2016): Postskriptum über die Kontrollgesellschaften. In: Daniela Klimke/Aldo Legnaro (Hg.), Kriminologische Grundlagentexte, Wiesbaden: Springer VS.
Deleuze, Gilles/Guatarri, Félix (1997): City/state. In: Neil Leach (Hg.), Rethinking Architecture, London: Routledge, S. 313–318.
Dikeç, Mustafa (2002): Police, politics, and the right to the city. In: GeoJournal 58 (2/3), S. 91–98.
Dikeç, Mustafa (2012): Space as a mode of political thinking. In: Geoforum 43 (4), S. 669–676.
Dyer-Witheford, Nick (2015): Cyber-Proletariat, London: University of Chicago Press.
Elden, Stuart (2004): Understanding Henri Lefebvre: Theory and the Possible, London: Continuum.
Europäische Kommission (2013): Presseerklärung – »Commission seeks feedback on commitments offered by Google to address competition concerns.« 25. April. http://europa.eu/rapid/press-release_MEMO-13-383_en.htm vom 28.10.2016.
Evans, Leighton (2015): Locative Social Media: Place in the Digital Age, Basingstoke: Palgrave.
Ford, Heather/Graham, Mark (2016a): Semantic cities: Coded geopolitics and the rise of the semantic web. In: Rob Kitchin/Sung-Yueh Peng (Hg.), Code and the City, London: Routledge, S. 200–214.
Ford, Heather/Graham, Mark (2016b): Provenance, power, and place: Linked data and opaque digital geographies. In: Environment and Planning D: Society and Space; doi: 10.1177/0263775816668857.
Friedman, Thomas L. (2007): The World is Flat: The Globalized World in the 21st Century, London: Penguin.
Fuchs, Christian (2014): Digital Labour and Karl Marx, London: Routledge.
Fuchs, Christian (2016): Reading Marx in the Information Age, New York: Routledge.
Gates, Bill (1996): The Road Ahead (Hg. v. Nathan Myhrvold/Peter Rinearson), London: Penguin.

Gillespie, Andrew/Williams, H. (1988): Telecommunications and the reconstruction of regional comparative advantage. In: Environment and Planning A 20 (10), S. 1311–1321.

Goodchild, Michael F. (2007): Citizens as sensors: The world of volunteered geography. In: GeoJournal 69 (4), S. 211–221.

Google (2014): »Understanding Consumers' Local Search Behavior.« http://think.storage.googleapis.com/docs/how-advertisers-can-extend-their-relevance-with-search_research-studies.pdf vom 28.10.2016.

Google (2015a): Ten Things We Know To Be True. https://www.google.co.uk/about/company/philosophy vom 28.10.2016.

Google (2015b): Welcome to Project Soli. https://www.youtube.com/watch?v=0QNiZfSsPc0 vom 28.10.2016.

Google (2016): Get Your Business Online. http://gybo.com vom 28.10.2016.

Google Sidewalk Labs (2016): Sidewalk Labs. https://www.sidewalkinc.com vom 28.10.2016.

Gordon, Eric/de Souza e Silva, Adriana (2011): Net Locality, Oxford: Wiley-Blackwell.

Graham, Mark/Andersen, Casper/Mann, Laura (2015a): Geographical imagination and technological connectivity in East Africa. Transactions of the Institute of British Geographers 40 (3), S. 334–349.

Graham, Mark/Sabbata, Stefano/Zook, Matthew A. (2015b): Towards a study of information geographies. In: GEO: Geography and Environment 2 (1), S. 88–105.

Graham, Mark/Zook, Matthew A. (2013): Augmented realities and uneven geographies: Exploring the geolinguistic contours of the web. In: Environment and Planning A 45 (1), S. 77–99.

Graham, Mark/Zook, Matthew A./Boulton, Andrew (2013): Augmented reality in urban places: Contested content and the duplicity of code. In: Transactions of the Institute of British Geographers 38 (3), S. 464–479.

Graham, Stephen (2004): Beyond the »dazzling light«. In: New Media and Society 6 (1), S. 16–25.

Haklay, Mordechai (2010): How good is volunteered geographical information? A comparative study of OpenStreetMap and Ordnance Survey datasets. In: Environment and Planning B: Planning and Design 37 (4), S. 682–703.

Halavais, Alexander (2009): Search Engine Society. Cambridge: Cambridge University Press.

Harvey, David (1989): The Urban Experience, Baltimore: Johns Hopkins University Press.

Harvey, David (2012): Rebel Cities: From the Right to the City to the Urban Revolution, London: Verso.

Hern, Alex (2016): Pokémon Go: Who owns the virtual space around your home? In: The Guardian, 13. Juli. https://www.theguardian.com/technology/2016/jul/13/pokemon-virtual-spacehome vom 28.10.2016.

Hilbert, Martin (2011): The end justifies the definition: The manifold outlooks on the digital divide. In: Telecommunications Policy 35 (8), S. 715–736.

Hindman, Matthew (2008): The Myth of Digital Democracy, New Jersey: Princeton University Press.

Hirsch, Arnold R. (2015): Blockbusting. In: Chicago Historical Society (Hg.), The Electronic Encyclopedia of Chicago, Chicago: Chicago Historical Society.

Introna, Lucas D./Nissenbaum, Helen (2000): Shaping the web: Why the politics of search engines matters. In: The Information Society 16 (3), S. 169–185.

Jackson, Gavin (2015): Datawatch: Global search market share. Financial Times. http://blogs.ft.com/ftdata/2015/04/17/datawatch-global-search-market-share vom 18.10.2016.

Jacobs, Jane (1961): The Death and Life of Great American Cities, New York: Random House.

Kaika, Maria/Swyngedouw, Erik (2000): Fetishizing the modern city: The phantasmagoria of urban technological networks. In: International Journal of Urban and Regional Research 24 (1), S. 120–138.

Kello, Lucas (2013): The meaning of the cyber revolution: Perils to theory and statecraft. In: International Security 38 (2), S. 7–40.

Kitchin, Rob/Dodge, Martin (2011): Code/Space, Cambridge: MIT Press.

Lash, Scott (2005): Lebenssoziologie: Georg Simmel in the Information Age. In: Theory, Culture and Society 22 (3), S. 1–23.

Lefebvre, Henri (1974 [1958]): Kritik des Alltagslebens, Bd. I, München: Carl Hanser.

Lefebvre, Henri (1975 [1961]): Kritik des Alltagslebens, Bd. III, München: Carl Hanser.

Lefebvre, Henri (1990a [1970]): Die Revolution der Städte, Frankfurt a. M.: Anton Hain Meisenheim.

Lefebvre, Henri (1990b): Du contrat de citoyenneté (Hg. Groupe de Navarrenx), Paris: Periscope.

Lefebvre, Henri (1991 [1974]): The Production of Space, Oxford: Blackwell.

Lefebvre, Henri (1996): Writings on Cities (Hg. v. Eleonore Kofman/Elizabeth Lebas), Oxford: Blackwell.

Lefebvre, Henri (2009): State, Space, World (Hg. v. Neil Brenner/Stuart Elden), Minneapolis: University of Minnesota Press.

Lefebvre, Henri (2014 [1958, 1961, 1981]): Critique of Everyday Life, Bd. I–III, London: Verso.

Lefebvre, Henri (2016 [1968]): Das Recht auf Stadt, Hamburg: Edition Nautilus.

Luque-Ayala, Andrés/Marvin, Simon (2016): The maintenance of urban circulation: An operational logic of infrastructural control. In: Environment and Planning D: Society and Space 34 (2), S. 191–208.

Madden, David J. (2014): Neighborhood as spatial project. In: International Journal of Urban and Regional Research 38 (2), S. 471–497.

Mager, Astrid (2014): Defining algorithmic ideology: Using ideology critique to scrutinize corporate search engines. In: tripleC 12 (1), S. 28–39.

Mann, Steve/Nolan, Jason/Wellman, Barry (2002): Sousveillance: Inventing and using wearable computing devices for data collection in surveillance environments. In: Surveillance and Society 1 (3), S. 331–355.

Mason, Paul (2015): Post-Capitalism, London: Allen Lane.

Matyszczyk, Chris (2012): The joy of Microsoft's »avoid ghetto« GPS patent. In: CNET 7 January. www.cnet.com/uk/news/the-joy-of-microsofts-avoid-ghetto-gps-patent vom 28.10.2016.

McConchie, Alan (2015): Hacker cartography: Crowdsourced geography, OpenStreetMap, and the hacker political imaginary. In: ACME 14 (3), S. 874–898.

McNay, Lois (2009): Self as enterprise: Dilemmas of control and resistance in Foucault's The Birth of Biopolitics. In: Theory, Culture and Society 26 (6), S. 55–77.

Merrifield, Andy (2011): The right to the city and beyond. In: City 15 (3/4), S. 473–481.

Merrifield, Andy (2012): The politics of the encounter and the urbanization of the world. In: City 16 (3), S. 269–283.

Merrifield, Andy (2015): Future shock. In: AntipodeFoundation.org, 18. März. http://antipodefoundation.org/2015/03/18/future-shock vom 28.10.2016.

Mier, Brian (2014): The mailman mapping Brazil's largest favela by hand. In: Motherboard, 13. Oktober. http://motherboard.vice.com/read/the-mailman-mapping-brazils-largest-favela-by-hand vom 28.10.2016.

Morozov, Evgeny (2013): To Save Everything, Click Here, London: Allen Lane.

Morozov, Evgeny (2015): Socialize the data centres! In: New Left Review 91, S. 45–66.

Nora, Simon/Minc, Alain (1978): The Computerization of Society: A Report to the President of France, Cambridge: MIT.

Ostrom, Elinor (1999): Die Verfassung der Allmende: Jenseits von Staat und Markt, Tübingen: Mohr.

Pariser, Eli (2011): The Filter Bubble: What the Internet Is Hiding from You, London: Viking.

Poulsen, Kevin (2014): How Google Map hackers can destroy a business at will. In: Wired, 7. Juli. www.wired.com/2014/07/hacking-google-maps vom 28.10.2016.

Purcell, Mark (2002): Excavating Lefebvre: The right to the city and its urban politics of the inhabitant. In: GeoJournal 58 (2), S. 99–108.

Purcell, Mark (2017): The city is ours (if we decide it is). In: Joe Shaw/Mark Graham (Hg.), Our Digital Rights to the City. S. 30–33.

Rancière, Jacques (2002): Das Unvernehmen, Frankfurt a. M.: Suhrkamp.

Rancière, Jacques (2001): Ten theses on politics. In: Theory and Event 5 (3). https://muse.jhu.edu/issue/2225 vom 28.10.2016.

Ruppert, Evelyn S. (2013): Rights to public space: Regulatory reconfigurations of liberty. In: Urban Geography 27 (3), S. 271–292.

Schneider, Nathan (2015): Five ways to take back tech. In: The Nation, 27. Mai. www.thenation.com/article/5-ways-take-back-tech vom 31.10.2016.

Schröter, Jens (2012): The internet and »frictionless capitalism«. In: tripleC 10 (2), S. 302–312.

Shaw, Joe/Graham, Mark (Hg.) (2017): Our Digital Rights to the City, Oxford: Meatspace Press. http://meatspacepress.org vom 07.05.2018.

Shaw, Zed A. (2015): A Few Interesting Ratings System Observations. http://zedshaw.com/archive/a-few-interesting-ratings-system-observations vom 31.10.2016.

Souza, Marcelo Lopes de (2010): Which right to which city? In: Interface 2 (1), S. 315–333.

Swyngedouw, Erik (2004): Social Power and the Urbanization of Water, Oxford: Oxford University Press.

Swyngedouw, Erik (2011): Designing the Post-Political City and the Insurgent Polis. London: Bedford Press.

Thatcher, Jim/O'Sullivan, David/Mahmoudi, Dillon (2016): Data colonialism through accumulation by dispossession: New metaphors for daily data. In: Environment and Planning D: Society and Space; doi: 10.1177/0263775816633195.

Tiqqun (2001): The Cybernetic Hypothesis. http://theanarchistlibrary.org/library/tiqqunthe-cybernetic-hypothesis vom 31.10.2016.

Tosoni, Simone/Tarantino, Matteo (2013): Space, translations, and media. In: First Monday 18 (11). http://firstmonday.org/ojs/index.php/fm/article/view/4956 vom 31.10.2016.

Tranos, Emmanouil (2013): The Geography of the Internet, Cheltenham: Edward Elgar.

Žižek, Slavoj (2004): Interview – Slavoj Žižek, cultural critic. In: The Believer. www.believermag.com/issues/200407/?read=interview_zizek vom 31.10.2016.

Žižek, Slavoj (2006): Parallaxe, Frankfurt a. M.: Suhrkamp.

Žižek, Slavoj (2010): First as Tragedy, Then as Farce, New York: Verso.

Zukin, Sharon/Lindeman, Scarlett/Hurson, Laurie (2015): The omnivore's neighborhood? Online restaurant reviews, race, and gentrification. In: Journal of Consumer Culture; doi: 10.1177/1469540515611203.

Die offene Stadt von heute

Arne Semsrott

Einleitung

Wer kann die Stadt von morgen gestalten? Die Frage der Macht über Städte ist auch eine Frage des Zugangs zum Wissen der Städte. Bewegungen von Stadtbewohner*innen wollen die Infrastruktur ihrer Städte für alle zugänglich machen. Ihr Wissensschatz soll nicht nur offen, sondern öffentlich sein.

Im Diskurs um die Stadt der Zukunft setzen sie der Idee der datengetriebenen Smart-City-Konzepte wie das der »Rebel City« entgegen, die unter anderem von David Harvey beschrieben wird. Sie setzen darauf, dass Hardware, Software und Daten der Städte der Öffentlichkeit gehören – und nicht den Unternehmen, die sie betreiben. Damit begeben sich Bürgerinitiativen auf ein globales Schlachtfeld, das in den kommenden Jahren weiter wachsen wird. Indien investiert im Rahmen seiner Smart-Cities-Mission bis 2022 insgesamt 15 Milliarden US-Dollar, um 100 Kommunen »smart« zu machen. Dort werden große Teile der Infrastruktur ins Internet der Dinge eingebunden. Massenhafte Sensoren in Autos, Straßenlaternen, Ampeln, Gärten und Häusern erheben Daten über das urbane Leben der Stadtbewohner*innen.

In allen Erdteilen der Welt verkaufen Tech-Unternehmen heute eifrig proprietäre Hardware- und Softwarelösungen an Kommunen, um Verkehrs-, Energie- und Menschenströme zu messen und »ganz nebenbei« die Daten für ihre eigenen Geschäftsmodelle zu nutzen. Die Deutsche Telekom etwa verkauft gemeinsam mit der IT-Firma Cisco von Hamburg bis Pisa »intelligente Parkleitsysteme« und Straßenbeleuchtungssysteme, die Daten über Temperatur- und Lichtverhältnisse sammeln. Bestandteil derartiger Angebote werden in Zukunft immer häufiger automatisierte Entscheidungsprozesse sein, bei denen die Messung bestimmter Daten reale Konsequenzen hat – vom Polizeieinsatz im Rahmen von Predictive Policing bis hin zur Performancemessung von städtischen Angestellten.

Ob die dahinterliegenden Algorithmen öffentlich kontrolliert oder als Geschäftsgeheimnisse privater Unternehmen gehütet werden, ist eine Kernfrage für die Legitimation der Demokratie in den Städten. Eng verbunden ist sie mit dem Kampf um die technologische Souveränität des Staates. Und die ist vielerorts erst einmal eine Frage des Geldes. Francesca Bria, die bei der von der Stadtregierung selbsternannten »Rebel City« Barcelona für digitale Innovationen zuständig ist, hat angekündigt, dass bis 2019 insgesamt 70 Prozent des städtischen Softwarebudgets für Open-Source-Programme ausgegeben werden soll. Dazu wird Barcelona neben der Abkehr von Microsoft – Linux statt Windows, LibreOffice statt Microsoft Office, Firefox statt Internet Explorer – gezielt in kleine und mittlere Unternehmen aus der Region investieren.

FREIE WAHL UND FREIE SOFTWARE?

Freie Software ist deutlich billiger als proprietäre Software. Doch die Umstellung der Verwaltung in Barcelona wird erst einmal ein Kraftakt: Nach Jahrzehnten der Nutzung von unfreier Software entwickeln sich Pfadabhängigkeiten bei Verwaltungspersonal und Daten, die zu so genannten Lock-ins führen können. Manche Beamte beherrschen eben nur bestimmte Programme und scheuen die Veränderung; Daten und Dokumente lassen sich zudem nicht ohne Weiteres in offene Programme und Standards exportieren.

Wie umfassend dieses Problem ist, zeigt sich in der Vergabepraxis von Verwaltungen. Das Wirtschaftsprüfungsunternehmen PricewaterhouseCoopers stellte in einer Studie für die Europäische Kommission 2016 fest, dass europaweit in einem Sample von 1726 kommunalen Ausschreibungen und Auftragsvergaben 2620 Verweise auf namentlich genannte Softwareanbieter vorkamen. Am häufigsten genannt wurden Microsoft, SAP, Oracle, IBM und Linux. Und selbst wenn sich Verwaltungen dem Griff der IT-Unternehmen entziehen wollen, lassen diese sie nicht widerstandslos gehen. Nicht ohne Grund laufen beispielsweise gegen Microsoft immer wieder Kartellverfahren wegen Missbrauchs seiner dominanten Marktposition. Die Stadt München etwa, die jahrelang Linux nutzte und als Vorreiterin der Freie-Software-Bewegung gefeiert wurde, gab im vergangenen Jahr der Microsoft-Lobby nach. Den Ausschlag gab letztlich ein Gutachten des Microsoftpartners Accenture, der dem Rathaus eine Rückkehr zu Windows empfahl. Laut einer gemeinsamen Entscheidung von SPD und CSU im Stadtrat wird die Stadtverwaltung bis 2021 wieder vollständig zu Microsoftprodukten zurückkehren, obwohl die Kommune in den Vorjahren durch Linux 11,6 Millionen Euro eingespart hatte.

Schon in den Jahren zuvor hatte Microsoft immer wieder versucht, durch gezieltes Lobbying die Stadt als Kunden zurückzugewinnen. Dabei profitiert das Unternehmen von seiner professionellen Verkaufstaktik: Wie andere IT-Unternehmen auch konnte Microsoft jahrelang die Sales-Abteilung mobilisieren. Die versprengte Open-Source-Community hingegen kann alleine schon aufgrund fehlender Mittel nicht in derselben Form auf politische Entscheidungsträger*innen zugehen.

Die bisher in München eingesparten kommunalen Steuergelder werden also bald wieder an Microsoft gehen, das seit 2016 seinen Deutschlandsitz in München-Schwabing hat – sehr zum Missfallen der Free Software Foundation Europe. Diese Nichtregierungsorganisation hat im vergangenen Herbst gemeinsam mit Edward Snowden die europaweite Kampagne »Public Money, Public Code« ins Leben gerufen. Sie setzt sich dafür ein, dass der Code steuerfinanzierter Software auch öffentlich zugänglich ist.

Für den ehemaligen Geheimdienstmitarbeiter Snowden ist öffentlicher Code einer der Kernaspekte für die Sicherheit von öffentlichen Computersystemen. Das lässt sich gut am Beispiel des Windows-Schadprogramms »Wannacry« zeigen, das im Mai 2017 Computersysteme auf der ganzen Welt befiel: Kliniken in Großbritannien, Kanada, Kolumbien und der Slowakei konnten nicht mehr auf die Patientenakten in ihren veralteten Rechnern zugreifen. Weil 450 Computer der Deutschen Bahn lahmgelegt waren, funktionierten deren Anzeigetafeln nicht. Und neben zahlreichen Unternehmen mussten auch Ministerien in Indien, Rumänien und Russland zugeben, dass der Computervirus Teile ihrer Festplatten gesperrt hatte. »Wannacry« machte vielen Politiker*innen auf einen Schlag bewusst, wie ein fehlerhafter Code in Software von Dritten ausgenutzt werden kann. Bald nach der Attacke wurde nämlich bekannt, dass die ihr zugrundeliegende Sicherheitslücke bereits seit fünf Jahren bekannt war – allerdings nur dem US-Geheimdienst NSA, der Microsoft darüber erst nach einem Leak Anfang 2017 informiert hatte.

Dass staatliche Stellen auf der ganzen Welt von der Attacke betroffen waren, zeigte aber vor allem, wie abhängig sie alle von Microsoft sind. Erkennt das US-Unternehmen eine Schwachstelle im öffentlich nicht einsehbaren Quellcode seines Betriebssystems nicht, sind die Verwaltungen den möglichen Konsequenzen machtlos ausgeliefert. Ihre Computersysteme können manipuliert werden, sensible Daten abfließen. Das Prinzip »Security by Obscurity«, also Sicherheit durch Verstecken des Codes, funktioniert offensichtlich nicht. Wer ein Programm hacken will, wird auch an den Quellcode kommen.

In sicherheitsrelevanten Bereichen bevorzugen deswegen einige Städte und auch ganze Staaten inzwischen Open-Source-Software, deren Quellcode im Internet offen zugänglich ist. Das italienische Verteidigungsministerium und Teile der französischen Polizei sowie des US-Militärs etwa nutzen statt Windows das freie Betriebssystem Linux. Und sogar einige Drohnensysteme der US-Streitkräfte laufen auf Linux.

Zwar garantiert auch die Verwendung von offenen und freien Systemen keine absolute Sicherheit. Auch in offenem Code können theoretisch jahrelang Sicherheitslücken schlummern. Die öffentliche Überprüfbarkeit erhöht allerdings die Wahrscheinlichkeit, dass Fehler entdeckt und behoben werden.

Außerdem wird so verhindert, dass z. B. die NSA geheime Hintertüren in die Software hinein diktiert, durch die sie jederzeit Zugriff auf Benutzerdaten hätte. Wie die Welt seit den Snowden-Enthüllungen weiß, haben Microsoft, Google und Co dem NSA-Spähprogramm Prism Daten zur Verfügung gestellt und dafür Millionen Dollar erhalten.

OFFENER CODE

Offener Code von Hardware und Software ist in der Stadt von morgen allerdings nicht nur Mittel zur Abwehr. Er kann auch gesellschaftliche Innovation voranbringen. Denn offene Codezeilen sind wiederverwendbar und können für andere Gegebenheiten angepasst werden. Während derzeit IT-Konzerne maßgeschneiderte Lösungen für Verwaltungen anpreisen (und eigentlich nur die immer gleichen Programme mit minimalen Änderungen immer wieder teuer verkaufen), bietet Open-Source-Software Möglichkeiten der Zusammenarbeit von Kommunen untereinander. Entwickelt eine Stadt etwa eine datenschutzfreundliche Beteiligungsplattform für Bürger*innen, könnte eine andere Stadt diese Plattform ebenfalls einsetzen, anstatt sie ein zweites Mal zu entwickeln. Damit kommt vor allem größeren Kommunen die Verantwortung zu, die Entwicklungskosten zu stemmen – aber die Ergebnisse zu teilen.

Mit offener Software lassen sich außerdem die Potentiale von Entwickler-Communitys erschließen, die meist über mehr Expertise verfügen als die Verwaltung selbst. Auf der Softwareplattform github tummeln sich mehr als 500 staatliche Stellen aus der ganzen Welt, die den Code ihrer Anwendungen offenlegen. Alle Nutzer*innen können dort der Stadtverwaltung von Chicago oder Amsterdam oder auch Teilen des Schweizer Kantons Zürich »Pull Requests« vorschlagen, also einen Code, der z. B. Sicherheitslücken schließt oder Anwendungen erweitert.

Manche Kommunen gehen noch weiter und holen sich vermehrt Software- und Hardware-Entwickler*innen in die Verwaltung, die neben der guten Dokumentation öffentlicher Softwareprojekte auch eine langfristige Planung ermöglichen sollen. Die Städte New York City, San Francisco und Helsinki haben eigene Entwicklerteams, die offene Anwendungen programmieren. Die finnische Hauptstadt hat z. B. Dokumente aus dem Gesetzgebungsprozess des Stadtrats und die Navigation für den öffentlichen Nahverkehr auf github zur Verfügung gestellt. So können Wissenschaftler*innen die Daten systematisch analysieren und Start-ups mit den Verkehrsdaten eine Mobilitäts-App programmieren, die auf Barrierefreiheit spezialisiert ist. 2014 rief die US-Regierung unter Barack Obama sogar eine eigene staatliche Innovationsagentur mit dem nerdigen Namen 18F ins Leben, nachdem die Verwaltung mit der Programmierung einer Website für die Beantragung einer Krankenversicherung auf

HealthCare.gov spektakulär gescheitert war. 18F funktioniert ähnlich wie ein behördeneigenes Start-up und entwickelt unter anderem die Plattform FOIA. gov, über die Bürger*innen nach dem 1967 in Kraft getretenen Informationsfreiheitsgesetz Anfragen an Behörden stellen können. Auch die britische Verwaltung setzt auf offene Standards und verfolgt mit dem Government Digital Service einen umfassenden Ansatz, nach dem neben der Software alle nicht personenbezogenen Daten der Verwaltung in offenen Formaten veröffentlicht werden müssen.

In Deutschland gibt es vereinzelte Lichtblicke vor allem auf regionaler Ebene. So gibt es in Hamburg seit 2012 ein Transparenzgesetz, das die Verwaltung des Stadtstaats verpflichtet, wichtige Datensätze und Dokumente wie Verträge der öffentlichen Hand aktiv auf einer Online-Plattform zu veröffentlichen. Ist ein wichtiger Vertrag vor Unterzeichnung nicht online zu finden, darf er nicht in Kraft treten. Zusätzlich können weitergehende Anfragen an die Verwaltung nach dem Gesetz gestellt werden, z. B. über die zivilgesellschaftliche Plattform FragDenStaat.de.

Wie eine Evaluation des Transparenzgesetzes von 2017 zeigt, ist dessen Akzeptanz nicht nur bei der Bevölkerung, sondern auch in der Verwaltung hoch. Das liegt vor allem daran, dass sie selbst die größte Nutznießerin der städtischen Offenheit ist. Rund ein Drittel der Zugriffe auf die Hamburger Transparenzplattform kommen aus der eigenen Verwaltung.

Bei der Einführung des Transparenzgesetzes waren Politik und Verwaltung noch skeptisch, ob sich der Aufwand für die Transparenz wirklich lohnen würde. Eine Wahl hatten die Parteien der Hamburger Bürgerschaft aber nicht. Die Volksinitiative »Transparenz schafft Vertrauen« hatte den Gesetzentwurf 2012 im Rahmen eines Volksbegehrens in die Hamburgische Bürgerschaft eingebracht. So wurde die Stadtregierung von der Stadtgesellschaft dazu gezwungen, die neuen Regelungen umzusetzen. Inzwischen merkt sie selbst, dass die neue Transparenz nicht nur demokratie- und innovationspolitisch sinnvoll ist, sondern auch – besonders wichtig für die Hanseat*innen – kostengünstig. Ende 2018 will der Hamburger Senat das Transparenzgesetz deswegen novellieren. Es sollen Regelungen für noch mehr Offenheit hinzukommen.

Steuerung aus den Daten selbst?
Zur Erkenntnisweise algorithmischer Mustererkennung am Beispiel Gesundheitsmonitoring

Henning Füller

EINLEITUNG: SMART CITY ALS ANWENDUNGSFALL VON COMPUTATIONAL SOCIAL SCIENCE

Die zunehmende Dichte und Detailtiefe von in Echtzeit verfügbaren Daten weckt derzeit längst überholt geglaubte Utopien von plan- und steuerbaren Städten. Die Erwartungen an eine »intelligente Stadt der Zukunft« beinhalten regelmäßig auch Ideen von »smart governance« – »agile Verwaltung«, datenbasierte Prognosen, »precision governing« (Hondula et al. 2017), sich selbst steuernde Prozesse bzw. Umgebungen (Halpern et al. 2013). Laut der »Smart City Charta« der Bundesregierung nutzt die angestrebte Stadt der Zukunft unter anderem »Sensorik, Datengewinnung und -verarbeitung, neue Formen der Interaktion und des Lernens zur stetigen Verbesserung kommunaler Prozesse und Dienstleistungen« (BBSR 2017: 9). Die »Smart City« ist nicht zuletzt auch eine mittels Algorithmen effizienter gesteuerte Stadt.

Im folgenden Beitrag geht es um dieses Steuerungsversprechen und mögliche Implikationen. Welche Veränderungen sind durch Sensorik, Datengewinnung und -verarbeitung für die Steuerung städtischer Prozesse zu erwarten? Der Beitrag konzentriert sich dabei auf die performative Rolle von Techniken und Verfahren. Es geht um eine Kritik an dem mit datenbasierter, prädiktiver Analyse verbundenen Modus der Wahrheitsfindung, an die daran geknüpfte Konzeption des Städtischen und die Probleme, die mit dieser Erkenntnisweise überhaupt sichtbar bzw. unsichtbar werden. Weitere externe Effekte datenbasierter Prognose und Steuerung – wie etwa Fragen von Transparenz, Privatheit und Datenschutz oder der digitalen Spaltung – sind bereits häufiger behandelt und werden hier nicht näher thematisiert (Crang/Graham 2007; Gurstein 2011). Die Überlegungen basieren auf einer konkreten Anwendung von »Predictive Analytics« im Bereich des (städtischen) Gesundheitsmonitorings in den USA.

Im Zentrum der Kritik an datenbasierter, prädiktiver Analyse steht die These, dass ein Teil der aktuellen Smart-City-Visionen als Anwendungsfall einer breiteren »Computational Social Science« (Lazer et al. 2009) begriffen werden muss, also einer vom Grunde her anders gedachten wissenschaftlichen Beschäftigung mit sozialen Phänomenen. Die Möglichkeiten einer anderen Herangehensweise an das Soziale sind dabei der rasanten Entwicklungen im Bereich Sensorik, Datengewinnung, -speicherung und -verarbeitung geschuldet. Auf Basis von detaillierten (beinahe) Echtzeit-Daten sei es nun erstmals möglich, so die Behauptung dieser Forschungsrichtung, mit den beständig komplexeren und interdependenten sozialen Phänomenen wissenschaftlich adäquat umzugehen. Die Echtzeit-Daten ermöglichen ein »reality mining« (Eagle/Pentland 2005), d.h. die Analyse komplexer Systeme aus den Einzelentscheidungen der Agenten. »By continually logging and time-stamping information about a user's activity, location, and proximity to other users, the large-scale dynamics of collective human behavior can be analyzed.« (Ebd.: 263)

Eine solches »reality mining« erscheint besonders vielversprechend im städtischen Kontext. Hier ist die Ausstattung mit »Sensoren« am dichtesten – von den Messstellen im Hauptverkehrsstraßennetz bis zu den »Citizens as sensors« (Goodchild 2007), also den Nutzer/-innen von GPS-fähigen Smartphones. Außerdem werden hier besonders große Effizienzgewinne vermutet. Die komplexen und vielfach miteinander in Verbindung stehenden Prozesse einer Stadt können schlecht überblickt und damit auch nur grob zentral gesteuert werden. Quasi-Echtzeit-Informationen erlauben im Gegensatz dazu eine Selbststeuerung, etwa die dynamische Anpassung der Routen von Müllfahrzeugen auf Basis von Füllhöhe-Sensoren in den Tonnen der Wohnhäuser oder die Anpassung von Grünphasen der Ampeln entsprechend des in Echtzeit erhobenen Verkehrsaufkommens. »[T]he city can be regarded as a complex near real-time control system, creating a feedback loop between the city itself, the city management and the citizens, which is achieved by pervasive sensing.« (Resch/Britter/Ratti 2012: 175) Die Verlockung von sich selbst im Hinblick auf höhere Effizienz, d.h. Bereitstellung von geringeren Ressourcen- und Zeitverbrauch steuernden städtischen Prozessen ist eine greifbare Konkretisierung des Paradigmas der »Big Data« bzw. der grundlegenderen Vision einer *computational social science*.

Die Problematik dieser Vision und ihrer Übersetzung in Zukunftsvorstellungen effizienterer Städte erschließt sich auf einer grundlegenderen Ebene. Einzelne Anwendungsfälle selbststeuernder Prozesse sind zumeist tatsächlich vielversprechend. Das Effizienzargument ist angesichts steigender Bevölkerungszahlen in Städten und abnehmender Ressourcen fraglos überzeugend. Problematisch ist jedoch die mit dieser Perspektive eingehandelte »Wahrheit« des Städtischen, d.h. die zugrunde liegende Konzeption von Stadt als ein komplexes sozio-technisches System. Zwei bedenkenswerte Implikationen dieser

Sichtweise sollen im Folgenden näher ausgeführt und mit dem Anwendungsfall Gesundheitsmonitoring veranschaulicht werden: zum einen die implizite Normalisierung einer sozio-technisch vorgestellten Stadt, zum anderen das veränderte Verhältnis zur Zukunft, das eine aus Echtzeit-Daten generierte Prognose vermittelt.

DAS SYSTEM ESSENCE

Bezugspunkt für die folgende Auseinandersetzung ist ein Pilotprojekt zum elektronischen Gesundheitsmonitoring, das seit 2001 in der Region von Washington, DC in den USA erprobt wird (Lombardo/Burkom/Pavlin 2004). Das System verarbeitet Gesundheitsdaten aus einer breiten Zahl von Quellen, die tagesaktuell und teils automatisch eingespeist werden. Das »ESSENCE (Electronic Surveillance System for the Early Notification of Community-based Epidemics)« genannte System stellt einen frühen Versuch dar, »reality mining« für den Zweck des Gesundheitsmonitoring nutzbar zu machen und ist nach wie vor eines der am weitest verbreiteten unter den diversen syndromischen Monitoring-Systemen in den USA (Yan/Chen/Zeng 2009). Inzwischen wird ESSENCE auch in die nationale Biosense Plattform integriert, den Versuch einer landesweiten Monitoring-Lösung (Gould/Walker/Yoon 2017). Kennzeichen dieser Systeme ist dabei der Wechsel von diagnostizierten Krankheitsdaten zu unspezifischen, »syndromischen« Daten als Grundlage. Üblicherweise – so etwa in Deutschland durch das Robert-Koch-Institut – wird für Gesundheitsmonitoring vor allem auf Meldungen durch Ärzt_innen zurückgegriffen (so genannte *sentinel surveillance*). Das Versprechen einer »syndromic surveillance« ist es, ohne die Verzögerung durch eine ärztliche Diagnose, epidemiologisch relevante Ereignisse quasi im Moment ihres Auftretens registrieren zu können (Velasco et al. 2014). Dazu werden im Fall des ESSENCE-Systems Daten aus unterschiedlichen Quellen zumindest tagesaktuell zusammengeführt. Im Zentrum stehen die täglich in allen Notaufnahmestellen der Bundesstaaten Maryland, Virginia und der Stadt Washington, DC anfallenden Krankheitsklassifizierungs-Codes (so genannte ICD-9-CM Codes). Mit diesen Codes werden am Schalter der Notaufnahme die von den Patient_innen angegebenen gesundheitlichen Beschwerden grob erfasst. Damit verfügt das ESSENCE System bereits über maschinenlesbare, gesundheitsbezogene Daten, noch bevor eine ärztliche Behandlung oder Diagnose erstellt wurde. Ergänzend fließen in das System weitere Daten ein, etwa die abendlichen Verkaufszahlen der großen Drogeriemarkt-Ketten, Abwesenheitsmeldungen der Grundschulen, Daten der städtischen Vergiftungsstelle und ähnliche Informationen. Das System gleicht diese Daten permanent mit vorliegenden Informationen aus den letzten Tagen bzw. Jahren ab und flaggt alle ungewöhnlichen zeitlichen und räumlichen Häufungen aus. Epidemiolog_innen in den einzelnen bezirklichen Gesundheitsämtern können auf das System zugreifen und den Warnsignalen nachgehen.

Das System ESSENCE interessiert hier nicht als ein System gesundheitlicher Früherkennung (siehe dazu Füller 2018), sondern als ein Anwendungsbeispiel einer algorithmischen Mustererkennung, die wie gesehen zentral ist für einen Teil städtischer Zukunftsvorstellungen. Der Bezug auf ein konkretes Beispiel erleichtert es, auf bestimmte Probleme hinzuweisen, die mit dieser spezifischen »datenbasierten« Erkenntnisweise zusammenhängen. Durch das Beispiel ESSENCE sollen im Folgenden zwei generelle Probleme veranschaulicht werden, die mit der automatisierten, auf Echtzeit-Daten und Mustererkennung basierenden Steuerung städtischer bzw. sozialer Prozesse verbunden sind. Unabhängig von Fragen der Präzision und Güte algorithmischer Mustererkennung (für eine Kritik siehe Rabari/Storper 2015; Frické 2015) bedeutet dieser Steuerungsversuch vor allem auch einen anderen Modus von Wahrheitsfindung, eine veränderte Epistemologie. »Big Data reframes key questions about the constitution of knowledge, the processes of research, how we should engage with information, and the nature and the categorization of reality.« (boyd/Crawford 2012: 665) Kennzeichnend ist die bewusste Umkehrung der gewohnten Abfolge von Theorie, Hypothese und empirischer Bestätigung. Es geht mit Hilfe von Big Data nicht darum Entwicklungen zu verstehen, sondern diese zu prognostizieren. »We usually don't know about causation, and we often don't necessarily care [...] the objective is more to predict than it is to understand the world.« (Siegel 2013: 90) Das alte Paradigma, dass Theorie und Daten zur Generierung von Hypothesen führen, die wiederum empirisch durch Studien bestätigt werden müssen, wird hier bewusst ignoriert. Korrelationen führen aufgrund beliebig erweiterbarer Datenmengen nicht mehr nur zu Hypothesen, sondern zu bestätigtem Wissen. Die Daten selbst geben Auskunft über zukünftige Entwicklungen und dies am besten ohne verzerrende Vorannahmen oder Theorien. »[R]ather than testing a theory by analyzing relevant data, new data analytics seek to gain insights ›born from the data‹.« (Kitchin 2014a: 2)

Auf zwei Aspekte dieser Epistemologie algorithmischer Mustererkennung soll im Folgenden unter Rückgriff auf das Beispiel ESSENCE näher eingegangen werden.

Algorithmische Wahrheitsfindung I: Normalisierung

Die für Big Data charakteristische Erkenntnisweise – »aus den Daten« und ohne (medizinisch-diagnostische) Vorannahmen – ist auch eines der zentralen Versprechen des syndromischen Gesundheitsmonitorings. Eine maschinelle Mustererkennung sei frühzeitiger in der Lage, gerade solche Gefährdungen der öffentlichen Gesundheit zu registrieren, die bisher nicht bekannt und damit erwartbar sind. Oft genannte Beispiele sind eine neu entstandene Infektionskrankheit oder ein bioterroristischer Anschlag. Solche Gesundheitsgefahren fallen durch das Raster meldepflichtiger Krankheiten oder die Meldung würde zu spät erfolgen, wenn sie erst im Anschluss an eine ärztliche Diagnose ergeht. Dieser Vorzug einer unverzüglichen und unverstellten, weil »hypothesenfreien«, Mustererkennung geht aber mit einem grundlegenden Problem einher, wie das Beispiel Gesundheitsmonitoring auch zeigt: Es kommt unweigerlich zu einer Normalisierung. Die Suggestion des »reality mining« ist mit der Setzung einer bestimmten »normalisierten« Realität verbunden. Wie alle Überwachungstechnologien bedarf die Mustererkennung des Normalen als Kontrast (Crandall 2010). Konkret am Beispiel Gesundheitsmonitoring bedeutet das: Die Vorstellung, dass sich Gefahren der öffentlichen Gesundheit aus ungewöhnlichen Häufungen in den Daten erkennen lassen, setzt einen unproblematischen Normalzustand als Hintergrund voraus, von dem sich eine Häufung erst abheben kann. Betriebsgrundlage einer algorithmischen Mustererkennung ist die Annahme eines gut funktionierenden Normalzustands. Zugleich versichert das System in seiner Anwendung das Vorliegen dieses Normalzustands. Wenn – wie an den meisten Tagen – von ESSENCE keine ungewöhnlichen Häufungen gemeldet werden, suggeriert das einen unproblematischen Zustand der öffentlichen Gesundheit. Permanente Gesundheitsbelastungen in der Stadt wie Lärm, Luftverschmutzung oder fehlender Zugang zu gesunder Ernährung erscheinen als Bestandteil dieses Normalzustandes ebenso wie chronische Krankheiten und lebensstilbezogene Gesundheitsprobleme. Anders als der »Verzicht auf Vorannahmen« suggeriert, ist mit der Implementierung eines datengetriebenen Monitorings eine grundlegende Vorannahme bezüglich der öffentlichen Gesundheit (funktionierender Ist-Zustand) und von bearbeitungswürdigen Gesundheitsproblemen (störende Ereignisse) verbunden. Strukturelle Determinanten von Gesundheit oder Gesundheit als ein nicht pathogenetisch definiertes Ziel geraten hier aus dem Blick, plötzlich auftretende Störungen werden privilegiert.

Dieser »normalisierende« Moment ist generell Steuerungsversuchen des Städtischen immanent, die auf Echtzeit-Daten und Mustererkennung vertrauen. Die notwendige Prämisse für diese Erkenntnisweise ist, dass die Daten das zu Steuernde ausreichend abbilden, sei es öffentliche Gesundheit wie im Beispiel oben, oder andere Aspekte der Stadt. Dem liegt eine Vorstellung von Stadt zu Grunde, die sich in ein Bündel von Interaktionen auffächern lässt. »[T]he city shall [...] be seen as [...] an actuated multidimensional conglomerate of heterogeneous processes, in which the citizens are the central component.« (Resch/Britter/Ratti 2012: 175) Offen bleibt nur noch, wie diese Interaktionen und ihr Zusammenwirken möglichst zu optimieren sind. »Moving our attention from a component-oriented view of the world to an interaction-oriented view will allow us to understand the complex systems we have created and the emergent collective phenomena characterising them.« (Bishop/Helbing 2012: 1) Das Ziel ist die Rückführung aller Interaktionen auf Modulationen eines grundlegenden Codes – quasi eine Supernormalisierung (Bogard 1996: 22).

Diese kybernetische Idee ist aber nur eine mögliche Perspektive auf Stadt. Eine lange Tradition der Stadtforschung von Georg Simmel über Max Weber bis zu Jane Jacobs hat das Wesen des Städtischen gerade in einem Dazwischen verortet, das sich nicht über Daten erheben und in Interaktionen repräsentieren lässt. Diese Richtung betont, dass die besondere Qualität der Stadt darin liegt, ein Ort der Spontanität, der Heterogenität und des begrenzten Chaos zu sein. Die emergenten kollektiven Phänomene der Stadt lassen sich nicht aus den in Daten repräsentierbaren Interaktionen allein erklären. Ausdrücklich – darauf weisen die grundlegenden Arbeiten der Stadtforschung hin – gehört zum Leben in der Stadt auch das Erleben und Erfahren eines urbanen Möglichkeitsraums, der sich jenseits der mit Sensorik und Datenverarbeitung erfassten (und normalisierten) Prozesse abspielt.

ALGORITHMISCHE WAHRHEITSFINDUNG II: GEGENWART ALS ZUKUNFT

Das Beispiel Gesundheitsmonitoring verdeutlicht neben dieser Engführung und Normalisierung der städtischen Realität einen weiteren Moment jener Erkenntnisweise, die einer algorithmischen Mustererkennung zugrunde liegt. Angestrebtes Ziel in einem syndromischen Gesundheitsmonitoring-System wie dem hier vorgestellten ESSENCE-System ist nicht nur eine möglichst zeitnahe Überwachung, sondern die Früherkennung zukünftiger Ereignisse. Die Daten werden kontinuierlich und – durch den Verzicht auf eine Diagnoseschleife – ungefiltert und damit nahezu in Echtzeit eingespeist. Das angestrebte Ziel geht dabei über ein möglichst zeitnahes Registrieren von Vorfällen hinaus. Idealerweise sollen Gesundheitsgefahren, beispielsweise der Ausbruch einer Infektionskrankheit, erkannt werden, noch bevor es zu diesem Ereignis gekommen ist. Wie Lindsay Thomas mit Bezug auf Google Flu Trends schreibt: »Syndromic surveillance tools like Flu Trends strive to track the spread of a disease in real time by moving ahead of the flow of infection, anticipating where the next outbreak will occur by analyzing specific data points that precede its arrival.« (Thomas 2014: 293) Die in der Gegenwart (möglichst unverzüglich) registrierten Daten sollen im Grunde dazu dienen, zukünftige Ereignisse zu prognostizieren. Diese »Zukünftigkeit« von algorithmischer Mustererkennung betont auch William Bogard. Solche Techniken betreiben im Grunde eine Überwachung im Voraus. »Computer profiling, for instance, is understood best not just as a technology of surveillance, but as a kind of *surveillance in advance of surveillance*, a technology of ›observation before the fact‹.« (Bogard 1996: 27) Die gespeicherten Daten vergangener Grippewellen oder anderer Epidemien erlauben es dem System, Muster darüber zu erstellen, was in Zukunft als normal gelten wird um einzukreisen, bei welcher Schwelle eine automatisierte Warnmeldung ausgegeben werden soll. Auf diese Weise »beobachtet« das ESSENCE System zukünftige Gefahren – etwa eine ansteckende Krankheit – bereits bevor sie überhaupt aufgetreten sind. »Real-time tracking, then, is only possible through anticipating the disease's future trajectory. It is not about observing something as it ›really‹ happens; it's about anticipating where something will happen next.« (Thomas 2014: 293) Indem es den Bereich zukünftiger Ereignisse bereits in der Gegenwart absteckt, entwirft das ESSENCE-System die Zukunft als etwas Kontrollierbares, als eine eingehegte »future-past« (Bogard 1996: 34). Zukunft wird in diesem Modus der Wahrheitsfindung so behandelt, als wäre sie bereits vergangen.

Im Fall des Gesundheitsmonitorings wird diese »vergangene Zukunft« dabei insbesondere mit dem Aspekt der Katastrophe verknüpft. Der gesundheitliche Normalzustand der Bevölkerung ist permanent bedroht. Die besondere syndromische Früherkennung ist vor allem nötig, da diese Bedrohung ab einem bestimmten Punkt nicht mehr gestoppt werden kann. Die Epidemie einer zu erwartenden unbekannten Infektionskrankheit kann nur durch Früherkennung und rasches Eingreifen eingedämmt werden. Das ESSENCE System ist zur Abwehr einer katastrophischen Zukunft eingesetzt. Über die Erkenntnisweise der algorithmischen Mustererkennung wird diese Katastrophe dann zu einer »future-past«, nicht zu einer möglichen, sondern zu einer quasi bereits stattgefunden Zukunft.

»The disease surveillance systems [...] do not so much surveil the future as construct the present as catastrophic. They employ forms of algorithmic or calculative surveillance to collect data about possible catastrophic ›futures‹, but in so doing, they construct these ›futures‹ as the inescapable here and now.« (Thomas 2014: 288)

Der Modus der Wahrheitsfindung über algorithmische Mustererkennung überführt eine ergebnisoffene Zukunft in eine »future-past«, indem es die aus der Gegenwart gewonnene Normalität zur Messlatte möglicher Entwicklungen macht. Diese Engführung gilt es im Blick zu behalten, wenn in aktuellen Zukunftsvisionen städtischer Steuerung die Selbstregulierung städtischer Prozesse propagiert wird (Halpern et al. 2013). Auch wenn hier im Kontrast zu der modernistischen Planungseuphorie im frühen 20. Jahrhundert keine Zukunftsvision von oben durchgesetzt werden soll, die Steuerungsziele vielmehr »aus den Daten« selbst gewonnen werden (Kitchin 2014b), so ist hier die Zukunft zwar weniger explizit aber gleichwohl nicht weniger eng bestimmt: als ein (prozessoptimierter) status quo, den es in die Zukunft zu verlängern gilt. »[U]rban big data [...] seeks to securitize contemporary urban life against the risks of uncertainty latent in the radical openness of possibilities.« (Leszczynski 2016: 1704)

Fazit

In der kritischen Stadtforschung ist den wuchernden Diskursen um die »Smart City« mit einiger Skepsis begegnet worden. Gegen die Vorstellung, das Städtische könne mit Hilfe von Informations- und Kommunikationstechnologien ressourcenschonender und demokratischer gemacht werden, gibt es bereits eine Reihe bedenkenswerter Einwände, etwa bezüglich der Verschränkung von Smart-City-Visionen mit den Markt- und Machtinteressen großer Technologieunternehmen (Rabari/Storper 2015) oder den begrenzten Kreis zumeist männlicher, zahlungskräftiger Stadtbewohner, dem diese Visionen am ehesten entsprechen (Bauriedl/Strüver 2017; Gurstein 2011). Aus einer poststrukturalistischen Perspektive wird zudem auf die zu erwartenden Subjektivierungseffekte und Formen der Selbstführung in einer zukünftig digital vermittelten städtischen Umwelt hingewiesen (Crang/Graham 2007; Vanolo 2014; Gabrys 2014). Eine dritte Reihe von Einwänden bezieht sich auf die Erkenntnis- und Steuerungsweisen auf der Basis von Big Data, die häufig grundlegend für die erwarteten Effizienz- und Optimierungsvorteile einer zukünftigen Smart City sind. Überzeugend werden Fallstricke dieser Erkenntnisweise bei der Anwendung auf städtische Wirklichkeiten herausgestellt (Rabari/Storper 2015), insbesondere inwiefern Big Data einer technokratischen Steuerung auf Basis von vermeintlich objektiven Daten Vorschub leistet und damit bestehende Hierarchien und Ausschlüsse verfestigt (Greenfield 2013; Datta 2015; Leszczynski 2016).

Anschließend an diese Kritiken hat der Beitrag die Implikationen einer Erkenntnisweise »aus den Daten selbst« anhand eines konkreten Anwendungsbeispiels im Bereich Gesundheitsmonitoring präzisiert. Big Data kommt hier in Form algorithmischer Mustererkennung zum Einsatz. Unspezifische, unsystematische und möglichst kontinuierlich in Echtzeit erhobene Daten werden auf ungewöhnliche Ballungen bzw. Ausreißer hin untersucht. Das System setzt damit jene Erkenntnisweise »aus den Daten« um, die derzeit vor allem auch zur Lösung städtischer Effizienz- und Steuerungsprobleme propagiert wird. Die sensoren- und damit datengesättigte Stadt bietet sich als ideales Testfeld für sich selbst steuernde bzw. optimierende Prozesse an. Allerdings leistet eine solche im Endeffekt technische Lösung sozialer Probleme problematischen Verkürzungen Vorschub. Wie das Anwendungsbeispiel ESSENCE verdeutlicht, ist die algorithmische Mustererkennung nicht allein ein – mehr oder weniger – zweckmäßiges Werkzeug, sondern solche Verfahren haben auch eine bestimmte Erkenntnisweise im Gepäck. Die Stadt »aus den Daten« erscheint als ein chaotisches aber letztlich modellierbares und damit kontrollierbares Bündel von Prozessen. »[T]he city [shall be seen] as an actuated multi-dimensional conglomerate of heterogeneous processes, in which the citizens are the central component. In other words, the city can be seen as a complex near real-time control system.« (Resch/Britter/Ratti 2012: 180) Die für das Städtische charakteristische Unschärfe, Unsicherheit und Überdeterminiertheit wird mit Hilfe der Erkenntnisweise der Big Data algorithmisch prozessierbar gemacht. Die neue Ampelschaltung wird die bestmögliche Taktung selbst finden, es muss keine Idee bezüglich Pendleraufkommen oder Stoßzeiten als Grundlage eingespeichert werden. Diese induktive Steuerung aus den Daten funktioniert nicht als Prüfung von Vorannahmen, sondern als eine laufend sich selbst korrigierende Prognose zukünftiger Entwicklungen. Dadurch weitet sich allerdings auch der zeitliche Horizont von Kontrolle hinein in die Zukunft. Die beständige datengestützte Prognose reduziert die Zukunft auf eine berechnete und kontrollierte »future-past«, die keinen Raum für grundlegenden Wandel oder Paradigmenwechsel lässt. »One needs to ask: why do we need to ›predict‹ in the first place? Isn't prediction a form of control and isn't control one of the problems – this will to master the world at any cost, including the cost of life, which only ends up closing off the horizon of our possible futures?« (Beer 2014: 334) Indem algorithmische Mustererkennung städtische Unsicherheit prozessierbar macht, werden zugleich die Momente und Möglichkeiten der Realisierung alternativer Zukünfte beschränkt. Jenseits der begründeten Skepsis an der mit einer Echtzeit-Steuerung notwendig verbundenen Überwachung gilt es auch Implikationen der zugrunde liegenden Erkenntnisweise kritisch im Blick zu behalten, mit der städtische Unsicherheit zukünftig kontrollierbar gemacht werden soll.

LITERATUR

Bauriedl, Sybille/Strüver, Anke (2017): Smarte Städte. Digitalisierte urbane Infrastrukturen und ihre Subjekte als Themenfeld kritischer Stadtforschung. In: sub\urban. Zeitschrift für kritische Stadtforschung 5 (1/2), S. 87–104.

BBSR (2017): Smart City Charta. Digitale Transformation in den Kommunen nachhaltig gestalten. Bonn: Bundesinstitut für Bau-, Stadt- und Raumforschung.

Beer, David (2014): The Biopolitics of Biometrics: An interview with Btihaj Ajana. In: Theory, Culture & Society 31 (7-8), S. 329–336.

Bishop, Steven/Helbing, Dirk (2012): FuturICT. Global computing for our complex world. FuturICT.

Bogard, William (1996): The Simulation of Surveillance. Hypercontrol in telematic societies. Cambridge: Cambridge University Press.

boyd, danah/Crawford, Kate (2012): Critical Questions for Big Data. In: Information, Communication & Society 15 (5), S. 662–679.

Crandall, Jordan (2010): The Geospatialization of Calculative Operations: Tracking, Sensing and Megacities. In: Theory, Culture & Society 27 (6), S. 68–90.

Crang, Mike/Graham, Stephen (2007): Sentient Cities. Ambient intelligence and the politics of urban space. In: Information, Communication & Society 10 (6), S. 789–817.

Datta, Ayona (2015): New urban utopias of postcolonial India: »Entrepreneurial urbanization« in Dholera smart city, Gujarat. In: Dialogues in Human Geography 5 (1), S. 3–22.

Eagle, Nathan/Pentland, Alex Sandy (2005): Reality mining: sensing complex social systems. In: Personal and Ubiquitous Computing 10 (4), S. 255–268.

Frické, Martin (2015): Big data and its epistemology. In: Journal of the Association for Information Science and Technology 66 (4), S. 651–661.

Füller, Henning (2018): Biosecuring Public Health. The example of ESSENCE. In: K. Boersma/C. Fonio (Hg.), Big Data, Surveillance and Crisis Management, London: Routledge, S. 81–97.

Gabrys, Jennifer (2014): Programming environments: environmentality and citizen sensing in the smart city. In: Environment and Planning D: Society and Space 32 (1), S. 30–48.

Goodchild, Michael (2007): Citizens as sensors: the world of volunteered geography. In: GeoJournal 69 (4), S. 211–221.

Gould, Deborah W./Walker, David/Yoon, Paula W. (2017): The Evolution of BioSense: Lessons Learned and Future Directions. In: Public Health Reports 132, S. 75–112.

Greenfield, Adam (2013): Against the smart city. New York, NJ: Do projects.

Gurstein, Michael (2011): Open Data: Empowering the empowered, or effective data use for everyone? In: First Monday 16 (2), o. S.

Halpern, Orit/LeCavalier, Jesse/Calvillo, Nerea/Pietsch, Wolfgang (2013): Test-Bed Urbanism. In: Public Culture 25 (2), S. 272–306.

Hondula, David M./Kuras, Evan R./Longo, Justin/Johnston, Erik W. (2017): Toward precision governance: infusing data into public management of environmental hazards. In: Public Management Review 20 (5), S. 1–20.

Kitchin, Rob (2014a): Big Data, new epistemologies and paradigm shifts. In: Big Data & Society 1 (1), S. 1–12.

Kitchin, Rob (2014b): The real-time city? Big data and smart urbanism. In: GeoJournal 79 (1), S. 1–14.

Lazer, David/Pentland, Alex Sandy/Adamic, Lada/Aral, Sinan/Barabasi, Albert Laszio/Brewer, Devon D. et al. (2009): Life in the network: the coming age of computational social science. In: Science 323 (5915), S. 721–723.

Leszczynski, Agnieszka (2016): Speculative futures: Cities, data, and governance beyond smart urbanism. In: Environment and Planning A 48 (9), S. 1691–1708.

Lombardo, Josef S./Burkom, Howard/Pavlin, Julie (2004): ESSENCE II and the Framework for Evaluating Syndromic Surveillance Systems. In: MMWR Morbidity and mortality weekly report 53, S. 159–165.

Rabari, Chirag/Storper, Michael (2015): The digital skin of cities: urban theory and research in the age of the sensored and metered city, ubiquitous computing and big data. In: Cambridge Journal of Regions, Economy and Society 8 (1), S. 27–42.

Resch, Bernd/Britter, Rex/Ratti, Carlo (2012): Live Urbanism – Towards SENSEable Cities and Beyond. In: S. Rassia/P. Pardalos (Hg.), Sustainable Environmental Design in Architecture, New York: Springer, S. 175–184.

Siegel, Eric (2013): Predictive analytics. The power to predict who will click, buy, lie, or die. Hoboken, NJ: Wiley.

Thomas, Lindsay (2014): Pandemics of the future: Disease surveillance in real time. In: Surveillance & Society 12 (2), S. 287–300.

Vanolo, Alberto (2014): Smartmentality: The Smart City as Disciplinary Strategy. In: Urban Studies 51 (5), S. 883–898.

Velasco, Edward/Aghenza, Tumacha/Denecke, Kerstin/Kirchner, Göran/Eckmanns, Tim (2014): Social Media and Internet-Based Data in Global Systems for Public Health Surveillance: A Systematic Review. In: Milbank Quarterly 92 (1), S. 7–33.

Yan, Ping/Chen, Hsinchun/Zeng, Daniel (2009): Syndromic surveillance systems. In: Annual Review of Information Science and Technology 42 (1), S. 425–495.

Policing the Smart City

Eine Taxonomie polizeilicher Prognoseprogramme

Till Straube, Bernd Belina

1 Einleitung

In kaum einer Aufzählung der Anwendungsbereiche und Segnungen kommender Smart Cities wird, neben den intelligenten Mülleimern, nicht auch Verbrechensbekämpfung bzw. »crime« oder »policing« genannt. Dabei fällt auf, dass dies immer *en passant* geschieht und nie vertieft wird. Stattdessen wird über Verbrechensbekämpfung mit den Mitteln und in der Denkweise von Smart Cities vor allem im Kontext von Predictive Policing diskutiert. In diesem Kapitel fragen wir, in welcher Weise sich Predictive-Policing-Technologien, ihr Einsatz und ihre Konsequenzen je nach Kontext unterscheiden. Wir argumentieren, dass die weitgehend unwidersprochene Implementierung von Predictive-Policing-Software durch deutsche Polizeien darauf zurückzuführen ist, wie die Protagonist*innen von Predictive Policing die Technologie in den spezifischen Kontext hierzulande eingeführt haben.

Wir gehen folgendermaßen vor: Zunächst stellen wir Predictive Policing vor und situieren es in Bezug auf die Smart City sowie auf Kriminologie und Kriminalpolitik. Anschließend entwickeln wir anhand von zwei Fallbeispielen – den Prognoseprogrammen des Los Angeles Police Department (LAPD) und des Landeskriminalamts Nordrhein-Westfalen (LKA NRW) – eine Taxonomie von Predictive-Policing-Programmen, mittels derer die Unterschiede zwischen verschiedenen Varianten anhand von fünf Achsen bestimmt werden können. Abschließend spiegeln wir die durch die Taxonomie möglichen Unterscheidungen zurück in die öffentliche Debatte über polizeiliche Prognosetechnologien. Wir argumentieren, dass es für ein Urteil über und eine Kritik an Predictive Policing entscheidend ist, nicht nur die Technologie an sich, sondern auch und vor allem ihren jeweiligen spezifischen Kontext zu verstehen.

2 Predictive Policing: Ein Definitionsversuch

Basierend auf der umfangreichen Literatur und mit Fokus auf die für die Geographie relevanten Anwendungsfelder schlagen wir folgende Definition vor: Das Regierungsprogramm Predictive Policing bezeichnet den routinemäßigen Einsatz von EDV-Apparaten durch Polizierende mit dem Ziel, Vorhersagen über Orte und Zeiten von kriminalisierbaren Handlungen zu treffen, die präzise genug sind, um gezielte Maßnahmen zu deren Bekämpfung zu ergreifen.

In dieser Definition sind zwei theoretische Bezüge enthalten: mit »Regierungsprogramm« jener auf Foucault und die Governmentality Studies, nach denen Biopolitik auf die Beeinflussung der »einer Bevölkerung eigenen Massenphänomene, die Bedingungen ihrer Variation, die Kontrolle von Wahrscheinlichkeiten, die Modifikation ihrer Effekte« (Lemke 1997: 136) zielt und mit »kriminalisierbar« der Bezug auf die Kritische Kriminologie, die Kriminalität als Ergebnis von Zuschreibungsprozessen begreift: »Crime does not exist. Crime is created. First there are acts. Then follows a long process of giving meaning to these acts.« (Christie 2000: 22)

Diese Definition setzt auch einige Abgrenzungen. Nicht gemeint sind Programme, die das individuelle Risiko zum Opfer, zur Täter*in oder erneuten Täter*in einer Straftat nach Haftentlassung (Rückfallrisiko) zu werden, die also mit Wahrscheinlichkeiten in Bezug auf Personen, und nicht auf Orte und Zeiten arbeiten (vgl. Beispiel bei Sommerer 2017: 148 f.). Ebenso wenig erfasst sind alle bislang eher experimentellen Versuche, Orte und Zeiten zukünftiger Kriminalität mittels z. B. Kommunikationsinhalten zu berechnen, weil diese nach Einschätzung aller Akteure zu ungenau sind, um in gezielte Maßnahmen umgesetzt zu werden (vgl. Beispiel bei Belina 2016: 90 ff.).

Außerdem bleibt die Definition absichtlich vage in Bezug auf die Fragen, wer poliziert, was EDV-Apparate alles beinhalten und welche Maßnahmen ergriffen werden, weil sich diese Aspekte zwischen Programmen unterscheiden. Schließlich ist mit »Programm« eine Kombination aus Soft- und Hardware einerseits und Initiativen im Bereich des Polizierens andererseits gemeint – Programm also sowohl im technischen als auch im organisationssoziologischen Sinn.

Predictive-Policing-Programme nutzen Kriminalitätsdaten, um basierend auf Orten und Zeiten vergangener Verbrechen Orte und Zeiten zukünftiger Verbrechen vorherzusagen. Dabei versuchen sie, mittels Algorithmen Trends und Verschiebungen im Zeitverlauf zu identifizieren, zwischen einmaligen Verbrechen und Serien zu unterscheiden und mitunter durch Hinzuziehung weiterer Daten Zusammenhänge mit »Umweltfaktoren« oder einzelne kriminelle Akteur*innen zu identifizieren (v. a. Einbrecherbanden). Dabei kommen GIS-Anwendungen zum Einsatz; die Ergebnisse erscheinen üblicherweise in Kartenform.

3 Kriminalität à la Smart City

Anwendungen im Predictive Policing nutzen dieselben Mittel, folgen derselben Denkweise und haben denselben städtischen »Einsatzort« wie andere Programme im Kontext von Smart Cities. Sie nutzen große Datenmengen, in denen sie mittels Algorithmen Muster erkennen, um auf Basis der Fortschreibung dieser Muster in die Zukunft Maßnahmen zu ergreifen. Dem liegt folgende Denkweise zugrunde: Zur Regierung des Sozialen müssen erstens dessen Regularitäten erkannt werden sowie zweitens Faktoren, mittels derer auf diese Regularitäten Einfluss genommen werden kann. Beides erfolgt üblicherweise rein empirisch, Regularitäten und Faktoren müssen nicht notwendig erklärt oder theoretisch begründet werden. Basierend auf dieser Erkenntnis ist es das Ziel »über diese entfernten Faktoren, über das Spiel dieser Faktoren effektiv auf die Bevölkerung einzuwirken« (Foucault 2004: 110). Um diese Denkweise im Bereich der Kriminalitätsbekämpfung anzuwenden, ist ein Glaube an das Vorhandensein solcher Regularitäten im Bereich der Kriminalität vonnöten (der bei vielen Formen der Kriminalität in Frage zu stellen ist, etwa bei Beziehungstaten, vgl. Bennett Moses/Chan 2016: 8) sowie auch ein solcher an die akkurate Erfassung bzw. Erfassbarkeit von Kriminalität (den die Kritische Kriminologie überzeugend erschüttert hat, vgl. Belina 2009).

Predictive-Policing-Programme sind im Feld von Kriminologie und Kriminalpolitik die Fortsetzung des Gründungswunsches beider Wissensbereiche, Kriminalität erkennen und verhindern zu können, bevor sie passiert (vgl. Belina 2016: 86 ff.). Sie schließen an den Trend zur Evidenzbasierung der Kriminalpolitik ebenso an wie an neuere Techniken der Kriminalitätskartierung und des systematischen Einsatzes des Computers als Management-, Einsatzplanungs- und Kontrollinstrument (vgl. Belina 2009, 2016). Sie versprechen Polizeien Erfolge bei Kriminalprävention, Personaleinsparung und Öffentlichkeitsarbeit sowie den zuständigen Beamten im Erfolgsfall Karrieren.

Bei Weitem nicht alle technologischen Neuentwicklungen im Feld der Kriminalitätsbekämpfung setzen sich auch durch. In Anlehnung an die Technographie argumentiert Ostermeier (2018: 112), dass Predictive Policing anderen Technologien nicht aufgrund seiner Effektivität überlegen ist, sondern weil es das Potential beinhaltet eine »Schließung« herbeizuführen. Eine solche erfolgt, wenn die »mehr oder weniger unhinterfragte Annahme der verlässlichen Funktionsweise einer Technologie« (ebd.: 105) durchgesetzt ist. Dies mag erklären, warum keine belastbaren Evaluationen von Predictive-Policing-Programmen vorliegen.[1] Am Beispiel des »Sicherheitsversprechens« einer an-

---

1 | Bennett Moses und Chan (2016: 10-12) fanden zwei Evaluationen, die sie für belastbar hielten. Eine fand keinen Zusammenhang zwischen Predictive Policing und der Entwicklung der registrierten Kriminalität, die andere fand diese zwar, wurde aber – wo-

deren neuen Technologie in diesem Feld, der Biometrie, zeigen Kühne und Schlepper (2018: 91), dass »derartige Schließungsprozesse keineswegs final sind«. Vielmehr treten bei fortschreitender Implementierung und Ausweitung von Anwendungsfeldern in neuen räumlichen und/oder zeitlichen Kontexten technische Probleme, neue Inwertsetzungsoptionen und gesellschaftliche Kritik auf, die zu Neuaushandlungen und, im Erfolgsfall, zu neuen Schließungen führen. Ob eine Schließung gelingt, hängt dabei vom zeitlichen und räumlichen Kontext der Implementierung einer Technologie ab. Im Folgenden vergleichen wir zwei Predictive-Policing-Programme, die in vielerlei Hinsicht Extrempunkte möglicher Ausprägungen darstellen, und die in ihren jeweiligen Kontexten als weitgehend anerkannt gelten können.

4 Predictive Policing in vielfältigen Kontexten

Es liegt auf der Hand, dass die Kontexte von Polizeiarbeit in verschiedenen Städten und Regionen voneinander abweichen. Die Unterschiede reichen von Organisation, Verantwortungsbereichen und juristischen Voraussetzungen über Ausstattung mit Geldern, Personal und Equipment bis hin zu »weichen Faktoren« der Polizeikultur und Alltagspraxis. Zwangsläufig unterscheidet sich also auch das spezifische Predictive-Policing-Programm des LKA NRW von dem des LAPD – und beide wiederum von jenen in Bayern, Kent oder Trinidad und Tobago (Norton 2013). Ostermeier betont: »Die Verbreitung von Predictive Policing kann daher nicht als die Umsetzung eines kohärenten Programms beschrieben werden, die Funktionsweisen und damit auch die Folgen hängen jeweils von dem Kontext ihrer Anwendung ab.« (Ostermeier 2018: 111)

Vor dem Hintergrund der weltweiten Ausbreitung von Predictive Policing seit Anfang der 2010er Jahre (und dies spätestens seit Mitte des Jahrzehnts auch im Rahmen von Diskursen über die Smart City), stellen wir die Frage, inwieweit sich diese lokalen Ausprägungen des Phänomens unterscheiden. Begreifen wir Predictive Policing dabei einerseits als von Regierungsinstanzen implementierte Vorgehensweisen, so knüpft diese Fragestellung an die Debatte um Policy Mobilities an, die die dynamische »Mutation« von wandernden Policies unterstreicht (Peck/Theodore 2010: 170; McCann 2011). In Hinsicht auf die technologischen Aspekte eines scheinbar weltweit übertragbaren Predictive-Policing-Programms können wir andererseits auf Collier und Ong (2005) rekurrieren, die den globalen Charakter von technologischen Assemblages, die Heterogenität ihrer Materialien sowie Prozesse ihrer De- und Rekontextualisierung unterstreichen.

---

rauf in einer Fußnote immerhin hingewiesen wird – von der Firma, die die Software vertreibt, selbst durchgeführt, war also nicht unabhängig.

Schließlich lässt sich der Siegeszug von Predictive Policing nicht verstehen, ohne den experimentellen Charakter nachzuvollziehen, mit dem diese Technologien in diversen Pilotprojekten, Testphasen, Simulationen und Versuchsanordnungen in immer neue Kontexte überführt wurden. Diese lokalen Experimente im Spannungsfeld von wissenschaftlichen, wirtschaftlichen und unmittelbar anwendungsorientierten Interessen resonieren mit der wissenschaftssoziologischen Debatte um Technoscience, die Wert auf den kontingenten und situierten Charakter von technologisierter Wissensproduktion legt (Latour 1987, Asdal et al. 2007). Das Labor, in dem neue Technologien entstehen, ist nicht klar getrennt von der Wirklichkeit, in der sie angewandt werden. Vielmehr entstehen neue Technologien in versuchsorientierten materiellen Praxen im Nexus von Technologie, Wissenschaft und sozialen Beziehungen, die die Wirklichkeit zum Labor werden lassen. In dieser Hinsicht ist auch die Smart City ein Labor (Halpern et al. 2013).

Los Angeles Police Department: PredPol

Die Entstehungsgeschichte von Technologien, die unter dem Label Predictive Policing verhandelt werden, ist untrennbar mit dem Los Angeles Police Department (LAPD) verbunden. Im Stadtgebiet von Los Angeles wurden bereits 2011 Feldversuche zur Erprobung von Vorhersagealgorithmen durchgeführt. Eine zentrale Rolle kommt dabei dem Forscherteam um den Kriminologen Jeff Brantingham (University of California, Los Angeles) zu. Eine von ihm mitverantwortete Studie bescheinigt algorithmischen Vorhersagemodellen eine Erhöhung der Trefferquote (d. h. den Anteil an tatsächlich registrierten Straftaten, der mit Prognosen im Modell übereinstimmt) gegenüber den Prognosen von Expert*innen mit Faktor 1,4 bis 2,2 (Mohler et al. 2015: 1399).[2]

Unmittelbar nach ihrer Datenerhebung gründeten George Mohler und Jeff Brantingham das Unternehmen PredPol, das seit 2013 die gleichnamige Software zum Verkauf anbietet. Neben dem LAPD gehören die Police Departments von Alhambra (Kalifornien) und Kent (Vereinigtes Königreich) zu den Kundinnen der ersten Stunde. PredPol ist seitdem weltweit Marktführerin für Predictive-Policing-Software.

Aufgrund seiner besonderen Rolle in der Entstehung und Verbreitung von Prognosesoftware in der Polizeiarbeit (sowie in der Berichterstattung darüber) ziehen wir das LAPD als den ersten von zwei spezifischen Kontexten in unserer Beschreibung von Predictive-Policing-Technologien heran.

---

[2] | Die seither einzige unabhängige quantitative Untersuchung bezweifelt die Validität dieses Ergebnisses (Hunt et al. 2014).

Landeskriminalamt Nordrhein-Westfalen: SKALA

Obwohl in der englischsprachigen Berichterstattung die Software PredPol des Öfteren synonym mit der Technologie des Predictive Policing verwendet wird, finden sich zahlreiche Anwendungskontexte, die keinen Gebrauch von dieser Software machen. Ein Konkurrenzprodukt namens PRECOBS wird seit 2013 vom »Institut für musterbasierte Prognosetechnik Verwaltungs-GmbH« in Oberhausen beispielsweise nach Zürich, Bayern und Baden-Württemberg vertrieben – nicht jedoch an das geographisch nächstliegende Landeskriminalamt Nordrhein-Westfalen in Düsseldorf, das sich gegen den Kauf einer fertigen Softwarelösung und für die eigenhändige Entwicklung eines Prognosesystems entschieden hat.

Unter dem Namen SKALA (System zur KriminalitätsAnalyse und LageAntizipation) hat hier ein Projektteam ein Prognosemodell entwickelt, das seit 2016 zur Vorhersage von Einbruchsdelikten angewandt wird (Landesregierung NRW 2016; Innenministerium NRW 2017). Die Software SPSS Modeler von IBM, die hier zum Einsatz kommt, ist im Gegensatz zu fertigen Anwendungen wie PredPol oder PRECOBS lediglich ein generelles Werkzeug zur Bearbeitung statistischer Fragestellungen, das nicht auf den Kontext von Polizeiarbeit beschränkt ist.

Der Einsatz von SKALA wurde nach und nach auf die Polizeibehörden in Düsseldorf, Köln, Essen, Gelsenkirchen, Duisburg und Bonn ausgedehnt. Im Jahr 2018 soll die Software flächendeckend in ganz NRW zum Einsatz kommen (Innenministerium NRW 2017). SKALA bildet in vielerlei Hinsicht einen Kontrastpunkt zum Marktführer PredPol und eignet sich daher als zweite Fallstudie für die folgenden Überlegungen.

5 Achsen einer Taxonomie

Um die Vielfalt der Kontexte und Ausprägungen von polizeilichen Prognosetechnologien aufzuzeigen, identifizieren wir im Folgen fünf besonders relevante Merkmale, in denen sich derzeitige Programme unterscheiden. Auch wenn wir diese Unterschiede vielerorts anhand unserer Fallbeispiele illustrieren, sind diese Merkmale nicht als definitive Kategorien zu verstehen, um spezifische Programme einzuordnen, sondern vielmehr als Achsen, die als heuristische Taxonomie lokaler Ausprägungen von Predictive Policing gelesen werden können.

Achse 1: Spezifizität von Straftaten

Legitimierungen von Predictive Policing mit wissenschaftlichem Anspruch greifen meist auf die so genannte Near-Repeat-Hypothese zurück; also auf die Annahme, dass Ort und Zeit eines Delikts Aufschluss auf Ort (und zwar im unmittelbaren Umkreis) und Zeit (in einem beschränken Zeitraum nach dem Erstdelikt) von Folgedelikten geben. Kriminologische Untersuchungen bestätigen diese Annahme – besonders eindeutig allerdings nur für Einbruchsdelikte (Weisel 2005: 17 f.; Townsley et al. 2000). Tatsächlich beschränkt sich das Prognoseprogramm SKALA derzeit (wie alle uns bekannten Predictive-Policing-Programme in Deutschland) auf Vorhersagen von Folgedelikten in Einbruchsserien. Auch organisatorisch sind diese Programme hierzulande an Polizeieinheiten gekoppelt, die sich ausschließlich mit der Aufklärung und Prävention von Einbruchsdelikten befassen.

In Los Angeles hingegen wird PredPol auch für die Prognose von Kfz-Diebstählen und -Einbrüchen verwendet. Dabei unterscheidet PredPol grundsätzlich nicht zwischen verschiedenen Delikten, d. h. für jeden Delikttyp, der im Rahmen der Dateneingabe angegeben wird, gibt PredPol im jeweiligen Planungszeitraum die gewünschte Anzahl von Orten aus, an denen laut System ein erhöhtes Risiko dieser Straftat besteht. PredPol selbst wirbt mit heterogenen Anwendungsbereichen wie Überfälle, Verkehrsdelikte und »gang activity« (PredPol 2017). In Kent wurden so Deliktkategorien wie schwere Körperverletzung und *anti-social behavior* (z. B. Ruhestörung, Betteln, Graffiti oder öffentlicher Alkoholkonsum) in das Prognoseprogramm aufgenommen (O'Donoghue 2016).

Achse 2: Heterogenität der Quelldaten

Gemein ist den verschiedenen Prognoseprogrammen, dass sie aus historischen Daten Modelle bilden, die wiederum eingesetzt werden, um aus möglichst aktuellen Daten Prognosen für die nahe Zukunft abzuleiten. Als Basis dienen hierzu stets standardisierte Datensätze, die aus Polizeiprotokollen hervorgehen. Herkömmliche Kriminalstatistiken, die erst Wochen später aggregiert werden, sind hierfür jedoch unbrauchbar. Deshalb müssen zunächst die Voraussetzungen geschaffen werden, die einen tagesaktuellen Input dieser Daten in die jeweiligen Prognoseprogramme ermöglichen.

Diese polizeilichen Daten werden durch heterogene Datensätze ergänzt. Ein vergleichsweise banaler Datenpunkt ist dabei die Jahreszeit: Weil das Tageslicht starke Auswirkungen auf Einbruchsdelikte hat, arbeiten viele Prognoseprogramme mit unterschiedlichen Modellen für Sommer und Winter. Begnügt sich SKALA mit dieser Datengrundlage, werden Vorhersagealgorithmen andernorts oft mit weiteren Daten gespeist. PredPol macht hierzu keine Angaben, das Konkurrenzprodukt HunchLab nennt die Wetterlage, Mondphasen, Nähe zu Kneipen, Schulzeiten und Großveranstaltungen als Beispiele (Shapiro 2017).

Der Logik von Big Data folgend, kann es dabei gar nicht zu viele oder zu heterogene Datenpunkte geben. Der Algorithmus, so das allgemeine Versprechen, sucht sich im Rahmen der Modellbildung selbst die relevanten Indikatoren heraus (Amoore 2011; Anderson 2008; Kitchin 2014).

Achse 3: Zugriffsmöglichkeiten nichtstaatlicher Akteure auf Polizeidaten

Ein weiterer Aspekt, in dem sich NRW und LA unterscheiden, ist der Umgang mit polizeilichen Datensätzen. Dabei spielt insbesondere in den USA der Freedom of Information Act eine entscheidende Rolle, der grundsätzlich die Veröffentlichung aller Informationen seitens der Regierung vorschreibt (also auch von polizeilichen Daten, mit Ausnahme von laufenden Untersuchungen). Dass das LAPD täglich eigene Datensätze über ein Web-Interface auf die Server von PredPol hochlädt, wird dort also wenig problematisiert, da diese Datensätze auf Anfrage ohnehin grundsätzlich öffentlich zugänglich sind.

In Deutschland ist hingegen nicht nur die öffentliche Debatte um Predictive Policing, sondern auch der Diskurs um Digitalisierung insgesamt in einem viel höheren Maße vom Thema Datenschutz geprägt. Dies spiegelt sich in den rechtlichen Voraussetzungen wider. Für das LKA NRW ist es undenkbar, dass Datensätze auf den Server eines privaten Unternehmens transferiert werden. Auch das Programm PRECOBS trägt diesem Umstand Rechnung, indem die Software auf einen Computer aufgespielt wird, der in der jeweiligen Polizeibehörde steht. In beiden Fällen verlassen die Daten nicht das Polizeigebäude.

Achse 4: Nachvollziehbarkeit und manuelle Einflussnahme

Hieran anknüpfend ist auch die »black-boxedness« des Prognoseprogramms ein relevanter Aspekt. Damit meinen wir in Anlehnung an die Figur der Black Box den Grad, zu dem die technischen Details und Funktionsweisen des jeweiligen Algorithmus hinter einer Benutzungsoberfläche versteckt sind (Kitchin 2016; Pasquale 2015). Von dem Zeitpunkt, zu dem im LAPD die Eingabedaten über den Browser an PredPol übermittelt werden, bis zur Rückübertragung der Ergebnisse in Form von markierten Orten auf einer Karte sind die ausgeführten informatischen Operationen für die Polizei nicht nachvollziehbar. PredPol bewirbt sein Produkt zwar mit vagen Beschreibungen und mit Bezug auf seismologische Methoden zur Vorhersage von Nachbeben (PredPol 2017), seine konkrete Funktionsweise ist jedoch ein Betriebsgeheimnis (Demortain/ Benbouzid 2017).

Das im Haus entwickelte Programm SKALA hingegen ermöglicht den Benutzer*innen im LKA NRW direkte Einflussnahme auf alle Aspekte des Algorithmus und – im Rahmen der Affordanzen des zugrundeliegenden SPSS Modelers – komplette Nachvollziehbarkeit seiner Funktionsweise. Eine Zwischenstufe auf dieser Achse stellt PRECOBS dar, dessen Algorithmus zwar nicht vollständig transparent ist, das aber im Prozess der Prognoseeinstellungen viele Möglichkeiten zur manuellen Einflussnahme bietet.

Achse 5: Strukturelle Integration die Polizeiarbeit

In einigen Kontexten geht die Rolle von Prognosesoftware kaum über eine grobe Orientierung für die Schichtplanung hinaus: Die vom Programm identifizierten Orte werden kommentarlos als Zusatzinformation bereitgestellt, auf die die jeweiligen Polizeibediensteten während ihrer Streife nach eigenem Ermessen zurückgreifen (oder auch nicht). Predictive Policing ist in diesem Falle nur ein Aspekt unter vielen im polizeilichen Alltag und spielt z. B. während einer besonders ereignisreichen Schicht gar keine Rolle.

Jenseits dieser oberflächlichen Anwendung werden die Informationen andernorts zum einen mit konkreten Zusatzinformationen versehen, z. B. welche Delikte an welchen Objekten und mit welchen modi operandi diesen Prognosen zu Grunde liegen. Zudem werden die Prognosen an bestimmte Anweisungen gekoppelt, wie viel Zeit an den identifizierten Orten verbracht werden soll, wie sich die Polizist*innen dort verhalten und worauf sie achten sollen.

Auch die Einbindung der Prognoseprogramme in Verwaltungsaufgaben ist stark kontextabhängig. Grundsätzlich lässt sich hierbei beobachten, dass SKALA und andere deutsche Predictive-Policing-Programme vergleichsweise tief in die Polizeiarbeit integriert sind: Berührungspunkte reichen von Prozessen der standardisierten Dateneingabe und Qualitätskontrolle über Schnittstellen zu anderen Formen von Lageberichten bis zur strukturierten Evaluation der Effektivität von Predictive-Policing-Software. PredPol hingegen bietet schon technisch gesehen kaum Integrationsschnittstellen an und wird deshalb eher als unabhängiges Zusatzangebot verhandelt.

6 Ausblick: Predictive Policing, Kontext und Kritik

In unserer Besprechung von Predictive Policing haben wir anhand der Fallbeispiele LAPD und LKA NRW aufgezeigt, was Verbrechensbekämpfung in der Smart City – jenseits der bloßen Erwähnung von »crime« als Anwendungsgebiet datengestützter Technologien – konkret bedeuten kann. Die fünf Achsen unserer Taxonomie verdeutlichen, dass die verschiedenen Ausprägungen von Predictive Policing sich in vielen Aspekten unterscheiden, die insbesondere für eine kritische Betrachtung dieser Programme von Bedeutung sind. Predictive Policing erscheint dabei nicht als homogene Technologie, sondern vielmehr als abstraktes Regierungsprogramm und Sammelbegriff für vielfältige technologisch gestützte Apparate, die – jenseits der Fantasie, Straftaten mittels Vorhersagen bekämpfen zu können – nicht viel gemein haben. Dies resoniert mit der in der forschenden Verhandlung von Smart Cities von Anfang an betonten Unschärfe des Labels (Hollands 2008).

Für die Forschung stellt die von uns vorgeschlagene differenzierte Betrachtungsweise zunächst die Frage, welche Aspekte von Predictive Policing tauglich als Ganzes zu thematisieren sind, und bei welchen Aspekten es notwendig ist, konkrete Prognoseprogramme in ihrem jeweiligen lokalen Kontext zu untersuchen. Während eine grundsätzliche Kritik an Möglichkeit und Folgen des Erkennens von Kriminalität, bevor sie passiert, sich auf alle Formen von Predictive Policing bezieht, sind die in der Taxonomie benannten Aspekte je nach konkreter Programmgestaltung zu bewerten.

Rekurrierend auf die Literatur zu Policy Mobilities und Global Technologies sehen wir darüber hinaus für die kritische Forschung einen großen Bedarf, nachzuvollziehen, anhand welcher Prozesse und Mechanismen sich das Regierungsprogramm Predicitive Policing zwischen konkreten Orten überträgt und wie es dabei in Hinblick auf Technologie, Organisation und Diskurs rekontextualisiert wird, so wie es White (2016) für die Smart City veranschaulicht.

Die Heterogenität von Predictive-Policing-Programmen impliziert darüber hinaus, dass auch die Kritik an ihnen nicht ohne weiteres übertragbar ist. Unsere Fallbeispiele aus den Vereinigten Staaten und Deutschland illustrieren unter anderem strukturelle Unterschiede auf der staatlichen Maßstabsebene. Insbesondere in Bezug auf Datensicherheit und Nachvollziehbarkeit (Achsen 3 und 4) sind die beiden Programme z. B. an sehr unterschiedliche rechtliche Voraussetzungen angepasst. Damit sind für Befürworter*innen von Predictive Policing hierzulande jene Einwände leicht zu entkräften, die sich auf Datenschutz und mangelnde Kontrolle über Kalkulationsprozesse beziehen[3] – und zwar mit Verweis darauf, dass Predictive Policing in Deutschland ganz anders funktioniert als anderswo. Die spezifischen Unterschiede der Implementierung von Predictive-Policing-Programmen zwischen den USA und der BRD sind es, so unser Schluss, die sie hierzulande weitgehend unwidersprochen erfolgen ließen. Umso wichtiger ist es deshalb, auch nachdem anfängliche Bedenken ausgeräumt sind – mithin eine situierte Schließung vollzogen ist – die (Weiter-)Entwicklung von Predictive-Policing-Programmen kontinuierlich aus der Perspektive kritischer Gesellschaftsforschung zu begleiten.

---

3 | Wir wollen dabei nicht den Eindruck erwecken, als sei dies die einzige Form von Kritik an Predictive-Policing-Programmen. Kritisiert werden an ihnen ebenfalls die Datenqualität und die der Berechnung zugrunde liegenden Annahmen (Demortain/Benbouzid 2017; Ensign et al. 2018), Verdrängungseffekte (Belina 2016; Sommerer 2017), die Verflochtenheit ihrer Variablen mit *race* (Ferguson 2017), weshalb sie zur Legitimierung von »racialized policing« herangezogen werden (Jefferson 2018: 1), das Ausblenden sozialer Verhältnisse (Singelnstein 2018) sowie seine Eigenschaft als »Pazifizierungsstrategie« (Legnaro/Kretschmann 2015).

Literatur

Amoore, Louise (2011): Data Derivatives. On the Emergence of a Security Risk Calculus for Our Times. In: Theory, Culture & Society 28 (6), S. 24–43.

Anderson, Chris (2008): The End of Theory. The Data Deluge Makes the Scientific Method Obsolete. https://www.wired.com/2008/06/pb-theory/ vom 11.07.2017.

Asdal, Kristin/Brenna, Brita/Moser, Ingunn (2007): Introduction. In: Kristin Asdal/Brita Brenna/Ingunn Moser (Hg.), Technoscience. The Politics of Interventions, Oslo: Unipub, S. 7–53.

Belina, Bernd (2009): Kriminalitätskartierung – Produkt und Mittel neoliberalen Regierens, oder: Wenn falsche Abstraktionen durch die Macht der Karte praktisch wahr gemacht werden. In: Geographische Zeitschrift 97, S. 192–212.

Belina, Bernd (2016): Predictive Policing. In: Monatsschrift für Kriminologie und Strafrechtsreform 99 (2), S. 85–100.

Bennett Moses, Lyria/Chan, Janet (2016): Algorithmic prediction in policing: assumptions, evaluation, and accountability. In: Policing and Society, DOI: 10.1080/10439463.2016.1253695.

Collier, Stephen J./Ong, Aihwa (2005): Global Assemblages, Anthropological Problems. In: Stephen J. Collier/Aihwa Ong (Hg.), Global Assemblages. Technology, Politics, and Ethics as Anthropological Problems, New York: Blackwell, S. 3–21.

Christie, Nils (2000): Crime Control as Industry. Towards Gulags Western Style, London & New York: Routledge.

Demortain, David/Benbouzid, Bilel (2017): Evaluating Predictive Algorithms. In: Algorithmic Regulation (Discussion Paper), London, S. 13–18. https://www.kcl.ac.uk/law/research/centres/telos/assets/DP85-Algorithmic-Regulation-Sep-2017.pdf vom 18.01.2018.

Ensign, Danielle/Friedler, Sorelle A./Neville, Scott/Scheidegger, Carlos/Venkatasubramanian, Suresh (2018): Runaway Feedback Loops in Predictive Policing. In: Proceedings of Machine Learning Research 81, S. 1–12.

Ferguson, Andrew Guthrie (2017): The Rise of Big Data Policing. Surveillance, Race, and the Future of Law Enforcement, New York: NYU Press.

Foucault, Michel (2004): Sicherheit, Territorium, Bevölkerung. Geschichte der Gouvernementalität I. Vorlesungen am Collège de France 1977/1978, Frankfurt a. M.: Suhrkamp.

Halpern, Orit/LeCavalier, Jesse/Calvillo, Nerea/Pietsch, Wolfgang (2013): Test-Bed Urbanism. In: Public Culture 25 (2), S. 272–306.

Hollands, Robert G. (2008): Will the Real Smart City Please Stand Up? Intelligent, Progressive or Entrepreneurial? In: City 12 (3), S. 303–320.

Hunt, Priscillia/Saunders, Jessica/Hollywood, John S. (2014): Evaluation of the Shreveport Predictive Policing Experiment, Santa Monica: Rand.

Innenministerium NRW (2017): NRW-Einbruchszahlen gehen im ersten Quartal 2017 30 % zurück – Neue Prognose-Software eingesetzt. www.mik.nrw.de/startseite/kampf-gegen-einbrueche/skala.html vom 18.01.2018.

Jefferson, Brian Jordan (2018): Predictable Policing. Predictive Crime Mapping and Geographies of Policing and Race. In: Annals of the American Association of Geographers 108 (1), S. 1–16.

Kitchin, Rob (2014): The Data Revolution. Big Data, Open Data, Data Infrastructures and their Consequences, Los Angeles: SAGE.

Kitchin, Rob (2016): Thinking Critically about and Researching Algorithms. In: Information, Communication & Society 20 (1), S. 14–29.

Kühne, Sylvia/Schlepper, Christina (2018): Zur Politik der Sicherheitsversprechen. Die biometrische Verheißung. In: Jens Puschke/Tobias Singelnstein (Hg.): Der Staat und die Sicherheitsgesellschaft, Wiesbaden: Springer, S. 79–99.

Landesregierung NRW (2016): Pilotprojekt Predictive Policing in NRW. Antwort auf die Kleine Anfrage 4946.

Latour, Bruno (1987): Science in Action. How to Follow Scientists and Engineers through Society, Cambridge, MA: Harvard University Press.

Legnaro, Aldo/Kretschmann, Andrea (2015): Das Polizieren der Zukunft. In: Kriminologisches Journal 47 (1), S. 94–111.

Lemke, Thomas (1997): Eine Kritik der politischen Vernunft. Foucaults Analyse der modernen Gouvernementalität, Berlin: Argument.

McCann, Eugene (2011): Urban Policy Mobilities and Global Circuits of Knowledge. Toward a Research Agenda. In: Annals of the Association of American Geographers 101 (1), S. 107–130.

Mohler, G. O./Short, M. B./Malinowski, Sean/Johnson, Mark/Tita, G. E./Bertozzi, Andrea L./Brantingham, P. J. (2015): Randomized Controlled Field Trials of Predictive Policing. In: Journal of the American Statistical Association 110 (512), S. 1399–1411.

Norton, Andre (2013): Predictive Policing. The Future of Law Enforcement in the Trinidad and Tobago Police Service (TTPS). In: International Journal of Computer Applications 72 (18), S. 43–46.

O'Donoghue, Rachel (2016): Is Kent's Predicitve Policing Project the Future of Crime Prevention? www.kentonline.co.uk/sheerness/news/what-if-police-could-detect-93715/ vom 18.01.2018.

Ostermeier, Lars (2018): Der Staat in der prognostischen Sicherheitsgesellschaft. Ein technografisches Forschungsprogramm. In: Jens Puschke/Tobias Singelnstein (Hg.): Der Staat und die Sicherheitsgesellschaft, Wiesbaden: Springer, S. 101–121.

Pasquale, Frank (2015): The Black Box Society. The Secret Algorithms That Control Money and Information, Cambridge, MA: Harvard University Press.

Peck, Jamie/Theodore, Nik (2010): Mobilizing policy. Models, methods, and mutations. In: Geoforum 41 (2), S. 169–174.

PredPol (2017): Technology. www.predpol.com/technology/ vom 18.01.2018.

Shapiro, Aaron (2017): Reform Predictive Policing. https://www.nature.com/news/reform-predictive-policing-1.21338 vom 18.01.2018.

Singelnstein, Tobias (2018): Predictive Policing: Algorithmenbasierte Straftatprognosen zur vorausschauenden Kriminalintervention. In: Neue Zeitschrift für Strafrecht 38 (1), S. 1–9.

Sommerer, Lucia M. (2017): Geospatial Predictive Policing. Research Outlook & A Call For Legal Debate. In: Neue Kriminalpolitik 29 (2), S. 147–164.

Townsley, Michael/Homel, Ross/Chaseling, Janet (2000): Repeat Burglary Victimisation: Spatial and Temporal Patterns. In: The Australian and New Zealand Journal of Criminology 33 (1), S. 37–63.

Weisel, Deborah Lamm (2005): Analyzing Repeat Victimization, Washington, D. C.: U. S. Department of Justice.

White, James Merricks (2016): Anticipatory Logics of the Smart City's Global Imaginary. In: Urban Geography 37 (4), S. 572–589.

Die Stadt als Bildschirm

Wahrnehmung und Nutzung urbaner Räume durch digitale Kartographie, urbane Dashboards und die Praxis der Navigation

Ulf Treger

Nachdem Ende 2016 das Bundesverkehrsministerium einen Teil der Bundesautobahn 9 zwischen München und Ingolstadt zum »Digitalen Testfeld«[1] erklärte, wurden entlang der Wegstrecke neuartige Schilder aufgestellt, die sich in ihrer schwarzweißen, abstrakten Geometrie deutlich von üblichen Verkehrszeichen unterscheiden. Diese Schilder adressieren erstmalig nur Maschinen, sie sollen bei der Erprobung von selbstfahrenden Autos deren Sensoren als Fixpunkt für eine »exakte Standortbestimmung« dienen. Diese mysteriösen Zeichen sind ein – selten so sichtbarer – Hinweis auf eine fundamentale Verschiebung der Raumnutzung und -wahrnehmung, die sich derzeit durch die Automatisierung und Digitalisierung von Kartierung, Navigationstechniken (also der Bewegung durch den Raum nach Anleitung eines visuellen Mediums) und Fortbewegung (durch digitale und vernetzte Fahrautomaten) vollzieht. Dieser Text möchte einige Akteure und Facetten dieses Shifts der räumlichen Abbildung – maschinell berechnet, hochaufgelöst, dreidimensional, dynamisch und annähernd in Echtzeit erzeugt – vorstellen, die für eine kritische Bewertung dieser Entwicklung hilfreich sein können.

REAL-TIME DATA FLOWS & HIGH DEFINITION MAPS

Von zwei Wirtschaftsbranchen gehen derzeit die stärksten Impulse einer Entwicklung aus, die Wahrnehmung und Nutzung des öffentlichen Raums nachhaltig beeinflussen werden: zum einen von IT-Unternehmen der boomenden Plattform-Ökonomie (Google, Uber etc.), die unter geringstmöglichem Einsatz

---

1 | Pressemitteilung des BMVI: »Teststrecke auf der A9 erhält neue Schilder für das automatisierte Fahren«; https://www.bmvi.de/SharedDocs/DE/Pressemitteilungen/2016/199-dobrindt-neue-schilder-dta.html vom 30.04.2018.

von Ressourcen mittels Software, Datenanalysen und der Nutzung von Netzwerkeffekten ganze Dienstleistungen dominieren wollen: »Plattformen [...] kontrollieren den Zugang und die Prozesse eines ganzen Geschäftsmodells. Plattformen möchten nicht die Besten im Spiel sein, sondern die Regeln des Spiels bestimmen.« (Lobo 2014) Die Erzeugung und Auswertung von Daten spielt in diesem Konzept die zentrale Rolle (u. a. Srnicek 2017). Der zweite Akteur ist die Automobilindustrie, die versucht, sich durch Elektromobilität, mit Zusatzdiensten wie Carsharing und vor allem der Entwicklung selbstfahrender Fahrzeuge als »mobility provider« (The Economist 2018) neu zu erfinden. Beiden Akteuren gemein ist ein immenses Interesse an Informationen zu allen Aktivitäten im öffentlichen Raum, um aus den Daten ein umfassendes Lagebild zu erzeugen und möglichst in Echtzeit zu aktualisieren:

»So the car ›sees‹ and ›hears‹ the world as an organized three-dimensional code-space, with signs and lines directing its operation; and, simultaneously, as an assembly of reflective objects – pedestrians, bicycles, other cars, medians, children playing, fallen rocks and trees – that may interrupt the order of that code-space, and with which each car must negotiate its spatial relationship.« (Mattern 2017)

Die daraus entstehenden Karten müssen eine völlig neue Präzision und Aktualität in der Abbildung urbaner Räume erreichen. So wird für das autonome Fahren eine Kartenauflösung von ca. 10 Zentimetern[2] als notwendig erachtet (Seif/Hu 2016: 162). Für diese Karten werden die selbstfahrenden Autos den Stadtraum durch Lidar-Scanner dreidimensional erfassen und die entstehenden großen Datenmengen verarbeiten und interpolieren. Darüber hinaus muss die Anforderung einer stark erweiterten Wahrnehmung des Umfelds gelöst werden: »The problem of recognition and reaction to events appearing on the road beyond the reach of onboard sensors, in a range of more than 200 m ahead or around corners.« (Seif/Hu 2016: 159) Selbstfahrende Autos müssen also »um die Ecke schauen« können und aus allen gewonnenen Informationen eine Prognose über die allernächste Zukunft abgeben können, die sich dann aus einer *live map* ablesen lässt – eine Herausforderung für die heutigen Rechen- und Datenübertragungskapazitäten.

Verstärkt wird diese neue Dimension der Datensammlung durch die »Smart City«-Projekte der Kommunen. In deren Folge kann sich die Wirtschaft weitere Datenquellen (z. B. aus den Verkehrslenkungssystemen) exklusiv erschließen und vermarkten (Greenfield 2013).

---

2 | Derzeit haben GPS-basierte Navigationssysteme unter idealen Bedingungen eine Genauigkeit von ±7 bis 15 Metern, siehe https://de.wikipedia.org/wiki/Global_Positio ning_System#Genauigkeit_der_Positionsbestimmung vom 30.04.2018.

MASCHINEN, DIE KARTIEREN (LASSEN)

Ein Vergleich von Kartenausschnitten von Google Maps über die letzten zehn Jahre oder zu den Karten anderer Anbieter[3] zeigt einen deutlichen Anstieg der Darstellungsgenauigkeit. Wurden vor zehn Jahren Straßen, Flächennutzung (Bebauung, Wald etc.) und, wenn auch nur grob, Gebäudeumrisse dargestellt, so hat sich, insbesondere in den letzten zwei Jahren, die Darstellung deutlich präzisiert. Besonders deutlich wird das bei der Darstellung von Gebäuden. So werden jetzt Eingangsportale, Außentreppen oder Erker auf den Karten angezeigt. In Teilen (vorrangig in den urbanen Zentren) gibt es eine Ansicht der Gebäude in 3D. Diese Details werden aus einer Verknüpfung verschiedenster Datenquellen (Satellitenbilder, Luftaufnahmen und Google Streetview[4]) durch Computerprogramme zusammengesetzt und der Karte angefügt.[5] Eine weitere Datenquelle ist die Auswertung der Aktivitäten[6] von Usern dieser Anwendungen. Und schließlich wird das Wissen integriert, das lokale Expert*innen auf Websites wie »Google Local Guides« veröffentlichen und damit Google zur weiteren Verwertung zur Verfügung stellen. Nutzungsfrequenzen und -zeiträume, daraus abgeleitete Beliebtheit bestimmter Orte, aber auch dezidierte »Rezensionen und Bewertungen«[7] durch Nutzer*innen der Geoservices von Google und anderen Unternehmen ergeben ein detailliertes Bild und optimieren und vervollständigen die automatisiert zusammengetragenen Geoinformationen. Dabei dient der User-Input auch als Trainingsmaterial für die kartierenden Algorithmen. Die gesamte Aggregierung von Daten geschieht im Handlungsrahmen einer monopolistisch ausgerichteten Plattform: »Unternehmen wie Google tragen dafür Sorge, dass sie stets im Zentrum der von ihnen angestoßenen Akkumulationskreisläufe bleiben. Die Logik der Wissensspiralen ist dabei der Antrieb hinter vielen kommerziellen Partizipationsarchitekturen.« (Abend 2013: 171) Eine Google Karte ist mit Markierungen von Orten überlagert – in der Hauptsache von kommerziellen Einrichtungen aus dem Dienstleistungsbereich, wie Supermärkten, Geschäften oder Restaurants.

---

3 | Eine gute Vergleichsmöglichkeit, auch zum konkurrienden Kartenanbieter Apple, bietet der Text von Justin O'Beirne (2017).
4 | Google Streetview wurde 2007 eingeführt, ein Projekt zur Darstellung von urbanen Räumen aus der Point-of-view-Perspektive.
5 | Das Projekt, in dem diese Aktivitäten gebündelt sind, wurde von Google »Ground Truth« genannt (Miller 2014).
6 | Insbesondere durch die Messung von Bewegungen durch Geodaten wie GPS-Koordinaten aus den mobilen Endgeräten wie Smartphones, Wearables oder Tablets.
7 | Siehe https://support.google.com/maps/answer/6230175 bzw. »Local Guides« mit dem Motto »Zeige anderen deine Welt auf Google Maps« unter https://maps.google.com/localguides

Algorithmen entwickeln aus Ansammlungen dieser Markierungen »Areas of Interest« (Bliss 2016). Diese Ansammlungen sind prinzipbedingt niemals vollständig; Auslassungen sollen eine bessere Sichtbarkeit je nach angezeigter Vergrößerungsstufe ermöglichen. Daten sind möglicherweise fragmentiert oder nicht mehr aktuell, Orte mit einem eigenen Internetauftritt werden bevorzugt usw. Hier entsteht also im direktesten Sinne ein interpretiertes, von kommerziellen Angeboten dominiertes Bild von Stadt.[8]

DASHBOARD

Eine besondere Form der Immersion in den urbanen Raum stellt das Konzept der Kontrollzentrale dar, zentrales Element für praktisch alle »Smart City«-Vermarktungspakete.[9] Das IT-Unternehmen Cisco Systems nennt sein Modell »Smart+Connected Operations Center«, ein »customized and integrated single-pane-of-glass view for these data sources. [It] displays sensor, map, and video data on a single layout. The solution lets workers control dynamic activities involving image processing, video feeds, data integration, and various alerts.«[10] Vergleichbare Produkte von IBM heißen »Intelligence Operations Center« oder bei Siemens »City Intelligence Platform«. In einem Raum wird auf mehreren großen Bildschirmen ein »Lagebild« als Dashboard, als überdimensionales, digitales Armaturenbrett angezeigt,[11] auf dem die unterschiedlichsten Datenströme und visuellen Informationen zusammengeführt werden. Sie versprechen das Management von Verkehrsflüssen und Infrastrukturen, insbesondere aber die Beherrschung von »Störungen« und »Risiken« (Bria/Morozov 2017). Obskur sind dabei die Kriterien, die für die Auswahl der Daten angelegt werden. Ebenso schleierhaft bleibt, welche Maßgaben für die Interpretation

---

8 | Die Frage von Justin O'Beirne: *»If a business isn't on Google Maps, does it exist?«* gilt dann auch für alle räumlichen Metadaten und alle Arten gemeinschaftlicher Orte.

9 | Die Idee einer, der militärischen Sphäre entlehnten Kommando- und Kommunikationszentrale für die Verwaltung von urbanen Räumen gab es, wie die meisten Konzepte der Smart City, schon lange bevor sie heute unter diesem Begriff vermarktet wurde, siehe die 3S-Zentrale der Deutschen Bahn (»Sicherheit Service Sauberkeit«) oder Verbrechensbekämpfungszentralen in amerikanischen Städten. (Letztere sollte 1999 als »City Crime Control«-Zentrale vom damaligen Innensenator Bortscheller für die Hansestadt Bremen übernommen werden. Das Projekt wurde nicht realisiert. Der Autor dieses Textes war damals Mitglied einer stadtkritischen Gruppe in Bremen, die den verwaisten Begriff ironisch übernahm und damit die eigene Gruppe benannte.)

10 | Siehe die Cisco-Website unter https://www.cisco.com/c/en/us/solutions/industries/smart-connected-communities/city-operations-center.html vom 30.04.2018.

11 | Zur Geschichte »urbaner Dashboards« siehe Mattern 2015.

und Visualisierung der Daten und die Gestaltung des Dashboards eine Rolle gespielt haben. Das solcherart erzeugte Sensorium ist Ergebnis einer tiefgreifenden Übersetzung der Wahrnehmung des urbanen Raums und der Interaktionen, die in ihm stattfinden: »Dashboard designers are in the business of translating perception into performance, epistemology into ontology. [...] The prevalence and accessibility of data are changing the way we see our cities [...].« (Mattern 2015)[12]

HIMMEL UND HÖLLE

Die »Lean Platform« (Srnicek 2017: 75ff.) Uber, ein Online-Vermittlungsdienst für Personenbeförderung in vielen Großstädten weltweit, machte in der letzten Zeit Schlagzeilen durch Aufdeckungen skandalöser Geschäftspraktiken.[13] Im Zuge dessen wurde bekannt, wie Uber digitale Karten und Lagebilder einsetzt. Interessant sind dabei fünf verschiedene Kartendarstellungen, die jeweils eine andere Zielgruppe oder Intention und damit einhergehend unterschiedliche Perspektiven und auch einen anderen »Wahrheitsgehalt« haben, bis zur aktiven Veränderung von gemessenen Aktivitäten und dargestellten Informationen. Die Uber-App ist die einzige Möglichkeit für Kund*innen, ein Uber-Auto zu bestellen. Sie basiert auf einer Karte, die die eigene Position und alle in der Nähe befindlichen Uber-Autos anzeigt. Es gibt Hinweise, dass Position und Anzahl der Autos in dieser Darstellung manipuliert werden, um ein ausreichendes und schnell erreichbares Angebot zu suggerieren (Rosenblat 2015). Auch die Fahrer*innen im Auftrag von Uber benutzen eine kartenbasierte App, mit der sie Aufträge entgegennehmen, Touren abbuchen und Vorgaben über die zu wählende Fahrroute erhalten. Uber selber kann alle Geschäftsprozesse über eine eigene Kartenansicht, »Heaven« oder »God's view« genannt (Knight 2016), verfolgen. Mit »Hell« wiederum wird eine weitere Karte bezeichnet, die bestimmten Fahrer*innen von Uber angezeigt wird, die auch für Konkurrenzfirmen wie dem größten Konkurrenten Lyft arbeiten, um ihr Verhalten zu überwachen und zu steuern. So bekommen solche Fahrer*innen häufiger Fahrangebote als andere, um sie bei dem eigenen

---

12 | Es steht aber die Frage im Raum, ob diese Kommandozentralen nicht viel mehr sind als ein Schein-Beweis für die vielfältigen Bemühungen der Überwachung und Steuerung, als dass sie selber wirklich einen unmittelbar produktiven Zweck in diesen Szenarien erfüllen (Dank an Dennis Pauschinger). Darüber hinaus dienen die Zentren auch einer menschlichen Selbstvergewisserung, noch die »Herrschaft« über einen immer abstrakteren und maschinisierten Prozess zu besitzen (Dank an Thomas Böker).
13 | Eine stichwortartige Liste der »Uber-Skandale seit 2014« siehe die Auflistung bei Futurezone: https://futurezone.at/digital-life/alle-uber-skandale-seit-2014/270.988.826 vom 30.04.2018.

Dienst zu halten (Wong 2017). Schließlich wurde zwischenzeitlich eine weitere, fünfte Kartenansicht namens »Greyball« benutzt, die speziell darauf ausgerichtet ist, Personen aufgrund ihres Aufenthaltsortes oder des Bewegungsprofils zu erkennen, die für Aufsichtsbehörden arbeiten, die die Einhaltung von kommunalen oder steuerlichen Regeln sicherstellen sollen. Diesen Personen wird eine manipulierte Variante der Uber-Karte angezeigt, die die Nutzung von Uber-Autos verhindern soll, um sie so an ihrer Aufsichtsfunktion zu behindern (Pasick 2017). Uber setzt den Imperativ einer Plattform durch eine aggressive Form informationeller Asymmetrie um und versucht damit das Verhalten aller beteiligten Nutzungsgruppen zu kontrollieren. Hier zeigt sich in den von Uber erzeugten digitalen Stadtbildern ein Panorama, das sich zwischen Himmel und Hölle erstreckt, um die fantasievollen wie dreisten Kartennamen von Uber aufzugreifen.

PERFORMANCE OF SPACE

Aus den Datenflüssen maschineller Kartierung und der Anreicherung wie Verknüpfung verschiedenster Quellen werden auch die Navigationssysteme gespeist, die den Bewohner*innen der Stadt zur komfortablen Nutzung angeboten werden. Sie erreichen damit entscheidenden Einfluss auf die Rezeption urbaner Räume. Dabei wandelt sich auch die Art der Nutzung von Karten: Vom »Lesen« eines Stadtplans hin zum »Kartenschauen« (Abend 2013: 118) des Navigationsbildschirms verändert sich auch die Art, wie wir uns durch die Stadt bewegen oder »navigieren«.[14] Der Blick konzentriert sich: Aus einem panoramatischen »Überfliegen« mit dem Auge, dem Erfassen von Strukturen und dem Einordnen der verfügbaren Gesamtsicht eines auseinandergefalteten Stadtplans wird ein fokussierter, verengter Ausschnitt des Navigationsbildschirms auf die »vor einem liegende« Wegstrecke. Wir tauchen in die Karte ein, während andere Elemente der Karte, ihre weiteren Dimensionen, ausgeblendet werden. »Stattdessen wird dem Betrachter ein isolierter Ausschnitt präsentiert, der von jedweder Referenz abgeschnitten scheint.« (Abend 2013: 118)

Eine neuartige Qualität entsteht auch dadurch, dass der Zugriff auf Geodaten nicht mehr nur Kartograph*innen oder anderen Spezialist*innen vorbehalten ist.[15] Im Zuge der veränderten Praxis des Kartenlesens »from a mimetic

---

14 | Natürlich gilt das nur für die vorrangige Nutzung der Navigation im Stadtraum, andere Nutzungsmöglichkeiten bleiben erhalten und neue kommen hinzu, so durch die Erweiterung der »Freiheitsgrade« wie Zoomen oder Drehen in digitalen Geographischen Informationssystemen wie Google Earth. Siehe dazu die Beschreibungen von Pablo Abend (2013).

15 | Hier sei besonders die Rolle von OpenStreetMap hervorzuheben, deren Geodaten im Gegensatz kommerzieller Kartensysteme wie Google Maps, Bing Maps etc., unter

to a navigational interpretation of maps« (November/Camacho-Hübner/Latour 2010) wurde auch die aktive Kartierung zu einer allgemein zugänglichen Praxis, die eine weitaus flexiblere Nutzung ermöglicht: »A whole set of new features, such as anticipation, participation, reflexivity, and feedbacks, might now be included in the navigational definition of maps.« (Ebd.)

Mit diesen Eigenschaften wird dann auch eine Unterscheidbarkeit zwischen physikalischem und informationellem Raum unbedeutend (siehe u. a. Offenhuber/Schechtner 2012: 8), während sich beide Räume gegenseitig immer stärker beeinflussen. Laut Nanna Verhoeff ist digitale Kartographie »not a precondition only, but a *product* of navigation, and as such, cartography is becoming more than a systematic representation of space: it is a performance of space in a true sense: a making and expressing of space.« (Verhoeff zitiert in Bounegru 2009) Die Benutzung von Navigationssystemen, sei es im Auto, auf dem Fahrrad oder zu Fuß, ist nicht nur das Abrufen einer zuvor erstellten Karte in einem fokussierten Ausschnitt (der durch die eigene Position und durch Angabe eines Ziels bestimmt wird). Vielmehr hat die Navigation den Effekt der permanenten Aktualisierung der zugrundliegenden Karte durch die Datenflüsse, die durch die Benutzung entstehen und die über die entsprechenden Kommunikationsnetze (GSM/UMTS ...) zusammengeführt werden. Der Prozess der Kartierung und die Benutzung der Karte zur Orientierung und Bewegung im Raum sind nicht mehr unterscheidbar.

ABSTRAKTION UND ÜBERSCHÄRFE

Wenn diese neue Qualität der Raumdarstellung und -erfahrung durch algorithmische Kartographie und die wechselseitige Beeinflussung von physikalischen und digitalen Schichten eine veränderte Wahrnehmung und Nutzung von Räumen bedeuten, welche Auswirkungen auf den »durchschrittenen« Raum wie auf die sozialen Praxen, die in ihm wirken, sind durch diese neue Form zu erwarten? Schon einmal hat sich durch den Durchbruch neuer Möglichkeiten der Darstellung die Wahrnehmung und Bewertung urbaner Räume tiefgreifend verändert. Dazu beschreibt Jeanne Haffner, wie sich mit der Etablierung der Luftbildphotographie eine neue Perspektive auf urbane Räume, auf Stadtplanung, Sozialforschung und somit auf ästhetische, soziale wie politische Diskurse entwickelt hat. Sie erkennt dabei zwei »diametral entgegengesetzte Ansätze zur Lösung stadtplanerischer Probleme [...] – und beide beruh-

---

einer Freien Nutzungslizenz benutzbar und veröffentlichbar sind. Dank einfacher, ebenfalls freier Webtechnologien ist es so leichter als jemals zuvor, digitale Karten zu erstellen und zu veröffentlichen, ohne auf Geodaten oder Programme kommerzieller Plattformen zugreifen zu müssen.

ten auf der neuen, durch den Blick von oben ermöglichten Sicht der Welt und der räumlichen Beziehungen.« (Haffner 2012) Sichtbar wird der eine Ansatz im ordnenden Gestus eines Stadtplaners wie bei Le Corbusier: Seine Stadt von Morgen sollte dann »perfectly statistically managed« sein und damit jede Form der Desorganisation überwinden (Halpern 2014: 9).

Der Blick von oben erlaubt einen abstrakten Blick, um Strukturen und Muster zu entdecken, ohne sich in Details zu verlieren und vermeintlich »rationale« Begründungen für eine radikale Umgestaltung urbaner Räume zu entwickeln (Hecker 2010). Eben dieser Gestus wurde von Stadtforscher*innen kritisiert, die qualitative Methoden »am Boden« bevorzugen und die Auswertung der Luftbildphotographie ablehnten (Haffner, 2012).[16] Doch stellte sich heraus, dass die Luftbildphotographie durchaus dazu genutzt werden konnte, soziale Ungleichheiten und andere Missstände in urbanen Räumen zu entdecken, zu dokumentieren und damit eine ergänzende Perspektive zu den qualitativen Erkenntnissen vor Ort darstellen konnte (ebd.).

Für die Auswertung der Luftbildphotographie waren zeitaufwendiges Training und viel Erfahrung vonnöten, die viele Wissenschaftler*innen durch ihre Tätigkeit in der Auswertung von Bildern militärischer Luftaufklärung im Ersten Weltkrieg erhalten hatten: »Reconnaissance images were infamously obscure and difficult to read, requiring [...] a re-education of sight.« (Ebd.) Damit kommt aber in die abstrakte, scheinbar objektive Luftbildphotographie eine subjektive Prägung durch Imagination, eine »very lively mental vision« (Amad 2012). Im Kontrast dazu stellt sich die Frage, welche Interpretationen lässt eine künftige, hochauflösende Karte mit Auflösungen im Meter- oder gar Zentimeterbereich zu? Welche mentale Sicht entsteht aus der Betrachtung einer Stadt durch einen Navigationsbildschirm? Welche ästhetischen wie sozialen Praxen werden aus diesen neuen Darstellungsqualitäten entstehen, und welche Imaginationen? Was wird von diesen hyperrealen Abbildungen verdeckt und überlagert werden?

WELLENTAL

»What is solidly missing from [...] all the smartness that will soon envelop us in the cocoon of ubiquitous computing, is any sense of historical contingency or possibility. It is precisely the imperatives for a future founded in circulating data that make it so difficult to produce alternative conceptions of life. But this fetish in the eternal revolution supplied by bandwidth and interactivity is also illusory.« (Halpern 2014: 9)

---

16 | So bezeichnete Henri Lefebvre in den 1970er Jahren die Perspektive aus der Luft als »space of state control« und als eine Reduktion »to an image, to an icy coldness« (Haffner 2013).

Die unerschöpflichen Möglichkeiten (und Skalen) digitaler Informationssysteme erzeugen ein vermeintlich neutrales, die physikalische Welt darstellendes Panorama und reichern es mit Bedeutung und Interpretationsvorschlägen an (so die Geodienste von Google Maps und Co. oder die urbanen Dashboards der »Smart City«-Produktfamilien). Kontingenz, wie sie von Orit Halpern vermisst wird, also eine grundsätzliche Offenheit für Interpretation und Wahrnehmung oder die Entwicklung alternierender Modelle ist unter diesem visuellen Regime nur noch schwer vorstellbar.

Ein Ausweg wäre, einem Vorschlag von Vilém Flusser folgend, die »Stadt als Wellental« zu verstehen: »Wir sollten (wenn es um ›Stadt‹ geht) topologisch statt geographisch denken lernen und die Stadt nicht als einen geographischen Ort, sondern als Krümmung in einem Feld ansehen.« (Flusser 1992) Diese Perspektive erlaubt es, aus der Starrheit des kartesianischen Koordinatensystems auszubrechen und sich stattdessen den Strukturen und Verbindungen zwischen Orten zuzuwenden, vor allem aber den Beziehungen zwischen den Subjekten, die diese Orte erst erschaffen. Karten sind dann nicht als abgeschlossenes Produkt zu verstehen, sondern als Werkzeug: »We should conceive of the map as a model with a specific purpose, as a tool ›built to be engaged, inhabited, lived‹.« (Haraway zitiert in Carraro 2015) Mit diesem Ansatz lassen sich antagonistische Erzählungen von Stadt entwickeln – als notwendige Antworten auf die Hyperpräzision algorithmischer Kartensysteme.

Der Text basiert in Teilen auf einem Vortrag des Autors im Rahmen des 33. Chaos Communication Congress (33c3) am 27.12.2016 in Hamburg.

Literatur

Abend, Pablo (2013): Geobrowsing. Google Earth & Co. Nutzungspraktiken einer digitalen Erde, Bielefeld: transcript.

Amad, Paula (2012): From God's-eye to Camera-eye: Aerial Photography's Post-humanist and Neo-humanist Visions of the World. In: History of Photography 36 (1), S. 66–86.

Bliss, Laura (2016): The Problem With ›Areas of Interest‹ on Google Maps. https://www.citylab.com/design/2016/08/google-maps-areas-of-interest/493670 vom 30.04.2018.

Bounegru, Liliana (2009): Mobile Digital Cartography from Representation to Performance of Space. In: Masters of Media, University of Amsterdam. https://mastersofmedia.hum.uva.nl/blog/2009/12/10/nanna-verhoeff-at-urban-screens-mobile-digital-cartography-from-representation-to-performance-of-space vom 30.04.2018.

Bria, Francesca/Morozov, Evegeny (2017): Die Smarte Stadt neu denken. https://www.rosalux.de/publikation/id/38134/die-smarte-stadt-neu-denken vom 30.04.2018.

Carraro, Valentina (2015): Donna Haraway on Maps http://projects.chass.utoronto.ca/semiotics/srb/haraway.html vom 30.04.2018.

Flusser, Vilém (1992): Die Stadt als Wellental. In: Arch+ 111, S. 58–63.

Greenfield, Adam (2013): Against the smart city, New York, NJ: Do projects.

Haffner, Jeanne (2012): Empirische Forschung und der »göttliche Blick« von oben. In: Arch+ 206/207, S. 32–35.

Haffner, Jeanne (2013): The View from Above. The Science of Social Space, Cambridge, MA: MIT Press.

Halpern, Orit (2014): Beautiful Data. A History of Vision and Reason since 1945, Durham, NC: Duke University Press.

Hecker, Tim (2010): The Slum Pastoral: Helicopter Visuality and Koolhaas's Lagos. In: Space and Culture 13 (3), S. 256–269.

Knight, Sam (2016): How Uber conquered London. In: The Guardian vom 27.04.2016. https://www.theguardian.com/technology/2016/apr/27/how-uber-conquered-london vom 30.04.2018.

Lobo, Sascha (2014): Auf dem Weg in die Dumpinghölle. In: Spiegel Online vom 03.09.2014. www.spiegel.de/netzwelt/netzpolitik/sascha-lobo-sharing-economy-wie-bei-uber-ist-plattform-kapitalismus-a-989584.html vom 30.04.2018.

Mattern, Shannon (2015): Mission Control: A History of the Urban Dashboard. In: Places Online-Journal. https://placesjournal.org/article/mission-control-a-history-of-the-urban-dashboard vom 30.04.2018.

Mattern, Shannon (2017): Mapping's Intelligent Agents. In: Places Online-Journal. https://placesjournal.org/article/mappings-intelligent-agents vom 30.04.2018.

Miller, Greg (2014): The Huge, Unseen Operation Behind the Accuracy of Google Maps. In: Wired. https://www.wired.com/2014/12/google-maps-ground-truth vom 30.04.2018.

November, Valérie/Camacho-Hübner, Eduardo/Latour, Bruno (2010): Entering a Risky Territory. Space in the Age of Digital Navigation. In: Environment and Planning D: Society and Space 28 (4), S. 581–599.

O'Beirne, Justin (2017): Google Map's Moat. How far ahead of Apple Maps is Google Maps? https://www.justinobeirne.com/google-maps-moat vom 30.04.2018.

Offenhuber, Dietmar/Schechtner, Katja (2012): Sensing Place/Placing Sense, Wien, New York: Springer.

Pasick, Adam (2017): If you thought it was creepy for Uber to track you at all times, it was actually much worse. https://qz.com/924459/ubers-greyball-surveillance-program-tracked-police-phones vom 30.04.2018.

Rosenblat, Alex (2015): Uber's Phantom Cabs. In: Motherboard. https://motherboard.vice.com/en_us/article/mgbz5a/ubers-phantom-cabs vom 30.04.2018.

Seif, Heiko G./Hu, Xiaolong (2016): Autonomous Driving in the iCity – HD Maps as a Key Challenge of the Automotive Industry. In: Engineering 2, S. 159–162.

Srnicek, Nick (2017): Platform Capitalism, Cambridge: Polity.

The Economist (2018): Last lap of luxury. https://www.economist.com/news/business/21737534-coddled-successive-governments-industry-dogged-dieselgate-lagging-electric vom 30.04.2018.

Wong, Julia Carrie (2017): Uber's secret Hell program violated drivers' privacy, class-action suit claims. In: The Guardian vom 24.04.2017. https://www.theguardian.com/technology/2017/apr/24/uber-hell-program-driver-privacy-lyft-spying vom 30.04.2018.

Coding for the Common Good?
Aktivitäten einer Open-Data-Initiative

Sören Becker

Neben der Kritik, dass Smart Cities oftmals als Produkt der Kooperation zwischen Technologiekonzernen und dem lokalen Staat entstehen, gibt es auch die Vision, dass Hacker*innen, digitalisierungsaffine Bürger*innen und gesellschaftspolitisch engagierte Initiativen eine alternative intelligente Stadt aufbauen. Dieser Beitrag beschreibt am Beispiel des Berliner Open Knowledge Lab die Ziele, Aktivitäten und Grenzen einer zivilgesellschaftlichen Initiative, die durch die Entwicklung von Apps und Karten auf der Grundlage offener Daten eine Öffentlichkeit für städtische Problemlagen herzustellen versucht. Dabei wird das Spannungsfeld zwischen dem emanzipatorischen Potential einer Do-It-Yourself-Smart City und der Technologie-Orientierung dieser Initiative diskutiert.

Einleitung

Das Versprechen, Städte digital zu managen und durch mögliche Automatisierungen »smarter« zu machen, wirft viele kritische Fragen auf. Was macht das Städtische aus, und wie vertragen sich Algorithmen der Verkehrssteuerung oder für Freizeittipps mit der – manchmal auch unbequemen – Diversität und Zufälligkeit des städtischen Alltags? Wem nutzen algorithmengenerierte Ansätze der Verhaltenssteuerung? Und vor allem: Wo ist der Platz für selbstbestimmtes menschliches Handeln, alternatives Stadt-Machen und auch Widerstand zur automatisierten und optimierten städtischen Zukunft? Häufig wird im Zusammenhang mit solchen Fragen kritisiert, dass viele Smart-City-Strategien im Zusammenspiel aus städtischem Standortwettbewerb und den Marktschließungsstrategien internationaler Technologieunternehmen entstehen (Hollands 2008, Söderström et al. 2014). Die Positionierung der Stadtbewohner*innen in diesem Spektrum von Smart-City-Koalitionen wird unterschiedlich eingeschätzt. Entweder wird ihr weitgehendes Fehlen moniert (Vanolo 2016, Thomas et al. 2016), auf eine unzureichende Tiefe der Partizipation hingewiesen (Cardullo/

Kitchin 2018), oder ihre ambivalente Positionierung zwischen einer passiven und aktiven Rolle als Datenlieferant*innen und -nutzer*innen hervorgehoben (Bauriedl/Strüver 2017). Die politische Rolle der Stadtbevölkerung wird folglich eingeengt, im Rahmen einer an unternehmerischen Strategien ausgerichteten Entwicklung und dem Versprechen, auf der Grundlage von Daten und Algorithmen optimale – und damit konsensuale und nicht zu hinterfragende – Lösungen für wahrgenommene stadttypische Probleme bereitzustellen (Joss et al. 2017).

Im Schatten einer auf Großprojekte angelegten Stadtentwicklung hingegen existiert vielerorts eine breite Szene von digitalen Aktivist*innen, die sich in Projekten und Räumen organisieren, in denen mit (nicht nur) digitalen Technologien experimentiert wird. Neben Orten, an denen durch digitale Innovation neue Anwendungen und Geschäftsmodelle entwickelt werden (Schmidt et al. 2014), gibt es auch nicht-kommerzielle und selbstorganisierte Räume wie FabLabs und HackerSpaces.[1] In Hackerspaces widmen sich die Aktiven vorrangig der Entwicklung neuer oder der Verbesserung bestehender Software-Anwendungen, während in FabLabs oder Maker Spaces eher die materielle Produktion mittels Technologien wie dem 3D-Druck (Smith 2017) im Vordergrund steht. Im Zusammenhang mit Smart Cities werden solche Initiativen leicht euphorisch als »glimpses of another kind of smartness« (Hollands 2015: 62) oder Ausdruck einer »grassroots smart city« (Savini 2017) gewürdigt. Im Gegensatz zu privaten Unternehmen oder Stadtverwaltungen, so die Annahme, produzieren hier Betroffene selbst Daten, Informationen und Wissen ohne kommerzielles Verwertungsinteresse (McFarlane/Söderström 2017, vgl. Langley/Leyson 2016 zu »Platform Capitalism«) – und leisten damit einen Beitrag zur Selbstermächtigung von Bürger*innen in einer digitalisierten Stadt. Während verschiedene Veröffentlichungen bisher vor allem das Potential von Do-It-Yourself-Projekten diskutieren, gibt es bisher nur wenige detaillierte Fallstudien über deren Funktionsweise, Ziele und Grenzen.

Ich habe daher das Innenleben – den »sozialen Code« – solcher Orte am Beispiel des Open Knowledge Lab in Berlin erkundet. Das Lab ist ein wöchentlich stattfindendes Treffen von Designer*innen, Entwickler*innen, Journalist*innen und anderen Interessierten (Open Knowledge Foundation 2014a), die in verschiedenen Projekten zusammenarbeiten. Unter dem Slogan »Stadt›entwickler‹ nutzen offene Daten um ihre Stadt zu verbessern« (Open

---

1 | Die Übergänge zwischen kommerzieller und nicht-kommerzieller Nutzung eines Ortes können dabei fließend sein. Allerdings wurde in verschiedenen in Berlin durchgeführten Interviews eine Trennung zwischen beiden Bereichen erwähnt (Interview Z mit einem Kenner der offenen Software-Szene in Berlin, Telefonisch 02.08.2017., Interview A mit einem Entwickler im Open Knowledge Lab Berlin, 20.11.2017.). Internationale Forschungen bestätigen die Annahme dieser Trennung, indem Hacking oder Making eher als Freizeitaktivität gesehen wird (Davies 2018).

Knowledge Berlin 2014) sind dabei seit 2014 über 40 Projekte und Anwendungen in verschiedenen Themenbereichen wie Verkehr, Umwelt, Bildung und Partizipation entstanden. Das Lab bietet eine offene Plattform der Zusammenarbeit, bei der neue Anwendungen entwickelt werden, die auf offenen Daten basieren. Auf der Grundlage einer empirischen Erhebung, die auf der Auswertung von Homepages, teilnehmenden Beobachtungen und Interviews mit Beteiligten des Labs basiert, stelle ich im Folgenden die Organisation, Tätigkeiten und Motivation des Open Knowledge Lab vor. Die teilnehmenden Beobachtungen und Interviews fanden zwischen Juni 2017 und Februar 2018 statt. In der Arbeit des Labs zeigt sich das Spannungsfeld zwischen sozialem und politischem Anspruch einerseits und technischem Ansatz andererseits.

GESCHICHTE, ZIELE UND ORGANISATION DES OPEN KNOWLEDGE LAB

Das Open Knowledge Lab wurde Anfang des Jahres 2014 gegründet. Vorläufer war das Projekt »Stadt Land ›Code‹«, welches von der Open Knowledge Foundation organisiert und von verschiedenen Institutionen und Unternehmen wie der Heinrich-Böll-Stiftung und Microsoft unterstützt wurde. Das Projekt war als Wettbewerb organisiert, in dem es darum gehen sollte »Civic Killer Apps« zu entwickeln, sprich »digitale Werkzeuge, die das öffentliche Leben einfacher und partizipativer machen [... und] Menschen zum Mitmachen befähigen« (Open Knowledge Foundation 2012).

Das Projekt war als Inkubator aufgebaut, d. h. in einem Wettbewerbsverfahren wurden vier Projekte ausgewählt, die eine Startfinanzierung zur Entwicklung einer Beta-Version erhielten. Innerhalb dessen entstanden einzelne Projekte, die später im Open Knowledge Lab aufgingen.

Zur Verstetigung dieser Arbeit hat die Open Knowledge Foundation die Initiative »Code for Germany« ins Leben gerufen. Insgesamt wurden Anfang 2014 acht verschiedene Labs gegründet, um »mehr Menschen für Open Data und Civic Tech zu begeistern, den Communities zu mehr Sichtbarkeit zu verhelfen und sie zu vernetzen« (Open Knowledge Foundation 2014a). Auf einem dezentralen und bundesweiten Hackathon am Open-Data-Day im Februar 2014 wurden weitere Projektideen entwickelt, die jeweils als Gründungsprojekte in die einzelnen Open Knowledge Labs einflossen. Die Zielstellung dieser Projekte wurde wie folgt formuliert:

»Wir wollen auf den Sinn und Nutzen von Offenen Daten aufmerksam machen. Wir nutzen Offene Daten, um der Zivilgesellschaft einfachere Zugänge zu öffentlichen Informationen und Möglichkeiten zu einem selbstbestimmten Handeln zu geben und damit einen gesellschaftlichen Mehrwert zu schaffen [...] Wir wollen die Bedürfnisse von unterschiedlichen gesellschaftlichen Gruppen einbeziehen, um Problemstellungen zu thematisieren, die wenig sichtbar sind.« (Open Knowledge Foundation 2014b)

Insgesamt wurde im Berliner Open Knowledge Lab in der Zeit seines Bestehens an über 40 Projekten gearbeitet, die sich mit verschiedenen Themenfeldern wie Transport, Umweltqualität, Partizipation in der Stadt oder Geflüchteten beschäftigen. Abbildung 1 zeigt den Beginn der verschiedenen Projekte im Open Knowledge Lab geordnet nach Themen. Dabei wird ersichtlich, wie breitgefächert diese nach der Gründung des Open Knowledge Labs im Jahr 2014 waren, und dass es im Jahr 2017 einen Schwerpunkt zum Thema Wahlen gab.

Abb. 1: Themen der Projekte des Open Knowledge Lab Berlin nach Jahr

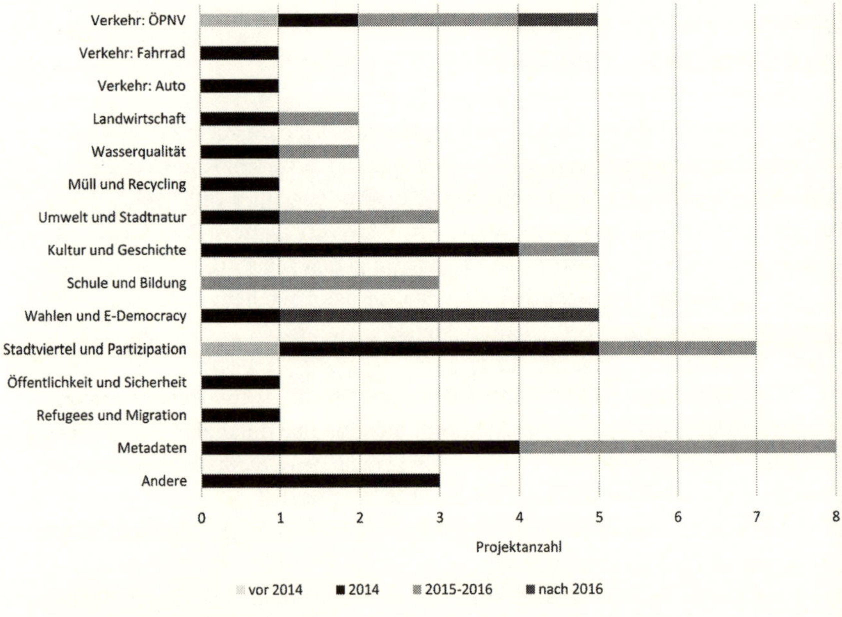

Quelle: https://codefor.de/berlin

Praktisch funktioniert das Open Knowledge Lab Berlin als regelmäßiger wöchentlicher Treffpunkt, an dem die Mitglieder des Lab zusammenkommen, um dezentral an einzelnen Projekten zu arbeiten, d.h. in den meisten Fällen zu programmieren. Einmal monatlich findet ein Einführungstreffen für Interessierte statt, die jeweils über das Verständnis des Lab und die Arbeit mit offenen Daten informieren.[2] Die Mitgliedschaft ergibt sich aus der Mitarbeit

---

2 | »Das ist das Schöne an Berlin ... da kommt dann auch viel Laufkundschaft vorbei.« (Interview A)

in Projekten und bezeichnet damit eher die Zugehörigkeit als einen formellen Status. Für jedes Lab bestehen so genannte »Lab-Leads« als Ansprechpartner*innen, sowohl für die Open-Knowledge-Stiftung, als auch für die aktiven Mitglieder. Die Treffen sind in der Realität unterschiedlich stark besucht, meistens durch diejenigen Mitglieder, die derzeit aktiv an einem Projekt arbeiten oder neu zum Lab oder einem spezifischen Projekt dazustoßen wollen.[3]

Das Open Knowledge Lab ist selbst in ein Ökosystem von anderen Initiativen im Open-Data-Bereich und Events eingebettet. Einerseits bauen diese Verknüpfungen auf persönlichen Beziehungen innerhalb der Open-Data-Szene auf, andererseits knüpfen sie am Engagement von Mitgliedern in verwandten Projekten und auf Veranstaltungen an. Teilweise wurden dabei Projektideen von Hackathons in das Lab integriert, z. B. in den Themenbereichen Transport und Kultur. Der Vorteil gegenüber jährlich oder einmalig stattfindenden Veranstaltungen ist, dass das Open Knowledge Lab einen kontinuierlichen Ort und Zeitpunkt bietet, in dem flexibel an den verschiedenen Projekten gearbeitet werden kann. Die Arbeit ist damit »nachhaltiger« als in Hackathons, die neben der zeitlichen Begrenzung auch häufig durch das Wettbewerbsprinzip bestimmt werden.[4] Insofern bietet das Open-Knowledge-Lab einen kollaborativen und festen Raum für die Entwicklung neuer stadtbezogener Anwendungen.

ROHE DATEN SAMMELN UND AUFARBEITEN

Ziel vieler Projekte des Open Knowledge Lab ist es, auf der Grundlage von offenen Daten Informationen bereit zu stellen. Die Arbeit mit offenen Daten ist dabei nicht unproblematisch. Offene Daten werden im Lab als maschinenlesbare Datensätze verstanden, das heißt sie müssen bereits digital und sortiert vorliegen. Hauptprobleme sind die Verfügbarkeit und die Qualität der Daten. Während in eigentlich allen Tätigkeiten der Verwaltung, der Wirtschaft, aber auch der Zivilgesellschaft Daten entstehen, werden diese häufig entweder aus strategischen oder aus Zeit- und Ressourcengründen nicht öffentlich zugänglich gemacht. Die mangelnde Qualität von Daten kann an lückenhafter Erfassung oder an der Speicherung in nicht automatisch lesbaren Formaten (z. B. pdf-Dateien) liegen. Daten maschinenlesbar zu speichern und zu veröffentlichen, kann damit einen zusätzlichen Aufwand darstellen und erfordert Wissen über die Qualitätsansprüche an Daten (Denis/Goëta 2017).

---

3 | Eigene Beobachtungen.
4 | Interview B mit einer Sozialwissenschaftlerin im Open Knowledge Lab Berlin, 27.02.2018.

Bauen, Lernen, Engagement:
Beispielprojekte des Open-Knowledge-Lab

»Bürger baut Stadt« (Bereich Partizipation): eines der ersten Projekte des Open-Knowledge-Lab, es ist sogar älter als das Lab selbst und war auch Teil des Vorläuferprojekts »Stadt Land ›Code‹«. Das Projekt bietet auf der Website www.buer gerbautstadt.de einen Überblick über aktuelle Beteiligungsmöglichkeiten für städtische Bauprojekte. Auf einer Karte der Stadt Berlin werden derzeit in der Planung befindliche Bauvorhaben und die Beteiligungsmöglichkeiten in der aktuellen Phase der Veränderung des Bebauungsplans oder des Planfeststellungsverfahrens angezeigt. Interessierte Bürger*innen sollen Informationen über Veranstaltungen, öffentliche Auslegungen und Möglichkeiten informeller Partizipation bekommen, und zwar aus einer Quelle. Die Daten für die Darstellung werden manuell aus dem Amtsblatt von Berlin und per Algorithmus aus den Dokumenten gelesen, die im Ratsinformationssystem der Bezirke veröffentlicht werden. Interessierte können sich auch per Newsletter zu ihrem Bezirk informieren lassen. Seit Anfang 2018 wird das Projekt auch in Hamburg durchgeführt.

»Wo unsere Kinder lernen« (Bereich Bildung): trägt die veranschlagten Kosten für die Renovierung von Schulen in Berlin zusammen. Die Datengrundlage sind Informationen der Senatsverwaltung für Bildung zu den geplanten Investitionen an Schulgebäuden und deren Priorisierung. Diese Daten werden auf einer eigenen Homepage zusammengetragen und zwischen den Bezirken sowie mit zurückliegenden Erhebungen verglichen. Für den Bezirk Lichtenberg besteht zusätzlich eine kartographische Darstellung aller Investitionsbedarfe. Die Erhebung umfasst dabei alle Schularten, deren Gebäude, Sporthallen, Außenanlagen und Toiletten. Das Projekt stellt einen Mangel und ein politisches Anliegen in anschaulicher Form dar und unterstützt damit Forderungen nach einer Finanzierung von Schulrenovierungen.

»MetaCollect« (Bereich Metadaten und Bereich Refugees): das Projekt MetaCollect richtet sich als Datenprojekt an Initiativen in der Flüchtlingsarbeit. Ziel ist es, Informationen, Ressourcen und Aktivitäten verschiedener Initiativen, die mit und für Geflüchtete arbeiten, in einer Datenbank zu erfassen – damit die Orientierung zu erleichtern und doppelte Informationserfassung zu verhindern. Dazu wurde eine Datenbank programmiert, die von den Projekten genutzt, befüllt, und auch um Funktionen ergänzt werden kann: »Wir möchten alle Akteure rund um Neuankömmlinge stärken, indem wir eine zentrale Informationsquelle bereitstellen, durch die Verdoppelungen von Lösungsansätzen vermieden und Bedarfe von Projekten und Initiativen deutlich gemacht werden können« (Metacollect 2014). Der Quellcode der Datenbank ist frei zugänglich, die Einträge sollen ebenso öffentlich zugänglich und teilbar sein, sind es aber derzeit nicht.

Die Praxis vieler Projekte des Open Knowledge Lab beschäftigt sich daher damit, diese Problemquellen für die Arbeit mit offenen Daten zu beheben – sprich offene Daten zur Verfügung zu stellen und als leicht verständliche Informationen aufzuarbeiten. Daraus leiten sich folgende Typen von Tätigkeiten und Techniken ab:

- Visualising: Um Daten in Rohform als Informationen sichtbar und erfahrbar zu machen, müssen sie graphisch dargestellt werden. Daher ist die Visualisierung ein wichtiger Aspekt von Projekten im Open Knowledge Lab. Die Visualisierung findet dabei häufig in Kartenform statt. Das wird auch dadurch ermöglicht, dass Geodaten der Stadt Berlin als Grundlage für die Karten offen und frei verfügbar sind.[5]
- Scraping: Hierbei werden vorhandene Daten, häufig aus verschiedenen Quellen, gesammelt, also wörtlich »zusammengekratzt«. Die Sammlung kann allerdings auch manuell durchgeführt werden. Ein Beispiel hierfür ist das Herauslesen von Preisen für Bahn- oder Busreisen auf den Webpages der Anbieter und deren Übersetzung in offene Datensätze. Um das Herauslesen dauerhaft aktuell und zugänglich zu halten, können auch eigene Schnittstellen (APIs) programmiert werden, welche diese Daten aus bestehenden Datenbanken oder Suchmaschinen automatisch herauslesen.
- Collecting: Auch hier geht es darum, Daten verfügbar zu machen. Diese müssen jedoch erst selbst erhoben und zusammengetragen werden. Ein Beispiel hierfür sind Projekte, in denen mittels selbst gebauter Sensoren Daten über die Luftqualität erhoben werden. Auch Techniken kollektiven Kartierens, mit denen Daten aus dem Alltagswissen von Beteiligten und Betroffenen erhoben werden, zählen in diese Kategorie.
- Connecting: Hierbei wird eine Verknüpfung mit bestehenden offenen Datenbanken hergestellt, die dann auf eine andere Art dargestellt werden. Ein Beispiel hierfür ist die Verbindung von Geodaten mit der Datenbank von Wikimedia, bei dem Einträge zu Orten oder Gebäuden auf Wikipedia mit einer Karte verknüpft werden.
- Lobbying: Die Lobbyarbeit von Mitgliedern des Open-Knowledge-Lab hat verschiedene Ziele und Adressat*innen. Einerseits dient es dem bereits erwähnten Ziel, die Vorteile offener Daten bekannt zu machen. Beschrittene Wege in diesem Zusammenhang sind die Organisation von Veranstaltungen, aber auch das Wirken hinter den Kulissen, um z. B. die Finanzierung von Studien durch öffentliche Körperschaften wie die Technologiestiftung Berlin zu befördern.[6] Hinzu kommt die Kontaktpfle-

---

5 | Interview A.
6 | Interview A. Die Aussage bezieht sich unter anderem auf die Studie »Digitales Gold. Nutzen und Wertschöpfung durch Open Data für Berlin« der Berliner Technologiestiftung.

ge zu Vertreter*innen öffentlicher Verwaltungen oder von Unternehmen. Das kann auch dazu dienen, an nicht öffentliche, aber vorhandene Daten zu gelangen, um mit diesen zu arbeiten und die Vorteile einer Veröffentlichung aufzuzeigen.[7] Dies ist z. B. bei der Entwicklung einer App passiert, welche die Standorte und Termine von Weihnachtsmärkten anzeigt. Lobbyarbeit ist damit eine quer zu den Projekten verlaufende Tätigkeit, die jedoch durch die komplexe Struktur der Berliner Verwaltung erschwert wird.

Häufig werden diese Techniken in einzelnen Projekten kombiniert, indem beispielsweise selbst gesammelte Daten auch visuell dargestellt werden. Gleichzeitig setzen diese Tätigkeiten technisches Wissen zur Entwicklung von Software und Fertigkeiten für einen souveränen Umgang mit Informationen voraus. Die meisten Projekte sind dabei kooperativ angelegt, sodass verschiedene Personen mit teilweise unterschiedlichen beruflichen Hintergründen zusammenwirken. Häufig sind dabei Software-Entwickler*innen, Journalist*innen, Wissenschaftler*innen und andere »informationsaffine« Berufsgruppen beteiligt. Es handelt sich um stark spezialisierte Arbeiten, die als Hintergrund oder Informationsquelle für politische Prozesse fungieren. In den Tätigkeiten der Projekte scheint dabei die technische Komponente stärker zu wiegen als der stadtpolitische Anspruch.

Persönliche und politische Motivationen der Beteiligten

Wie oben beschrieben, verfolgt das Open Knowledge Lab das Ziel, Vorteile offener Daten sichtbar zu machen. Doch was motiviert die Aktiven im Lab für diese anspruchsvollen und stark spezialisierten Tätigkeiten?

In Anlehnung an Stebbins (2009) diskutiert Davies (2018: 184ff.) die alltäglichen Praktiken des Hacking als »ernsthafte Freizeit« *(serious leisure)*, die entgegen dem einfachen Konsum oder Formen der Unterhaltung einen gewissen Aufwand und Ausdauer erfordern, dafür aber auch dauerhafte Ergebnisse im Sinne von Produkten oder Zugehörigkeit geben. Diese Aspekte lassen sich auch im Berliner Open Knowledge Lab ablesen. In Gesprächen immer wieder erwähnt wurde die Freude an der Lösung von technischen Problemen oder an der Organisation von Wissen: »Interessant ist es, wenn es noch keine Datenbasis gibt, oder wenn die Daten nicht zu interpretieren sind.«[8] Oder: »[D]ie Relevanz kommt dadurch, dass es ein technisches Problem, eine technische Herausforderung zu lösen gibt.«[9] Auch Personen, die nicht als Entwickler*innen beteiligt

---

7 | Interview A: »Wir zeigen dir noch andere Vorteile und machen kostenlose Dinge mit deinen Daten [...] das passt vielleicht zu deinen eigenen Ideen und Vorstellungen.«
8 | Interview A.
9 | Interview A.

sind, äußerten sich in ähnlicher Richtung, so eine Sozialwissenschaftlerin aus einem Flüchtlingsprojekt des Labs: »[I]ch mag es, für Themen den Überblick zu entwickeln, Strukturen reinzubringen, um einen Überblick zu bekommen [...] zu übersetzen zwischen verschiedenen Interessengruppen.«[10] Es ginge darum: »Redundanz [... zu] vermeiden und Kooperationen an[zu]schieben, die der Sache dienen und nicht dem eigenen Ego von einigen Beteiligten«.[11] Entsprechend des Code of Conduct, der die Zusammenarbeit der Beteiligten hervorhebt (Open Knowledge Foundation 2014b), geht es darum, zusammen Probleme zu lösen: Der Austausch »hilft dann den anderen Programmierern auch [...] zum Beispiel kann es auch sein, dass wir ein Jahr zusammen an einer Schnittstelle arbeiten.«[12]

Jenseits des Austausches wird vor allem die intrinsische Motivation der Mitglieder als Ausgangspunkt gesehen. Das bedeutet auch, wenn aus finanziellen Gründen Themenvorschläge durch die Open Knowledge Foundation an die einzelnen Labs weitergegeben geben, bestimmen die Präferenzen der einzelnen Aktiven die Schwerpunktsetzung im Lab: »wenn es keinen interessiert, dann wird es auch kein gutes Projekt.«[13] Das bedeutet allerdings auch, dass die individuellen Präferenzen der Mitglieder definieren, was als Problem wahrgenommen wird, dass es wert ist, bearbeitet zu werden.

In den Gesprächen war es interessant, dass die politische Motivation des eigenen Handelns oft nur indirekt angesprochen wurde. So ginge es darum, »über Daten etwas zu schaffen«,[14] »Transparenz zu schaffen, die Kritik ermöglicht«[15] – gleichzeitig mit der Einschränkung »wir können nicht alles machen [...] wir können Hilfestellung geben und unser Wissen teilen, aber wir können nicht alles machen.«[16] Die Aktiven verstehen sich bewusst nicht als Dienstleisterin für andere, und auch nur in bedingtem Umfang als politische Anwält*innen für gewisse städtische Probleme, denn »das könnten wir gar nicht tragen [...] es ist immer noch die Freizeit der Personen.«[17] Insgesamt war in den Gesprächen mit den Beteiligten zu erkennen, dass sich ihr Anspruch darauf begrenzt, Daten zu nutzen und zu vermitteln. In anderen Worten: Die Tätigkeiten im Lab sind durch das Ziel motiviert, Informationen zu beschaffen und zur Verfügung zu stellen, aber weniger dadurch selbst politische Prozesse auf der Grundlage

---

10 | Interview B.
11 | Interview B.
12 | Interview X, Spontaninterview mit einer Gruppe von Mitgliedern in Transportprojekten des Open Knowledge Lab Berlin, 26.02.2018.
13 | Interview B.
14 | Interview A.
15 | Interview B.
16 | Interview A.
17 | Interview B.

dieser Daten zu gestalten. Entsprechend bezeichnen sich die im Lab Aktiven weniger als Aktivist*innen, sondern als »Mitglieder« des Lab.

SPANNUNGSFELDER VON DIY-PROJEKTEN IN DER SMART CITY: KRITISCHE WÜRDIGUNG DES OPEN-KNOWLEDGE-LAB

Ausgangspunkt dieses Beitrags waren verschiedene Veröffentlichungen, welche das Potential einer alternativen, »von unten« aufgebauten Smart City diskutieren. Die Grundidee dahinter ist, vereinfacht gesagt, dass statt internationalen Technologiekonzernen und Stadtverwaltungen Bürger*innen in Projekten die Gestaltung der Smart City voranbringen. Der Umgang mit Daten und Informationen und der Zugang zu Wissen wurden dabei als einer der Hauptansatzpunkte hervorgehoben (McFarlane/Söderström 2017). Mit seinen vielfältigen Projekten setzt die Arbeit des Open Knowledge Lab Berlin genau an dieser Stelle an. In Projekten des Lab spielt die Sammlung, Organisation und Aufarbeitung von Daten eine zentrale Rolle – allerdings verweist die Praxis im Projekt auf allgemeine Spannungsfelder, die in selbstorganisierten Technologie-Projekten auftreten können:

- Nominelle Offenheit vs. spezialisiertes Wissen: Offene Daten zu verarbeiten erfordert die Fähigkeit, mit Daten umgehen zu können; für die Entwicklung von Software sind Programmierkenntnisse Voraussetzung. Auch wenn diese Fähigkeiten erlernbar sind, stellen sie eine Eintrittshürde für viele Personen dar. Der Umgang mit technischem Wissen und Fähigkeiten ist eine der Kernherausforderungen für bürger*innen-getriebene Smart-City-Projekte.
- Individuellen Präferenzen vs. soziale Selektivität: Es stellt sich generell die Frage, welcher Gegenstand als Problem wahrgenommen wird, der in den Projekten gelöst werden soll. Durch die Betonung von individueller und intrinsischer Motivation werden vor allem solche Aspekte und Probleme aufgegriffen, die für die Mitglieder des Labs selbst interessant sind. Es gibt damit ein Bias zugunsten der gut ausgebildeten, daten- und informationsaffinen Mitglieder des Lab, und deren Alltagswelten und Bedürfnissen.
- Technische Fokussierung vs. politischer Anspruch: Durch die spezialisierten Tätigkeiten und die technischen Präferenzen der Mitglieder spiegelt sich in vielen Projekten vor allem Interesse an der Lösung von technischen Problemen statt tiefer greifenden sozialen Veränderungen wieder. Das Bereitstellen und Sichtbarmachen von Daten oder die Entwicklung spielerischer Anwendungen steht im Zentrum des Engagements, während die Bedingungen städtischer Digitalstrategien und wie diese sowohl die Produktion als auch den Alltag in der Stadt verändern, weniger hinterfragt werden.

Das Open Knowledge Lab tritt mit dem Slogan »Coding for the Common Good« an. Allgemein gesprochen hängt die Frage, wie Gemeinwohlwohl definiert werden kann, davon ab, wer die Antwort gibt. Entsprechend spielt auch in den Tätigkeiten im Open Knowledge die eigene Positionierung der Beteiligten eine entscheidende Rolle, was als Gemeinwohl verstanden werden kann bzw. wessen Vorstellungen von Allgemeinwohl repräsentiert werden. Eine Reflexion der erwähnten Spannungsfelder und ein bewusster Umgang mit den Anforderungen und Grenzen technologieorientierter Initiativen von Praktiker*innen kann neben der wissenschaftlich ausgerichteten Smart-City-Diskussion helfen, mit Innovationen und Aktivitäten »von unten« an einer Digitalisierung der Stadt jenseits wirtschaftlicher Interessen und Datenkontrolle mitzuwirken.

LITERATUR

Bauriedl, Sybille/Strüver, Anke (2017): Smarte Städte. Digitalisierte urbane Infrastrukturen und ihre Subjekte als Themenfeld kritischer Stadtforschung. In: sub\urban – Zeitschrift für kritische Stadtforschung 5 (1/2), S. 87–104.

Cardullo, Paolo/Kitchin, Rob (2018): Being a citizen in the smart city: Up and down the scaffold of smart citizen participation in Dublin, Ireland. In: Geojournal, Online First.

Davies, Sarah R. (2018): Characterizing Hacking: Mundane Engagement in US Hacker and Makerspaces. In: Science, Technology, & Human Values 43 (2), S. 171–197.

Denis, Jérôme/Goëta, Samuel (2017): Rawification and the careful generation of open government data. In: Social Studies of Science 47 (5), S. 604–629.

Hollands, Robert G. (2008): Will the real smart city please stand up? Intelligent, progressive or entrepreneurial. In: City 12 (3), 303–320.

Hollands, Robert G. (2015): Critical interventions into the corporate smart city. In: Cambridge Journal of Regions, Economy and Society 8 (1), S. 61–77.

Joss, Simon/Cook, Matthew/Dayot, Youri (2017): Smart Cities: Towards a New Citizenship Regime? A Discourse Analysis of the British Smart City Standard. In: Journal of Urban Technology 24 (4), S. 29–49.

Langley, Paul/Leyson, Andrew (2017): Platform capitalism: The intermediation and capitalization of digital economic circulation. In: Finance and Society 3 (1), S. 11–31.

McFarlane, Colin/Söderström, Ola (2017): Alternative smart cities: From a technology-intensive to a knowledge-intensive smart urbanism. In: City 21 (3–4), S. 312–328.

Metacollect (2014): Metacollect: An open data service for refugee and civil society projects. http://dsini20.schedar.uberspace.de/#/home vom 15.03.2018.

Open Knowledge Foundation Deutschland (2012): Stadt-Land-Code: Digitale Werkzeuge für Bürger. http://stadtlandcode.de vom 07.03.2018.

Open Knowlegde Foundation Deutschland (2014a): Über Code for Germany. https://codefor.de/ueber vom 07.03.2018.

Open Knowledge Foundation Deutschland (2014b): Code of Conduct. https://codefor.de/code-of-conduct vom 07.03.2018.

Open Knowledge Berlin (2014): OK Lab Berlin. https://codefor.de/berlin vom 08.03.2018.

Savini, Marco (2017): Grassroots Smart Cities. In: Informatik Spektrum 40, S. 58–63.

Schmidt, Suntje/Brinks, Verena/Brinkhoff, Sascha (2014): Innovation and creativity labs in Berlin: Organizing temporary spatial configurations for innovations. In: Zeitschrift für Wirtschaftsgeographie 58 (1), S. 232–247.

Smith, Adrian (2017): Social Innovation, Democracy and Makerspaces, Brighton: SPRU Working Paper Series. www.sussex.ac.uk/spru/research/swps vom 05.05.2018.

Söderström, Ola/Paasche, Till/Klauser, Francisco (2014): Smart cities as corporate storytelling. In: City 18 (3), S. 307–320.

Stebbins, Robert A. (2009): Serious Leisure and Work. In: Sociology Compass 3 (5), S. 764–774.

Thomas, Vanessa/Wang, Ding/Mullagh, Louise/Dunn, Nick (2016): Where's Wally? In Search of Citizen Perspectives on the Smart City. In: Sustainability 8, S. 207.

Vanolo, Alberto (2016): Is There Anybody Out There? Some Hypothesis on the Role and Position of People in Smart Cities. In: Jörg Stollmann et al. (Hg.): Beware of Smart People. Redefining the Smart City Paradigm towards Inclusive Urbanism. Symposium Proceedings, Berlin 19.–20.06.2015, Berlin: Universitätsverlag der TU Berlin, S. 26–32.

Gemeinschaftliche Infrastrukturen, digitale Souveränität und Gegenerzählungen
Projekte einer Digital Citizenship

---

city/data/explosion (Thomas Böker, Ulf Treger)

Die Omnipräsenz elektronischer Kommunikation durchdringt und verändert auf vielen Ebenen das Leben in den Städten. Am lautesten wahrnehmbar in dieser Entwicklung sind die Aktivitäten und der Einfluss der digitalen Wirtschaft. »Smart City« und andere Vermarktungskonzepte versprechen viel, nicht aber den Ausbau von Demokratie, Selbstbestimmung und sozialer Gerechtigkeit.

DIGITALISIERTE STADT

Soweit es sich aus der Schnittmenge unzähliger, eher vager und unscharfer Definitionen bestimmen lässt, steht das Label »Smart City« für ein Konzept, das nicht auf Innovation im eigentlichen Sinn, also einer Erneuerung des Bestehenden abzielt – beispielsweise durch die Transformation des Verkehrs weg vom durch Verbrennungsmotoren angetriebenen Individualverkehr. Vielmehr beschränkt es sich auf ein besseres »Management« des Stadtverkehrs, der Infrastruktur und der Organisation städtischer Ressourcen und Aufgaben durch die Verwendung netzbasierter Technologien. Damit einher geht die Erschaffung eines neuen Geschäftsfeldes der Informations- und Kommunikationsindustrie, die sich kommunale Strukturen und Prozesse erschließen will, die bis dato zum größten Teil noch nicht privatisiert waren. Im Zuge dieser Entwicklung werden immense Mengen an Daten erhoben. Deren Interpretation wird als objektiv suggeriert und die daraus entwickelten Maßnahmen und Problemlösungen werden als zwangsläufig oder alternativlos dargestellt. Solcherart vorgeschlagene »Optimierungen« bleiben nicht nur im Wachstumsdenken verhaftet (schneller, effizienter), sondern sind auch von außen nicht verifizierbar, geschweige denn, dass verlässliche Angaben über den Zeitpunkt ihres Eintretens gemacht werden. Adam Greenfield sieht diese Effekte als Teil einer

»strategischen Vagheit« der IT-Unternehmen (Greenfield 2013, Übers. d. V.). Insbesondere aber entziehen die sich aus einer asymmetrischen Partnerschaft zwischen dominanter Wirtschaft und passiver Stadtverwaltung entstehenden Strukturen jeglicher Transparenz und damit einer demokratischen Kontrolle. »Smart City« bedeutet in der Konsequenz »Zentralisierung, Technokratie und die Machtdurchsetzung von oben« (ebd.) auf Kosten der Ansprüche und Rechte der Bewohner*innen einer digitalen Stadt. Das führt auch zu einer weiteren Exklusion von ohnehin schon marginalisierten Teilen der städtischen Bevölkerung (vgl. Deo 2016). Unter diesen Vorzeichen ist eine nachhaltige, soziale und demokratische digitale Stadt nur schwer vorstellbar. Gleichzeitig aber betrifft die Vernetzung und Allgegenwärtigkeit digitaler Technologien schon heute alle Aspekte urbanen Lebens, sodass es notwendig ist, über andere Konzepte, über »eine andere Sprache« (Greenfield 2013, Übers. d. V.) nachzudenken und sich diesem Anspruch in Experimenten, Feldversuchen, künstlerischen, sozialen Projekten anzunähern. Es geht aber auch darum, durch die Entwicklung von offenen Protokollen (also von Vereinbarungen und Regelsätzen zur Kommunikation) sowie dem Aufbau von Schnittstellen (als Nahtstellen zwischen verschiedenen Kontexten und Kommunikationssystemen) und gemeinschaftlichen Infrastrukturen Grundlagen für diese Ansätze zu schaffen.

Mit dem von Henri Lefebvre abgeleiteten Anspruch auf ein informationelles Recht auf Stadt (siehe Shaw/Graham in diesem Band), auf Basis der technologischen Souveränität der Stadtbewohner*innen (Bria/Morozov 2017) und den Ansätzen zur Entwicklung einer Alternative zur wirtschaftlichen oder staatlichen Nutzung digitaler Technologien in Form von Gemeingütern, der Commons (An Architektur 2010) werden in letzter Zeit wichtige Impulse diskutiert. Zwei grundliegende Prinzipien für eine digitalisierte Stadt sind die demokratische Partizipation der Bewohner*innen an ihrer Entwicklung sowie die Offenlegung und Transparenz aller Komponenten und Vorgänge, die dabei eine Rolle spielen (vgl. Mason 2015). Der offene Zugang zu den Datenströmen digitaler Städte (durch ihre Veröffentlichung als Open Data) und die Lizenzierung und Veröffentlichung der datenerzeugenden oder -verarbeitenden Programme als Freie Software und damit die Überprüfbarkeit und Korrektur von Algorithmen sind essentielle Transparenzanforderungen bei der Implementierung digitaler urbaner Projekte. Diese Grundlagen allein vermögen es aber noch nicht den neoliberalen Rahmen einer »Smart City« zu verlassen. Mit Bezug auf Henri Lefebvre ist die Entwicklung einer »Praxis der Autogestion – der Selbstverwaltung von Technologien, Ressourcen und Überschüssen« (siehe Shaw/Graham in diesem Band, im Original Shaw/Graham 2017: 219) notwendig.

Neben der Kritik an städtischen Digitalisierungsprojekten unter dem Banner einer »Smart City« und der gleichzeitigen Forderung an digitalen Rechten, entwickeln sich Praxen digitaler Urbanität, in denen die Möglichkeiten von digitalen Kommunikationsmitteln, der Datenverarbeitung und deren Interpretation erkundet werden. Abgrenzend oder zusätzlich zu den privatwirtschaftlichen oder administrativ-staatlichen Bereichen entstehen so experimentelle und flüchtige, manchmal auch persistente und konkrete Beiträge für einen neuen Sektor der Commons, realisiert mittels digitaler Plattformen, Daten und Sensoren. Dabei lässt sich eine Wechselwirkung der Methoden und Prinzipien digitaler Commons mit den Praxen im urbanen Raum beobachten, die Dubravka Sekulić (2015, Übers. d. V.) beschreibt: »Das Konzept der Commons wurde aus dem physikalischen Raum in die digitale Sphäre übertragen, um mit der Entwicklung freier (als Gegenteil von proprietärer) Software das Konzept von Gemeinschaften, Beziehungen und Produktionsweisen neu zu interpretieren. [...] Die Rückkehr bringt diese Charakteristika mit und nimmt den urbanen Raum durch die Linse des digitalen Commons wahr. Dies bringt andere Vorstellungen und Erfahrungen in den urbanen Commons ein.«

Es gibt vielfältige Projekte, die eine urbane Praxis mit digitalen Mitteln entwickelt haben und diese mit einer kritischen Haltung zu den politischen Dimensionen der gegenwärtigen Entwicklungen verknüpft haben.

Beispiel I: Infrastrukturen

»Wir bauen Gemeinschaftsnetze [für eine] freie Kommunikation«, so beschreibt sich Freifunk[1]. Freifunk ist ein Netzwerk aus circa 500 Initiativen, die seit 2001 gemeinschaftlich verwaltete, unkommerzielle Netzwerkinfrastrukturen aufbauen. Genauer gesagt: Sie bieten Anreiz und Unterstützung, damit Menschen sich mit einem eigenen Netzwerkknoten am gemeinsamen Netz beteiligen können. Dazu stellen diese einen Teil ihres eigenen DSL-Zugangs zur Verfügung, sodass sich die am Netz beteiligten Knoten (in Form einfacher WLAN-Router) untereinander vernetzen können – also ein eigenes Netz mit eigenen Internet-Diensten und Informationsangeboten bilden können – aber auch freien Internetzugang für alle gewähren, die sich mit ihren Laptops oder Smartphones in das Netzwerk von Freifunk einklinken.

Juergen Neumann, der seit Beginn am Aufbau Freifunk beteiligt war, beschreibt die politische Dimension bei dessen Entstehung[2]:

»Es ging um nicht weniger, als sich selbst seine eigene lokale Kommunikationsinfrastruktur im öffentlichen Raum bauen zu können. [...] Für das Teilen der Internetzugänge gibt es viele Gründe. Das ganze Internet besteht aus geteilten Ressourcen. Warum soll

---

1 | Website von Freifunk: https://freifunk.net/
2 | Das hier in Auszügen dokumentierte Interview mit Juergen Neumann wurde Ende März 2018 geführt.

Abb. 1. Foto: Boris Niehaus, CC Attribution-Share Alike 3.0 License

das dann an den ›Endpunkten‹ anders sein? Das gesamte Konstrukt der Vermarktung des Internets als konsumorientierte, asymmetrische Verbindungen, mit der Differenzierung in Anschlussanbieter und Konsumenten ist meines Erachtens eine Fehlsteuerung. Das wird sich hoffentlich in den kommenden Jahren durch Technologien wie Mesh-Networking und das Internet of Things wieder etwas relativieren.«

Meshing ist ein Konzept zur Vernetzung, welches eine hierarchische Struktur (Client-Server-Betrieb) durch ein selbstorganisierendes System ersetzt, mit dem sich Knoten in einem Netzwerk selbstständig und dynamisch, also in stetiger Aktualisierung über die Routen verständigen, über die die Netzwerkkommunikation abgewickelt wird. »In der Konjunktur von Freifunk hat es Wellen in der Entwicklung gegeben. Zuerst war es die mangelnde Verbreitung von DSL, [...] die zweite Phase des Aufschwungs für Freifunk kam zu dem Zeitpunkt, als die Endgeräte mobil wurden, aber mobiles Internet so teuer war, dass es sich kaum jemand leisten konnte. [...] Der nächste Aufschwung kam dann rund um die politischen Prozesse und die wachsende Internetzensur im Nahen Osten und später durch die Enthüllungen durch Edward Snowden mit einem wachsenden Bewusstsein um Kontrolle und Überwachung. Sicher bieten dezentrale Infrastrukturen einen gewissen Schutz. Aber niemand sollte glauben, dass sich diese Probleme nachhaltig technisch lösen lassen. Auch hier geht es vielmehr um Politik und ziviles Engagement. [...] Die bisher letzte und erfolgreichste Periode von Freifunk wurde dadurch erreicht, dass besonders außerhalb der großen Ballungsräume immer mehr Kommunen erkannt haben, dass Freifunk eine ausgereifte und kostengünstige Alternative bietet, um der anhaltenden Unterversorgung mit öffentlichen Internetzugängen selbst entgegen zu wirken.« Dazu beigetragen haben die Geflüchteten-Initiativen, die

»in kürzester Zeit bundesweit über 700 Unterkünfte mit Internet via Freifunk versorgten«. Schließlich half eine breite politische Unterstützung, die so genannte »Störerhaftung« als ein juristisches Hindernis bei dem Betrieb eines Knotens abzuschaffen.

Auf seine Einschätzung für die weitere Entwicklung befragt, sagt Juergen Neumann:

»Netzwerktechnologien werden in Zukunft fast jeden Bereich unseres Lebens beeinflussen und bestimmen. Deshalb halte ich es für notwendig, dass Freifunk viel stärker als bisher in Schulen und Universitäten genutzt wird, um anhand freier Software die Grundlagen moderner Kommunikationsinfrastrukturen zu erlernen und weiter zu entwickeln. Teil dieses Ausbildungsprozesses sollte es auch sein, technische Infrastrukturen in Richtung ihrer gesellschaftlichen Implikationen hin zu untersuchen und kritisch zu hinterfragen. Denn jede Infrastruktur, egal ob Wasser, Strom, das Schienennetz oder eben die Kommunikationsinfrastruktur, enthält in ihrer konkreten Ausrichtung immer gesellschaftspolitische Vorannahmen und Implikationen, die zu schnell in Richtung Technik verlagert werden. Nur wer sich der Grenzen und Möglichkeiten von Technologien bewusst ist, kann sie auch politisch verhandeln. Dass lokale Kommunikationsinfrastrukturen heute häufig im Kontext einer Allmende verortet werden, ist ein gutes Beispiel dafür. Ich glaube aber, dass die Auswirkungen unserer Kommunikationsinfrastrukturen und die damit verbundenen Regularien die Zukunft so stark beeinflussen werden, dass ich nur allen raten kann, sich auf der technischen als auch auf der politischen Ebene viel stärker damit auseinander zu setzen.«

Beispiel II: Souveränität

Die Arbeit mit Daten und digitalen Karten ist der Schwerpunkt des tunesischen Projekts Cartographie Citoyenne.[3] In verschiedenen Städten Tunesiens wie im nördlichen Ras Jebel oder der im Zentrum gelegenen Kreisstadt Sidi Bouzid werden Workshops mit Stadtbewohner*innen organisiert, um mit Hilfe von digitalen Karten und der Interpretation von Offenen Daten das Interesse an fundierten Debatten zu gesellschaftlichen Themen zu verstärken. Bürger*innen sollen ermächtigt werden Zugang zu Daten über den eigenen urbanen Kontext zu erhalten und einen »Rahmen für die gemeinsame Nutzung von Daten zu schaffen – lokalisiert, disaggregiert«. Khalil Teber, Gründungsmitglied des Projekts, beschreibt dessen Intentionen:[4]

---

3 | Website von Cartographie Citoyenne: http://kcit.org
4 | Das in Auszügen dokumentierte Interview mit Khalil Teber von Cartographie Citoyenne wurde Ende März 2018 geführt.

»The project starts from the vision that public statistic data is and should always be considered as a common good, that should be accessible for all citizens, for there can't be democracy without informed citizens. Therefore, the objective with the maps is to make the statistic public data available for all citizens and their associations in a way in which they could take ownership of, to start discussing reality and policies in a concrete and more informed way. The underlying objectives of this aim is to tool up the civil society organizations in a way that could enable them to undertake projects, mobilizations, negotiations with the local and national authorities.«

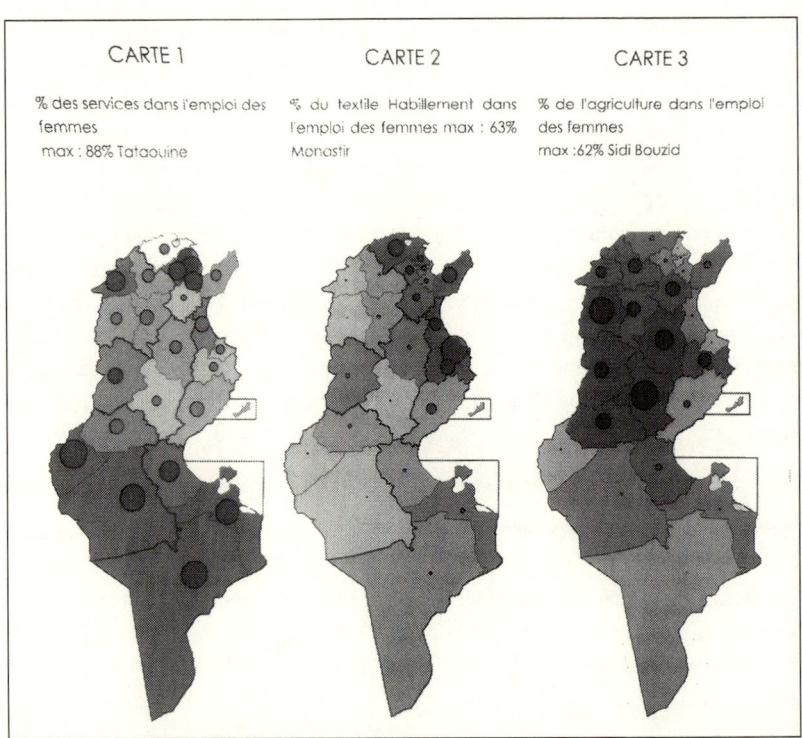

Abb. 2. Graphik: Cartographie Citoyenne

Dabei wird auf kommerzielle Kartenanbieter verzichtet und OpenStreetMap benutzt, ein weltweit verbreitetes Projekt zur Erstellung von frei zugänglichen Geodaten. In diesem Kontext entstehen Datenvisualisierungen und Karten, die z. B. den Zugang zu Trinkwasser dokumentieren oder die Wasserqualität und Entfernung zu den Wasserstellen. Durch dieses Beispiel einer Bürger*innen-Kartographie können Unterversorgung und Engpässe aufgezeigt, lokale Autoritäten und die Öffentlichkeit auf Defizite hingewiesen und die eigene Wahrnehmung des urbanen Kontexts geschärft werden.

Trotz aller digitalen Plattformen und Werkzeuge besteht heute ein Ungleichgewicht beim Zugang zu Wissen und Informationen. »The ›digital‹ space in Tunisia has seen a significant increase in the tools and platforms that claim to be open or to contribute to ›Open Gov‹ or ›Open Data‹ and to improve access to information.« Die verfügbaren Daten sind in der Regel jedoch nicht in wiederverwertbaren Formaten veröffentlicht, was ihre Auswertung aufwendig macht. Sie erlauben häufig keine genaueren räumlichen Zuordnungen, da sie meist nur in groben, landesweiten Bezugsgrößen veröffentlicht werden. So bleiben viele Aspekte der Unterschiedlichkeit oder Veränderungen verborgen: »therefore, they don't guarantee any kind of accessibility at all. In my opinion they do propagate a liberal view on the topic that is unfortunately a hoax since they are not opening anything new.«

Beispiel III: Gegenerzählungen

Anti Eviction Mapping[5] ist in San Francisco aktiv. Die Gruppe publiziert Daten, Infographiken und Karten über Vertreibungen von Mieter*innen und andere Effekte von (Hyper-)Gentrifizierungsprozessen und zeichnet die Erzählungen von Betroffenen und ihren Widerstand gegen Mieterhöhungen, Vertreibung und Ausgrenzung auf.[6] Erin McElroy, Mitglied beim Anti Eviction Mapping Projekt, beschreibt die Zusammensetzung und die Intentionen der Gruppe: »Wir sind ein Kollektiv aus Freiwilligen und Aktivist*innen mit ganz unterschiedlichen Fähigkeiten. Einige von uns verstehen sich vielleicht als IT-Menschen, einige als Wissenschaftler*innen, andere als Wohnrechts-Aktivist*innen. Wir sind daran interessiert, diese Technologien zu nutzen, um Informationen zu visualisieren und Analysen anzubieten, während wir als aktivistische Gruppierung auch die Auswirkungen der Aktionen von IT-Konzernen und Regierungen beobachten. Visuelle Aspekte spielen eine sehr wichtige Rolle in unserer Arbeit. Wir machen Webdesign, digitale Mappings, Zeichnungen, Photographie. Einige von uns sind fit in Graphikdesign, während andere eher Interesse an Daten-Wissenschaft haben.«

---

5 | Website von Anti Eviction Mapping: https://www.antievictionmap.com
6 | Das Interview mit Erin McElroy von Anti Eviction Mapping wurde im Frühjahr 2017 auf Englisch geführt und ist hier auf Deutsch dokumentiert: https://medium.com/@ulf_t/kartieren-gegen-vertreibung-878f4d7f8c1e, zuerst veröffentlicht in Analyse & Kritik 628, Juni 2017.

Abb. 3. Foto: Anti Eviction Mapping

Mit der Veröffentlichung von Oral Histories im Web, ihrer räumliche Verortung mittels digitaler Karten, will Anti Eviction Mapping »[...] Geschichten hervorheben, die inspirieren sollen, sich zu wehren. Wir wollten also nicht nur Geschichten von Verlusten und Niederlagen dokumentieren, sondern auch von Widerstand gegen Vertreibungen.« Die digitalen Karten mit den Dokumenten urbaner Kämpfe werden vom Projekt auch wieder in die Stadt zurück übertragen, durch Magazine in Papierform oder durch Murals auf Häuserwänden, die die Karten und Akteur*innen dieser Geschichten zeigen und die mittels einer Telefonnummer zum Anhören der Geschichten im Stadtraum einladen. Über das Selbstverständnis und die Arbeitsweise der Gruppe sagt Erin McElroy:

»Wir verstehen unsere Karten als ›Counter Mapping‹, eine Art kritischer Kartographie und auch als eine Art de-kolonialer Methodik. Wir betonen die Wichtigkeit, Daten nicht ›über‹ bestimmte Menschen zu produzieren, sondern ›mit‹ Menschen, die besonders von Gentrifizierung betroffen sind. Wir arbeiten immer auch mit anderen Gruppen zusammen. Wir nutzen dafür eine Art kollaborativer Methodologie, die Erkenntnisse aus den betroffenen Gemeinschaften heraus thematisiert. Die Datenprojekte der Industrie und auch der Stadt behaupten ›wahr‹ zu sein. Wir definieren uns dagegen als ein aktivistisches Projekt, dass keine Objektivität produziert, sondern auf eine spezifische Art und Weise politisch ist.«

»Geschichten und Erinnerungen verwischen und verschwinden oft. Wir verstehen unsere Karten nicht nur als Speicher dieser Erinnerungen, sondern als aktive Sammlung von Auseinandersetzungen im urbanen Raum.«

Exkurs I: Orte

Die Rauminstallation »Pavilion of Hospitality« des chilenischen Kunst- und Architekturkollektivs »Ciudad Abierta«[7] auf der documenta 14 (in der mit nur wenigen Objekten und Installationen bespielten Karlsaue in Kassel) ist ein Ort für Versammlungen und Veranstaltungen im Freien, angelehnt an die Idee der Agora als zentraler Versammlungs-, Fest- und Marktplatz der antiken griechischen Polis.

Abb. 4. Foto: Thomas Böker

Auf den ersten Blick zeigt sich das Muster eines gerade geworfenen Haufens von Mikadostäben aus über- und nebeneinanderliegenden Holzbalken. Auf ihnen stehen einzelne Wörter aus verschiedenen Sprachen, anscheinend zusammenhanglos, die sich aber gleichzeitig assoziativ, als Slogan oder auch Aufforderung lesen lassen: Kiss, Suerte, Aire. Gaze-Bahnen sind über die fragmentierte Fläche gespannt, in Sichtweite stehen schlichte Holzschilder, die in skizzenhaften Bildern verschiedene Formen von Versammlungen zeigen, vom Kreis bis zu eben der Form, die daneben zu benutzen ist. Auf den

---

7 | Ciudad Abierta ist nicht nur ein Kollektiv, sondern auch ein konkreter Ort in Chile nahe der Hafenstadt Valparaíso. Auf einem 270 Hektar großen Gelände, angekauft von der Fakultät für Architektur und Design der Pontificia Universidad Católica Valparaíso, wird seit 1970 mit organischen, provisorischen und ephemeren Formen von Architektur experimentiert, die als »Materialisierung von Poesie, als »Raum gewordenes Wort« (Dransfeld 2015) verstanden wird. Leben, Arbeiten und Studieren soll miteinander verbunden und gleichzeitig ein eigener südamerikanischer Zugang zu Architektur und Kunst entwickelt werden, als Gegenentwurf zur euro-amerikanischen Stadt (vgl. Dransfeld 2015; Maak 2017).

durcheinandergewürfelten Holzbalken lässt es sich gut sitzen und jeweils eine andere Blickrichtung einnehmen. Die Balken sind niedrig genug, um über sie zu klettern, breit genug, um auf ihnen zu laufen und eine neue Position einzunehmen.

Die Holzverstrebungen umfassen kleine Flächen, die sich durch die durchlässige Architektur zu größeren Räumen multiplizieren lassen: Die Konstruktion öffnet sich.[8] Es entsteht – dem namengebenden Motiv der Gastfreundschaft entsprechend – ein (gast-)freundlicher Ort, der durch seine Architektur und Form zur Aneignung einlädt und Raum öffnet für Begegnung und Austausch. »[E]s ist auf einmal viel besser zu verstehen, was die Erfindung von Formen und Räumen mit Politik zu tun hat: Die Kunst beschränkt sich hier nicht auf Symbolproduktion, sondern schafft Räume, in denen man ganze Tage verbringen kann, eine Idealwelt.« (Maak 2017)

In ihrem Text »Lasst uns das erstmal ausdiskutieren!« von 1996 bezieht sich Isabelle Graw auf die Form der Diskussion, wie sie in den 1990er Jahren in Kunst-Kontexten populär war. Sie diskutiert an dem konkreten Beispiel eines Gesprächs auch die Ebenen und Hierarchien, die sich in räumlichen Strukturen wie dem Aufbau einer Veranstaltung (Sitzordnung, Podium, runder Tisch, Halbkreis) manifestieren: »Die Wahl eines architektonischen Modells determiniert den möglichen Raum des Denkens.« (Graw 1996)

Welche Bedeutung konkreten Orten – oder besser Räumen der Begegnung – beigemessen wird, zeigt sich auch an dem von Hannah Kowalski in ihrer Dissertation zur Performativität des Abstimmens analysierten Scheiterns des digitalen Abstimmungstools Loomio im Hamburger Gängeviertel. Loomio ist für »Diskussionen und Entscheidungen in kleineren Zusammenhängen konzipiert« (Kowalski 2018) und aus den Erfahrungen mit partizipativer Beteiligung und Entscheidungsfindung in der Occupy-Bewegung in Neuseeland entwickelt worden.[9] Initiiert von Hannah Kowalski wurde Loomio während eines Zeitraumes von drei Monaten Anfang 2015 begleitend zur offenen Vollversammlung im Gängeviertel eingeführt und ausprobiert.

Durch die Beteiligung möglichst vieler Nutzer*innen und Bewohner*innen am Abstimmungstool sollte eine Partizipation an kollektiven Entscheidun-

---

8 | Vgl. https://www.youtube.com/watch?v=IGTn5KYGCe8. In dem Video wird der Entstehungsprozess des »Pavilion of Hospitality« dokumentiert: In einem spielerischen Akt wird ohne graphische Pläne eine Form entworfen, die die unmittelbare Umgebung und Topographie aufgreift. Diese »Poetische Handlung«, wie künstlerische Aktivitäten und Tätigkeiten in der Ciudad Abierta bis heute genannt werden, wird als Phaläne bezeichnet und verbindet – immer wieder neu interpretiert – Raumerfahrung mit Poesie bzw. dem Wort.

9 | https://www.loomio.org/; vgl. das zitierte Interview mit Mix Irving, einem der Entwickler von Loomio (vgl. Kowalski 2018).

gen ermöglicht werden, die nicht zwingend an die Teilnahme des Plenums gebunden ist. »Es geht darum, dass möglichst viele Leute teilnehmen.«[10] Trotz einer Beteiligung am Abstimmungstool, die über die durchschnittliche Teilnahme an den Versammlungen hinausging, und einer positiven Resonanz, konnte sich Loomio vorerst nicht etablieren.

Den Grund hierfür verortet Kowalski in der »Heiligkeit des Plenums«: Das »Unmittelbare, Direkte und Präsente« (Kowalski 2018), also die ortsgebundene Kommunikation und Konfrontation mit einem Gegenüber,[11] wird als immanenter Bestandteil einer Versammlung von Menschen betrachtet, deren Zusammenkommen von einem gemeinsamen Interesse motiviert ist. Eine digitale Abstimmung ermöglicht aber eine Beteiligung an gemeinschaftlichen Entscheidungsprozessen, ohne dafür persönlich anwesend zu sein und sich mit anderen auseinandersetzen zu müssen. Damit wird die Alleinstellung einer Versammlung (bzw. des Plenums, des Treffens) in Frage gestellt, die sich durch die gemeinsame Anwesenheit an einem Ort konstituiert.

Hannah Kowalski betont: »Du musst darüber reden, warum eine Ko-Präsenz, das *face to face* so wichtig ist. Wie wir reflektiert damit umgehen und es bejahen, dass das eine Wertigkeit besitzt.« Entsprechend sieht sie die Notwendigkeit, digitale Tools und Plattformen mit Formen der Ko-Präsenz zu koppeln und wieder in den realen Raum zu tragen.

An diesem Beispiel wird die Frage diskutiert, wer entscheidet wie was für wen? »Diese Macht der Anwesenden, die kommen und sich engagieren« – oder »Macht kommt von machen« wie Kowalski anmerkt – anzuerkennen als integralen Bestandteil von Organisationsstrukturen, aber auch Nicht-Anwesende in Prozesse von Gestaltung und Entscheidung einzubinden, ist eine Anforderung, für die digitale Hilfsmittel sinnvoll sein können.

Für die Entwicklung und die Forderungen einer demokratischen und offenen digitalen Stadt ist es Aufgabe und Herausforderung, digitale Praxen der Partizipation, Aneignung und Selbstermächtigung mit dem Wunsch und Bedürfnis nach konkreten Orten räumlicher, aber vor allem auch körperlicher Unmittelbarkeit zu verbinden. Gerade in diesem Zusammenhang ist die von Dubravka Sekulić beschriebene Wechselwirkung digitaler Commons mit den Praxen im urbanen Raum (Sekulić 2015) spannend: »Unser Recht auf Stadt, auf Versammlung, auf Meinungs- und Redefreiheit müssen wir gemeinsam denken mit unserem Recht auf informationelle Selbstbestimmung und urbane

---

10 | Die nicht gekennzeichneten Zitate von Hannah Kowalski sind der Audioaufnahme eines Gesprächs Anfang März 2018 entnommen.
11 | Hannah Kowalski spricht in diesem Zusammenhang von Ko-Präsenz als räumliche, zeitliche und körperliche Komponente, die als konstituierende Voraussetzung von Theater betrachtet wird.

Praxen, die abgelöst von den Auswirkungen und Perspektiven der digitalen Sphäre nicht diskutiert werden können.«

Exkurs II: Interventionen

Das Institute of Applied Autonomy (IAA) experimentiert seit 1998 mit einer Reihe von ferngesteuerten Maschinen – darunter ein »Graffiti Writer« –, um Interventionen im öffentlichen Raum durch »Roboter« ausführen zu können: »We are exploring the possibilities of using new technologies to create public spectacles which can alter people's conception of the world around them.« (IAA 2004) Der »Graffiti Writer« besteht aus einem Modellauto nebst Fernbedienung; am Auto war eine Phalanx aus Spraydosen angebracht, deren Sprühköpfe durch einen Prozessor gesteuert waren und eine Matrix aus Buchstaben auf den Boden sprühen konnten. Die Idee für diese Interventions-Automaten entstand durch die kritischen Auseinandersetzungen mit den damaligen Entwicklungen in der Robotik, die in einer gemeinsamen Publikation mit dem Critical Art Ensemble 1998 veröffentlicht wurden. Darin wurden, noch relativ optimistisch, zivilgesellschaftliche Anwendungen diskutiert. In einer Rückbetrachtung bewertet das IAA diese Einschätzungen und die aus den Experimenten gemachten Erfahrungen trotz veränderter gesellschaftlicher Bedingungen und der vermehrten Nutzung der Robotik im militärischen Bereich dennoch als wertvoll, insbesondere um damit eine technokratische Sichtweise sozialer Parameter unterlaufen zu können:

»Nonetheless, we continue to believe that robots are both viable and useful tools in the modern activist's arsenal for the simple fact that their status as reified technical artifacts confers both legitimacy and novelty on age-old forms of social protest. In embracing symbolic aspects of technical artifacts, we break with the dominant model of engineering practice that reduces social to operational parameters.« (IAA 2008: 49)

DIGITAL CITIZENSHIP

»We make the city and the city makes us [...] we make data, and data makes us. We thus have – and must claim hold of – the right to command the whole urban process.« (Sadowski 2017: o. S.) Für die Bewohner*innen einer vernetzten Stadt muss das »Recht auf Stadt« um seine digitalen Dimensionen erweitert werden. Eine Digital Citizenship wäre nicht nur die Fähigkeit, sich auch mit Mitteln der Informationstechnologien an gesellschaftlichen Prozessen zu beteiligen (vgl. Mossberger 2007), was technischer und »informationeller« Kompetenzen bedarf. Sie muss auch, einer Definition von Isin Engin folgend, Möglichkeiten umfassen, Rechte einzufordern, die Funktionsbedingungen gesellschaftlicher

Prozesse nicht nur als passive Bürger*innen hinzunehmen, sondern so zu ändern, dass sie offener und demokratischer werden (Isin 2017). James Holston hebt die Bedeutung dieser Forderungen hervor: »It is insurgent because the right-to-rights citizen claim is not minmal.« (Holston 2008) Digital Citizenship ist dann das Resultat einer performativen Handlung, ohne eine Erlaubnis dafür einzuholen oder bestehenden Arrangements zu folgen. Wir brauchen vielmehr eine fundamental neue Idee einer vernetzten Stadt (Greenfield 2013). Bei ihrer Entwicklung müssen strukturelle Bedingungen, Machtgefüge, Ausschlüsse und Privilegien mitbedacht, kritisiert und geändert werden. Die Idee und die Projekte einer Digital Cititzenship sind dafür wichtige Bausteine.

Mit besonderem Dank an unsere Gesprächspartner*innen Erin McElroy, Juergen Neumann und Khalil Theber; sowie an Hannah Kowalski für den Austausch.

city/data/explosion veranstaltet in Bremen und Hamburg Vorträge, Diskussionen und Workshops zu Fragestellungen zwischen Urbanität, Medienpraxen und Digitalisierung.

Literatur

An Architektur (2010): On the Commons: A Public Interview with Massimo DeAngelis and Stavros Stavrides. In: e-flux Journal 17. www.e-flux.com/journal/17/67351/on-the-commons-a-public-interview-with-massimo-de-angelis-and-stavros-stavrides/ vom 30.04.2018.
Bria, Francesca/Morozov, Evgeny (2017): Die smarte Stadt neu denken. Wie urbane Technologien demokratisiert werden können. Rosa-Luxemburg-Stiftung. https://www.rosalux.de/publikation/id/38134/die-smarte-stadt-neu-denken/ vom 30.04.2018.
Deo, Chhaya (2016): Why insist on fulfilling the desire of ›Smart City‹? Utopian Cities Blog. https://utopiancities.wordpress.com/2016/06/25/ vom 30.04.2018.
Dransfeld, Agnes (2015): Mit eigener Kraft. Ciudad Abierta Ritoque, Campamento Mesana. In: Bauwelt 3, S. 15–23.
Graw, Isabelle (1996): Laßt uns das erstmal ausdiskutieren. In: team compendium: selfmade matches. Selbstorganisation im Bereich Kunst, Hamburg: Kellner Verlag.
Greenfield, Adam (2013): Against the smart city. The city is here for you to use, New York, NJ: Do projects.
Holston, James (2008): Participation, the Right to Rights, and Urban Citizenship. https://www.princeton.edu/~piirs/projects/Democracy&Development/papers/Holston, Participation and Urban Citizenship.pdf vom 30.04.2018.

IAA – Institute for Applied Autonomy (2004): Institute for Applied Autonomy. http://theinfluencers.org/en/institute-applied-autonomy vom 30.4.2018.
IAA – Institute for Applied Autonomy (2008): IAA Field Operations Manual.
Isin, Engin (2017): Enacting International Citizenship. In: Tugba Basaran/Didier Bigo/Emmanuel-Pierre Guittet/R. B. J. Walker (Hg.) International Political Sociology: Transversal Lines, London: Routledge.
Kowalski, Hannah (2018): Das Theater der Entscheidung. Über die Performativität des Abstimmens (unveröffentlichte Doktorarbeit).
Maak, Niklas (2017): Monumenta statt Documenta. In: Frankfurter Allgemeine Zeitung am 9.6.2017. www.faz.net/aktuell/feuilleton/kunst/superkunstjahr-2017/draussen-vor-der-tuer-bei-der-documenta-14-15052213-p2.html vom 30.04.2018.
Mason, Paul (2015): We can't allow the tech giants to rule smart cities. In: The Guardian am 20.10.2015. https://www.theguardian.com/commentisfree/2015/oct/25/we-cant-allow-the-tech-giants-to-rule-smart-cities vom 30.04.2018.
Mossberger, Karen/Tolbert, Caroline J./McNeal, Ramona S. (2007): Digital Citizenship: The Internet, Society, and Participation. Cambridge, Mass.: MIT Press.
Sadowski, Jason (2017): ›Your credit score is not sufficient to enter this location‹: the risks of the ›smart city‹. In: Red Pepper am 29.9.2017. https://www.redpepper.org.uk/how-to-overcome-digital-oppression-in-smart-cities/ vom 30.04.2018.
Sekulić, Dubravka (2015): Legal hacking and space. In: Eurozine (Orig. in Dérive 61). https://www.eurozine.com/legal-hacking-and-space/ vom 30.04.2018.
Shaw, Joe/Graham, Mark (2017): Our Digital Rights To The City, https://meatspacepress.org/our-digital-rights-to-the-city vom 30.04.2018.

Unbekannte Pfade der Stadt jenseits von Google, aber wie?

Überlegungen zu Joe Shaws und Mark Grahams »Ein informationelles Recht auf Stadt?«

Louisa Bäckermann

DIE VISION EINER GOOGLE-FREIEN STADT ...

Die Vision einer Google-freien Stadt, wie sie Joe Shaw und Mark Graham in ihrem Pamphlet »Ein informationelles Recht auf Stadt?« formulieren,[1] klingt in einer Zeit, in der Google mehr als 90 Prozent der Suchanfragen von Internet-Nutzer*innen beantwortet, utopisch und – seien wir ehrlich – für die meisten undenkbar. Undenkbar nicht nur im Sinne eines Unwillens, auf die bequeme Variante der Wissensgenerierung verzichten zu müssen, sondern viel eher noch im Angesicht der gefühlten Alternativlosigkeit zu der Suchmaschine, die sich ihren Platz im Alltagsleben gesichert hat. Zwar wurden mit dem Inkrafttreten der EU-Datenschutzgrundverordnung (DSGVO) am 25. Mai 2018 die Riesen unter den Datenlieferanten und -weiterverarbeitern, und damit auch Google, erneut in den Diskurs gebracht und es wurde ankündigt, besondere (gesetzliche) Härte in Sachen Datenschutz walten zu lassen – nicht zuletzt sicherlich ob des kürzlich Zeilen machenden Facebook-Skandals. Es stellt sich jedoch die Frage, wie viel sich daran ändern wird, dass einzelne Plattformen die Informationsflüsse aus, über und in Städten strukturieren und durch ihre scheinbar objektiven Algorithmen steuern. Die Macht darüber, wie Menschen sich in der Stadt verhalten, beruht zu einem ernst zu nehmenden Anteil darauf, welche Informationen sie auf ihre Suchanfragen erhalten, die immer wieder vorhergegangene Annahmen perpetuieren, angepasst an die Nutzer*in. Zudem sind die für Nutzer*innen undurchsichtigen Algorithmen keineswegs

---

[1] | Shaw, Joe/Graham, Mark (2017): An informal right to the city? Code, Content, Control and the Urbanization of Information. In: Antipode 49 (4), S. 907–927; siehe auch die Übersetzung davon in diesem Band.

neutral, sondern reproduzieren als von Menschen erstellte, niemals vorurteilsfreie Berechnungsformeln, gesellschaftliche Grundannahmen und Verhältnisse. Es ist kaum möglich, nicht in der Filterblase – die bereits in aller Munde, aber doch so schwer zu verlassen zu sein scheint – des eigenen Wissens zu schwimmen. All das wird, folgt man der Argumentation von Shaw und Graham, möglich gemacht durch immer komplexer werdende Mechanismen einer »Informationsideologie« im »abstrakten Raum« (Lefebvre 1991: 229, zitiert in Shaw/Graham 2017). Diese erschwert es, Verantwortliche zu benennen und adressieren zu können. Diese sichtbar zu machen, kann aber auch ein Ansatzpunkt sein, sich einer digitalen Fremdbestimmung zu widersetzen und anstelle dessen ein informationelles Recht auf Stadt einzufordern, welches man im Idealfall auch umsetzen kann. Dieser Kommentar zum Artikel von Joe Shaw und Mark Graham (2017) hat das Ziel darzulegen, nach welchen Bedingungen eine digitale Erweiterung und die notwendige Verschneidung von Lefebvres Recht-auf-Stadt-Theorie mit seiner Forderung nach einem Recht auf Information, für die sie plädieren, geschehen kann. Er stellt auf der Basis des Artikels die Frage, wie wir uns eine Stadt ohne Google und Co. vorstellen können, eine Stadt, in der nicht mehr mein personalisierter Algorithmus bestimmt, welches Restaurant ich besuche und gegen dessen Dienstleistung ich meine persönlichsten Daten wie Aufenthaltsorte, Konsumvorlieben und Bewegungsmuster eintauschen muss.

Trampelpfade im Netz ... und durch die Stadt

Obwohl der Zugang zu digitaler Information und Kommunikation größer ist denn je, ist die Produktion von Stadt komplexen Mechanismen unterworfen, die sich eher durch Fremdbestimmung als durch ein Recht auf Stadt charakterisieren lassen. Shaw und Graham schlussfolgern »[...] that a right to the city now depends upon a better reading of today's critical phase in urbanization as a period where the city is increasingly reproduced through digital information« (Shaw/Graham 2017: 908). Zentral ist dabei, dass es nicht mehr möglich ist, die Macht, die Prozesse und Materialität in und von Stadt steuert, im Lefebvre'schen Sinne an einer »locable top-down source« wie Stadtplaner*innen oder Grundbesitzer*innen (ebd.: 908, 917) festzumachen. Shaw und Graham zeigen anhand des drastischen Beispiels von Google, wie eine Informationsideologie durch den Schein einer kostenlosen, unbegrenzten Datenverfügbarkeit Partizipationsmöglichkeiten und demokratische Teilhabe suggeriert, dabei jedoch im Gegenteil eine Fremdsteuerung durch Algorithmen verstärkt, Deutungshoheiten starker Stimmen fördert und die schwachen Stimmen gleichzeitig verschwinden lässt.

Das geschieht z. B. dadurch, dass die Ergebnisse von Suchanfragen anhand eines abstrakten, nicht sichtbaren Algorithmus sortiert werden, beruhend auf bisherigen Anfragen bzw. dem digitalen Fußabdruck der Nutzer*in. Dadurch werden trotz eines Gefühls, dank Google immer mehr zu erfahren und über die Welt zu wissen, immer selektivere Wahrheiten produziert. Die Filterblasen, die sich daraus ergeben, stellen laut Shaw und Graham die Machtquelle dar, »[...] flows of information, people, capital, and goods [...]« (ebd.: 913) zu formen. So werden »[...] some parts of the world visible or invisible« (Shaw/ Graham 2017: 910) und prägen somit Weltbilder, jedoch für jede*n einzelne*n Nutzer*in anders. Doch nicht nur das, sie strukturieren auch die Wissens- und Informationsgrundlage, auf deren Basis Entscheidungen getroffen werden. Weiterbestehen kann diese Steuerung nicht zuletzt aufgrund ihres Charakters, von Menschen als *jenseits* des banalen Alltäglichen und den »questions of everyday life, commodities, production and consumption« (ebd.: 915) wahrgenommen zu werden. Diese irreführende Enthebung und Unterschätzung der Wirkmacht wurde, wie Shaw und Graham (ebd.) betonen, auch von Lefebvre als Teil der Informationsideologie beschrieben. Anzuerkennen, dass diese Mechanismen jedoch die alltäglichen Entscheidungen beeinflussen und somit zu Handlungen führen, die den materiellen Raum der Stadt rahmen, z. B. in Form von gegangenen Wegen, genutzten Verkehrsmitteln, besuchten Cafés und konsumierten Gütern, bedeutet, diese Ideologie offenzulegen und damit angreifbar zu machen.

Wenn Algorithmen nicht nur Handlungsimplikationen und die Wirklichkeit direkt strukturieren, sondern auch einen Einfluss auf politische Meinungsbildung haben, stellt sich über den materiellen Raum der Stadt hinaus die Frage, inwieweit Filterblasen zu »Trampelpfaden« in der Meinungsbildung führen. Hierfür könnte beispielsweise die Betrachtung der politischen Radikalisierung und des Aufkommens von Rechtspopulismus und Islamfeindlichkeit in Europa im Zusammenhang mit selektiver Repräsentation von Fakten lohnenswert sein. Da die Informationskanäle zu einem bedeutenden Teil durch digitale und soziale Medien repräsentiert werden, stellt sich die Frage, inwieweit die Verstärkung von Filterblasen das Aufkommen von Rechtspopulismus mitgestaltet. Wie die Algorithmen Meinungsbildung beeinflussen und wie stark sich eine selektive und immer mehr personalisierende Informationsbereitstellung auf politische Positionen auswirkt, kann zurzeit schwer abgeschätzt werden. Gleichzeitig ist zu betonen, dass die undurchsichtige Macht der großen Konzerne kein Geheimnis mehr darstellt. In Bezug auf Rechtspopulismus, der im Diskurs häufig mit »Abgehängt-Sein« in Verbindung gesetzt wird, drängt sich die Frage auf, inwieweit die Undurchsichtigkeit der Macht digitaler Konzerne und eine Machtlosigkeit in Bezug auf Datensouveränität und aktive Mitbestimmung eine solche Hilflosigkeit bewirken und damit rechtspopulistischen Tendenzen den Weg ebnen kann.

Wie im Angesicht dieser komplexen, weitreichenden und nicht mehr nachzuverfolgenden Wirkmechanismen des abstrakten, digitalen Raums auf die soziale und räumliche Wirklichkeit ein »informational right to the city« erreicht werden kann, wird von Shaw und Graham an drei Prinzipien geknüpft: (1) »[...] the ability to enunciate dissent with this regime« (ebd.: 914); (2) »[...] the ability to transcend these fantasies [den Profitinteressen der großen Konzerne]« (ebd.: 916); (3) »[...] a refusal to act« (921). Diese sollen ermöglichen, dass die Potentiale der digitalen Informations- und Kommunikationstechnologien im Sinne von »More autogestion, not autosuggestion!« (ebd.: 920) nutzbar werden: eine Nutzung, die nicht mit Informationen über das Verhalten im Netz eines jeden Menschen an die großen Konzerne wie u. a. Google, Facebook und Microsoft bezahlt werden muss; und eine Nutzung, die es ermöglicht, die eigens durch Suchanfragen erstellten Trampelpfade der Meinungsbildung zu verlassen und über Filterblasen hinaus Entscheidungen zu treffen, die eine demokratische und selbstbestimmte Mitgestaltung von Stadt erlauben.

Unbekannte Wege zur Google-freien Stadt ...?

Wie können wir uns also eine Stadt vorstellen, in der nicht Googles Algorithmus die Entscheidungen trifft und beeinflusst, und in der wir an Informationen gelangen, die nicht durch die eigenen Suchanfragen vorherbestimmt sind und deren Nutzung an die Aufgabe der eigenen Persönlichkeitsrechte gekoppelt ist?

Versucht man, die Prinzipien von Shaw und Graham in konkrete Handlungsimplikationen zu übersetzen, bleibt v. a. in Bezug auf die Forderung nach einem »refusal to act« (ebd.: 921) offen, wie es möglich ist, so zu handeln, wie Google und Co. es nicht erwarten. So liegt es doch in der Natur des Algorithmus, auf individuelle Impulse, Daten, Informationen, mit denen Google gefüttert wird, zu reagieren – immer fort. Die Umsetzung dieser widerständigen Handlungen erscheint noch als große Herausforderung. Allein beim Flanieren durch den materiellen Raum in Hamburg ist von Anzeichen, die darauf schließen lassen, dass Firmen wie Microsoft, Facebook und Google Entscheidungen von Menschen beeinflussen, noch nicht viel zu sehen. Einziges Indiz: Das Smartphone ist allgegenwärtig präsent. Die Wirkmacht der Algorithmen jedoch ist abstrakt und – zumindest visuell – im städtischen Alltag unsichtbar. Genau das macht es so schwierig, den Bezug herzustellen und zu verstehen, dass es, wenn ich eine Suchanfrage tätige, nicht bei einem digitalen Klick ohne Folgen bleibt, sondern dass meist Handlungen folgen, Konsumentscheidungen getroffen, Arbeitsweisen generiert und Verkehrswege geplant werden. Wie soll man sich raumrelevante Alternativen vorstellen können?

In Bezug darauf bereitet mir die Frage Kopfzerbrechen, wie der Zusammenhang zwischen digitaler IT und physisch-materieller Wirklichkeit visuell erfahrbar gemacht werden könnte. Gelingt es jedoch, ergibt sich daraus die Chance, zu widerständigen Handlungen aufzurufen und zu mobilisieren; wird doch die Veränderbarkeit der Realität durch Repräsentationen erst dadurch wirklich greifbar und damit attraktiv. Als ein Beispiel für eine mögliche Sichtbarmachung ist ein Protest in Berlin zu nennen, der sich gegen einen neuen Google-Campus in Kreuzberg zur Wehr setzt. FuckoffGoogle[2] nennt sich der dezentrale Zusammenschluss von Menschen, die nicht einverstanden damit sind, dass der Konzern im städtischen Raum mehr Präsenz erlangt. Sie nutzen den Widerstand gegen die materielle Erscheinung Googles in Form eines Bürohauses, um über die »Herrschaft der Algorithmen« zu informieren und treten bspw. durch Graffitis, wie in der untenstehenden Abbildung zu sehen sind, in Erscheinung.

Abb. 1: Graffiti »Kugeln für Google«, 2018 Berlin (Foto: H. Braun)

Shaw und Graham (2017) schlagen Projekte vor, die sich Daten und deren Verarbeitung aneignen und eigene, unabhängige und nicht profitorientierte Anwendungen für einen städtepolitischen Wandel programmieren. Sie nennen beispielsweise die interaktive Karte »Dewey Maps«, die auf OpenStreetMap basiert und in der Anwohner*innen relevante Informationen in Belgien für ein gutes Leben für alle, von öffentlichen Duschen über Repair Cafés bis hin zu Hackerspaces und politischen Initiativen, kartieren können. Auch existiert die Open-Source-App »Critical Maps«[3] einer in vielen Großstädten stattfindenden Fahrraddemo für mehr Rechte von Radfahrer*innen, über die sich, schlicht

---

2 | Website https://fuckoffgoogle.de/de/front-page/#a-brave-g-world (Zugriff 31.5.2018).
3 | Website https://criticalmaps.net/ (Zugriff 31.5.2018).

und überschaubar, der Standort der Nutzer*innen *tracken*[4] lässt. Damit wird es für radelnde Nachzügler*innen möglich, sich der Protestfahrt anzuschließen.

Wege zur Imagination eines informationellen Rechts auf Stadt und aktive Partizipation bei der Gestaltung der Städte werden durch kreative Ideen ermöglicht, die es bereits im Kleinen vermögen, den Mechanismus von kapitalistischer Inwertsetzung zu durchbrechen. Man muss diese nur finden, weshalb Austausch und Vernetzung über bereits bestehende, smarte Technologien aneignende Projekte von großer Bedeutung sind. Und es wird immer wichtiger, technische Anwendungen zu erlernen, um den abstrakten Raum nicht wenigen kommerziellen Megafirmen zu überlassen. Eine Stimme im digitalen Raum zu erlangen wird auch für aktive Bürger*innen, politische Organisationen oder Aktivist*innen, die sich kritisch mit Smart-City-Strategien auseinandersetzen, immer bedeutender. Das stellt viele Akteure vor das Dilemma, das bestehende Plattformen mit einer großen Reichweite wie Twitter oder Facebook nur im Tausch gegen die eigenen Daten zu Gunsten einer Sichtbarkeit im Netz zugänglich sind. Solche Alternativen sind beispielsweise Anwendungen mit offenen Quellcodes, Open Source (siehe Semsrott in diesem Band) oder bereits existierende Plattformen wie die nach eigenen Angaben »diskreteste Suchmaschine der Welt« Startpage[5], deren Betreiber*innen sich bemühen, die Datenschutzbedingungen ihrer Suchmaschine transparenter zu machen. Dennoch ist es gerade jetzt von Bedeutung, Alternativen zu erarbeiten und deren Image zu stärken. Wir müssen zudem, wie Shaw und Graham (2017: 921) betonen, Spaß daran entdecken, zu programmieren und mit Daten umzugehen und nicht aus Überforderung oder Langeweile den Raum den Konzernen überlassen (siehe city/data/explosion zu »Digitaler Souveränität« in diesem Band). Nur so können sich Städte dahin entwickeln, dass Informationen und Kommunikation nachhaltig verarbeitet werden, Individuen sich dabei aber einer Quantifizierbarkeit entziehen (Shaw/Graham 2017: 918) und als mündige Subjekte in einer demokratischen, vielfältigen Stadt handeln, anstatt »Prosumer« (ebd.: 917) oder gar passive Ware im kapitalistischen System zu sein.

Der Aufsatz von Shaw und Graham hat das Ziel, explizit politische Implikationen zu formulieren und zu widerständigen Handlungen zu ermutigen. Die Autoren schaffen es, mit ihrem Text und in Bezugnahme auf die theoretischen

---

4 | An dieser Stelle wird Tracking als Beispiel für den Versuch herangezogen, bestehende Technologien anders, d. h. hier als Open-Source sowie Selbstzweck zu nutzen. Es wird versucht, sich dieses Tool, »anzueignen«, ohne dass dabei längerfristig Nutzen oder Kapital aus Standortinformationen gezogen wird. Dennoch ist es diskussionswürdig, bis zu welchem Grad Nutzer*innen einer solchen Funktion ohne Bedenken ihre Daten preisgeben.

5 | Website: https://www.startpage.com/deu/company-background.html (letzter Zugriff 31.05.2018).

Unbekannte Pfade der Stadt jenseits von Google, aber wie?

Argumente Lefebvres auf anschauliche Art und Weise, die vorherrschende Informationsideologie nachzuzeichnen, ohne dabei in ablehnend-regressive Lösungsvorschläge zu münden. Sie plädieren im Gegenteil für eine politische Debatte im Sinne einer Aneignung von Rechten zur Informationsgestaltung in und über Stadt. Sie versuchen, in Anlehnung an Lefebvre, »paths to the possible« auszuloten. Denn sowohl der abstrakte, als auch der physische Raum, sollte von seinen Bewohner*innen frei genutzt und gestaltet werden und das ohne Datenschutzrechte zu verletzen, die personenbezogene Daten zur Ware machen. Im Angesicht dessen steht das DSVGO als Versuch da, die großen Konzerne einzuschränken und wir dürfen gespannt sein, inwiefern es tatsächlich eine Veränderung erwirken kann. Es steht jedoch fest, dass auch dieses Gesetz, so lobenswert eine EU-weite Regelung zum Datenschutz auch sein mag, den Kern des Problems, den Shaw und Graham dargelegt haben, nicht tangiert.

5 Digitale Urbanisierung und soziale Transformation

# Digital assistierter Wohnalltag im *smart home*
Zwischen Care, Kontrolle und vernetzter Selbstermächtigung

Nadine Marquardt

1 EINLEITUNG

In den letzten Jahren hat sich in der Stadtforschung eine kontroverse Debatte um *smart cities* entwickelt. Neben anwendungsorientierten Studien findet sich eine Fülle kritischer Interventionen. Im Gegensatz dazu steht eine Auseinandersetzung mit so genannten *smart homes* noch weitgehend aus. Während das Thema der Smart Cities gegenwärtig auf Fachtagungen und in Fachzeitschriften breit verhandelt wird, ist es um Prozesse der Digitalisierung des Wohnens auffällig still – obwohl sich hinter dem Begriff des Smart Homes ein boomendes Feld der Technikentwicklung verbirgt und einzelne Komponenten längst Einzug in unsere Wohnräume halten.

Smart Homes sind ein interessanter Gegenstand für die kritische Sozial- und Stadtforschung, weil es in ihnen zu einer besonders dichten Ausstattung des Wohnraums mit Mensch-Maschine-Schnittstellen und informations- und kommunikationstechnischen Kapazitäten kommt. Zudem sind die technischen Kapazitäten von Smart Homes häufig mit programmatischen Zielsetzungen verknüpft, sie sollen sowohl neue Formen der Selbstführung anreizen, als auch Möglichkeiten der externen Kontrolle von Abläufen im Haushalt etablieren. Der Wohnraum wird so zum Schauplatz von Governance-Projekten, die auf die Regierung und Kontrolle von Individuen wie auch von Kollektiven zielen. Einer der aktuell wichtigsten Impulsgeber für die Entwicklung von Smart-Home-Technologien ist der demographische Wandel. In diesem Buchbeitrag werden die Antworten in den Blick genommen, die Smart-Home-Technologien auf eine alternde Gesellschaft geben, indem sie neue Formen der Selbst- und Fremdführung im und durch den Wohnraum ermöglichen. Digitale Assistenzsysteme in Smart Homes sollen ältere Menschen in der Organisation ihres Alltags unterstützen und mehr Selbstständigkeit ermöglichen. Sie sollen für erhöhte Sicherheit sorgen und zur Gesundheitsprävention beitragen.

Auseinandersetzungen mit solchen smarten Wohnwelten sind bislang überwiegend anwendungsorientierter Natur. Sie fokussieren auf die Akzeptanz einzelner Devices oder testen deren Handhabbarkeit in Modellprojekten. Gesellschaftliche Kontexte der wohlfahrtsstaatlichen Restrukturierung, der Organisation von Pflegearbeit und Krise der Reproduktion, der Veränderung von Familienmodellen und Sozialbeziehungen sowie die damit einhergehenden gesellschaftlichen Vorstellungen von gelungenem Wohnen im Alter bleiben dabei häufig eher implizit. Gleichwohl hängt der aktuelle Boom von Smart Homes eng mit diesen Prozessen zusammen, denn die Technikentwicklung verspricht nicht zuletzt auch eine kosteneffiziente Antwort auf die Care-Krise und den Pflegekräftemangel der letzten Jahre und reproduziert dabei die Vorstellung von eigenständigem, unabhängigen Wohnen in den »eigenen vier Wänden« als erstrebenswerteste Wohnform.

2 Smart Homes: Eine kurze historische Annährung

Utopien von intelligenten Wohnräumen, die bei der Organisation des Haushalts »mitdenken« und die Alltagsvollzüge ihrer Bewohner*innen auf vielfältige Weise unterstützen, sind nicht neu. Sie prägen die Architektur wie auch die Entwicklung von Haushaltsgeräten und Gebäudetechnik seit Beginn des 20. Jahrhunderts (Aldrich 2003). Bereits die Haushaltselektrifizierung in der ersten Hälfte des 20. Jahrhunderts wurde von weitreichenden Erwartungen an die neuen Haushaltsgeräte und euphorischen wie auch kulturpessimistischen Einschätzungen ihrer Bedeutung für gesellschaftliche Modernisierungsprozesse begleitet (Binder 1999). Dies betraf nicht zuletzt die Frage nach Geschlechterverhältnissen und die im Wohnraum verortete Reproduktionsarbeit. Die neue Elektrotechnik sollte diese Arbeit soweit rationalisieren, dass Frauen neben der verbleibenden Hausarbeit auch erwerbstätig sein konnten und so dem Arbeitskräftemangel entgegenwirken (Cowan 1983; Heßler 2001). In der modernistischen Architektur und Stadtplanung erlangte der Begriff der »Wohnmaschine« (Le Corbusier) Bedeutung, um die im Wohnraum verortete, technisch gestützte Organisation menschlicher Existenz konzeptionell zu fassen. Die ersten programmierbaren Automatisierungssysteme, die Prozesse im Haushalt eigenständig steuern sollten – etwa zur Kontrolle der Raumtemperatur oder der Beleuchtung – sowie Möglichkeiten der Fernsteuerung von Gebäudetechnik und Unterhaltungselektronik hielten vereinzelt bereits in den 1960er und 1970er Jahren Einzug in Wohnräume (Aldrich 2003). In den 1990er Jahren wurde der Wohnraum schließlich auch zu einem wichtigen Bezugspunkt für die zu dieser Zeit im Entstehen begriffene Gerontechnologie und die Entwicklung von Assistenzsystemen (*ambient assisted living*, kurz

AAL), die ein autonomes und selbstständiges Altern im eigenen Zuhause ermöglichen sollen (Demiris/Hensel 2008).

Während Szenarien einer kompletten Vernetzung, Automatisierung und Fernsteuerung wohnbezogener Abläufe und Visionen von Wohnräumen als »lernende«, interaktive Umgebungen entweder aufgrund fehlender technischer Voraussetzungen oder der mit der Technik verbundenen Kosten für lange Zeit eher im Bereich der Science Fiction angesiedelt waren, schafft die Technologieentwicklung der letzten 20 Jahre neue Voraussetzungen für die umfassende Realisierung von Smart-Home-Konzepten und deren großmaßstäbliche Verbreitung. Diese neuen Voraussetzungen gründen in einer weitreichenden digitalen Transformation des Wohnens, die mit der Domestizierung[1] von Computern und Internetzugängen in den 1990er Jahren begonnen hat (Lally 2002; Morley 2003) und sich gegenwärtig mit dem Einzug softwarebetriebener, programmierbarer und netzwerkfähiger Haushaltsgeräte in den Raum des Wohnens fortsetzt. Durch die mittlerweile fast flächendeckende Verbreitung von Internetanschlüssen (Dstatis 2017) und den Preisabfall vieler digitaler Endgeräte haben sich die informations- und kommunikationstechnischen Kapazitäten zeitgenössischer Wohnräume in den letzten Jahren enorm erweitert. Zudem ist der Wohnraum zu einem wichtigen Schauplatz des Experimentierens mit so genannten »natürlichen« Schnittstellen (Touchpads, Sprach- und Bewegungssteuerungen) avanciert, die das alltägliche Management des Haushalts unterstützen sollen. Die aus diesen Entwicklungen resultierende Verknüpfung von Gebäudetechnik, Haushaltsgeräten und Telekommunikation ermöglicht neue sozio-technische Interaktionen zwischen Bewohner*innen und ihrem Wohnraum, die Kommunikation von Geräten untereinander sowie den Datenaustausch mit Akteuren außerhalb der Wohnung.

---

1 | In den Medienwissenschaften hat sich seit den 1990er Jahren der Begriff der Domestizierung etabliert, um die Prozesse der Aneignung und die alltägliche Nutzung von Informations- und Kommunikationstechnologien (IKTs) im Wohnraum begrifflich zu fassen (siehe u. a. Silverstone/Hirsch 1992, Silverstone 1994, Berker et al. 2006, Morley 2003). Ganz ähnlich wie die Forschung zur Geschichte von Nutzpflanzen und »Haustieren« den Prozess der Domestizierung als wechselseitige Dynamik fasst, betont auch der medienwissenschaftliche Domestizierungsansatz, wie sich im Prozess der Inkorporierung von IKTs in den Wohnalltag sowohl die Techniken als auch die sozialen Beziehungen im Wohnraum und darüber hinaus modifizieren können und grenzt sich damit von individualpsychologischen Perspektiven auf die »Nutzer*innen« bzw. »Konsument*innen« von IKTs ab.

3 Smart Homes für eine alternde Gesellschaft

In den aktuellen Debatten um den demographischen Wandel, die Entwicklung der Altenbevölkerung und die wachsende Gruppe sehr alter, alleinstehender Menschen über 80 Jahre tritt der Wohnraum als gleichermaßen zentrale wie auch problematische »Umwelt des Alterns« (Claßen et al. 2014) in Erscheinung. Einerseits gilt als ausgemacht, dass sich der Aktionsradius von Menschen mit zunehmendem Alter verringert und der unmittelbare Nahraum – das Stadtquartier, die Nachbarschaft und eben auch der Wohnraum – deshalb an Bedeutung gewinnt. Zudem wünschen sich viele Menschen, möglichst lange in der eigenen Wohnung leben zu können (BMfSFJ 2017) – vor allem dann, wenn sich die Alternativen auf stationäre Unterbringungsformen beschränken. Andererseits gilt die eigene Wohnung aber auch als Risikoraum, der den Anforderungen an ein Leben mit altersbezogenen Einschränkungen nicht gerecht wird und deshalb gerade für alleinlebende und hochaltrige Personen vielfältige Gefahrenquellen bereithält. Zusammen mit der Alterung der Gesellschaft verlängert sich bei vielen Menschen zudem die Lebensphase, in der das Alltagsleben durch Betreuung unterstützt werden muss (Dyck et al. 2005). Die Debatte um die Krise der Reproduktion macht darauf aufmerksam, dass der daraus resultierende Betreuungs- und Pflegebedarf aufgrund von wohlfahrtsstaatlichen Restrukturierungsprozessen und Kürzungen im Gesundheits- und Pflegebereich wie auch aufgrund veränderter Familienmodelle und der gestiegenen Erwerbstätigkeit von zuvor mit der informellen Pflege im häuslichen Bereich betrauter Frauen nicht mehr ausreichend gedeckt werden kann (Aulenbacher/Dammayr 2014).

Smart Homes versprechen eine Antwort auf diese Problematik. Sie stellen älteren und pflegebedürftigen Menschen ein längeres und gefahrenfreies Leben im eigenen Wohnraum in Aussicht. Intelligente Wohnumgebungen sollen mit den Wohnenden interagieren, ihre Routinen kennen, Abweichungen registrieren und sich situationsspezifisch an Bedürfnisse anpassen. Die Assistenztechnologien des Smart Homes sollen den Alltag erleichtern, indem sie sensorische, kognitive und motorische Einschränkungen der Wohnenden kompensieren. Die Assistenzsysteme sollen dabei nicht nur den älteren Menschen selbst assistieren, sondern auch Angehörige, Pflegekräfte und medizinische Dienste entlasten. Insofern sie versprechen, ambulante Pflegesettings zu ermöglichen und ein selbstbestimmtes, eigenständiges Leben in der eigenen Wohnung in Aussicht stellen, können Smart Homes auch als Kritik an einer institutionellen, anstaltsartigen Unterbringung und Versorgung von alten Menschen und Personen mit körperlichen Handicaps gelesen werden.

Im Folgenden werden verschiedene Techniken vorgestellt, die in smarten Wohnwelten für alte Menschen zum Einsatz kommen und aufgezeigt, welche Vorstellungen von den sozialen, körperlichen und affektiven Bedürfnissen älterer Menschen die Gestaltung smarter Wohnwelten informieren. Hierbei kann auf Forschungsarbeiten im Bereich der feministischen Science and Technology Studies, der Disability Studies und der Gesundheitssoziologie zurückgegriffen werden, die sich bereits mit Assistenzsystemen für Ältere beschäftigen. Zunächst wird auf Sensoren im Wohnraum fokussiert. Diese sollen Notfallsituationen erkennen *(emergency sensing)*, daneben aber im Alltag vor allem neue Formen des *self sensing* ermöglichen. Indem sie den Wohnenden permanentes Echtzeit-Feedback über ihre Vitalwerte zur Verfügung stellen, schaffen sie die technischen Voraussetzungen für die Realisierung der Sozialfigur des so genannten *active agers*, der sich verantwortungsvoll und informiert um die eigene Gesundheit sorgt (3.1). Anschließend werden Devices aus dem Bereich der so genannten Telecare in den Blick genommen. Diese erschließen neue Möglichkeiten einer »Sorge auf Distanz«, indem sie den privaten Wohnraum mit externen Pflegedienstleistern vernetzen und Möglichkeiten des Monitorings und der Fernsteuerung technischer Abläufe im Haushalt bereitstellen. Durch die technische Ausstattung wird der Wohnraum zum dezentralen Klinikstandort, gleichzeitig verändern sich soziale Beziehungen zwischen Patient*innen und Betreuungspersonal, die sich nicht mehr zwingend am selben Ort befinden (3.2). Drittens wird das Phänomen der *companion robots* beleuchtet, deren Aufgabe als technische »Haustiere« es ist, soziale und affektive Bedürfnisse zu erfüllen (3.3).

3.1 Sensoren: Selbst- und Fremdwahrnehmung im Wohnraum

Ein zentraler Bestandteil von Smart Homes ist Sensortechnik, die Umgebungsdaten wie Geräusche, Gerüche, Bewegungen, Temperatur und Lichtverhältnisse erfasst und somit umfangreiche Daten über Aktivitäten und Zustände im Wohnraum sammelt. In der Vermarktung werden Sensoren deshalb auch als die neuen »Augen und Ohren« der Wohnung umschrieben. Mithilfe der sensorisch erfassten Daten können die Assistenzsysteme Muster und Abweichungen im Wohnalltag erlernen. In Smart Homes für ältere Menschen nimmt diese durch Sensoren erzeugte »Lernfähigkeit« des Wohnraums eine zentrale Rolle ein. Sensortechnik dokumentiert die Aktivitäten der Wohnenden und erzeugt somit kontinuierlich Informationen über alltägliche Routinen. *Machine-learning*-Algorithmen erstellen auf dieser Basis Modelle über »Normalverhalten«, mit denen neue Informationen über Aktivitäten in der Wohnung ständig abgeglichen werden können. Auf diese Weise sollen Abweichungen sichtbar gemacht werden, die auf eine verschlechterte gesundheitliche Situation der beobachteten Person hindeuten könnten *(emergency sensing)*. Im Notfall können die Assistenzsysteme eigenständig eingreifen, etwa indem sie externe Pflegedienstleister alarmieren. Die Assistenzsysteme sind somit nicht nur passive technische Instrumente, die von unterschiedlichen Akteuren (den Wohnenden und ihren Angehörigen, Pflegedienstleistern und Ärzt*innen) kontrolliert und genutzt werden, sondern »aktive Vermittler« (Rammert 2003) mit einem hohen Grad an (Inter-)Aktionsfähigkeit.

In Smart Homes für Ältere fokussiert die Datenerhebung der Sensoren besonders auf intime, körperbezogene Daten: Tragbare Sensortechnik erlaubt die permanente Erfassung von Vitaldaten wie Blutdruck, Atemfrequenz, Herzfrequenz, Blutzucker, Körperfettanteil, Gewicht etc. Mit Sensoren ausgestattete Matratzen dokumentieren Schlafphasen und Schlafverhalten. Geruchssensoren in der Wohnung können Inkontinenz erkennen. Am Boden angebrachte Sensoren verwandeln den Fußboden in ein großes Touchpad, das typische Bewegungsabläufe registrieren, einzelne Personen voneinander unterscheiden sowie Stürze oder orientierungslose Bewegungsabläufe im Wohnraum erkennen soll. Neben dem *emergency sensing* soll diese sensorgestützte Erfassung von Daten über den Wohnalltag auch die alltägliche Versorgung der Wohnenden selbst mit Informationen gewährleisten *(self sensing)*. Das Smart Home ist eine hochgradig mediatisierte Umwelt, die ihren Bewohner*innen permanent Informationen über ihr eigenes Alltagsverhalten und ihre Vitaldaten zurückspiegelt. Diese durch den Wohnraum generierten Daten sollen zur Grundlage einer möglichst gesundheitsbewussten und präventiv-vorausschauenden Alltagsführung werden und so neue sozial-räumliche Möglichkeiten des Alterns überhaupt erst erschließen. Der Wohnraum wird dabei zum Schauplatz einer personenzentrierten und individualisierten Form gesundheitlicher Prävention und Diagnostik, die die technische Ausstattung mit vielfältigen Anrufungen zu mehr Selbstsorge verbindet und das *active aging* so auch zu einem normativen Leitbild macht. Alte Menschen werden von ihrem Wohnraum beständig daran erinnert, aktiv Verantwortung für ihre eigene Gesundheit und die Aufrechterhaltung ihrer individuellen Fähigkeiten zu übernehmen. Als »aktive Alte« sollen sie so maßgeblich zur Realisierung eines erfolgreichen Alterns in den »eigenen vier Wänden« und schließlich auch zu der damit verbundenen Entlastung gesellschaftlicher Sicherungssysteme beitragen (van Dyk/Lessenich 2009: 542).

Erste empirische Untersuchungen smarter Wohnwelten zeigen, wie widersprüchlich die gesellschaftlichen Konzeptionen von Alter sind, die technischen Assistenzsystemen eingeschrieben werden, die ihren Nutzer*innen gleichzeitig Hilfebedürftigkeit unterstellen und Selbstsorge von ihnen einfordern (Aceros et al. 2015; Mort et al. 2009). Die Erfassung von Vitaldaten und alltäglichen Aktivitäten ist im Smart Home für Ältere nie nur eine Selbsttechnologie, sondern untersteht gleichzeitig immer auch der Kontrolle durch externe Akteure (Angehörige, Pflegedienstleister, Ärzt*innen etc.). Stärker als in anderen gesellschaftlichen Kontexten, in denen die sensortechnische Erfassung der eigenen Körperwerte ebenfalls für die Kultivierung gesundheitsfördernder Alltagspraktiken mobilisiert wird, vermischen sich die Aufforderungen zu veränderter Selbstsorge hier mit fremdbestimmten und disziplinierenden Formen der Datenerhebung und Überwachung (Wigg 2010; Petersson 2016).

3.2 Telecare: Der Wohnraum als vernetzter Pflegestandort

Telecare ist ein Sammelbegriff für verschiedene Informations- und Kommunikationstechnologien (IKT), die ältere Menschen mit externen Dienstleistern im Bereich der Pflege, medizinischen Versorgung und Gesundheit vernetzen. Aufbauend auf der permanenten Erhebung und Auswertung von Vitaldaten sollen Unterstützungssituationen automatisch erkannt und eine situationsgerechte Unterstützung und Pflege auch aus der Distanz heraus geplant und erbracht werden (Bauer/Olsén 2009, Milligan et al. 2011). Damit befördern Telecare-Systeme eine zunehmende räumliche Diffusion ehemals zentral verorteter medizinscher und pflegerischer Praktiken an viele kleine dezentral verteilte Standorte, die aber gleichzeitig auch erfordert, dass der Wohnraum dieselben Möglichkeiten der Wissensproduktion, Sichtbarkeit und Überwachung von Vitalwerten bereitstellt, die im Raum der Klinik oder des Pflegeheims zur Verfügung stehen.

Die durch Telecare-Techniken hervorgebrachte »technogeography of care« (Oudshoorn 2012: 121) ist durch zwei wesentliche Merkmale gekennzeichnet: Erstens stellt sie neuartige Formen von Sichtbarkeit her, die Voraussetzung für eine erfolgreiche Pflege »aus der Distanz« sind (Petersson 2016). Indem Assistenzsysteme externen medizinischen und pflegerischen Betreuungspersonen Blicke ins Innere des Wohnraums und in die dort generierten Daten gewähren, richten sie auch die Grenzen zwischen öffentlichem und privatem Raum neu aus. Zweitens modifizieren Telecare-Techniken soziale Beziehungen. Sie stellen Konstellationen der Pflege und medizinischen Versorgung her, in denen Patient*in und professionelles Betreuungspersonal sich nicht länger am selben Ort befinden müssen. Dabei schaffen Telecare-Techniken aber nicht nur sozial-räumliche Distanz, sondern ermöglichen auch neue virtuelle Sozialkontakte zwischen Smart-Home-Bewohner*innen, ihren Angehörigen und professionellem Betreuungspersonal, die nun vermehrt auch über digitale Kommunikationstools miteinander in Verbindung treten. So verändern Telecare-Techniken das Verständnis davon, was »Pflege« umfasst und wie soziale Kontakte im Bereich der Pflege gestaltet sind (Roberts/Mort 2009).

Empirische Untersuchungen von Telecare-Pflegesettings zeigen, wie unterschiedlich die technisch erzeugten Sichtbarkeiten und Kommunikationsbeziehungen im Alltag erlebt werden. So wird das permanente Monitoring des eigenen Lebens und der veränderte Charakter des Wohnraums als klinischer »Außenstandort« von den Wohnenden mitunter als Störung der Privatsphäre und fremdbestimmte Überwachung wahrgenommen, oft aber auch als Befreiung von Ängsten und Ermöglichung eines unbeschwerten Alltags erfahren

(Essén 2008; Oudshoorn 2012; Pols 2010). Digitale Kommunikation mithilfe von Telecare-Devices wird als Bereicherung empfunden, wenn sie soziale Kontakte ergänzt, kann aber auch zum Problem werden, wenn sie aufgrund von Sparmaßnahmen implementiert wird, um *Face-to-face*-Kontakte mit Betreuungspersonen zu reduzieren. In der Praxis zeigen sich zudem etliche Konflikte, die sich um die angemessene Nutzung der Devices entzünden. Viele alte Menschen nutzen die neuen Kommunikationstechnologien nicht nur in Notfällen, sondern zur alltäglichen Aufnahme von Kontakt mit Angehörigen und Pflegepersonal. Von den Pflegedienstleistern wiederum werden diese »sozialen« Anrufe nicht selten als »Missbrauch« der Technik interpretiert und abgestraft (Mort et al. 2013).

3.3 Companion robots: affektive sozio-technische Interaktionen im Wohnraum

Ein bislang kaum untersuchter Bestandteil von AALs und Smart-Home-Konzepten für Ältere ist die emotionale Robotik. Anders als Serviceroboter, die Haushaltaufgaben im Wohnraum wie Putzen, Staubsaugen oder Kochen sowie Pflegeaufgaben übernehmen sollen, ist es die vorrangige Aufgabe der *companion robots*, den Wohnenden Gesellschaft zu leisten und Bedürfnisse nach emotionaler Nähe sowie sozialer Interaktion zu stillen. Ihre Ursprünge hat die emotionale Robotik in der tiergestützten Therapie und Pädagogik. Das äußere Erscheinungsbild emotionaler Roboter ist deshalb häufig dem von Tieren nachempfunden. Die in Japan entwickelte therapeutische Robbe »Paro« ist der wohl bekannteste in der Altenpflege und der Therapie von Demenzkranken eingesetzte *companion robot*. Andere *companion robots* gleichen typischen Haustieren wie Katzen (»NeCoRo«, »I-cat«), Hunden (»Aibo«) oder Kaninchen (»Nabaztag«). Die Roboter verfügen über Sensoren, die Licht, Bewegung, Temperatur sowie Geräusche registrieren. Auf Basis dieser Daten sind sie in der Lage, sich Tageszeiten anzupassen (Wechsel zwischen Ruhephasen in der Nacht und Aktivitäten am Tag), sich Menschen aktiv zuzuwenden, Blickkontakt zu suchen und auf Ansprache zu reagieren. *Machine-learning*-Algorithmen machen die Roboter lernfähig: Sie können verschiedene Stimmen unterscheiden, lernen, auf einen Namen zu hören und sich ihrem Gegenüber anpassen. Viele *companion robots* fordern zudem aktiv zu Interaktion auf, indem sie durch Laute und Bewegung auf sich aufmerksam machen, positiv auf fürsorgliche Behandlung reagieren oder mit ihren Reaktionen darauf hinweisen, dass zu grob mit ihnen umgegangen wird. Anwendungsorientierte Studien der medizinischen Forschung etwa im Bereich der Demenz zeigen, dass der Einsatz der emotionalen Robotik nicht nur Beziehungen zwischen Menschen und ihren Haustier-Robotern stiftet, sondern auch die Aufnahme sozialer Beziehungen zu anderen Menschen unterstützt.

Die Debatte um den Einsatz emotionaler Robotik in der Betreuung alter Menschen wird äußerst kontrovers geführt. Während einige Studien *companion robots* als unethisch ablehnen und die so erzeugten emotionalen Bindungen in Opposition zu »echten« Fürsorgebeziehungen stellen (Sparrow/Sparrow 2006; Sharkey/Sharkey 2012), weisen Arbeiten aus dem Feld der feministischen STS und der Disability Studies eine solche einfache Gegenüberstellung von »kalter« Technologie versus »warmer« Fürsorge zurück (Pols/Moser 2009). Sie machen darauf aufmerksam, dass Mensch-Maschine-Interaktionen nie ausschließlich instrumenteller Natur sind, sondern immer auch affektive Dimensionen beinhalten: »This image of socially and affectively deprived lonely persons living amongst cold and instrumental technologies [...] skips the fact that people do indeed develop affective relations with technologies, and that technologies may help to develop social ties rather than cutting them.« (Pols/Moser 2009: 161, siehe auch Thygesen 2009; Winance 2010) *Companion robots* sind aus dieser Perspektive kein ethisch besonders fragwürdiger Sonderfall der Technikanwendung, sondern ein Phänomen, an dem die mit dem Wohnen verbundenen affektiven und emotionalen Dimensionen besonders sichtbar werden. *Companion robots* verdeutlichen ein zentrales Charakteristikum von interaktiven Smart-Home-Technologien: Sie sind nicht nur in der Lage zu kommunizieren, sondern auch zu affizieren. Indem das Design der Interfaces die tatsächlichen Gesichter und Gesichtsausdrücke von Tieren imitiert, indem haptische Reize durch weiche, fellartige Oberflächen erzeugt werden und indem Lautäußerungen und Vibrationen Wohlbefinden suggerieren, erzeugen die *companion robots* auch affektive Intensitäten und Resonanzen und laden zu einem intuitiven Umgang mit ihnen ein. Das agentive Potential von Smart-Home-Technologien reicht somit weit über neue Formen der Informationsvermittlung und damit verbundene kognitive Prozesse und Rückkopplungen hinaus und operiert auch auf einer emotionalen und affektiven Ebene.

4 Fazit

Obwohl der Wohnraum bereits seit Beginn des 20. Jahrhunderts ein zentraler Schauplatz der fortschreitenden Technisierung des Alltags und ein wichtiger Bezugspunkt für das mit der modernen Technikentwicklung verbundene soziale und kulturelle Imaginäre ist, ist die Haushaltstechnisierung in sozialwissenschaftlichen Untersuchungen des Zusammenhangs von Technik und Gesellschaft bislang eher vernachlässigt worden. Auch in den aktuellen Auseinandersetzungen mit den gesellschaftlichen Effekten der Digitalisierung spielt der Wohnraum bestenfalls eine untergeordnete Rolle. Die geringe Aufmerksamkeit für das Innere des Wohnraums und die sozio-technischen Alltagsvollzüge des Wohnens im Mainstream der Forschung mag darin begründet sein, dass das »Zuhause« traditionell als ein Bereich angesehen wird, der als Privat- und Intimsphäre im Gegensatz zu Öffentlichkeit und Politik steht. Erste Forschungsarbeiten zu Smart-Home-Technologien aus dem Bereich der feministischen Science and Technology Studies, der Disability Studies und der Gesundheitssoziologie unterstreichen demgegenüber den großen Forschungsbedarf, der aktuell durch die Digitalisierung des Wohnens entsteht. Sie machen den Wohnraum als Schauplatz vielfältiger sozio-technischer Interaktionen wie auch als Arena gesellschaftlicher Konflikte sichtbar.

Die Auseinandersetzung mit digitalen Assistenzsystemen für Ältere in diesem Beitrag hat gezeigt, dass es sich bei Smart Homes nicht einfach um einen durch technische Innovationen erzeugten Trend handelt. Vielmehr handelt es sich um ein Phänomen, dass seine Popularität erst dem aktuellen Zusammenspiel von Technikentwicklung und gesellschaftlicher Entwicklung – demographischer Wandel, Um- und Abbau des Wohlfahrtsstaates, Care-Krise – verdankt. In diesem Kontext werden den Informations- und Kommunikationstechniken smarter Wohnräume politische Aufgaben übertragen: Sie sollen neue Formen der Selbst- und Fremdführung ermöglichen und zur Lösung gesellschaftlicher Problemlagen beitragen, indem sie die technisch-räumlichen Voraussetzungen für *active aging* schaffen. Autonomes, selbstbestimmtes Altern ist nicht nur als ein diffuses gesellschaftliches Leitbild, sondern wird durch das Smart Home zu einem konkreten sozio-technischen und räumlichen Projekt. Die Sozialfigur des »aktiven Alten« existiert nicht einfach aus sich heraus, sie muss mit Hilfe technischer Systeme an konkreten Orten ins Leben gebracht werden. Die Ausstattung des Smart Homes soll eine Art verteilter Handlungsfähigkeit erzeugen, die durch das Alter entstehende Einschränkungen und Belastungen kompensiert und so überhaupt erst zur Selbständigkeit im (hohen) Alter befähigt. Die Assistenztechnologien des Smart Homes stellen dabei nicht nur Unterstützung für alte Menschen, Angehörige und Pflegekräfte bereit, sondern modifizieren in einem umfassenderen Sinne das Älterwerden selbst und prägen die Möglichkeiten und die räumlichen Erfahrungen davon, was es in dieser Gesellschaft heißt, alt zu sein.

Die Ambivalenzen von Fürsorge und Kontrolle, Ermächtigung und Fremdbestimmung im digital vernetzen Wohnraum sind in diesem Beitrag aufgezeigt worden. In der aktivierenden Alterspolitik, die Smart Homes eingeschrieben ist, verbinden sich potentialorientierte Perspektiven und Versuche der Ermächtigung von älteren Menschen sowie die Kritik an der Hospitalisierung Alter und Pflegebedürftiger mit stigmatisierenden Krisennarrativen über den demographischen Wandel als Belastung der gesellschaftlichen Sicherungssysteme, Versuchen der individualisierten Verantwortungsübertragung und neuen Formen der Überwachung. Ob Smart Homes deshalb lediglich als *technological fix* für den gesellschaftlichen Pflegenotstand verstanden werden müssen, oder ob von digitalen Assistenzsystemen für Ältere tatsächlich auch emanzipatorische Effekte ausgehen, insofern sie die Autonomie und Selbstbestimmung ihrer Nutzer*innen stärken, ist eine offene Frage, deren Beantwortung sowohl empirische Untersuchungen als auch eine Weiterentwicklung sozialtheoretischer Perspektiven auf die Bedeutung von Technik für gesellschaftliche Wohnverhältnisse erfordert.

LITERATUR

Aceros, Juan C./Pols, Jeanette/Domènech, Miquel (2015): Where is grandma? Home telecare, good aging and the domestication of later life. In: Technological Forecasting and Social Change 93, S. 102–111.
Aldrich, Frances K. (2003): Smart Homes: Past, Present and Future. In: Richard Harper (Hg.), Inside the Smart Home, London: Springer, S. 17–39.
Aulenbacher, Brigitte/Dammayr, Maria (Hg.) (2014): Für sich und andere sorgen. Krise und Zukunft von Care in der modernen Gesellschaft, Weinheim, Basel: Beltz Juventa.
Bauer, Susanne/Olsén, Jan Eric (2009): Observing the others, watching over oneself: Themes of medical surveillance in society. In: Surveillance & Society 6, S. 116–127.
Berker, Thomas/Hartmann, Maren/Punie, Yves/Ward, Katie (2006): Domestication of media and technology. New York: Open University Press.
Binder, Beate (1999): Elektrifizierung als Vision. Zur Symbolgeschichte einer Technik im Alltag, Tübingen: Tübinger Vereinigung für Volkskunde.
BMfSFJ (Bundesministerium für Familie, Senioren, Frauen und Jugend) (2017): Zuhause im Alter – Wohnen im Alter, Berlin.
Claßen, Katrin/Oswald, Frank/Doh, Michael/Kleinemas, Uwe/Wahl, Hans Werner (2014): Umwelten des Alterns: Wohnen, Mobilität, Technik und Medien, Stuttgart: Kohlhammer.
Cowan, Ruth S. (1983): More work for mother: The ironies of household technology from the open hearth to the microwave, New York: Basic Books.
Demiris, George/Hensel, Brian K. (2008): Technologies for an ageing society: A systematic review of »smart home« applications. In: Yearbook of Medical Informatics 3, S. 33–40.
Dstatis (2017): Private Haushalte in der Informationsgesellschaft (IKT), Fachserie 15, Reihe 4, Wiesbaden: Statistisches Bundesamt.
Dyck, Isabel/Kontos, Pia/Angus, Jan/McKeever, Patricia (2005): The home as a site of long-term care: Meanings and management of bodies and spaces. In: Health & Place 11, S. 173–185.
Dyk, Silke van/Lessenich, Stephan (2009): Ambivalenzen der (De-)Aktivierung: Altwerden im flexiblen Kapitalismus. In: WSI Mitteilungen 10, S. 540–546.

Essén, Anna (2008): The two facets of electronic care surveillance: An exploration of the views of older people who live with monitoring devices. In: Social Science & Medicine 67, S. 128–136.

Heßler, Martina (2001): Mrs. Modern Woman. Zur Sozial- und Kulturgeschichte der Haushaltstechnisierung, Frankfurt: Campus.

Lally, Elaine (2002): At home with computers, Oxford: Berg Publishers.

Milligan, Christine/Roberts, Celia/Mort, Maggie (2011): Telecare and older people: Who cares where? In: Social Science & Medicine 72, S. 347–354.

Morley, David (2003): What's »home« got to do with it? Contradictory dynamics in the domestication of technology and the dislocation of domesticity. In: European Journal of Cultural Studies 6, S. 435–458.

Mort, Maggie/Finch, Tracy/May, Carl R. (2009): Making and unmaking telepatients: Identity and governance in new health technologies. In: Science, Technology & Human Values 34, S. 9–33.

Mort, Maggie/Roberts, Celia/Callén, Blanca (2013): Ageing with telecare: care or coercion in austerity? In: Sociology of Health & Illness 35, S. 799–812.

Oudshoorn, Nelly (2012): How places matter: Telecare technologies and the changing spatial dimensions of healthcare. In: Social Studies of Science 42, S. 121–142.

Petersson, Jesper (2016): Technospatialities and telehealthcare: unfolding new spaces of visibility. In: Information, Communication & Society 19, S. 824–842.

Pols, Jeannette (2010): Telecare: What patients care about. In: Annemarie Mol/Ingunn Moser/Jeannette Pols (Hg.), Care in practice: On tinkering in clinics, homes and farms, Bielefeld: transcript, S. 171–193.

Pols, Jeannette/Moser, Ingunn (2009): Cold technologies versus warm care? On affective and social relations with and through care technologies. In: ALTER. European Journal of Disability Research 3, S. 159–178.

Rammert, Werner (2003): Technik in Aktion: Verteiltes Handeln in soziotechnischen Konstellationen, Technical University Technology Studies Working Papers, TUTS-WP-2-2003.

Roberts, Celia/Mort, Maggie (2009): Reshaping what counts as care: Older people, work and new technologies. In: ALTER. European Journal of Disability Research 3, S. 138–158.

Sharkey, Amanda/Sharkey, Noel (2012): Granny and the robots: ethical issues in robot care for the elderly. In: Ethics and Information Technology 14, S. 27–40.

Silverstone, Roger (1994): Television and Everyday Life, London: Routledge.

Silverstone, Roger/Hirsch, Eric (Hg.) (1992): Consuming Technologies. Media and information in domestic spaces, London/New York: Routledge.

Sparrow, Robert/Sparrow, Linda (2006): In the hands of machines? The future of aged care. In: Minds and Machines 16, S. 141–161.

Thygesen, Hilde (2009): Technology and good dementia care: A study of technology and ethics in everyday care. PhD-dissertation. Centre for Technology, Innovation and Culture (TIK), Universität Oslo.

Wigg, Johanna (2010): Liberating the wanderers: using technology to unlock doors for those living with dementia. In: Sociology of Health & Illness 32, S. 288–303.

Winance, Myriam (2010): Care and disability. Practices of experimenting, tinkering with, and arranging people and technical aids. In: Annemarie Mol/Ingunn Moser/Jeannette Pols (Hg.), Care in Practice: On Tinkering in Clinics, Homes and Farms, Bielefeld: transcript. S. 93–117.

Smart und angepasst?
Konsument*innen im digitalisierten Stromnetz

Stefanie Baasch

Dieser Beitrag richtet den Blick auf die veränderten Rollen von privaten Stromkonsument*innen und den damit verbundenen neuen (Verhaltens-)Anforderungen durch den Einsatz digitaler Technologien in Haushalten. Angetrieben wird diese Digitalisierung im Privathaushalt durch zwei Entwicklungen: erstens durch das zunehmende Angebot von Smart-Home-Technologien, die mit dem Versprechen von mehr Komfort, Sicherheit und Energiesparen durch Automatisierung verbunden sind (siehe Marquardt in diesem Band). Zweiter Treiber ist der Ausbau »intelligenter« Stromnetze *(smart grid)*, wodurch eine bessere Integration Erneuerbarer Energien in der Stromversorgung zu mehr Klimaschutz beitragen soll. Beide Treiber sind auch Ausdruck der seit über zehn Jahren verfolgten Hightech-Strategie für Klimaschutz in Deutschland. Diese strategische Ausrichtung verbindet Klimaschutzziele mit Effizienzsteigerung durch Technologieentwicklung und zielt dabei auf die Stärkung der deutschen Wirtschaft im »Zukunftsmarkt Klimaschutz« (BMBF 2007: 16). Nicht-technologische Strategien zum Klimaschutz, wie Suffizienz- oder Postwachstumsstrategien, fristen hingegen eher ein Nischendasein und werden häufig als Verzichtstrategien und Komforteinschränkung diskreditiert (von Winterfeld 2016). Auch in der Diskussion um die Digitalisierung der Stromproduktion bzw. Stromversorgung stehen technologiegetriebene Effizienzstrategien im Vordergrund.

SMART GRID – »INTELLIGENTE« STROMNETZE DER DIGITALEN ZUKUNFT

Die von der EU-Kommission vorangetriebene Liberalisierung der europäischen Strommärkte und der Wandel der Stromerzeugung von konventionellen zentralisierten Großkraftwerken hin zu dezentralen Stromerzeugungseinheiten, die auch einen wachsenden Anteil an fluktuierender Energieerzeugung aus Wind und Sonne einbinden, erfordern neue technische Infrastrukturen (Dütschke, Unterländer & Wietschel 2012). So genannte »intelligente Stromnetze«, *smart grids*, sollen die Versorgungssicherheit und eine kosteneffiziente Stromversorgung unter den Bedingungen eines stärker fluktuierenden Stromangebots herstellen, indem Stromerzeugung, Speicherung und Verbrauch besser aufeinander abgestimmt werden. Grundlage hierfür ist der Austausch der entsprechenden Daten und das Interagieren der unterschiedlichen Energieakteure, daher wird diese neue Form des Energiesystems auch als »Internet der Energie« bezeichnet (Goerdeler 2012).

Diese Transformation des Energiesystems hat direkte Auswirkungen auf die Stromkonsument*innen, die zukünftig ihr Nutzungsverhalten an die veränderten, dynamischeren Bedingungen durch die Einspeisung erneuerbarer Energien anpassen sollen. Der klimaschonende Stromkonsum soll dabei unter anderem durch finanzielle Anreize gefördert werden. Hierfür wurden die Energieversorgungsunternehmen in Deutschland durch das Energiewirtschaftsgesetz (EnWG) verpflichtet, ihren Kund*innen lastvariable oder tageszeitabhängige Tarife anzubieten, sofern es ihnen technisch machbar und wirtschaftlich zumutbar ist (§49 Abs. 5 EnWG). *Smart grids* stellen somit nicht nur eine weitreichende technisch-ökonomische Innovation dar, sie haben auch das Potential, die sozialen Dynamiken des Energiesystems grundlegend zu verändern (Goulden et al. 2014).

SMARTE USER FÜR *SMART GRIDS*?
NUTZERROLLEN IN DER DIGITALEN ENERGIEZUKUNFT

Stromnutzer*innen wird im Kontext von *smart grids* eine zentrale Rolle bei der erfolgreichen Umsetzung zugeschrieben:

> »Da die intelligente Verknüpfung von Erzeugung und Nachfrage einen wesentlichen Schlüssel beim Umbau des Energieversorgungssystems darstellt, sofern sich die Investitionen in einen Netzausbau und entsprechende Reservekapazitäten in volkswirtschaftlich vertretbaren Grenzen halten sollen, ist die Bereitschaft der Kunden, hierbei mitzuwirken, erfolgskritisch.« (Hillemacher et al. 2013: 196)

Grundsätzlich lassen sich zwei Arten von Rollen unterscheiden, einmal die Rolle von Stromkonsument*innen als Endverbraucher*innen und zum anderen die von Energiebürger*innen, die eine aktive Rolle im Energiesystem einnehmen (Goulden et al. 2014). Zu letzteren zählt beispielsweise die Eigenerzeugung von Strom mittels Photovoltaik (PV), wodurch Kund*innen vom »*passiven Versorgungempfänger zum aktiven Marktteilnehmer*« (Prosumer) werden und damit eine Doppelrolle von Konsument*innen auf der einen und Produzent*innen auf der anderen Seite einnehmen (Goerdeler 2012: 280). Eine weitere zukünftige aktive Einbindung könnte in der dezentralen (Zwischen-) Speicherung von Energie in Privathaushalten, beispielsweise im Zusammenhang mit Elektroautomobilität, liegen. Diese neuen Formen der Einbindung von Stromkonsument*innen in das Energiesystem haben das Potential, zu einer stärkeren Vergesellschaftung von Energie beizutragen (Rohlfing 2012). Welche Vor- oder Nachteile mit einer solchen aktiven Marktteilnahme für die Prosument*innen verbunden sind, bleibt bislang ungeklärt.

Doch auch als reine Endverbraucher*innen sollen die Stromkonsument*innen zukünftig ihr Nutzungsverhalten an die Erfordernisse von *smart grids* anpassen, erstens durch das Zulassen von umfassenden Datensammlungen über Stromverbräuche mittels digitaler Stromzähler *(smart meter)*, und zweitens durch die Anpassung der Stromnutzung an aktuelle Stromverfügbarkeiten durch entweder manuelle oder automatisierte Steuerung *(demand side integration)*. Sollten diese *Smart-grid*-Anforderungen tatsächlich bis auf die Ebene von privaten Haushalten umgesetzt werden, hätte dies spürbare Folgen für die Energienutzung im Alltag (Smale/van Vliet/Spaargaren 2017).

Aktuell sind die meisten privaten Haushalte jedoch weit von einer aktiven oder gar mitgestaltenden Einbindung in Energienetze entfernt. Im Gegenteil, unter den gegenwärtigen Bedingungen ist Energie kein zentrales Thema in den meisten Haushalten. Die Beschäftigung mit Energiethemen beschränkt sich üblicherweise auf die Auswahl eines Energieversorgers, dem Bezahlen der Stromrechnung und ggf. mit Maßnahmen zum Energiesparen (Smale/van Vliet/Spaargaren 2017). Bislang ist Stromnutzung in Privathaushalten vor allem eine alltägliche Routine, die weitgehend ohne großes Nachdenken vonstattengeht. Zwar haben eine Vielzahl von Energiesparaktionen und rechtliche Veränderungen, wie beispielsweise die Einführung eines Energiesparlabels für Haushaltsgroßgeräte (1998) oder das Herstellungs- und Verkaufsverbot von Glühlampen (2009) zu einer generellen Sensibilisierung für Energiesparen geführt, der Großteil des alltäglichen privaten Stromkonsums wird jedoch von den jeweiligen Bedürfnissen der Nutzer*innen gesteuert. In den meisten Fällen beziehen Privathaushalte ihren Strom zu einem festen Kilowattpreis, weshalb es aus Kostengründen unerheblich ist, zu welcher Zeit der Strom im Haushalt verbraucht wird. Ausnahmen hiervon beschränkten sich bisher vor allem auf Tag/Nachttarife für die Nutzung von Nachtspeicherheizungen oder Wochenendtarife, bei denen an den Wochenenden ein günstigerer Strompreis angeboten wird.

Dies soll sich zukünftig für die Stromverbraucher*innen ändern: Mittels dynamischer, d.h. zeitvariabler Stromtarife soll der Stromverbrauch durch finanzielle Anreize zeitlich gesteuert werden, um so den technisch-ökonomischen Anforderungen von *smart grids* zu genügen (BDEW 2013). Ob sich hierdurch für Privathaushalte eine Einsparung von Stromkosten realisieren lässt oder das Gegenteil der Fall ist, lässt sich derzeit noch nicht abschätzen. Ein entscheidender Aspekt ist hierbei die Möglichkeit, das Stromnutzungsverhalten an die flexiblen Tarife anpassen zu können. Die Voraussetzungen hierfür sind in den Haushalten durchaus sehr unterschiedlich und von einer Vielzahl von Faktoren abhängig, wie der Haushaltsgröße, den Beschäftigungsverhältnissen der Haushaltsmitglieder und der Technikausstattung. Die Teilhabe an der digitalen Stromzukunft ist daher auch verbunden mit Aspekten sozialer Gerechtigkeit. So haben bereits jetzt einkommensschwächere Haushalte weniger Zugang zu energieeffizienteren Produkten und Technologien, was ihnen die Reduktion von Energiekosten erschwert (Weller 2016).

VERNETZTE PRIVATHAUSHALTE

Die Einbindung der Haushalte in *smart grids* erfolgt mittels Laststeuerung *(demand side integration)*. Ziel dieser Laststeuerung ist es, eine verstärkte Kontrolle über die Stromnachfrage zu erlangen. Dies gilt zumindest für jene Bereiche des Stromverbrauchs, die von den Stromnutzer*innen variiert werden können.

Die Laststeuerung kann entweder direkt *(demand side management)* oder indirekt *(demand side response)* erfolgen. *Demand side management* zeichnet sich dadurch aus, dass der Energieverbrauch direkt bei den Verbraucher*innen beeinflusst wird. Hierfür bedarf es einer direkten Vernetzung bzw. Steuerung von entsprechend technisch ausgestatteten Endgeräten *(smart appliances)* mit dem jeweiligen Stromanbieter. In der Praxis könnte dies bedeuten, dass Geräte entsprechend der Stromverfügbarkeit seitens des Stromlieferanten »ferngesteuert« ein- oder ausgeschaltet werden können. *Demand-side-management*-Testversuche in Privathaushalten[1] deuten darauf hin, dass relevante Potentiale für Lastverschiebungen weniger in der Steuerung einzelner Haushaltsgeräte wie Waschmaschinen liegt, sondern sich eher in der Wärmebereitstellung (wie automatische Steuerung von Wärmepumpen und Hybridheizungen) und in der Verknüpfung mit Elektromobilität (automatische Steuerung von Ladezeiten, Nutzung der Batterie als Zwischenspeicher) generieren lassen. Hierbei handelt es sich in der Regel um Prozesse, die von den Stromkonsument*innen nicht direkt wahrgenommen werden. Eine automatische »Fernsteuerung« dieser Prozesse würde daher weitgehend unbemerkt vonstattengehen können. Inwieweit dies zu Kontrollverlusten oder der Begrenzung von Eingriffsmöglichkeiten seitens der Stromkund*innen führen kann und wie transparent die automatischen Steuerungen für die Kund*innen sein werden, wird von der zukünftigen Ausgestaltung solcher Anwendungen abhängen.

---

[1] BMBF-Modellprojekt »Wolfhagen 100 % EE – Entwicklung einer nachhaltigen Energieversorgung für die Stadt Wolfhagen« 2012-2017, Förderkennzeichen 03SF0416D.

Bei der indirekten Steuerung mittels *demand side response* werden die Stromkonsument*innen mithilfe von Anreizsignalen (z. b. zeitabhängige variable Stromtarife) dazu motiviert, ihren Stromverbrauch entsprechend zu steuern und ihre Energieverbräuche netzkompatibel anzupassen. Die Bedienung von Geräten kann dabei sowohl manuell wie auch mittels Vorprogrammierung (Zeitvorwahl) oder per Fernsteuerung durch die Nutzer*innen (z. B. per Smartphone) erfolgen. Beide Formen der Laststeuerung lassen sich als Paradigmenwechsel in der Stromnutzung interpretieren. Bislang war Strom ein verfügbares Gut, welches in der Regel nach jeweiligem Bedarf von den Stromkonsument*innen genutzt wurde. Die Anpassung bzw. Flexibilisierung von Stromverbrauch an technische und marktwirtschaftliche Bedingungen verändert die Rolle von Stromkonsum grundlegend. Es sind zukünftig die Konsument*innen, die sich möglichst den Bedingungen des *smart grids* anpassen sollen. Ob *smart grids* in Zukunft tatsächlich in dieser Weise realisiert werden und ob die Stromkonsument*innen auf die angedachten Weisen in das Energiesystem integriert werden können, ist derzeit noch offen.

Ebenso ist es durchaus umstritten, ob sich die Ebene der privaten Haushalte (zumindest jene ohne eigene Stromerzeugung) überhaupt dafür eignet, zu den erwünschten netzoptimierenden Effekten im *smart grid* beizutragen (Hinterstocker 2016). Ein Großteil des alltäglichen privaten Stromverbrauchs ist nur wenig zeitlich flexibel bzw. flexibilisierbar (wie Beleuchtung, Unterhaltungselektronik, Kochen, Warmwasser) oder erfordert selbst bei automatisierter Steuerung immer noch eine direkte Beteiligung von Nutzer*innen (Waschmaschine, Geschirrspüler, Wäschetrockner), was wiederum die Flexibilität einschränkt. Zwar lassen sich bereits heute schon Haushaltsgeräte zeitlich programmieren oder auch per App steuern, dennoch muss die Beladung immer noch durch die Nutzer*innen vor Ort vorgenommen werden. Insbesondere für Mehrfamilienhäuser kommt zumeist noch eine zeitliche Einschränkung bei der Inbetriebnahme von Haushaltsgeräten hinzu, so können beispielsweise in Mietwohnungen Waschmaschinen in der Regel nur während des Tages betrieben werden, um die Nachbar*innen nicht zu stören.

Ob bzw. wie stark sich diese Bedingungen durch die Einbindung von Elektromobilität, durch die Einbindung von Wärmebereitstellung (wie Wärmepumpen) oder durch einen Ausbau privater Stromproduktion mittels PV-Anlagen verändern und in welchem Maße, ist derzeit nicht absehbar.

Weniger futuristisch ist die Datenerfassung von Stromverbräuchen mittels *smart meter*, die eine zeitgenaue und präzise Messung des Stromverbrauchs ermöglichen und damit notwendige Daten für die Steuerung von *smart grids* bereitstellen. Die rechtlichen Grundlagen für einen flächendeckenden Einbau von *smart meter* liegen in Deutschland mit dem 2016 verabschiedeten Bundesgesetz zur Digitalisierung der Energiewende bereits vor. Die Hauptkritikpunkte an einer flächendeckenden Einführung von *smart meter* beziehen sich auf den Datenschutz und die Datensicherheit. Da stromverbrauchende Geräte anhand ihres Verbrauchsprofils identifizierbar sind, kann durch die Verwendung von *smart meter* nicht nur der Stromverbrauch gemessen werden, sondern es wird auch sichtbar, welche Art von Gerät wann wie verwendet wurde. Mit Blick auf Privathaushalte können so Informationen über Nutzungsgewohnheiten oder An- und Abwesenheiten erhoben werden. Die Befürworter*innen dieser Technologie weisen darauf hin, dass Stromkonsument*innen durch *smart meter* einen besseren Einblick in ihren Stromverbrauch erhalten und so neue Einsparpotentiale entdecken können.

Digitale Risiken und Nebenwirkungen

Das Thema Sicherheit ist im Kontext der Netzdigitalisierung auf mehreren Ebenen von zentraler Bedeutung. Insbesondere gilt dies in Bezug auf die Vulnerabilität digitaler Stromnetze gegenüber Cyberangriffen und im Hinblick auf die Datennutzung und Datensicherheit von Privathaushalten ebenso wie für unternehmerische Prozesse. Je stärker die Versorgungssicherheit auf einem funktionierenden *smart grid* basiert, umso größer wird eine Verwundbarkeit durch gezielte Angriffe, wobei Informations- und Telekommunikationstechnik dabei sowohl als Tatwaffe wie auch als Ziel von Angriffen dient (Eckhart/Kraus 2011). Die Vernetzung und damit der Austausch von Daten mit den unterschiedlichsten Ebenen – von Privathaushalten, Unternehmen, Energieversorgern etc. im *smart grid* bieten vielfältige Angriffspunkte für Cyberattacken. Kritiker*innen bezweifeln, dass Energieversorgern die Tragweite der Vulnerabilität und die Notwendigkeit etablierter Cyberstrategien ausreichend bewusst ist (Bartsch/Frey 2017).

Ein weiterer Aspekt ist die Erhebung und Verwendung von Daten, vor allem von privaten Nutzungsdaten. Durch *smart meter* werden detaillierte Informationen über Stromverbräuche erfasst. Aus diesen Daten lassen sich Nutzungsprofile erstellen, die Rückschlüsse auf Nutzungsgewohnheiten und sogar Tagesabläufe in Privathaushalten ermöglichen. Hier zeigt sich in gewisser Weise ein digitales Dilemma: Denn auf der einen Seite braucht es möglichst detaillierte Daten für eine effiziente Laststeuerung, auf der anderen Seite besteht das Risiko, dass diese sensiblen Daten missbräuchlich genutzt werden können. Ein »datenschutzgerechtes Energiemanagement« erfordert entsprechende Maßnahmen, wie die Verschlüsselung oder Anonymisierung von personenbezogenen Daten (Lüdemann et al. 2015). Wie funktionsfähig solche Schutzmechanismen in der Praxis sein werden, wird für die einzelnen Stromkonsument*innen jedoch weitgehend unsichtbar bleiben.

Ein weiterer Aspekt, der allerdings in den Diskussionen um die Digitalisierung der Stromnetze derzeit kaum Beachtung findet, sind die möglichen ökologischen Folgekosten. Das Thema *smart grid* wird zwar mit Klimaschutz verknüpft, die Betrachtung beschränkt sich dabei allerdings auf die reine Stromerzeugung durch Erneuerbare Energien. So ist z. B. eine flächendeckende Umstellung auf *smart meter* in 40 Millionen Privathaushalten mit einem erheblichen Ressourcenverbrauch verknüpft, hinzu kommt die Entsorgung der alten Messtechnik. Auch die sozialen und ökologischen Bedingungen, unter denen *smart meter* produziert bzw. die verbauten Rohstoffe gewonnen werden, werden in den Diskussionen ebenso wenig berücksichtigt wie potentielle Rebound-Effekte durch flexible Stromtarife (wie Mehrnutzung von stromverbrauchenden Geräten in Zeiten niedriger Strompreise).

FAZIT

Im Fokus der smarten Energietransformation stehen derzeit vor allem die technische Machbarkeit und das Versprechen des Klimaschutzes. Die sozialen Auswirkungen auf Ebene von Privathaushalten werden in den dominierenden technisch-ökonomischen Debatten kaum thematisiert. Beispielsweise sind die potentiellen Auswirkungen von variablen Stromtarifen auf einkommensschwache Haushalte im Hinblick auf eine mögliche Verschärfung von Energiearmut ungeklärt. Ebenso unklar bleibt, welcher möglicherweise zusätzliche Zeit- und Ressourcenaufwand in den privaten Haushalten zukünftig entstehen kann und wie dieser verteilt wird.

Auch die ökologischen Folgen eines zukünftigen »Internets der Energie« werden bislang selektiv betrachtet. So werden zwar immer wieder die potentiellen positiven Effekte im Hinblick auf Klimawandel durch die verstärkte Nutzung Erneuerbarer Energien und mögliche Energieeinsparungen hervorgehoben, eine weitergehendere Perspektive fehlt derzeit aber. Zum Beispiel werden die ökologischen Folgen durch neue Geräteausstattungen (wie Mess- und Haushaltsgeräte) ebenso wenig thematisiert wie die Produktionsbedingungen, unter denen solche Geräte hergestellt werden oder wer sich solche Technikausstattung leisten kann.

Kritische Perspektiven befassen sich vor allem mit Aspekten der Vulnerabilität von *smart grids* und des Datenschutzes sowie den möglichen Überwachungsoptionen, die sich durch die engmaschige Kontrolle von Stromverbräuchen und Nutzungsverhalten ergeben.

Literatur

Bartsch, Michael/Frey, Stefanie (2017): Digitalisierung des Bösen: Energiewirtschaft als Cyberopfer. In: Oliver D. Doleski (Hg.), Herausforderung Utility 4.0. Wie sich die Energiewirtschaft im Zeitalter der Digitalisierung verändert, Wiesbaden: Springer Vieweg, S. 301–308.

BDEW – Bundesverband der Energie- und Wasserwirtschaft e. V. (2013): BDEW-Roadmap. Realistische Schritte zur Umsetzung von Smart Grids in Deutschland. Berlin: BDEW.

BMBF – Bundesministerium für Bildung und Forschung (2007): Hightech-Strategie zum Klimaschutz. Berlin.

Dütschke, Elisabeth/Unterländer, Michael/Wietschel, Martin (2012): Variable Stromtarife aus Kundensicht – Akzeptanzstudie auf Basis einer Conjoint-Analyse. Working Paper Sustainability and Innovation, No. S 1/2012. Fraunhofer ISI.

Eckhard, Claudia/Krauß, Christoph (2011): Sicherheit im Smart Grid. Herausforderungen und Handlungsempfehlungen. In: Datenschutz und Datensicherheit 8, S. 535–541.

Goerdeler, Andreas (2012): E-Energy. Deutschlands Weg zum Internet der Energie. In: Hans-Gerd Servatius/Uwe Schneidewind/Dirk Rohlfing (Hg.), Smart Energy. Wandel zu einem nachhaltigen Energiesystem, Heidelberg: Springer, S. 277–285.

Goulden, Murray/Bedwell, Ben/Rennick-Egglestone, Stefan/Rodden, Tom/Spence, Alexa (2014): Smart grids, smart users? The role of the user in demand side management. In: Energy Research & Social Science 2, S. 21–29.

Hillemacher, Lutz/Hufendiek, Kai/Bertsch, Valentin/Wiechmann, Holger/Gratenau, Jan, Jochem, Patrik/Fichtner, Wolf (2013): Ein Rollenmodell zur Einbindung der Endkunden in eine smarte Energiewelt. In: Zeitschrift für Energiewirtschaft 37, S. 195–210.

Hinterstocker, Michael (2016). Demand Side Management in Haushalten als netzoptimierende Maßnahme. www.ffe.de/publikationen/veroeffentlichungen/649-demand-side-management-in-haushalten-als-netzoptimierende-massnahme vom 20.04.2018.

Lüdemann, Volker/Scheerhorn, Alfred/Sengstacken, Christin/Brettschneider, Daniel (2015): Systemdatenschutz im Smart Grid. Datenschutzgerechtes Energiemanagement. In: Datenschutz und Datensicherheit 39, S. 93–97.

Rohlfing, Dirk (2012): Schöne neue Smart Energy-Welt. Ansichten einer Technik im Übergang. In: Servatius, Hans-Gerd/Schneidewind, Uwe/Rohlfing, Dirk (Hg.): Smart Energy. Wandel zu einem nachhaltigen Energiesystem, Heidelberg: Springer, S. 63–77.

Smale, Robin/van Vliet, Bas/Spaargaren, Gert (2017): When social practices meet smart grids: Flexibility, grid management, and domestic consumption in the Netherlands. In: Energy Research & Social Science 34, S. 132–140.

von Winterfeld, Uta (2016): Suffizienz. In: Sybille Bauriedl (Hg.), Wörterbuch Klimadebatte, Bielefeld: transcript, S. 283–288.

Weller, Ines (2016): Klimafreundlicher Konsum. In: Sybille Bauriedl (Hg.), Wörterbuch Klimadebatte, Bielefeld: transcript, S. 149–155.

(Un-)Sichtbare Geschlechterungleichheiten in der Smart City
Die andere Seite der Digitalisierung

Tanja Carstensen

1 GESCHLECHTERVERHÄLTNISSE IN BEWEGUNG?[1]

Technik war historisch und ist bis heute eng mit Vorstellungen von Männlichkeit verbunden. Feministische Technikforschung und Gender and Technology Studies untersuchen seit vielen Jahren, wie sich Technik als Männerkultur konstituiert, wie Geschlechtsidentitäten durch Technik mitgeprägt werden, inwiefern Vorstellungen von vergeschlechtlichten Nutzungsweisen und Arbeitsteilungen in die Technikentwicklung einfließen und inwiefern Technologien ein emanzipatorisches Potential bergen oder Handlungsspielräume einschränken (u. a. Wajcman 1994; Haraway 1995; Bath 2009; Paulitz 2012). Technik erweist sich dabei als konstitutiv für hegemoniale Männlichkeiten, während sich stereotype Zuschreibungen von »weiblicher Technikdistanz« erstaunlich hartnäckig halten.

Jede neue Technologie kann aber immer auch Anlass sein, Macht- und Geschlechterverhältnisse neu zu verhandeln sowie Instabilitäten in sozialen Ordnungen zu erzeugen, und so z. B. vergeschlechtlichte Rollenzuschreibungen und Arbeitsteilungen aufzuweichen und in Bewegung zu bringen (Wajcman 2004; Carstensen 2009). Besonders anschaulich wird dieser Verhandlungsspielraum an der frühen Durchsetzungsphase des Internets. Dieses wurde von Beginn an von polaren Erwartungen gerahmt: Während auf der einen Seite befürchtet wurde, dass das Internet sich zu einer Männerdomäne entwickeln würde und sich bestehende Geschlechterungleichheiten verschärfen würden, da der Frauenanteil zunächst sehr gering und das Diskussionsverhalten männlich dominiert und sexistisch geprägt waren (vgl. Spender 1995), wurden auf

---

1 | Dieser Text enthält gekürzte und überarbeitete Textteile, die auch in Carstensen 2018a, 2018b, 2018c, 2018d veröffentlicht wurden.

der anderen Seite Hoffnungen formuliert, dass das Netz als Kommunikationsmedium weiblichen Interessen und Fähigkeiten wie Kommunizieren, Vernetzen und Weben entspreche und die digitale Revolution Frauenbefreiung mit sich bringe (vgl. Plant 2000). Eine weitere Position interpretierte das Internet, inspiriert von poststrukturalistischen Theorien, Haraways (1995) Figur der Cyborg sowie der Möglichkeit des »Gender Swapping«, als Chance auf eine Welt jenseits binärer Geschlechterverhältnisse, in der Identitäten im Virtuellen frei entworfen werden könnten (vgl. Turkle 1998). Deutlich wird hier, wie umkämpft Zukunftsszenarien zu digitalen Technologien allein aus Geschlechterperspektiven sein können sowie dass Technik keineswegs auf einen einzigen möglichen Weg – sei er ungleichheitsverschärfend oder egalisierend – festgelegt ist. Vielmehr zeigt sich, wie unterschiedlich die Narrative sein können, die eine neue Technologie rahmen, und wie groß der Deutungs- und Verhandlungsspielraum sein kann.

Ausgehend von diesen Erkenntnissen stellt sich die Frage, welche Effekte die technologischen Entwicklungen, die zurzeit als »Digitalisierung« diskutiert werden, auf die Geschlechterverhältnisse haben. Der vorliegende Beitrag resümiert hierzu zunächst bereits vorliegende Forschungsergebnisse. Im Weiteren werden mit dem Fokus auf digitalisierte Arbeit einige Punkte aus geschlechtertheoretischen Perspektiven genauer diskutiert, die auch für die Diskussion um die Smart City von Bedeutung sind.

2 Digitalisierung zwischen Verschärfung und Neutralisierung von Geschlechterungleichheiten

Die Digitalisierung ist ohne Zweifel eine die Gesellschaft zurzeit massiv prägende Entwicklung. Es besteht offensichtlich Einigkeit darüber, dass diese zu grundlegenden – oder gar »disruptiven« – Veränderungen führen werde. So bezeichnet z. B. Anthony Giddens die gesellschaftlichen Veränderungen durch den digitalen Wandel als nicht weniger als die »transformation of everything«.[2] Dabei verbergen sich dahinter höchst heterogene Phänomene, die teilweise wenig gemeinsam haben: Industrie 4.0, Künstliche Intelligenz, Crowdwork, Pflegeroboter, Tablets in Schulen, Twitter, Instagram, Self-Tracking-Apps, Onlinedating per Tinder, die Bots, die in Wahlkämpfen eingesetzt werden, Virtual-Reality-Brillen, 3D-Drucker, autonome Fahrzeuge und vieles mehr. Diese digitalen Technologien scheinen zunehmend ubiquitär, sie durchdringen den Alltag, und viele von ihnen produzieren permanent mit oder ohne menschliche

---

2 | So lautete der Titel einer Lecture von Anthony Giddens am 10.11.2015 an der London School of Economics and Political Science; siehe https://storify.com/LSEpublicevents/sociology-and-the-digital-revolution-the-transform

Hilfe Daten, die von Algorithmen weiterverarbeitet werden und neue Handlungsvorschläge erzeugen (u. a. Lupton 2015).

Im Folgenden wird zunächst die Frage verfolgt, inwiefern Geschlecht als soziale Kategorie für die Digitalisierung relevant ist. Hierzu werden einige unterschiedliche Ebenen, auf denen Ungleichheiten (de-)stabilisiert werden, betrachtet: Zugang, Design der Technik und Öffentlichkeit.

Zugang: Closing the Gender Gap?

In Bezug auf die einfache Frage danach, wer überhaupt Zugang zu digitalen Technologien hat und inwiefern sich strukturelle Ungleichheiten herausgebildet haben, lässt sich folgendes festhalten: Nachdem im deutschsprachigen Internet Ende 1995 der Anteil der Frauen bei nur gut sechs Prozent lag (Fittkau/Maaß Consulting 1995) und die Hauptnutzer des Internets hochqualifizierte, junge, weiße Männer waren, hat sich dieser *gendered digital divide* seitdem immer mehr verkleinert, ist aber bis heute nicht aufgehoben: 2016 nutzten in Deutschland 88 Prozent der Männer das Internet mindestens gelegentlich, gegenüber 80 Prozent der Frauen (Koch/Frees 2016: 421).

Heute sind Internet und digitale Geräte wie Smartphones die grundlegenden Voraussetzungen für eine Teilhabe an der digitalen Gesellschaft. Gegenwärtig lassen sich hierbei vor allem Unterschiede nach Bildung, Einkommen und Alter feststellen sowie zwischen Stadt und Land, was zu einem wesentlichen Teil an der unterschiedlich guten Breitbandausstattung liegt. Zudem zeigen sich deutliche Unterschiede im globalen Vergleich, hier sind die Vereinigten Arabischen Emirate und Singapur führend, Länder in Osteuropa und Südamerika haben z. B. eher niedrige Nutzungsraten von Smartphones (Lupton 2015: 117 ff.). Downloadgeschwindigkeit, Zugangsart, Kosten von Netzzugang, Software und Geräten sowie länderspezifische Zensur sind hierbei ausschlaggebende Faktoren. Geschlecht ist dabei aber, das ist wichtig festzuhalten, nicht (mehr) die entscheidende ungleichheitsrelevante Kategorie.

Diskriminierungen und Stereotype im Design der Technik

Insbesondere techniksoziologische Studien haben darauf aufmerksam gemacht, dass gesellschaftliche Strukturen, Normen und Bilder von »typischen« Nutzungsweisen bereits während des Herstellungsprozesses einer Technik von Bedeutung sind und in die Konstruktion von Artefakten einfließen. Diejenigen, die die Technik entwickeln, orientieren sich an ihren Vorstellungen und User*innenbildern und treffen auf dieser Grundlage Entscheidungen für ein bestimmtes Design der Technik. Für eine Analyse der Geschlechterverhältnisse in der Digitalisierung ist es daher auch wichtig, die Technik selbst zu betrachten. Frühe Untersuchungen wiesen zunächst auf die männlich geprägten Entstehungskontexte hin (Militär, Wissenschaft, Hacker-Szene) und zeigten beispielsweise, dass die Inhalte vor allem an männlichen Interessen (Auto, Computer, Sport und Pornographie) orientiert waren (Dorer 1997). Auch zeigte sich, dass in E-Government-Maßnahmen oder Stadtportalen Lebensrealitäten von Müttern, wie Suchmöglichkeiten zu Kinderbetreuung, kaum berücksichtigt wurden (Winker 2004). Gleichzeitig entstanden seit Ende der 1990er Jahre teilweise staatlich geförderte Mädchen- und Frauen-Communities wie beispielsweise LizzyNet (Schachtner/Winker 2005; Tillmann 2008), die eigene Orte für Frauen innerhalb der Netzstrukturen etablierten.

Bis heute finden sich stereotype oder diskriminierende Eigenschaftsabfragen in den digitalen Kommunikationsplattformen. Die Anmeldeformulare und Pflichtfelder in den Persönlichkeitsprofilen vieler sozialer Netzwerke sind bzw. waren lange so programmiert, dass sie die Angabe »männlich« oder »weiblich« als Pflichtfeld erfordern. Analysen von Self-Tracking-Apps zeigen, dass diese teilweise deutlich stärker an männlichen Interessen und Körpern orientiert sind oder, wie Lupton/Thomas (2015) beispielsweise an Schwangerschafts-Apps zeigen, eine Reihe bevormundender und paternalistischer Stereotype aufweisen, indem sie beispielsweise auf eine glücklich schwangere, in heterosexueller Zweierbeziehung lebende Nutzerin ausgerichtet sind. Zudem legen die Netzwerkbetreiber die Nutzungsbedingungen fest, definieren, was »richtige« Inhalte sind. So löschte das Unternehmen Facebook z. B. Fotos von stillenden Müttern, weil diese als anstößig und Verstoß gegen die Nutzungsbedingungen definiert wurden. Besonders evident werden diskriminierende Programmierweisen aktuell z. B. auch an Algorithmen, die der Google-Autocomplete-Funktion zugrunde liegen, und die deutliche Differenzen zwischen den Vervollständigungen der Suchanfrage nach »Mädchen dürfen nicht« und »Jungen dürfen nicht« aufweisen. Auch die Algorithmen, die Suchanfragen und Käufe aufzeichnen, auswerten, hierarchisieren, bewerten und auf dieser Grundlage neue Handlungsvorschläge machen und personalisierte Werbeanzeigen schalten, sind oftmals stereotyp an Differenzkategorien orientiert.

Gleichzeitig sind diese Programmierweisen inzwischen Gegenstand zahlreicher gesellschaftspolitischer Auseinandersetzungen, und die Diskussionen um die Frage, wie digitale Technologien gestaltet sein sollen, wird auch zu einem Austragungsort für den Umgang mit Diskriminierungen und Ungleichheiten. So entschuldigte sich beispielsweise Google sofort, nachdem bekannt geworden war, dass seine Gesichtserkennungssoftware Menschen mit dunklerer Hautfarbe als Gorillas klassifiziert hatte.[3] Und die Dating-App Tinder sowie Facebook gaben mittlerweile bekannt, dass sie die Möglichkeiten

---

3 | www.spiegel.de/netzwelt/web/google-fotos-bezeichnet-schwarze-als-gorillas-a-1041693.html

der Angabe des Geschlechts auf »Druck aus der Transgender-Szene« hin auf 35 bzw. 60 erhöht haben.[4]

Auseinandersetzungen um Geschlecht in digitalen Öffentlichkeiten und realen Räumen

Die Auseinandersetzung mit digitalen Technologien hat sich von Anfang an auch mit der Frage beschäftigt, inwiefern das Internet für Empowerment, das Erreichen größerer Öffentlichkeiten und eine Stärkung der (weltweiten) Vernetzung und Solidarität von Frauen untereinander nutzbar gemacht werden könnte. Und in der Tat haben sich in den digitalen Öffentlichkeiten inzwischen zahlreiche feministische Teilöffentlichkeiten herausgebildet, denen es immer wieder gelingt, Themen in den breiteren Öffentlichkeiten der Massenmedien wie Tageszeitungen und Fernseh-Talkshows zu platzieren. Neben der digitalen Vernetzung von Frauen, beispielsweise im »Arabischen Frühling«, erhält inzwischen der »Hashtag-Aktivismus« besondere Aufmerksamkeit. Unter Hashtags wie #YesAllWomen, #aufschrei oder #metoo initiierten Feminist*innen auf Twitter Kampagnen, die die Aufmerksamkeit u.a. auf die Alltäglichkeit von Sexismus und Gewalt gegen Frauen richten. Mit digitalen Technologien hat sich damit aktivistisches und politisches Handeln insofern verändert, dass individuelle Erlebnisse sehr schnell mit kollektiven Handlungen verbunden werden und diese Aufmerksamkeit in den digitalen sozialen sowie darüber hinaus in traditionellen Medien generieren können.

Gleichzeitig werden feministische und queere Inhalte, Gleichstellungspolitik und Gender Studies im Netz von Feminismusgegner*innen und Anti-Genderist*innen massiv angegriffen, mit Ideologie- und Unwissenschaftlichkeitsvorwürfen bis hin zu Mord- und Vergewaltigungsdrohungen (hierzu auch Hark/Villa 2015). Ganz/Meßmer (2015) betrachten das Internet daher als »Labor eines neuen Kulturkampfes«. Zudem bleibt das Engagement im digitalen Öffentlichen auch in anderer Hinsicht höchst ambivalent: Einerseits stellt es Partizipation und Empowerment dar, weil dadurch unterschiedliche Alltagsrealitäten öffentlich werden, die normative Annahmen von Geschlecht in Frage stellen oder herausfordern können (Duffy 2015); zum anderen findet dieses Engagement auf Plattformen statt, die einflussreichen Internetkonzernen gehören und die mit diesen Daten Profit generieren.

In »echten« Räumen, wie FabLabs und Hackerspaces, die sich oft subkulturell mit digitalen Technologien beschäftigen, können wiederum erste Hinweise identifiziert werden, dass die enge Verbindung von neuen Technologien

---

4 | https://www.noz.de/deutschland-welt/digitale-welt/artikel/806952/welches-geschlecht-tinder-fuehrt-35-neue-moeglichkeiten-ein; www.faz.net/aktuell/gesellschaft/facebook-60-auswahlmoeglichkeiten-fuer-geschlecht-13135140.html

und Männlichkeit aufgebrochen wird. Hier finden sich zum einen vergleichsweise viele Frauen; zum anderen gibt es hier Versuche, das Verständnis von Technologie weit zu fassen und die Assoziation von Männlichkeit mit Figuren wie dem Bastler, Tüftler, Nerd oder Hacker aufzubrechen, indem neben 3D-Druck- auch Häkelkurse im Kontext von »Making« angeboten werden (Fox/Rose Ulgado/Rosner 2015). Gleichzeitig ist der Zugang zu diesen Räumen allerdings nicht unbedingt niedrigschwellig (Carstensen 2013).

An den Beispielen des Zugangs zu digitalen Technologien, dem Design der Technologien und den Auseinandersetzungen um Öffentlichkeiten wurde bis hierher deutlich, dass die Digitalisierung, wie andere Technologien zuvor, aufs Engste mit Geschlechterverhältnissen verwoben ist und dass Macht- und Ungleichheitsverhältnisse in die Technik eingeschrieben und wiederum von ihr stabilisiert werden. Ebenso zeigen sich aber auch Möglichkeiten für Verschiebungen hin zu Ungleichheit neutralisierenden Effekten. Vor dem Hintergrund dieser zunächst recht grundlegenden Forschungsergebnisse zu Gender und Digitalisierung werden nun im Folgenden die Effekte digitalisierter Arbeit genauer betrachtet und abschließend auf stadt- und raumtheoretische Implikationen bezogen.

3 Die Digitalisierung der Arbeit aus Geschlechterperspektiven

Im Kontext der Digitalisierung wird zurzeit insbesondere über die Digitalisierung der Arbeit diskutiert. Unter anderem geht es bei der Digitalisierung der Arbeit um folgende Phänomene: (1) den Einsatz digitaler, vernetzter, »smarter« bzw. »intelligenter« Technologien in Produktion (»Industrie 4.0«), Logistik und zunehmend auch im Einzelhandel, verbunden mit verschiedenen Automatisierungsszenarien; (2) den Einsatz von Social-Media-Technologien (soziale Netzwerke, Wikis und Weblogs) in der internen Zusammenarbeit, Kommunikation und Projektarbeit, auch als »Enterprise 2.0« oder »Social Collaboration« bezeichnet; (3) »Crowdwork« als Vergabe und teilweise auch Erledigung kleinteiliger, oftmals gering bezahlter Aufträge über Internetplattformen (z. B. Amazon Mechanical Turk), die bisher vor allem hinsichtlich ihrer prekären Arbeitsbedingungen kritisiert werden; (4) und schließlich digitale und mobile Informations- und Kommunikationstechnologien, insbesondere Laptops, Smartphones, Tablets, Internet und Apps und ihre Konsequenzen für zeit- und ortsunabhängiges Arbeiten, Entgrenzung und Erreichbarkeit.

Arbeit ist – digitalisiert oder nicht – bis heute hochgradig vergeschlechtlicht. Trotz veränderter Rollenbilder und einer gestiegenen Frauenerwerbstätigkeit ist Erwerbsarbeit nach wie vor vertikal und horizontal nach Geschlecht segregiert. Aufstiegschancen sind ungleich, es finden sich mehr Männer als

Frauen in hochbezahlten Arbeitsverhältnissen und Führungspositionen. Zudem teilt sich der Arbeitsmarkt in Männer- und Frauenberufe auf. So arbeiten beispielsweise in Erziehung und Pflege deutlich mehr Frauen. Darüber hinaus ist die Arbeitsteilung zwischen den Geschlechtern hinsichtlich bezahlter und unbezahlter Arbeit ungleich, nach wie vor sind Frauen im Haushalt zeitlich mehr mit Sorgearbeiten, z. B. Kinderbetreuung, und vor allem Hausarbeit beschäftigt. Vereinbarkeit von Beruf und Familie ist damit noch immer eher ein »Frauenproblem«.

Die beschriebenen Digitalisierungstendenzen werden nicht zuletzt vor diesem Hintergrund mittlerweile auch als geschlechterpolitisch relevante Herausforderungen diskutiert. Hinsichtlich der Automatisierung geht es vor allem um die Frage, wie sich die Digitalisierung auf die Frauenerwerbstätigkeit auswirken wird. Erste Prognosen sind widersprüchlich, gehen aber davon aus, dass insbesondere die – von Frauen dominierten – personennahen Dienstleistungen wie Erziehung und Bildung vergleichsweise wenig betroffen sein werden, dass aber gleichzeitig insbesondere Dienstleistungsberufe mit niedrigem Qualifikationsniveau stark automatisiert werden. Daneben könnten, so die Erwartung, durch die steigende Bedeutung digitaler Kommunikationsräume neue betriebsinterne Profilierungsmöglichkeiten jenseits von Präsenzkulturen (die oftmals weit in den Abend hineinreichen) entstehen, die insbesondere Teilzeitbeschäftigten – und dies sind nach wie vor mehr Frauen als Männer – zugutekommen könnten. Crowdwork, mobile Arbeit und Homeoffice werden vor allem hinsichtlich ihrer zeitlichen und räumlichen Flexibilität und den damit verbundenen Möglichkeiten einer besseren, flexibleren Vereinbarkeit von Job mit Haus- und Sorgearbeiten sowie anderen Lebensbereichen diskutiert. Dies könnte langfristig das – vergeschlechtlichte – Verhältnis von bezahlter und unbezahlter Arbeit verändern (Huws 2014; Wischermann/Kirschenbauer 2015).

Digitales Arbeiten souverän und zwischendurch

Diese im letzten Punkt angesprochenen Erwartungen an bessere Vereinbarkeit durch neue Technologien sind alles andere als neu. Bereits in den 1980er Jahren wurde Telearbeit Chancen für Verschiebungen der Arbeitsteilungen zwischen den Geschlechtern zugeschrieben (Winker 2001). Statt der Möglichkeit, einzelne Tage von zu Hause aus zu arbeiten, erleben wir mittlerweile allerdings eine schleichende Entwicklung, bei der es immer normaler wird, per Smartphone und Tablet zuhause, in der Bahn, in Hotelzimmern, in Cafés, nach Feierabend, am Wochenende oder im Urlaub zu arbeiten oder zumindest für Arbeitsanfragen erreichbar zu sein. Es geht nicht mehr um die Standleitung vom Büro nach Hause; inzwischen tragen wir das Büro in der Hosentasche mit uns herum und arbeiten auch »zwischendurch«, an Bushaltestellen und auf Spielplätzen, letztlich »immer und überall«.

Die Vorteile liegen auf der Hand: »Die digitale Vernetzung«, so z. B. das BMBF, »kann [...] den Wünschen vieler Beschäftigter entgegenkommen, denn sie bietet die Chance zur Erhöhung des selbstbestimmten Handelns sowie der besseren Vereinbarkeit von Arbeit und Freizeit, Familie und Beruf.«[5] Über digitale Technologien mit der Arbeit vernetzt zu sein, kann die Zeit für Arbeitswege reduzieren und eine flexiblere Zeit- und Alltagsgestaltung ermöglichen. Mit der Möglichkeit, flexibel jederzeit und von überall zu arbeiten, könnten auch für Eltern neue Freiräume der Alltagsgestaltung entstehen, die ermöglichen, Erwerbsarbeitszeiten und -orte an die Anforderungen der Sorgearbeit anzupassen. Aufgaben können jenseits des Büros erledigt werden, mit nach Hause genommen oder unterwegs erledigt werden. Die eingeschränkte Anwesenheit im Büro, z. B. wegen der begrenzten Öffnungszeiten der Kita, können um weitere Arbeitszeiten jenseits des offiziellen Arbeitsplatzes ergänzt werden. Ohne Zweifel eröffnen die digitalen Technologien also Möglichkeiten, die Erwerbsarbeitszeiten besser mit anderen Lebensbereichen abzustimmen. Diese Veränderungen können auch stadt- und raumpolitisch Konsequenzen haben. Zum einen hat es Auswirkungen auf die Stadt, wenn weniger Zeit mit Wegen verbracht wird bzw. weniger Menschen für Wege unterwegs sind. Zum anderen, und das ist hier besonders interessant, führt dieses Arbeiten »immer und überall« dazu, dass immer mehr Räume der Stadt zu Arbeitsorten werden, seien es Busse und U-Bahnen, Cafés oder Spielplätze.

4 (Un-)Sichtbare Unvereinbarkeit

An anderer Stelle (Carstensen 2018c, 2018d) habe ich daher aus arbeits- und gendersoziologischer Perspektive argumentiert, dass diese Entwicklungen zu einer neuen Verunsichtbarung von Vereinbarkeitsproblemen führen können. Wenn beinahe jede Situation als Erwerbsarbeitszeit genutzt werden kann, kann dadurch mehr Arbeit erledigt und so der Alltag – aus individueller Perspektive – optimiert werden. Weiter gedacht kann dies zu einer Normalisierung der gleichzeitigen Erfüllung von Erwerbsarbeit und anderen alltäglichen Aufgaben führen. Dies betrifft vor allem die Kinderbetreuung, d. h. wir können versuchen, nebenbei Erwerbsarbeitsaufgaben zu erledigen, während das Kind spielt. Digitale Technologien erweisen sich damit vor allem als Hilfsmittel, die gestiegenen Anforderungen der Erwerbsarbeit besser zu bewältigen und über Multitasking, permanente Erreichbarkeit und das ständige Erledigen von Erwerbsarbeitsaufgaben zwischendurch mehr schaffen zu können.

Das würde bedeuten, dass mit digitalen Technologien und den dadurch veränderten Rahmenbedingungen der Erwerbsarbeit Menschen, die auch Kinder

---

5 | https://www.bmbf.de/foerderungen/bekanntmachung-1017.html

betreuen, einerseits in die Lage versetzt werden, mehr Erwerbsarbeitsaufgaben erledigen zu können. Andererseits würde sich dadurch die ungleiche Verteilung von Haus- und Sorgearbeit keinesfalls verändern. Probleme der Vereinbarkeit bzw. der Unvereinbarkeit von Erwerbsarbeitsansprüchen mit anderen Lebensbereichen würden noch stärker als bisher individualisiert gelöst – weil es technisch jetzt möglich ist – und damit noch weniger als gesellschaftlich und betrieblich zu lösende Probleme verhandelt. In der Konsequenz könnte es sein, – und diesen Punkt möchte ich betonen – dass Vereinbarkeitsprobleme und die Belastungen immer mehr verdeckt und aus betrieblicher Sicht immer unsichtbarer werden. Insbesondere die unbezahlte Sorgearbeit als gesellschaftlich relevante und notwendige Arbeit sowie die Bedingungen, unter denen sie geleistet wird, könnten damit noch mehr aus der Öffentlichkeit verschwinden.

Die Verunsichtbarung von Sorgearbeiten aus Sicht von Unternehmen hat aber aus stadt- und raumtheoretischen Perspektiven möglicherweise einen entgegengesetzten Effekt: Denn wenn überall gearbeitet wird und die Vereinbarkeitsprobleme so gelöst werden, dass nach der Arbeitszeit im Büro aufgrund der Arbeitsverdichtung nachmittags in Cafés oder auf dem Spielplatz weitergearbeitet werden muss, gewinnt Erwerbsarbeit – in der Smart City – an Sichtbarkeit. Das Tablet auf dem Schoß oder auch das Handytelefonat, das alle mithören können, sind neue öffentliche Dimensionen des Arbeitens. Damit werden gesellschaftspolitische Themen wie die Verdichtung, Flexibilisierung und Entgrenzung von Arbeit, sowie der zunehmende Druck und die Notwendigkeit, erreichbar zu sein, in den öffentlichen und sichtbaren Raum getragen. So könnte eigentlich sichtbar und öffentlich verhandelbar werden, wie schwierig eine gute Vereinbarkeit von Erwerbsarbeit und anderen Lebensbereichen zu realisieren ist. Bisher allerdings hat diese öffentliche Sichtbarkeit arbeitender Eltern noch nicht dazu geführt, dass über notwendige Veränderungen von Arbeit diskutiert wird. Wenn dieses Thema bisher überhaupt verhandelt wurde, dann wurden am ehesten in den Medien Eltern und dabei insbesondere (weiße Mittelschicht-)Mütter dafür kritisiert, dass sie, während sie in der Stadt Zeit mit Kindern verbringen, zu viel mit ihren digitalen Geräten beschäftigt sind.[6]

Insgesamt gibt es so nur bedingt Anlass, davon auszugehen, dass sich mit der Digitalisierung Geschlechterungleichheit und Arbeitsteilung zwischen den Geschlechtern grundlegend ändern, auch wenn das Potential dazu durchaus besteht. Aus feministischer Perspektive lassen sich allerdings Verschiebungen der (vergeschlechtlichten) Grenzen zwischen Sichtbarkeit und Unsichtbarkeit erkennen, die auch für die Diskussion um die Smart City genutzt werden

---

6 | https://ganznormalemama.com/2018/02/06/handy-beim-stillen/, https://www.ndr.de/nachrichten/schleswig-holstein/Eltern-legt-das-Handy-weg,handysucht134.html, www.huffingtonpost.de/jennifer-hicks/an-die-mutter-mit-iphone_b_5671276.html

könnten. Mit Impulsen der feministischen Technikgestaltung, die z. B. für diskriminierendes Design der digitalen Infrastrukturen sensibilisieren, sowie arbeitspolitischen Kämpfen um gute (bezahlte und unbezahlte) digitale Arbeit sind strukturelle *und* diskursive Interventionen erforderlich. Diese können die neue Sichtbarkeit von Herausforderungen der Vereinbarkeit von Erwerbs- und Sorgearbeit im öffentlichen Raum als Ansatzpunkt nutzen und Gegendiskurse zu den Narrativen etablieren, die zurzeit propagieren, dass mit digitalen Technologien Erwerbsarbeit und Kinderbetreuung souverän vereinbar sind. Stattdessen könnten sie genutzt werden, neue gesellschaftspolitische Verhandlungen über Geschlechterungleichheiten, Arbeitsteilungen, Arbeitsverdichtung und Entgrenzung, auch im Kontext der Smart City, zu führen.

LITERATUR

Bath, Corinna (2009): De-Gendering informatischer Artefakte. Grundlagen einer kritisch-feministischen Technikgestaltung. Dissertation, Bremen. http://nbn-resolving.de/urn:nbn:de:gbv:46-00102741-12 vom 21.03.2018.

Carstensen, Tanja (2009): Gender trouble in Web 2.0: Gender relations in social network sites, wikis and weblogs. In: International Journal of Gender, Science and Technology 1(1). http://genderandset.open.ac.uk/index.php/genderandset/article/view/18 vom 21.03.2018.

Carstensen, Tanja (2013): Gendered Fablabs? In: Walter-Herrmann, Julia/Büching, Corinne (Hg.), FabLab. Of machines, makers and inventors, Bielefeld: transcript, S. 53–64.

Carstensen, Tanja (2018a): Gender und das Digitale – Programmatiken, empirische Ergebnisse und Synergien an der Schnittstelle von Geschlechtersoziologie und Digitaler Soziologie. In: Maasen, Sabine/Passoth, Jan-Hendrik (Hg.): Soziologie des Digitalen – Digitale Soziologie. Sonderband Soziale Welt. (Im Erscheinen)

Carstensen, Tanja (2018b): Social Media: Zwischen Selbstpräsentation, Unsichtbarkeit, Empowerment und Sexismus. In: Dorer, Johanna/Geiger, Brigitte/Hipfl, Brigitte/Ratkovic, Viktorija (Hg.): Handbuch Medien und Geschlecht, Wiesbaden: Springer. (Im Erscheinen)

Carstensen, Tanja (2018c): Verunsichtbarung von Geschlechterungleichheiten? Digitalisierte Arbeit zwischen Rhetoriken neuer Möglichkeiten und der Reorganisationen alter Muster In: Kohlrausch, Bettina/Schildmann, Christina (Hg.): Industrie 4.0. und Digitalisierung von Arbeit: Neue Arbeit – neue Ungleichheiten? Weinheim/Basel: BeltzJuventa. (Im Erscheinen)

Carstensen, Tanja (2018d): Mit Smartphone und Tablet auf dem Spielplatz – wird Care-Arbeit durch die Digitalisierung (un-)sichtbarer? In: Feministisches Institut Hamburg, 13.01.2018, www.feministisches-institut.de/digitalisierung/.

Dorer, Johanna (1997): Gendered Net: Ein Forschungsüberblick über den geschlechtsspezifischen Umgang mit neuen Kommunikationstechnologien. In: Rundfunk und Fernsehen 45 (1), S. 19–29.
Duffy, Brooke Erin Duffy (2015): Gendering The Labor Of Social Media Production. In: Feminist Media Studies 15 (4), S. 710–714.
Fittkau und Maaß Consulting (Hg.) (1995): 1. WWW-Benutzer-Analyse W3B. www.w3b.org/ergebnisse/w3b1/ vom 21.03.2018.
Fox, Sarah/Rose Ulgado, Rachel/Rosner, Daniela K. (2015): Hacking Culture, Not Device. Access and Recognition in Feminist Hackerspaces. In: Proceedings of the 18th ACM Conference on Computer Supported Cooperative Work & Social Computing, March 14–18 2015, S. 56–68.
Ganz, Kathrin/Meßmer, Anna-Katharina (2015): Anti-Genderismus im Internet. Digitale Öffentlichkeiten als Labor eines neuen Kulturkampfes. In: Hark, Sabine/Villa, Paula-Irene (Hg.): Anti-Genderismus. Sexualität und Geschlecht als Schauplätze aktueller politischer Auseinandersetzungen, Bielefeld: transcript, S. 59–79.
Haraway, Donna (1995): Die Neuerfindung der Natur. Primaten, Cyborgs und Frauen, Frankfurt a. M./New York: Campus.
Hark, Sabine/Villa, Paula-Irene (Hg.) (2015): Anti-Genderismus. Sexualität und Geschlecht als Schauplätze aktueller politischer Auseinandersetzungen, Bielefeld: transcript.
Huws, Ursula (2014): Shifting boundaries: gender, labor, and new information and communication technology. In: Carter, Cynthia/Steiner, Linda/Mclaughlin, Lisa (Hg.): The Routledge Companion of Media & Gender, London: Routledge, S. 147–156.
Koch, Wolfgang/Frees, Beate (2016): Dynamische Entwicklung bei mobiler Internetnutzung sowie Audios und Videos. In: Media Perspektiven 47 (9), S. 418–437.
Lupton, Deborah (2015): Digital sociology, London & New York: Routledge.
Lupton, Deborah/Thomas, Gareth Martin (2015): Playing pregnancy: the ludification and gamification of expectant motherhood in Smartphone apps. In: M/C Journal 18 (5), http://journal.media-culture.org.au/index.php/mcjournal/article/viewArticle/1012 vom 21.03.2018.
Paulitz, Tanja (2012): Mann und Maschine. Eine genealogische Wissenssoziologie des Ingenieurs und der modernen Technikwissenschaften, 1850–1930, Bielefeld: transcript.
Plant, Sadie (2000): nullen + einsen. Digitale Frauen und die Kultur der neuen Technologien, München: Goldmann.
Schachtner, Christina/Winker, Gabriele (Hg.) (2005): Virtuelle Räume – neue Öffentlichkeiten, Frankfurt/New York: Campus.
Spender, Dale (1995): 1. Auffahrt Cyberspace. Frauen im Internet, München: Frauenoffensive.

Tillmann, Angela (2008): Identitätsspielraum Internet. Selbstbildungspraktiken von Mädchen und jungen Frauen in der virtuellen Welt, Juventa: Weinheim und München.
Turkle, Sherry (1998): Leben im Netz. Identität in Zeiten des Internet, Reinbek: Rowohlt.
Wajcman, Judy (1994): Technik und Geschlecht, Frankfurt/New York: Campus.
Wajcman, Judy (2004): TechnoFeminism, Cambridge: Polity Press.
Winker, Gabriele (Hg.) (2001): Telearbeit und Lebensqualität. Zur Vereinbarkeit von Beruf und Familie, Frankfurt/New York: Campus.
Winker, Gabriele (2004): Fokus Bürgerin. Zur genderbewussten Gestaltung öffentlicher Räume in kommunalen E-Government-Portalen. In: Siedschlag, Alexander/Bilgeri, Alexander (Hg.): Kursbuch Internet und Politik, Band 1/2003, Opladen: Leske+Budrich, S. 59–76.
Wischermann, Ulla/Kirschenbauer, Anette (Hg.) (2015): Geschlechterarrangements in Bewegung. Veränderte Arbeits- und Lebensweisen durch Informatisierung? Bielefeld: transcript.

Online-Handel, Stadtentwicklung und Datenschutz

Stationen eines Einkaufs

Michael Lobeck, Claus-C. Wiegandt

Szene 1: Laura und Sophia haben eine Einladung zum 30. Geburtstag von Julian erhalten. Julian lässt darin den Wunsch für ein Geschenk offen. Die beiden Freundinnen beraten sich deshalb kurz. Jede meint, etwas Einzigartiges für den eigenwilligen Julian zu finden: Laura will es in der Innenstadt versuchen, wo sie seit dem Auszug von Zuhause als Single wohnt und arbeitet, Sophia im Internet. Als Mutter von sechs Monate alten Zwillingen verbringt sie viel Zeit mit ihren Kindern und nutzt das Netz für Information, Unterhaltung und Einkauf.

Smart Cities sind seit Ende der 2000er Jahre ein schillernder Begriff in der Stadtentwicklungsdebatte. Darunter wird in der Regel der systematische Einsatz der neuen Informations- und Kommunikationstechnologien in den unterschiedlichsten Lebensbereichen einer Stadt zusammengefasst, um die Lebensqualität der Bürgerinnen und Bürgern sowie die Wettbewerbsfähigkeit der ansässigen Wirtschaft zu erhöhen. In diesem Beitrag wollen wir uns auf den Bereich des Online-Handels konzentrieren.

Der Umsatz im Online-Handel ist nach Angaben des Handelsverbands Deutschland von 1,3 Milliarden Euro im Jahr 2000 auf 48,7 Milliarden Euro im Jahr 2017 rasant gewachsen (s. Abb. 1). Dieses Wachstum war in den vergangenen Jahren mit einer Verlagerung der Kaufkraft vom stationären Einzelhandel zum Online-Handel verbunden. Der reine Online-Handel hat inzwischen einen Marktanteil von etwa zehn Prozent des Umsatzes im Einzelhandel erreicht. Eine weitere Zunahme auf etwa 15 Prozent im Jahr 2025 wird prognostiziert (GfK 2015). Wir wollen in unserem Beitrag zeigen, welche Konsequenzen das Einkaufen im Internet zum einen auf die Zentren der Städte und zum anderen auf den Datenschutz und die Datensicherheit der Bürgerinnen und Bürger haben.

Abb. 1: *Entwicklung des Umsatzes im Online-Handel in Deutschland 2000 bis 2017 (Daten und Graphik in Anlehnung an HDE 2017: 3)*

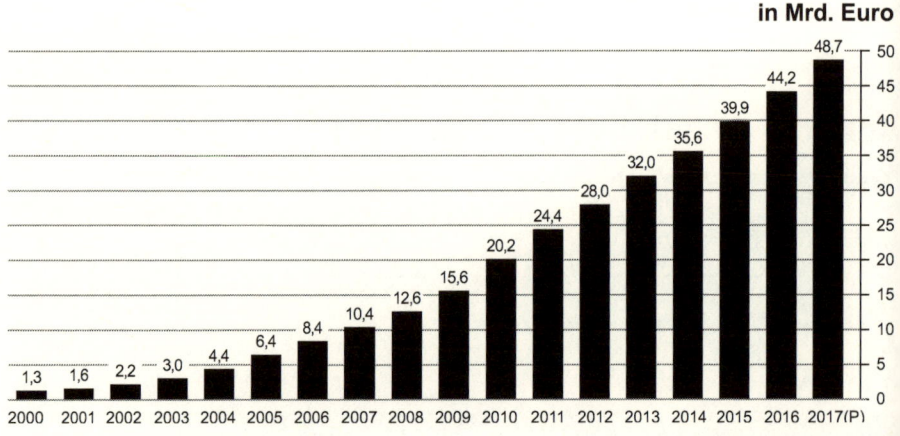

Szene 2, im Warenhaus in der Innenstadt: Laura geht nach ihrer Arbeit in der Innenstadt bummeln. Sie will einen Kaffee trinken und das Geschenk für Julian suchen. Beim Schlendern durch die Fußgängerzone fällt ihr auf, dass das traditionelle Hutgeschäft an der Ecke nicht mehr da ist. Im Schaufenster bedanken sich die Inhaber für die Treue der Kunden in den letzten Jahren mit einem Schild. Das Hutgeschäft bringt Laura auf die Idee, dass eine Kappe das ideale Geschenk für Julian sein könnte. Sie steuert deshalb das klassische Warenhaus der Innenstadt an, weil es dort ja Kappen geben muss und sie von einer neuen Kaffeebar mit den aktuellsten Modezeitschriften beim letzten Treffen mit ihrer Freundin Maike gehört hat. Sie betritt das Warenhaus und ist von der schönen Hintergrundmusik ganz angetan. Schnell kann sie sich an den Rolltreppen orientieren. Für eine Kappe muss sie in die Sportabteilung in den dritten Stock, wo sie früher noch die Musik-CDs kaufen konnte. Eigentlich wollte sie für ihre Freundin Maike noch eine CD mit den großen Hits der Stones kaufen – sie muss feststellen, dass es im Warenhaus jetzt keine CDs mehr gibt.

Die Anteile der Online-Ausgaben am Gesamtmarkt und ihre zeitliche Entwicklung unterscheiden sich nach den einzelnen Produktgruppen deutlich (vgl. Abb. 2). Bei Computern und Zubehör beträgt ihr Anteil inzwischen rund 50 Prozent. Hier wurden die Waren schon sehr früh online vertrieben und verkauft. Sättigungsgrenzen sind inzwischen erreicht. Dies gilt auch für Produkte aus den Bereichen Musik, Filme und Bücher, in denen die Erzeugnisse zudem noch digitalisierbar sind und damit eine Lieferung in physischer Form entfallen kann. Bei Kleidung und Schuhen sowie anderen Bereichen ist allerdings noch ein weiteres Wachstum des Online-Handels zu erwarten. Bei allen Schwierigkeiten, Prognosen in einem solch dynamischen Bereich zu stellen, wird für das Segment Lebensmittel und Drogerie sogar eine Verdopplung vorhergesagt, nachdem der Online-Anteil hier zurzeit noch sehr gering ist (GfK 2015).

Abb. 2: *Entwicklung der Online-Ausgaben (2014–2015) und Anteil der Online-Ausgaben im Gesamtmarkt (2015) für unterschiedliche Produktgruppen (Daten und Graphik in Anlehnung an HDE 2016: 9)*

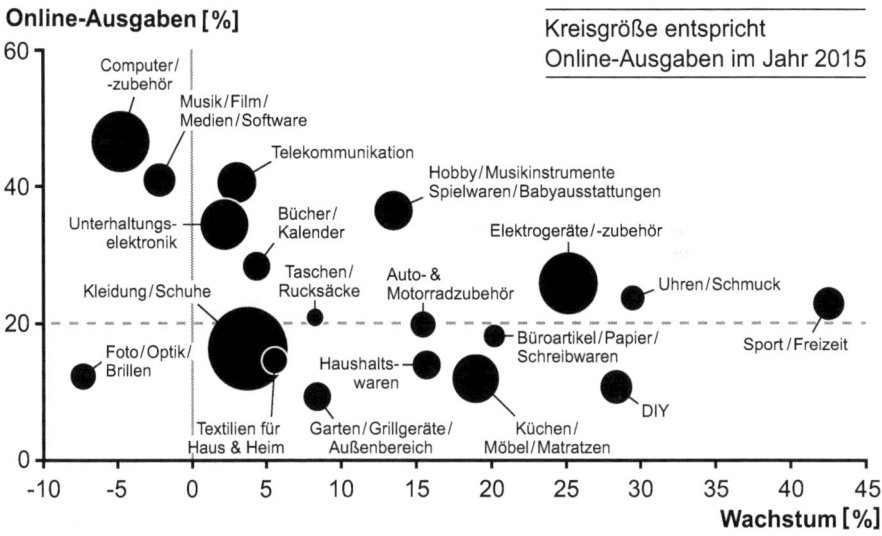

Die Verschiebungen vom Einkauf im stationären Einzelhandel hin zum Einkauf im Internet bleiben nicht ohne Auswirkungen auf den Besatz des städtischen Einzelhandels. Neben den Innenstädten und der Grünen Wiese hat sich der Online-Handel als virtueller Standort herausgebildet (Reink 2016: 3). Zudem haben Geschäftsaufgaben zu teilweise erheblichen Leerständen in den Innenstädten und Stadtteilzentren geführt, die sicherlich nicht allein auf die Umsatzverschiebungen zwischen Online- und Offline-Einkäufen zurückzuführen sind. Der Wettbewerb zwischen den Shopping-Centern und den Einzelhandelsbetrieben in den Fußgängerzonen, der Trend vom inhabergeführten Einzelhandel hin zu den Filialen der größeren Handelsunternehmen sind zwei weitere Faktoren, die zur Aufgabe einzelner Betriebe beitragen. Dennoch gilt, dass der Online-Handel das Gesicht der Innenstädte mit zum Teil sinkenden Frequenzen bei den Besucherinnen und Besuchern in den vergangenen Jahren verändert hat. Dies zeigt sich vor allem in den weniger attraktiven Klein- und Mittelstädten sowie den Stadtteilzentren der Großstädte (Difu/BBE 2017: 8 f., 59 ff.). Die Möglichkeit, verschiedene Aktivitäten in den Großstädten zu koppeln, stärkt die Innenstädte dieser Zentren gegenüber dem Online-Handel. Eine schlichte Präsentation der Waren im herkömmlichen Sinne wird aber auch in den Großstädten zukünftig nicht ausreichend sein. Nur Innenstädte mit spezifischen Einkaufsatmosphären, die Inspirationen und besondere Erlebnisse für Kundinnen und Kunden bieten, können langfristig im Wettbewerb mit dem Online-Handel bestehen.

Beim Einkaufsverhalten zeigen eigene empirische Untersuchungen in sechs nordrhein-westfälischen Großstadtregionen mit rund 2.900 Befragten (Wiegandt et al. 2018), dass räumliche Determinanten eine relativ geringe Erklärungskraft für die Frage haben, ob Kundinnen oder Kunden online oder offline einkaufen. Die Entfernungen von den Wohnorten zur Innenstadt sind hier für das Einkaufsverhalten weniger ausschlaggebend als die Lebensstile oder sozioökonomischen Determinanten. Die Vorteile des Online-Einkaufs erweisen sich in Großstadtregionen so weitgehend unabhängig von den Wohnstandorten der Käuferinnen und Käufer. Zudem kommt Online-Einkäufen auch in Stadtregionen mit besonders attraktiven Innenstädten eine große Bedeutung zu. Gleichwohl wird Attraktivität der Innenstädte von Offline-Orientierten etwas positiver eingestuft als von Online-Orientierten (Wiegandt et al. 2018). Individuelle Ausgangssituationen erschweren es, Gesetzmäßigkeiten bei den räumlichen Auswirkungen festzustellen.

Szene 3, bei Sophia zu Hause: Sophia surft während des Mittagsschlafs der beiden Töchter im Internet. Auf Facebook hatte sie letztens eine Anzeige von Zalando gesehen mit Schals, Mützen und Handschuhen. Der Stil passte eigentlich ganz gut zu Julian. Nicht zu hip, aber auch nicht zu langweilig. Sie geht auf zalando.de und sucht zunächst nach Schals. 1.740 Artikel werden ihr angezeigt. Etwas viel zum durchklicken. Also filtern: Die Marke ist ihr egal, auch die 16 Farbtöne helfen ihr nicht bei der Auswahl. Den Preis schränkt sie auf »bis 51 Euro« ein – noch immer 1.188 Artikel. Bei »Material« wählt sie verschiedene Naturstoffe aus – noch 374 Artikel. Jetzt scrollt sie durch die Angebote, klickt den einen oder anderen Schal an, aber wird nicht so recht fündig. Auf der letzten Seite, als sie schon fast keine Lust mehr hat, findet sie unten auf der Seite unter »Das könnte Dir auch gefallen« eine Baseball Cap. Da ruft ihre Tochter nach ihr. Sie setzt ein Lesezeichen auf die Seite und klappt den Laptop zu.

Kommerzielle soziale Netzwerke wie Facebook, Google+, Twitter, Instagram u. a. finanzieren ihre für Nutzerinnen und Nutzer anscheinend kostenlosen Angebote und ihre Gewinne aus der Auswertung von Nutzerdaten und den Verkauf daraus gewonnener Informationen an Werbetreibende (LMK o. J.). Um die sozialen Netzwerke zu nutzen, ist dort eine Anmeldung erforderlich. Die Allgemeinen Geschäftsbedingungen verlangen oft die Angabe von Klarnamen, Adressen und Telefonnummern. Diese Daten, die zur Abwicklung des Angebots nicht zwingend erforderlich sind, sind für das Geschäftsmodell der Auswertung von Nutzerdaten und deren Verkauf an Werbetreibende jedoch unentbehrlich. Die Werbetreibenden gehen davon aus, dass die eingekauften Informationen wertvoll sind. Der Henry Ford zugeschriebene Satz »Ich weiß genau, dass die Hälfte jedes Dollars, den ich für Werbung ausgebe, rausgeworfenes Geld ist. Ich weiß nur nicht welche Hälfte!« gilt im Internet nicht mehr. Das Tracking der Nutzerinnen und Nutzer ermöglicht es den Betreibern der sozialen Netzwerke besser als dem stationären Handel herauszufinden, wer nach der Betrachtung welcher Werbung welche Produkte kauft, um ausgehend von diesen Daten neue, immer zielgruppenspezifischere Werbung zu betreiben.

Nutzerinnen und Nutzer können sich gegen das Tracking nur mit hohem Aufwand wehren. Selbst wenn sie keine sozialen Netzwerke nutzen und im Internet unterwegs sind, ohne bei einem Dienst angemeldet zu sein, kann ihr Browser über Cookies (kleine Textdateien, die auf dem Rechner abgelegt werden) oder das so genannte Finger-Printing (eine Identifizierung des Browsers über Version, installierte Add-Ons, Einstellungen) recht genau identifiziert werden (Sokolov 2018; Wiseman 2018).

Die auf diese Weise erhobenen Daten reichen von Informationen über aufgerufene Seiten, die Verweildauer auf den Seiten, angeklickte Elemente, zuvor aufgerufene Seiten, eingegebene Suchworte, das installierte Betriebssystem, den installierten Browser, installierte Browser-Erweiterungen bis hin zur technischen Adresse, mit der das genutzte Endgerät (Laptop, Tablet, Smartphone) bei seinem Provider registriert ist und gegebenenfalls Standortdaten, falls die Weitergabe dieser Daten nicht unterbunden ist. Die technischen Möglichkeiten, einzelne Nutzer und Nutzerinnen zu identifizieren, steigen dabei ständig (Sokolov 2018).

Szene 4, im Warenhaus: Laura findet die Kappen im dritten Stock des Warenhauses. Verschiedene Marken der bekannten Sportartikelhersteller sind hier in großer Auswahl vertreten. Eine Kappe hat eine besonders schöne Farbe, fühlt sich aber gar nicht gut an. Ein Verkäufer hat Laura beobachtet und fragt, ob er ihr helfen kann. Oft findet Laura eine solche Ansprache nervig, aber jetzt ist sie dafür dankbar. Der Verkäufer empfiehlt ihr, in die Herrenabteilung zu gehen. Dort gibt es Kappen aus ganz weicher Wolle.

Konsumenten kaufen heute sowohl online als auch offline im klassischen stationären Einzelhandel. Die schon erwähnte eigene empirische Untersuchung ergab, dass im Herbst 2016 nur noch 30 Prozent der Kunden reine Ladenkäufer sind (Wiegandt et al. 2018). Der Anteil der reinen Online-Käufer ist mit 3,7 Prozent allerdings noch recht überschaubar. Rund zwei Drittel aller Konsumenten sind demnach hybride Einkäuferinnen und Einkäufer, die beide Möglichkeiten des Einkaufs nutzen. Bei den einzelnen Produktgruppen gibt es deutliche Unterschiede. So werden Elektroartikel von rund einem Drittel der Befragten nur noch im Netz erworben, was sich mit den Ergebnissen des HDE Online-Monitor deckt (HDE 2017). Abbildung 3 zeigt, dass es verschiedene Formen der Hybridität beim Einkaufsverhalten gibt.

Abb. 3: Hybride Formen des Einkaufs (in Anlehnung an KPMG 2016: 8)

vor dem Ladenbesuch online informieren, später im Laden kaufen
vor dem Kauf im Laden informieren und später online bestellen
im Laden per Smartphone über Produkte informieren
online reservieren/bestellen und später im Geschäft abholen
im Laden beim Onlineshop des entsprechenden Händlers bestellen
im Laden bei einem anderen Onlinehändler bestellen
online kaufen und später im Laden retournieren

Der Einzelhandel ist gefordert, sich auf diese neuen Formen des Einkaufsverhaltens einzustellen. Zum einen geschieht dies in der Verbesserung des klassischen Angebots. Attraktive Geschäfte sind das beste Mittel gegen den Wettbewerb im Netz (KPMG 2016: 25). Flagship Stores und Showrooms können durch ansprechende Gestaltung der Ladenflächen bei den Kunden für Inspiration sorgen. Ladenflächen werden verkleinert, weil sie nur noch der Warenpräsentation dienen, während die Bestellungen über einen Echtzeitzugriff aufs Lager abgewickelt werden. Die Renovierungszyklen der Geschäfte verkürzen sich, Service und Beratung gewinnen an Bedeutung. Darüber hinaus bietet es sich für stationäre Händler an, auf Entertainment und Events zu setzen, um das Einkaufserlebnis in den Vordergrund zu rücken. Die Verbindung von gastronomischen Angeboten und Verkaufsflächen ist immer häufiger zu beobachten. Zum anderen nutzen stationäre Einzelhändler selbst zunehmend ergänzende Strategien im Online-Handel, um den so genannten Pure Playern im Online-Handel zu begegnen. Hierbei entwickeln die Warenhäuser Multi-Channel-Strategien, um das klassische Einkaufen um ein digitales Einkaufserlebnis zu ergänzen und hybride Einkäufe zu fördern (Franz/Gersch 2016).

Szene 5, bei Sophia zu Hause: Am Nachmittag, als ihr Mann mit dem Kinderwagen unterwegs ist, holt Sophia ihren Laptop wieder hervor und setzt sich aufs Sofa. Zunächst schaut sie jedoch mit ihrem Smartphone nach Nachrichten und Aktienkursen, um dann noch schnell auf Facebook zu sehen, was Freunde und Freundinnen gepostet haben. Wenn sie sich auch zurzeit nicht oft verabredet, will sie doch mitbekommen, was die anderen so treiben. Nach einer Weile fällt ihr auf, dass sie schon mehrere Anzeigen für Schals von Zalando angezeigt bekommen hat. Das erinnert sie an das Geschenk für Julian. Sie klappt den Laptop auf und ruft die markierte Seite wieder auf.

Das Tracking von Nutzerinnen und Nutzern funktioniert auch geräteübergreifend, wenn die Verbindung zwischen verschiedenen Geräten und Nutzern festgestellt worden ist. Die gleichzeitige Anmeldung in einer Social-Media-App auf dem Handy und auf dem Desktop-Rechner ist die einfachste Form einer solchen Identifizierung. Aber auch ohne eine direkte Mitteilung an den kommerziellen Betreiber der sozialen Netzwerke kann über die Auswertung der Aktivitäten eine Zuordnung erfolgen.

Die Identifikation von Smartphones wird für eCommerce-Anbieter, die Kundentracking betreiben, immer wichtiger, da ein immer größer werdender Anteil des Umsatzes direkt über mobile Endgeräte abgewickelt wird (Heinemann 2017, S. 136 f.). Durch die Möglichkeit, den Kunden über ein Smartphone zu orten, kann der Einzelhandel ihn mit lokalbezogenen Informationen versorgen (Stern 2018; Dachwitz 2018).

Szene 6, im Warenhaus: Laura findet die Herrenabteilung auf der ersten Etage des Warenhauses. Dort entdeckt sie die empfohlene Mütze. Sie ist flauschig weich, nur die weinrote Farbe passt noch nicht ganz. Sie fragt den Verkäufer um Rat, der gleich zum Tablet greift und ihr erklärt, dass in der Filiale der benachbarten Großstadt noch eine Mütze in einer Bernsteinfarbe vorrätig sei. Ob er sie ordern soll? Nein, weinrot passt dann auch gut zu Julian. Sie will genau diese Mütze kaufen, die sie gleich in der Hand hat.

Nicht nur der stationäre Einzelhandel reagiert auf die Herausforderungen durch den Online-Handel. Die Organisationen im Stadtmarketing und Einzelhandelsverbände erproben derzeit in einzelnen Städten lokale Online-Plattformen ganz unterschiedlicher Art (Difu/BBE 2017: 80) und wollen auf diese Weise eine Alternative zu den großen Anbietern im Online-Handel schaffen. Gezielt sollen die Kunden einer einzelnen Region angesprochen werden. So ist es einigen Regionen möglich, Produkte aus dem regionalen Einzelhandel online auf einer lokalen Plattform zu kaufen und damit den örtlichen Einzelhandel mit dem Online-Handel zu verbinden und ihn dadurch zu stützen (Beckmann/Hangebruch 2016). Noch am gleichen Tag soll bei einer Bestellung die Lieferung an den Kunden erfolgen. Solche kleineren Angebote haben aber einen schweren Stand, sich gegenüber den großen reinen Online-Händlern zu behaupten (Heinemann 2017, S. 33).

Szene 7, bei Sophia zu Hause: Die Baseballkappe, die sie am Morgen gesehen hatte, gefällt ihr zwar nicht, aber unter »Ähnliche Produkte« gibt es Angebote, die schon eher zu Julian passen. Ein paar hundert Klicks später in »Ähnliche Produkten«, »Entdecke mehr« und »Das könnte Dir auch gefallen« hat sie schließlich Erfolg. Super. Sie muss direkt an Julian denken. Das passt genau. Fünf Sterne von 45 Kundinnen und Kunden. In dem Moment kommt ihr Mann zurück. Sie trinken erst ein-

mal einen Kaffee und Sophia zeigt ihm die Kappe im Netz, die sie Julian schenken will. Die Kappe findet er gut, sie ist nur ein bisschen teurer geworden.

Populäre Webseiten erhalten oft mehrere hunderttausend Besuche am Tag (Hootsuite 2018: 19). Dies vereinfacht es den Betreibern, Tests zur Wirksamkeit der Seitengestaltung im laufenden Betrieb durchzuführen. Mithilfe psychologischer Erkenntnisse werden die Seiten so gestaltet, dass es den Nutzern leicht gemacht wird, dort ohne ein Nachdenken zu verweilen und zu kaufen (populärer Ratgeber: Krug 2014). Klickanreize wie »Ähnliche Produkte«, »Entdecke mehr« oder »Das könnte Dir auch gefallen« verleiten dazu, einen einmal gewählten Shop nicht zu verlassen.

Bewertungen anderer Käuferinnen und Käufer zu Produkten in Online-Shops werden von Nutzerinnen und Nutzern geschätzt. Längst ist das Verfassen von Produktbewertungen zu einem eigenen Markt geworden. Spezialisierte Agenturen verfassen unter Pseudonymen positiv klingende Bewertungen, die als Werbung nicht gekennzeichnet werden und von den Nutzerinnen und Nutzern nur schwer zu identifizieren sind (Bundesregierung 2017).

Szene 8, im Warenhaus: Laura ist inzwischen an der Kasse im Erdgeschoss. Sie zahlt bar, weil sie Kreditkarten hasst. Die Abrechnung kommt immer erst zum Monatsende – und dann ist sie skeptisch, was mit ihren Daten passiert. Sie liest in der überregionalen Tageszeitung immer wieder vom Datenmissbrauch. Und ihre Freundin Maike hatte bei ihrer Kreditkartenabrechnung jüngst eine Abbuchung für einen Flug von Toronto nach Bogotá. Es stellte sich zwar als Fehlbuchung heraus, doch so etwas sollte ihr nicht passieren. Sie lässt die Mütze als Geschenk einpacken. Das findet sie praktisch, weil sie sich nicht um Geschenkpapier kümmern muss. An der Kasse wird sie gefragt, ob sie eine Kundenkarte möchte. Dann bekommt sie zukünftig per E-Mail Angebote zugeschickt. Da sie keine Lust auf noch weitere Mails hat, entscheidet sie sich dafür, die Angebote zukünftig mit der klassischen Post zu erhalten. Das geht auch. Jetzt ist das Geschenk eingepackt. Zeit für den Kaffee in der neuen Bar, wo sie Maike treffen will.

Ob Kreditkarten online oder offline benutzt werden, das Kaufverhalten wird von den Finanzunternehmen ausgewertet und kann in Verbindung mit weiteren Daten und bloßen statistischen Annahmen zur Kategorisierung von Nutzerinnen und Nutzern führen, die diese weder nachvollziehen noch beeinflussen können. Morgenroth (2017) beschreibt das Beispiel von Paaren, die per Kreditkarte eine Paartherapie buchten und daraufhin die Kreditlinie gekürzt bekamen. Beziehungsprobleme korrelieren statistisch mit zukünftigen finanziellen Belastungen. Das Sammeln von Daten generell ist nicht auf Online-Interaktionen beschränkt. Kundenkarten einzelner Händler oder übergreifende Rabattkartensysteme funktionieren ebenso als Datensammelmaschinen wie Online-Shops (Maier 2015).

Szene 9, bei Sophia zu Hause: die Farbe? Vielleicht besser blau? Oh, ausverkauft. Na dann doch die andere. Größe? One Size. Das wird schon gehen. Standardlieferung: zwei bis vier Werktage. Das reicht nicht. Morgen ist schon der Geburtstag. Express Lieferung verfügbar. OK. »Ja, ich stimme den AGB, den Datenschutzbestimmungen von Zalando sowie einer Bonitätsprüfung zu.« Muss ich ja wohl, denkt sie. Zahlen – am liebsten per Rechnung. Lastschrift, Paypal und Kreditkarte will sie nicht. Vorkasse dauert zu lange. Sie gibt ihr Geburtsdatum ein (»* Pflichtfeld«). Jetzt »Weiter« anklicken. »Bestellung im nächsten Schritt überprüfen und abschicken«. Oh nein. »Express-Lieferung kann leider nicht angeboten werden.« Das hatte sie doch schon mal. Sie geht zurück zur Zahlungsart und wechselt auf Paypal. Dann wieder »Weiter«. Aha. Jetzt geht es. »Express-Lieferung 5,90 Euro«. Dann müsste die Kappe morgen da sein.

Bei der Nutzung von Online-(Handels-)Angeboten haben die Nutzer in der Regel nicht die Wahl, die Allgemeinen Geschäftsbedingungen oder Datenschutzforderungen der Verkäufer nur teilweise oder gar nicht zu akzeptieren. Entweder sie akzeptieren die Bedingungen und geben die vom Betreiber gewünschten Daten an oder sie können die Ware nicht kaufen. Häufig werden die Bedingungen ungelesen akzeptiert (FAZ/dpa 2014). Im stationären Einzelhandel werden durch einen Kauf ebenfalls Verträge und AGBs akzeptiert, die zum Kaufzeitpunkt dem Kunden oft nicht präsent sind. Allerdings ist hier im Gegensatz zum Online-Handel ein anonymer Kauf von Waren in der Regel möglich.

Entgegen den Bestimmungen des deutschen Bundesdatenschutzgesetzes und der Europäischen Datenschutzgrundverordnung fordern und speichern zahlreiche Online-Anbieter von Kunden mehr Daten als für die Verarbeitung des jeweiligen Auftrags erforderlich ist. Mit der Zeit entstehen so Bestellhistorien, die auch aufgrund der vorhandenen zusätzlichen Personendaten leicht mit anderen zukaufbaren personenbezogenen Daten verknüpft werden können. Auf diese Weise unterstützen einige Akteure des Online-Handels den Aufbau von Datenbanken mit vielfältigen Informationen über Personen, die zu zielgerichtetem Marketing (vom Handel aber auch von anderen Akteuren) genutzt werden können.

Szene 10, auf dem Weg zum Geburtstag: Jetzt wird es Zeit. Laura muss zum Geburtstag. Sie radelt an einem Stau vorbei, der sich durch die vielen Lieferwagen in der zweiten Reihe gebildet hat. Ein Lieferwagen steht sogar auf dem Radweg.

Das Wachstum im Online-Handel ist mit einem erhöhten Paketaufkommen und neuen Lieferverkehren verbunden. Der Kurier-, Express- und Paket-Markt (KEP) weist in den vergangenen Jahren jährliche Umsatzsteigerungen zwischen zwei und sieben Prozent auf. Dies hat erhebliche Auswirkungen auf den

Logistikimmobilienmarkt (Veres-Homm et al. 2015). Am Rande der großen Städte, aber auch an Standorten jenseits der großen Zentren sind in Deutschland in der Nähe von Autobahnkreuzen neue Logistikstrukturen entstanden. Zum einen haben die reinen Online-Händler wie Amazon oder Zalando große Auslieferungszentren aufgebaut und organisieren von dort ihre Lagerung und Bestellabwicklung. Zum anderen sind es aber auch Logistikunternehmen wie DHL, die ihre Kapazitäten an solchen Standorten erweitern. Etwas mehr als ein Drittel der Lagerflächen wird von reinen E-Commerce-Händlern genutzt.

In Folge des Online-Handels beliefern die Logistikzentren die jeweiligen Endkunden statt die Filialen des Einzelhandels. Dadurch entsteht in den Logistikzentren eine höhere Anzahl an zu bearbeitenden Aufträgen (Veres-Homm et al. 2015: 114 f.). Die damit verbundene Kleinteiligkeit bei der Bestellabwicklung führt zu einem höheren Flächenbedarf bei den Logistikzentren. Zunehmender Lieferverkehr verstärkt zudem die vielfachen negativen Wirkungen des Stadtverkehrs wie zunehmende Verkehrsstaus, Emissionen, Lärm, Unfälle etc. und wirkt sich negativ auf die Lebensqualität in den Städten aus.

Szene 11, bei Sophia zu Hause und auf dem Weg zum Geburtstag: Der Paketbote kommt um die Mittagszeit. Das Klingeln weckt ihre Töchter. Schnell unterschreiben und er läuft zurück zu seinem Elektro-Scooter. Sophia zeigt ihren Töchtern das Paket. Es ist nur kurz interessant. Sie legt es zur Seite und spielt mit den Kindern. Am Nachmittag packt sie das Paket aus, sucht ein Geschenkpapier aus und packt es wieder ein. Sie fährt mit dem Wagen zu Julian. Ihr Smartphone hat ihr den Weg über die Südbrücke vorgeschlagen anstatt sich durch den Stau in der Stadt zu quälen.

Eine Reaktion auf zunehmenden Logistikverkehr in den Städten und die damit verbundene Luftverschmutzung ist die Einführung von Elektro-Lieferfahrzeugen für die so genannte »letzte Meile« – die Lieferung von Paketen zu den Endkunden an die Haustür. Darüber hinaus werden in Innenstädten Elektrolieferräder oder die Einrichtung von Hubs als Sammelstellen von Paketen am Rande der Städte diskutiert, von denen aus koordiniert und optimiert nur ein Lieferdienst die Auslieferung der letzten Meile übernimmt.

Szene 12, bei Julian: Laura erreicht Julians Wohnung und trifft Sophia vor der Tür. Beide gehen hoch und gratulieren. Julian packt aus. Exakt die gleichen Mützen. Eine soll umgetauscht werden. Was ist leichter, schneller, ressourcenschonender, ...?

LITERATUR

Beckmann, Ralf M./Hangebruch, Nina (2016): Lokale Online-Marktplätze: ein Ansatz zur Vernetzung von Fußgängerzone und Internet. In: vhw 1/2016, S. 7–12.

Bundesregierung (2017): Gefälschte Bewertungen erkennen. https://www.bun desregierung.de/Content/DE/Artikel/2017/10/2017-10-06-verbraucherschutz-fake-bewertungen-erkennen.html vom 31.03.2018.

Dachwitz, Ingo (2018): Endlich auch offline verfügbar: Gläserne Kunden. https://netzpolitik.org/2018/endlich-auch-offline-verfuegbar-glaeserne-kunden/ vom 31.03.2018.

Difu/BBE, Deutsches Institut für Urbanistik gGmbH/BBE Handelsberatung/elaboratum (2017): Online-Handel – Mögliche räumliche Auswirkungen auf Innenstädte, Stadtteil- und Ortszentren, BBSR-Online-Publikation 8/2017, Berlin, München. www.bbsr.bund.de/BBSR/DE/Veroeffentlichungen/BBSR Online/2017/bbsr-online-08-2017-dl.pdf vom 31.03.2018.

FAZ/dpa, Frankfurter Allgemeine Zeitung/deutsche presse agentur (2014): Zu lang und kompliziert: Das Kleingedruckte wird im Netz kaum gelesen. www.faz.net/aktuell/finanzen/meine-finanzen/geld-ausgeben/nachrichten/agbs-beim-online-einkauf-von-verbrauchern-kaum-gelesen-13263561.html vom 31.03.2018.

Franz, Martin/Gersch, Inka (Hg.) (2016): Online-Handel ist Wandel. Schriftenreihe des Arbeitskreises Geographische Handelsforschung in der Deutschen Gesellschaft für Geographie Bd. 24, Mannheim: Verlag MetaGIS Fachbuch.

GfK – GeoMarketing GmbH (2015): Ecommerce. Wachstum ohne Grenzen? Online-Anteile der Sortimente – heute und morgen. www.gfk-geomarke ting.de/fileadmin/gfkgeomarketing/de/beratung/20150723_GfK-eCom merce-Studie_fin.pdf vom 20.05.2018.

HDE, Handelsverband Deutschland (2016): HDE-Online-Monitor 2016: Daten, Fakten und Zahlen zum E-Commerce. https://www.einzelhandel.de/online-monitor vom 31.03.2018.

HDE, Handelsverband Deutschland (2017): HDE-Online-Monitor 2017: Daten, Fakten und Zahlen zum E-Commerce. https://www.einzelhandel.de/online-monitor vom 31.03.2018.

Heinemann, Gerrit (2017[9]): Der neue Online-Handel. Geschäftsmodell und Kanalexzellenz im Digital Commerce, Wiesbaden: Springer Gabler.

Hootsuite (2018): Digital 2018 in Deutschland. https://hootsuite-online-revenue.s3.amazonaws.com/Digital_in_2018_Local_country_report/DIGITAL_IN_2018_006_GERMANY_v1.02.pdf vom 31.03.2018.

KPMG (2016): Trends im Handel 2025. Erfolgreich in Zeiten von Omni-Business, ohne Ort. http://einzelhandel.de/images/presse/Studie_Trends_Han del_2025.pdf vom 31.03.2018.

Krug, Steve (2014): Don't Make Me Think! Web & Mobile Usability – Das intuitive Web. Frechen: mitp Verlag.

LMK Landeszentrale für Medien und Kommunikation Rheinland-Pfalz (ohne Jahr): Datenschutz auf Facebook: Wem gehören meine Daten? https://www.klicksafe.de/themen/rechtsfragen-im-netz/irights/datenschutz-auf-facebook-wem-gehoeren-meine-daten/ vom 31.03.2018.

Maier, Hanna (2015): 15 Jahre Payback. Tausche Privatsphäre gegen Häkel-Set. www.sueddeutsche.de/wirtschaft/jahre-payback-tausche-privatsphaere-gegen-haekel-set-1.2332506 vom 31.03.2018.

Morgenroth, Markus (2017): Digital gebrandmarkt. Wie Konsumentendaten gesammelt, gehandelt und genutzt werden. In: c't. Magazin für Computertechnik 1/2017, S. 64–71.

Reink, Michael (2016): Stadtentwicklung. ›E-Commerce‹ und seine Auswirkungen auf die Stadtentwicklung. In: vhw 1/2016, S. 2–6.

Sokolov, Daniel AJ (2018): WWW: Tracking-Methoden werden brutaler, Browser-Hersteller schauen weg. https://www.heise.de/newsticker/meldung/WWW-Tracking-Methoden-werden-brutaler-Browser-Hersteller-schauen-weg-3718112.html?seite=all vom 31.03.2018.

Stern, Joanna (2018): Facebook Really Is Spying on You, Just Not Through Your Phone's Mic. https://www.wsj.com/articles/facebook-really-is-spying-on-you-just-not-through-your-phones-mic-1520448644 vom 31.03.2018.

Veres-Homm, Uwe/Kübler, Annemarie/Weber, Natalie/Cäsar, Estella (2015): Logistikimmobilien – Markt und Standorte 2015, Stuttgart: Fraunhofer Verlag.

Wiegandt, Claus-C./Baumgart, Sabine/Hangebruch, Nina/Holtermann, Linus/Krajewski, Christian/Mensing, Matthias/Neiberger, Cordula/Osterhage, Frank/Texier-Ast, Verena/Zehner, Klaus/Zucknik, Björn (2018): Determinanten des Online-Einkaufs – eine empirische Studie in sechs nordrhein-westfälischen Stadtregionen. In: Raumforschung und Raumordnung 76 (3), S. 247–265.

Wiseman, Raymond (2018): Spionage mit Werbekampagnen: Hilflos ausgeliefert. www.faz.net/aktuell/technik-motor/digital/spionage-mit-werbekampagnen-hilflos-ausgeliefert-15397746.html vom 31.03.2018.

Smart City Policies in Wien, Berlin und Barcelona

Andreas Exner, Livia Cepoiu und Carla Weinzierl

1 Einleitung

Den Smart-City-Diskurs prägen globale Imaginationen, die Umweltthemen mit Wirtschaftsinteressen und neuen Formen urbaner Governance verbinden, und diese eng mit digitalen Technologien verknüpfen (de Jong et al. 2015; Ahvenniemi et al. 2017). Kritische Untersuchungen haben den Einfluss internationaler Konzerne auf solche Imaginationen hervorgehoben (Hollands 2015), deren technologischen Fokus hinterfragt (Kitchin 2014) und depolitisierende Effekte, die damit einhergehen, aufgezeigt (Söderström et al. 2014). Neuere Forschungen stellen allerdings auch die Handlungsmacht von städtischen Exekutiven – von Verwaltungen und Regierungen – im Verhältnis zu Konzernstrategien heraus (McNeill 2015; Alizadeh 2017). Globale Smart-City-Imaginationen sind materiell bislang oft nur eingeschränkt relevant (Cowley et al. 2017) und wurden meist nicht ungebrochen umgesetzt (Alizadeh 2017). Einige Studien legen nahe, dass Kommunen mit Hilfe des Smart-City-Labels für bereits existierende Planungen, Strategien und Projekte strategisch werben, Finanzmittel akquirieren oder Attraktivität für international tätige Unternehmen signalisieren. Im Zuge der Übersetzung globaler, konzerndominierter Smart-City-Imaginationen in lokalen Politiken werden diese Imaginationen erheblich verändert (Cowley et al. 2017). Doch die Erforschung lokaler Smart-City-Politiken steht erst am Beginn (Kitchin 2015; Cowley et al. 2017; Joss et al. 2017).

Der Anregung von Coletta et al. (2017) folgend, vergleichen wir in unserem Beitrag Smart City Policies auf der Ebene ganzer Städte, um lokale Kontingenzen und allgemeine Muster zu identifizieren. Zu diesem Zweck analysieren wir drei EU-Städte, in denen bestimmte Einzelakteure und Akteursgruppen eine führende Position im Smart-City-Wettbewerb anstreben: Wien, Berlin und Barcelona. Unser Interesse gilt dabei der politischen Umsetzung von »Smart City« (im Sinne eines strategischen Labels der Stadt wie auch konkreter urbaner Infrastrukturen) in spezifischen urbanen policy-Arrangements, die mit bestimmten diskursiven Rahmungen im Kontext lokaler ökonomischer und politischer Strukturen einhergehen, und fokussieren so auf die »real existierende Smart City« (Shelton et al. 2015, Ü.d.A.). Wir klären damit für ausgewählte Städte die Relevanz des Smart-City-Konzepts und dessen Artikulation durch verschiedene Akteure und zeigen, wie dieses Konzept in Form von policy-Themen, Narrativen und Materialitäten konkretisiert wird. Unsere Ergebnisse sind nicht zuletzt demokratiepolitisch bedeutsam. Denn von den policy-Arrangements und deren Effekten hängt unter anderem auch die demokratische Legitimität der politischen Gestaltung von »Smart City« ab.

2 Forschungsperspektive, theoretischer Rahmen und Methoden

Wir konzeptualisieren die Konfiguration der Entwicklung von Smart City Policies als policy-Arrangement, worunter wir »die zeitweilige Stabilisierung von Inhalt und Organisation eines bestimmten Politikfeldes« (van Tatenhove et al. 2000: 54, Ü.d.A.) verstehen. Ein solches Arrangement ergibt sich aus der Verbindung eines spezifischen Governance-Arrangements mit politischen Diskursen (Arnouts et al. 2012). Der Ansatz adressiert vier miteinander verbundene Analysedimensionen: Akteure und ihre Koalitionen, Machtressourcen, informelle und formelle Spielregeln der Politikgestaltung, und den Diskurs, den wir mit Hajer und im Anschluss an die Literatur zu policy-Arrangements als »ein Ensemble von Ideen, Konzepten und Kategorien, durch die Phänomenen Bedeutung verliehen wird« verstehen (Hajer 1993: 45, Ü.d.A.). Narrative sind demnach *story lines*, die sich aus verschiedenen diskursiven Elementen zusammensetzen und ein bestimmtes Problem konstruieren (Hajer 1993: 47). Methodisch orientieren wir uns an Keller (2011), der verschiedene diskursanalytische Ansätze verbindet und präzise operationalisiert. Unsere Rekonstruktion der Narrative von »Smart City« im Kontext von policy-Texten und Massenmedien ging von der Analyse der drei zentralen strategischen policy-Texte zu »Smart City« in den drei Städten aus. Auf Basis der induktiv identifizierten Problemstruktur, Deutungsmuster und Narrativisierung von »Smart City« in den policy-Texten definierten wir zunächst zentrale Dimensionen der Problemstruktur von »Smart City« in Massenmedien. Dafür untersuchten wir Artikel in Printmedien, die systematisch über die Stichworte »smart« und »city« sowie den Namen der jeweiligen Stadt ausgewählt wurden.[1] Neben den

---

[1] | 2010 bis Mitte 2017; mit zwei Artikeln zu Wien aus dem Jahr 2009; Wien N=198, Barcelona N=194, Berlin N=49. Für Wien und Berlin wurden alle in der WISO Datenbank der Österreichischen Nationalbibliothek vorhandenen Printmedien analysiert. Für Barcelona wurden die Online-Ausgaben der Tageszeitungen El País, La Razón, El Periódico

Smart City Policies in Wien, Berlin und Barcelona 335

Narrativen wurde analysiert, mit welchen Themen im Sinn von Politikfeldern (z. B. Wohnen, Mobilität, Infrastruktur etc.) die Sprecher*innen »Smart City« verbinden. Zusätzlich wurden Expert*innen-Interviews zu den Dimensionen des »Smart City« policy-Arrangements mit Personen aus der Verwaltung und mit Akteuren der Zivilgesellschaft geführt.[2] Nachfolgend präsentieren wir die Ergebnisse der Medienanalyse und setzen diese dann mit Governance-Arrangements und policy-Diskursen in Verbindung.

3 MEDIENDISKURS

Im Aussagekorpus unseres Materials zum Smart-City-Diskurs zu Wien dominieren Zitate des Planungsdirektors Thomas Madreiter[3] als Teil einer Diskurskoalition aus weiteren Verwaltungsbeamt*innen, Spitzenpolitiker*innen der Regierungsparteien (SPÖ, Grüne), dem Vorstandsvorsitzenden der Siemens AG Österreich und dem US-amerikanischen Stadtforscher Boyd Cohen, der regelmäßig ein internationales Smart-City-Ranking erstellt. »Smart City« wird dabei mit einer breiten Themenpalette von Energie, Mobilität, Forschung und Governance bis zu Industriepolitik verbunden, vor allem aber mit Infrastruktur und Stadtentwicklung. Diese Themen werden meist durch ein Narrativ der Nachhaltigkeit gerahmt, das verschiedene Problemstellungen in den einzelnen thematischen Bereichen ohne einen herausgehobenen Technologiefokus verknüpft, wobei als Lösungsansatz die vermehrte Kooperation zwischen verschiedenen Akteursgruppen herausgestellt und die Rolle der Stadtverwaltung betont wird.

Im Aussagekorpus des printmedialen Smart-City-Diskurses zu Berlin dominieren Zitate der Wirtschaftssenatorin Cornelia Yzer (CDU), die eine eng gefasste technologische Perspektive vertritt, und des früheren Senators für Stadtentwicklung und gegenwärtigen Bürgermeisters Michael Müller (SPD), der die Schaffung von Arbeitsplätzen betont. Yzer und Müller sind mit einer Reihe von Akteuren der Wirtschaft und der Wissenschaft verbunden. Wirtschaftswachstum und der Einsatz digitaler Technologien als Treiber dieses Wachstums sind die zentralen Themen, wobei Technologie primär als Ziel an sich konstruiert wird, unabhängig von konkreten Problemstellungen in der Stadt.

Die gegenwärtige Regierung in Barcelona steht dem Begriff »Smart City« sehr kritisch gegenüber und verwendet ihn weit seltener als die Regierung

---

und La Vanguardia herangezogen, um politisch eher links- und eher rechtsorientierte Printmedien mit nationaler bzw. vorzugsweise regionaler Verbreitung zu erfassen.
2 | Wien N=14, Berlin N=12, Barcelona N=8.
3 | Leiter des Kompetenzzentrums übergeordnete Stadtplanung, Smart-City-Strategie, Partizipation, Gender Planning im Geschäftsbereich Bauten und Technik (Stadtbaudirektion) der Magistratsdirektion.

unter Bürgermeister Trias. Unseren Korpus dominieren in Barcelona daher Zitate von Antoni Vives, 2011–2015 Vizebürgermeister und Mitglied der rechtsliberalen CiU. Zur Diskurskoalition dieser beiden Sprecher gehören ökonomische Akteure und ein für Smart City zuständiger Verwaltungsbeamter der Stadt. Ein »Pro-Wachstum«-Narrativ und ein relativ unspezifisches Narrativ von »Herausforderung-und-Chancen« dominieren, aber auch ein Narrativ »Pro-Technologie« ist wichtig. Eine zweite um die gegenwärtige Bürgermeisterin Ada Colau und Vizebürgermeister Gerardo Pisarello (beide gehören zu Barcelona en Comú) zentrierte Diskurskoalition zeichnet sich durch ein »Demokratie«-Narrativ aus, das Chancengleichheit und soziale Sicherheit betont. Dazu gehören kritische Wissenschafter*innen und einige weitere politische und ökonomische Akteure. Obgleich diese Koalition Smart City ebenfalls vor allem auf Wirtschaftswachstum bezieht, integriert sie auch soziale Fragen. Die Colau-Regierung distanziert sich freilich insgesamt von »Smart City« und rückt Sozial- und Gesellschaftspolitik in den Vordergrund.

Im Allgemeinen stehen in den Vergleichsstädten die Bedeutungen von Smart City im Aussagekorpus den strategischen Kerndokumenten zu »Smart City« nahe.

4 »Smart City« als vieldeutige Verdichtung lokaler Kräfteverhältnisse

4.1 Wiens »Smart City«: Ein Konsenskonzept in der Mehrebenen-Governance

Smart City Policies werden in Wien – vor dem Hintergrund einer starken politischen Unterstützung durch die Stadtregierung – von der Verwaltung geprägt, insbesondere vom Magistrat für Stadtentwicklung. Diese policies werden unter aktiver und relativ gleichberechtigter Teilnahme einer Reihe von Akteuren entwickelt, allerdings mit einem strikten Fokus auf die Verwaltung. ökonomische Akteure und bestimmte Forschungseinrichtungen, vor allem im Technologiebereich, und oft in Verbindung mit Wirtschaftsinteressen. Wichtige Kernpunkte der Smart-City-Strategie wurden schon vor dem breiteren, nicht formalisierten Partizipationsprozess in einem relativ engen Kreis von Akteuren festgelegt.

Den Kontext dieser Akteurskonstellation bildet eine enge Kooperation des nationalen Klima- und Energiefonds und des Infrastrukturministeriums sowie der internationalen Städtekooperation im Rahmen von EU-Anträgen. Auf der Ebene der Wirtschaftsbeziehungen zwischen öffentlichen und privaten Akteuren spielt die Siemens AG Österreich im Smart-City-Kontext eine Hauptrolle, zusammen mit der Vereinigung der Österreichischen Industrie

In der begrenzt technologischen Ausrichtung der Wiener Smart-City-Strategie, ist der Aspekt der Internationalisierung im Wiener Ansatz vergleichsweise weniger bedeutsam. Er spielt z. B. im Kontext des Stadtentwicklungsprojekts »Seestadt Aspern« eine gewisse Rolle, das in policy-Dokumenten oft als Vorzeigebeispiel hervorgehoben wird. Allerdings reicht der Start dieses Projekts weit vor die Smart-City-Strategie zurück (Suitner 2015). Die Aspern Smart City Research GmbH, ein joint venture aus kommunalen Körperschaften und der Siemens AG Österreich, forscht v. a. zum Energieverbrauch von Wohnhäusern. Das so gewonnene Wissen kann in der Folge auch der Siemenskonzern für seine Internationalisierungsstrategien nutzen. Die stadteigenen Wirtschaftsunternehmen im Bereich Infrastruktur und Wohnen spielen insgesamt wohl eine bedeutendere Rolle in Hinblick auf »Smart City« als die Siemens AG Österreich.

Die Wiener Smart-City-Strategie ist thematisch umfassend, komplex und kohärent. In diesen Qualitäten schlägt sich wahrscheinlich die Schlüsselrolle einer finanziell wie personell gut ausgestatteten Verwaltung nieder. Zugleich entspricht sie dem Genre nach in weiten Teilen einer Werbebroschüre. Smart City Policies rahmen gut eingeführte Politikziele insbesondere in der Klimapolitik neu, zusammen mit sozialpolitischen Anliegen v. a. im Bereich des kommunalen Wohnbaus und öffentlichen Verkehrs. Relativ wenig Aufmerksamkeit wird dagegen digitalen Technologien gewidmet.

»Smart City« wird in Wien vor allem strategisch eingesetzt, um auf EU-Politiken und daran gebundene Förderungen zu reagieren sowie das schwache Branding von Wien als internationalem Wirtschaftsstandort zu verbessern. Zudem unterstützt »Smart City« die Integration klimapolitisch relevanter policies und Aktivitäten der Magistrate, die bislang nicht durch eine gemeinsame Strategie harmonisiert waren. Den Hintergrund dieser dreifachen Funktion von Smart City bilden das starke Engagement des Nationalstaates in entsprechenden Forschungsstrategien und die gute Position von Wien in globalen Smart-City-Rankings. Die breite Unterstützung der Strategie innerhalb der Exekutive und ihre Kohärenz sind nicht zuletzt Resultat der Integration vielfältiger Anliegen verschiedener Akteure der Exekutive.

»Smart City« wird in Wien nur in zweiter Linie mit digitaler Technologie verbunden. In Hinblick auf Mobilität stehen der öffentliche Verkehr und die Radnutzung im Vordergrund, während die Energiepolitik im Gebäudebereich nicht nur mit Smart Meters assoziiert wird, sondern auch mit Wärmedämmung und Stadtplanung. Die Bedeutung von privaten Wirtschaftsakteuren in der kommunalen Politikgestaltung ist ein eher neues Element in der politischen Gestaltung der Stadtentwicklung in Wien. Aber die vorrangige Innovation besteht in der potentiell hegemonialen Konstellation innerhalb der Verwaltung. Dieser Effekt dürfte noch durch die spezifischen Imaginationen von Smart City bestärkt werden, die für die Wirtschaft attraktiver zu sein scheinen als jene, die mit Nachhaltigkeit in Verbindung stehen. Die Wiener Smart-City-Strategie signalisiert eine mögliche neue Form der Meta-Governance (Jessop 2016; vgl. z. B. Kooiman/Jentoft 2009; Thuesen 2013; Nederhand et al. 2015), die sich in der Selbstorganisation engagierter Akteure innerhalb der Verwaltung andeutet.

4.2 Berlins »Smart City«: Ein Entwicklungskonzept neben anderen

»Smart City« wurde zuerst von einer Konstellation aus Industrie- und Unternehmensinteressen auf die Agenda gesetzt und von wirtschaftsnahen Forschungseinrichtungen unterstützt. Akteure aus der Verwaltung hatten keine treibende Funktion. Die Senatsverwaltung für Stadtentwicklung und Wohnen leitete den Prozess zur Entwicklung einer Smart-City-Strategie unter Einbeziehung weiterer Senatsverwaltungen. Wirtschaftsakteure und Technologieexpert*innen waren ebenfalls involviert. Im Unterschied zu Wien wurden in geringem Maße auch NGOs und Arbeitnehmervertretungen in Form von Befragungen und Workshops einbezogen. Wirtschaftsakteure sind in Berlin weniger stark mit der Stadtexekutive verbunden als dies in Wien der Fall ist und auch weniger als in Barcelona (insbesondere unter Bürgermeister Trias).

»Smart City« soll dazu beitragen, Berlin in der Entwicklung und Produktion von Technologie sowie in der Industrie neu zu positionieren. Diese Ausrichtung ist teilweise das Resultat eines starken Einflusses von Wirtschaftsinteressen. Das zentrale Dokument zur kommunalen Smart-City-Entwicklung, die »Smart City Strategie Berlin« von 2015, beinhaltet einige deliberative Aspekte und ist viel nüchterner formuliert als die entsprechenden Dokumente in Wien oder in Barcelona während der Trias-Regierung.

In der stark unternehmensbezogenen Smart-City-Agenda der Berliner Exekutive zeigt sich deutlich der Einfluss der Senatsverwaltung für Wirtschaft. Das zivilgesellschaftliche Engagement zu Stadtentwicklungsfragen ist in Berlin (wie auch seit 2015 unter Colau in Barcelona) größer als in Wien. Allerdings wurden Bürger*innen bislang nicht direkt in Entscheidungen einbezogen.

Die in jüngerer Zeit durchgeführten Privatisierungen von kommunalen Energieversorgern wurden mit Verweis auf »Smart City« öffentlich kritisiert. Die schwache Position öffentlicher Versorgungsunternehmen und Wohnungsbereitstellung trägt wohl zum vergleichsweise geringeren Einfluss der Verwaltung bzw. der Exekutive insgesamt auf »Smart City« bei. Der Mehrebenen-Charakter der Smart-City-Governance, der so wichtig ist zum Verständnis der Smart City Policy in Wien, ist in Berlin weniger ausgeprägt. Die geringe Integration von Stadtexekutive und privaten sowie öffentlichen Unternehmen zu »Smart City« wird auch in den Vorzeigeprojekten deutlich, die in Berlin von Privatunternehmen gesteuert werden. Anders als in Wien und in Barcelona bis 2015 ist »Smart City« keine umfassende Vision der Stadtentwicklung.

4.3 Barcelonas »Smart City«: Ein Marketinginstrument der unternehmerischen Stadt

»Smart City« diente der bis 2015 im Amt befindlichen Regierung unter dem liberalen Bürgermeister Xavier Trias (CiU) als Label für ein Narrativ von Stadtentwicklung, das sich stark auf Wirtschaftswachstum durch Technologieentwicklung konzentrierte. »Smart City« materialisierte sich in institutionellen Veränderungen ebenso wie in Investitionen in die städtische Infrastruktur. Die aktuelle Regierung unter der linksorientierten Bürgermeisterin Ada Colau (Barcelona en Comú) ist eng mit sozialen Bewegungen verbunden und hat eine kritische Haltung gegenüber einer stark unternehmens- und einseitig technologieorientierten »Smart City«. Allerdings bleibt der institutionelle und sozioökonomische Kontext, den die Trias-Regierung gestaltet hat, auch für die Colau-Regierung relevant.

Die Smart-City-Strategie unter Trias wurde vorrangig von der Kommunalregierung ausgearbeitet und implementiert, insbesondere durch den Vizebürgermeister Antoni Vives (CiU). Unternehmen spielten eine wichtige Rolle in der Formulierung von Smart City Policies, aber unter kommunaler Führung. Wie in Wien förderte das Smart-City-Projekt die funktionelle Integration kommunaler Abteilungen. Während diese Kooperation in Wien allerdings eher auf Freiwilligkeit beruhte, wurde sie unter Trias top down gesteuert.

»Smart City« wurde von der Trias-Regierung primär als ein neues Stadtentwicklungskonzept verstanden, das einen unternehmensfreundlichen Technologiefokus mit eingeschränkt ökologischen und sozialen Themen verband. Der Inhalt der Strategie, die vorrangig als Marketing-Werkzeug diente, war wenig ausgearbeitet. »Smart City« schrieb den projektförmigen Typ von Stadtentwicklung fort, der vor allem auf Mega-Events beruht, die Rolle von Informations- und Kommunikationstechnologien (IKT) betont und einen strategischen Fokus auf das Branding der Stadt legt. Dieser Entwicklungstyp ist für Barcelona seit den 1990er Jahren charakteristisch (Blanco 2015). So fand die Umsetzung von »Smart City« im Kontext einer forcierten und dynamischen Strategie der Internationalisierung statt, die auf der Kooperation zwischen privaten Unternehmen und öffentlichen Einrichtungen basierte.

Die Smart-City-Politik von Antoni Vives wurde von einem Netzwerk verschiedener Akteure unterstützt: von privaten Einrichtungen (v. a. dem Instituto de Arquitectura Avanzada de Catalunya) und öffentlichen Körperschaften (v. a. der Regionalentwicklungsagentur Barcelona Regional) sowie von regionalen Unternehmen wie dem Messebetreiber Fira de Barcelona (an dem die Stadtexekutive beteiligt ist). Letzterer veranstaltet u. a. seit 2011 den Smart City Expo & World Congress sowie seit 2006 den überaus umsatzstarken Mobile World Congress. Außerdem wir Vives Smart-City-Politik von Mobile World Capital, einer Public-private Partnership (unter Beteiligung z. B. der Fira und von öffentlichen Körperschaften verschiedener Governance-Ebenen) zur Förderung digitaler Technologien, unterstützt. Im Unterschied zu Berlin und Wien agiert die Exekutive in Barcelona selbst weit unternehmerischer (z. B. über die Fira de Barcelona). In diesem Kontext spielten international tätige Unternehmen eine Schlüsselrolle, insbesondere die auf IT-Infrastrukturen spezialisierten Unternehmen Cisco Systems Inc. und Schneider Electric SE. Die (kritische) Zivilgesellschaft wurde ebenso von der politischen Gestaltung von »Smart City« ausgeschlossen wie in Wien und wie zum größten Teil auch in Berlin. Allerdings unterschied sich der Kontext in Barcelona aufgrund des starken top-down-Charakters einer PR-orientierten policy.

Zu den wichtigsten Materialisierungen von »Smart City« in Barcelona zählen von Konzernen entwickelte Sensorsysteme und Plattformen zum integrierten Datenmanagement. Zusammen mit weiteren digitalen Infrastrukturen aus der Trias-Ära werden diese Materialisierungen auch durch die policies der Colau-Regierung weitergeführt. Allerdings will die aktuelle Regierung diese Technologien teilweise als Instrumente für eine Demokratisierung der Stadt nutzen. Sie wurden im Sinn einer von der Colau-Regierung so genannten Digital City und dem Konzept der technologischen Souveränität sowie der öffentlichen Kontrolle über gespeicherte digitale Daten neu interpretiert. Einige der sozial und ökologisch progressiveren Ideen im Smart-City-Konzept der Ära Trias, die nicht effektiv umgesetzt worden waren, sind mit größerer Entschiedenheit unter Colau wieder aufgenommen worden.

Diese Smart-City-Politik muss vor dem Hintergrund der geplatzten Immobilienblase betrachtet werden. Im Kontext einer starken Abhängigkeit von Tourismuseinnahmen und internationalen Messen sowie einem Mangel an öffentlichen Unternehmen bleibt das Marketing für smarte oder digitale Technologien in Barcelona wichtig.

5 »Smart City« zwischen leerem und flottierendem Signifikanten

Im Vergleich unserer Fallstudien lassen sich, Arnouts et al. (2012) folgend, drei Governance-Arrangements identifizieren. In Barcelona dominierte zwischen 2011 und 2015 eine hierarchische Governance. Eine Reihe von Unternehmen war für dieses Arrangement bedeutend, aber eher als Umsetzungsbedingung, weniger für die Politikgestaltung selbst, deren Eckpunkte und Ausrichtung hauptsächlich vom Bürgermeister und Vizebürgermeister festgelegt wurden. Im Gegensatz dazu charakterisiert ein geschlossenes Ko-Governance-Arrangement zwischen der Stadtexekutive und Akteuren außerhalb der Regierung die politische Gestaltung von »Smart City« in Wien. Mit einem anderen Narrativ und einer abweichenden Akteurskonstellation findet sich diese Art vor.

Smart City Policies in Wien, Berlin und Barcelona 341

Arrangement auch seit 2015 unter Bürgermeisterin Colau in den auf IKT bezogenen policies in Barcelona, die unter der Trias-Regierung den materiellen Kern von Smart City gebildet haben. Während in Wien große Unternehmen und Forschungsinstitutionen die von der Stadtexekutive (insbesondere der Verwaltung) bevorzugten Nicht-Regierungsakteure bei der Entwicklung von Smart City Policies sind, kooperiert die Colau-Exekutive vor allem mit sozialen Bewegungen sowie kleinen und mittleren Unternehmen. In Berlin findet die politische Gestaltung von »Smart City« in einem offenen Ko-Governance-Arrangement mit einem eher losen Netzwerk von Wirtschaftsakteuren statt, das mit einzelnen Senatsverwaltungen und Politiker*innen verbunden ist. Betrachtet man die demokratische Legitimität von Smart City Policies in Hinblick auf diese Arrangements, so genügt nur die Colau-Regierung bis zu gewissem Grade der Forderung nach einer effektiven Beteiligung von Bürger*innen als politische Subjekte der Stadtentwicklung.

In allen drei Fällen ist »Smart City« zentral mit drei Typen internationaler Stadtentwicklungstrends verbunden. So nehmen Unternehmen Städte bzw. Stadtverwaltungen zunehmend als potentielle Märkte und Akteure wahr, die ihre Geschäftsinteressen unterstützen. Aber auch Städte richten sich neu auf unternehmerische Formen von Governance aus. Schließlich hat die EU seit der Finanzkrise 2007 und 2008 »Smart City« als Treiber von Wirtschaftswachstum im Technologiesektor auf ihre Agenda gesetzt. Doch beziehen sich die drei Städte auf je spezifische, durch lokale Bedingungen bestimmte Weise auf diese Trends. In Wien dient »Smart City« primär zur Absicherung und Weiterentwicklung seit langem bestehender sozialer, ökologischer und auf den Wirtschaftsstandort bezogener policies. Das Vokabular des Smart-City-Diskurses soll die internationale Anerkennung von teilweise weit in die Geschichte zurückreichenden Entwicklungen in Wien verstärken. »Smart City« spielt aber auch die Rolle eines leeren Signifikanten, der eine Reihe von Bedeutungen und heterogene Interessen miteinander verknüpfen kann, Differenzen einebnet und Konflikte reduziert (McKillop 2016). In Wien vereint »Smart City« widersprüchliche Bedeutungen wie Tradition und Moderne und verschiedenste Politikfelder. Im Unterschied zu Wien bezeichnete das Smart-City-Label unter der Trias-Regierung in Barcelona den Versuch eines radikalen Bruchs mit der politischen Vergangenheit – und wurde erneut durch eine andere politische Terminologie unter der nachfolgenden Colau-Regierung abgelöst. Allerdings zeigen die materiellen Muster der IKT-Entwicklung und ihrer Rolle in Barcelona langfristig gesehen eher eine Kontinuität, ähnlich wie der Ansatz zur Stadtentwicklung insgesamt. Zudem bleibt der Bezug zu »Smart City« auch unter Colau zweideutig, obgleich sich die gegenwärtige Regierung zumeist von dem Begriff distanziert und die Rolle digitaler Technologie in der Stadtentwicklung mit dem Begriff der »Digital City« bezeichnet. In diesem Kontext entspricht »Smart City« einem flottierenden Signifikanten, der Gegenstand sozialer

Auseinandersetzungen und dessen Bedeutung umkämpft ist. In Berlin wird »Smart City« diskursiv als eine eng verstandene Strategie der Technologieentwicklung konstruiert und bleibt bislang wenig relevant.

Kurz gefasst zeigt sich damit: Es gibt keine einheitliche politische Deutung und Aneignung von »Smart City«. Vielmehr heften verschiedene Akteure eine Vielfalt von Bedeutungen an dieses Label, das je nach den lokalen Gegebenheiten unterschiedlichen Interessen und Funktionen dient. In keinem Fall reagieren die Kommunen passiv auf von Konzernen verfolgte Strategien oder die Imaginationen, die sie propagieren. Vielmehr ko-produzieren Kommunen »Smart City« als materielle Realität und Imagination auf vielfältige Weise zusammen mit anderen Akteuren. So illustriert das Beispiel »Smart City« auch, dass Städte keineswegs so genannten globalen Entwicklungen wie z. B. technologischen Trends oder der Macht von Konzernen ausgeliefert sind, wenngleich solche Faktoren die Stadtentwicklung beeinflussen. Dies legen aber ein Teil der affirmativen Literatur wie auch manche kritische Arbeiten nahe – unter entgegen gesetzten Vorzeichen. Für eine emanzipatorische Stadtentwicklung gilt es jedoch u. a., an der Handlungsfähigkeit von städtischen Exekutiven anzuknüpfen und Mystifizierungen entgegen zu wirken.

Danksagung

Dieser Beitrag beruht auf Forschungen, die der Jubiläumsfonds der Stadt Wien für die Wirtschaftsuniversität Wien im Rahmen des Projekts »Smart City as a Living Vision« am Institute for Multilevel Governance and Development gefördert hat.

Literatur

Ahvenniemi, Hannele/Huovila, Aapo/Pinto-Seppä, Isabel/Airaksinen, Miimu (2017): What are the differences between sustainable and smart cities? In: Cities 60, S. 234–245.

Alizadeh, Tooran (2017): An investigation of IBM's Smarter Cities Challenge: What do participating cities want? In: Cities 63, S. 70–80.

Arnouts, Rikke/van der Zouwen, Mariëlle/Arts, Bas (2012): Analysing governance modes and shifts – Governance arrangements in Dutch nature policy. In: Forest Policy and Economics 16, S. 43–50.

Blanco, Ismael (2015): Between democratic network governance and neoliberalism: A regime-theoretical analysis of collaboration in Barcelona. In: Cities 44, S. 123–130.

Coletta, Claudio/Heaphy, Liam/Kitchin, Rob (2017): From the accidental to articulated smart city: The creation and work of ›Smart Dublin‹. osf.io/pre prints/socarxiv/93ga5 vom 18.09.2017.

Cowley, Robert/Joss, Simon/Dayot, Youri (2017): The smart city and its publics: insights from across six UK cities. In: Urban Research & Practice 1 (11), S. 53–77.

De Jong, Martin/Joss, Simon/Schraven, Daan/Zhan, Changjie/Weijnen, Margot (2015): Sustainable-Smart-Resilient-Low Carbon-Eco-Knowledge Cities; Making Sense of a Multitude of Concepts Promoting Sustainable Urbanization. In: Journal of Cleaner Production 109, S. 25–38.

Hajer, Maarten A. (1993): Discourse Coalitions and the Institutionalization of Practice: The Case of Acid Rain in Britain. In: Fischer, Frank/Forester, John (Hg.), The Argumentative Turn in Policy Analysis and Planning, Durham/London: Duke University Press, S. 43–76.

Hollands, Robert G. (2015): Critical interventions into the corporate smart city. In: Cambridge Journal of Regions. In: Economy and Society 8, S. 61–77.

Jessop, Bob (2016): Territory, Politics, Governance and Multispatial Metagovernance. In: Territory, Politics, Governance 4 (1), S. 8–32.

Joss, Simon/Cook, Matthew/Dayot, Youri (2017): Smart Cities: Towards a New Citizenship Regime? A Discourse Analysis of the British Smart City Standard. In: Journal of Urban Technology 24 (4), S. 29–49.

Keller, Reiner (2011): Diskursforschung. Eine Einführung für SozialwissenschaftlerInnen, Wiesbaden: VS Verlag.

Kitchin, Rob (2014): The real-time city? Big data and smart urbanism. In: GeoJournal 79, S. 1–14.

Kitchin, Rob (2015): Making sense of smart cities: addressing present shortcomings. Cambridge Journal of Regions. In: Economy and Society 8, S. 131–136.

Kooiman, Jan/Jentoft, Svein (2009): Meta-Governance: Values, Norms and Principles, and the Making of Hard Choices. Public Administration 87 (4), S. 818–836.

MacKillop, Eleanor (2016): How do empty signifiers lose credibility? The case of commissioning in English local government. In: Critical Policy Studies, DOI: 10.1080/19460171.2016.1236740.

McNeill, Donald (2015): Global firms and smart technologies: IBM and the reduction of cities. In: Transactions of the Institute of British Geographers 40 (4), S. 562–574.

Nederhand, José/Bekkers, Victor/Voorberg, William (2015): Self-Organization and the Role of Government: How and why does self-organization evolve in the shadow of hierarchy? In: Public Management Review 18 (7), S. 1063–1084.

Shelton, Taylor/Zook, Matthew/Wiig, Alan (2015): The ›actually existing smart city‹. Cambridge Journal of Regions. In: Economy and Society 8 (1), S. 13–25.

Söderström, Ola/Paasche, Till/Klauser, Francisco (2014): Smart cities as corporate storytelling. In: City 18 (3), S. 307–320.

Suitner, Johannes (2015): Imagineering Cultural Vienna. On the Semiotic Regulation of Vienna's Culture-led Urban Transformation, Bielefeld: transcript.

Thuesen, Annette A. (2013): Experiencing Multi-Level Meta-Governance. In: Local Government Studies 39 (4), S. 600–623.

van Tatenhove, Jan P. M./Arts, Bas/Leroy, Pieter (Hg.) (2000): Political modernisation and the environment: the renewal of environmental policy arrangements, Dordrecht: Kluwer Academic Publishers.

Endlich Smart-City-Leuchtturm

Auswirkungen des EU-Projektes mySMARTLife
auf die Planungspraxis in Hamburg

Philipp Späth, Jörg Knieling

1 EINLEITUNG

In den letzten Jahren sind zahlreiche technikbegeisterte Studien und Berichte publiziert worden, welche die Entwicklung von Smart Cities in rosigen Farben darstellen. Als Reaktion sind aber auch viele Beiträge zu den Risiken und möglichen Nebenwirkungen von Smart-City-Initiativen erschienen (Greenfield 2013; Townsend 2013). Viele dieser Arbeiten sind allerdings von recht abstrakten Entwicklungstendenzen und Digitalisierungsmöglichkeiten ausgegangen. Beispiele digitaler Infrastrukturen dienten dabei meist der Illustration, deren soziale Implikationen und Raumwirkungen wurden jedoch selten genauer analysiert. Mit dem vorliegenden Beitrag folgen wir der Aufforderung von Shelton et al. (2015), »actually existing smart cities« im Hinblick auf ihre Ansprüche und Auswirkungen zu untersuchen.

Grundsätzlich ist zu erwarten, dass die Digitalisierung öffentlicher Dienstleistungen und kommunaler Planungsprozesse – z. B. die Optimierung von Verkehrsflüssen auf Basis von Echtzeitdaten und die (informationstechnische) Verknüpfung bisher getrennter Infrastrukturen – auch zu einem physischen Umbau der Stadt und ihrer Nutzungen führen wird (Roos et al. 2016; Zook 2017). In deutschen Städten sind solche Entwicklungen allerdings erst in einem Versuchsstadium implementiert. Mögliche Auswirkungen auf den städtischen Raum sind daher noch schwer zu erfassen. Smart-City-Initiativen bringen jedoch bereits heute deutlich sichtbare institutionelle Veränderungen mit sich, etwa hinsichtlich der informellen Regeln, nach denen der städtische Raum gestaltet wird (Raven et al. 2017; Sengers et al. 2018). Dies lässt sich besonders deutlich im Bereich der Verkehrsplanung beobachten (Späth/Knieling i. E.).

Das Leitbild der Smart City wurde in Europa u. a. durch einen Wettbewerb um EU-Fördermittel institutionalisiert: In einer Reihe von Ausschreibungsrunden zu »Smart Cities and Communities (SCC)« wurden als Teil des Forschungs- und Innovationsprogrammes »Horizon 2020« Konsortien mit jeweils mehreren europäischen Großstädten eingeladen, Konzepte einzureichen. Daraufhin wurden vielerorts Konsortien gebildet, die sich an den Erwartungen der SCC-Calls hinsichtlich »innovativer« Experimente mit »smart solutions« orientierten, um den begehrten Status der »Lighthouse City« und die entsprechenden Fördermittel zu erlangen. Entsprechend der Förderkriterien standen dabei vor allem besonders innovativ erscheinende Technologien im Bereich von Mobilität, Energie und Wohnen im Vordergrund, die mit Informationstechnologie verbunden sind. Mit der Aufforderung, solche Technologien zu erproben, waren auch verschiedene prozedurale Anforderungen verbunden: Der Einsatz sollte beispielsweise partizipativ gestaltet werden, um Akzeptanz zu schaffen und so eine schnelle Marktentwicklung zu ermöglichen. Außerdem war generell der Modus des Experimentierens mit neuen technologischen Lösungen als Herangehensweise an künftige Infrastrukturentwicklung vorgegeben (siehe Bauriedl zu Reallaboren in diesem Band). Ebenso explizit gefordert war eine Kooperation von öffentlicher Hand und Privatwirtschaft.

Die Erwartung, über diesen Wettbewerb von Smart-City-Initiativen bei entsprechender Erfüllung der Auswahlkriterien sowohl Fördermittel als auch Anerkennung für eine Stadt zu erlangen, könnte also Auswirkungen darauf haben, wie Infrastrukturentwicklung prozedural gedacht wird. Konkrete Forschungen zu solchen Auswirkungen in einer deutschen Stadt sind uns bisher nicht bekannt. Im vorliegenden Beitrag entwickeln wir daher einen entsprechenden Analyserahmen und wenden ihn an, indem wir die Auswirkungen eines EU-geförderten Smart-City-Projektes auf die Hamburger Planungspraxis im Verkehrsbereich untersuchen.

Durch die Bewilligung des Projektes mySMARTLife im Jahr 2016 hat Hamburg – zusammen mit Helsinki und Nantes – den Status einer EU Lighthouse City erreicht. Wir untersuchen, wie sich die durch dieses Projekt initiierten Maßnahmen und Kooperationen in Hamburg nach etwas mehr als einem Jahr Projektlaufzeit auf Praktiken und Institutionen der Planung im Verkehrsbereich ausgewirkt haben.

Im nächsten Abschnitt werden zunächst konzeptionelle Grundlagen aus verschiedenen Disziplinen zusammengetragen und wesentliche Leitfragen zum Einfluss des Smart-City-Leitbildes in einer »Leuchtturmstadt« identifiziert. Auch die Datengrundlage und die Methodik der Arbeit werden erläutert. Der dritte Abschnitt ist der Beschreibung des Projektes mySMARTLife gewidmet, während im vierten Abschnitt die Beobachtungen anhand von fünf Analysedimensionen diskutiert werden. Im fünften Abschnitt fassen wir die Ergebnisse zusammen und leiten daraus Handlungsmöglichkeiten ab. Schließlich reflektieren wir kurz den Untersuchungsansatz und ziehen Schlussfolgerungen im Sinne einer kritischen Stadtforschung.

Das Autorenteam verfügt über unterschiedliche Zugänge zum Forschungsfeld. Während einer der Autoren (P. Späth) das Projekt mySMARTLife von außen betrachtet, war der andere Autor (J. Knieling) als Professor einer Hamburger Universität an der mehrfachen Antragstellung als Projektpartner und teilweise als Auftragnehmer der Senatskanzlei Hamburg beteiligt. Als Forschungspartner im Projektverbund mySMARTLife befasst er sich u. a. mit Fragen der Urban Governance und der Bürgerbeteiligung.

2 Ansätze zur Untersuchung des Einflusses abstrakter Leitbilder auf lokale (Planungs-)Prozesse

Mit der Frage, wie überörtlich wirksame Leitbilder und Ideen in bestimmte örtliche Kontexte und Prozesse eingebettet und dort wirksam werden, beschäftigen sich neben der Stadtforschung auch die Politikwissenschaft und die Wissenschafts- und Technikforschung. Letzterer werden Arbeiten zu sozio-technischen Imaginationen zugeordnet, die sich dem Wechselspiel von global zirkulierenden Vorstellungen mit lokalen Kontextualisierungen widmen (Jasanoff/Kim 2009; 2015).

Die Stadtforschung hat gezeigt, dass gesellschaftliche Utopien schon seit der Antike häufig anhand von Stadtentwürfen entwickelt und kommuniziert wurden (Harvey 2000: 156 ff.). Darauf aufbauend wurden die vielfältigen Beziehungen untersucht, durch die Zukunftsvorstellungen mit der Konstruktion von Orten (im Sinne von place making) und Subjektidentitäten verbunden sind (Cinar/Bender 2007). Einige Arbeiten haben auch die Abfolge von sich teilweise überlagernden und konkurrierenden Leitbildern in den Blick genommen, der die Stadtplanung als formalisierte Tätigkeit und Profession im Laufe der Jahrzehnte ausgesetzt war und ist (Ward 2002; Hall 2014; Hajer et al. 2015).

Ein Teil der politikwissenschaftlichen Literatur wiederum kann darüber Auskunft geben, wie Wettbewerbe um Fördermittel unter Territorien in Deutschland und der EU als politischer Gestaltungsansatz eingesetzt werden und welche Veränderung dies bewirken kann (Benz 2004; Benz 2007). Seit Beginn des Jahrtausends wird Steuerung durch Wettbewerb zunehmend als »autonomieschonende Governance-Form« eingesetzt (Scharpf 1993, zitiert in Benz 2004: 5) und entfaltet besonders dort ihre Wirkungen, wo auf zentraler Ebene wenig Mittel zur Verfügung stehen oder kein Auftrag und keine Legitimation für die Steuerung von Prozessen in dezentralen Governance-Arenen besteht, wie z. B. in Städten und Regionen. Seit Jahren wird zudem kritisch diskutiert, wie stark die sich derzeit herausbildenden Formen von Urban Governance grundlegend einer unternehmerischen Haltung verpflichtet sind, und inweit sie sich damit in eine neoliberale Grundtendenz von Politik bzw. Management einfügen (Harvey 1989; Brownill/O'Hara 2015). Um die Auswirkungen des Smart-City-Leitbildes auf die Planungspraxis umfassend zu verstehen, kann es also helfen, Forschungsperspektiven und Konzepte aus verschiedenen Disziplinen zu kombinieren. Neben der Kontextualisierung des Leitbildes selbst und des Zielbezuges von Maßnahmen, die damit lokal legitimiert werden, sind auch die Prozesse zu untersuchen, in denen lose Akteurs-Netzwerke oder vertraglich festgelegte Konsortien gebildet werden. Eine weitere Dimension des Einflusses ist dann gegeben, wenn das Leitbild neue Adressaten in den Vordergrund rückt oder bestimmten gesellschaftlichen Gruppen veränderte Rollen zuweist. Ein Einfluss auf die politische Kultur wäre auch dann anzunehmen, wenn bestimmte Arten der gesellschaftlichen Auseinandersetzung durch das Leitbild besonders gefördert und andere in den Hintergrund gedrängt würden.

Diese Fragen sollen im Folgenden beantwortet werden, soweit es die empirische Grundlage bereits zulässt. Zu dieser Grundlage gehört die Auswertung der Projektdokumentation in Form von Websites auf der Ebene des EU-Projektes (mysmartlife.eu) und der Stadt Hamburg (hamburg.de/mysmartlife), sowie von bisher zwei Newslettern, einem Faltblatt und der bei der öffentlichen Auftaktveranstaltung im Mai 2017 verwendeten Präsentation (Lindemann/ Wolff 2017). Eine weitere Quelle stellen Interviews mit Projektbeteiligten aus verschiedenen Verwaltungseinheiten dar. Diese Feldarbeit wurde ermöglicht durch die Finanzierung von Beiträgen zu zwei internationalen Forschungskonsortien seitens der DFG, namentlich zu smart-eco-cities.org (SP1545/1-1) und zu smartknowledgepolitics.com (FR1514/6-1).

3 Das Projekt mySMARTLife und seine Umsetzung in Hamburg-Bergedorf

Das Projekt mySMARTLife (mSL) wird derzeit im EU-Rahmenprogramm für Forschung und Innovation »Horizon2020« gefördert. Auf Basis einer Ausschreibung wurde im Jahr 2016 ein Konsortium ausgewählt, das nun Maßnahmen in den drei so genannten Lighthouse Cities Nantes (F), Helsinki (FIN) und Hamburg (GER) entwickeln und die Übertragbarkeit auf vier »Follower Cities« untersuchen soll. Das Projekt läuft drei Jahre von Dezember 2016 bis 2019 plus einer zweijährigen Evaluationsphase. Es verfügt über ein Gesamtbudget von rund 21 Millionen Euro. Der Anteil der für Hamburg bestimmten Fördermittel beträgt rund 6,6 Millionen Euro.

Die grundlegenden Ziele von mSL werden wie folgt kommuniziert:

- »Transforming current cities into more sustainable places where smart people and smart economy become reality.
- Making cities more environmentally friendly by reducing CO_2 emissions and increasing the use of renewable energy sources.
- Making cities more inclusive and allowing a high quality of life.
- Involving citizens in the development of an integrated urban transformation strategy, which is easily transferable to other cities.
- Increasing the digitalization of the cities thanks to the urban platforms« (https://mysmartlife.eu/objectives/).

Als Untersuchungsgebiet in Hamburg wurde der Bezirk Bergedorf ausgewählt. Entsprechend leitet die Bezirksverwaltung Hamburg-Bergedorf den deutschen Beitrag zum Projekt. Weitere Verbundpartner in Hamburg sind die Senatskanzlei Hamburg, der Landesbetrieb Geoinformation und Vermessung sowie der Landesbetrieb Straßen, Brücken und Gewässer. Hinzu kommen die kommunalen Unternehmen Verkehrsbetriebe Hamburg Holstein (VHH) und Energienetz Hamburg. Projektpartner aus der Privatwirtschaft sind Volkswagen AG, Deutsche Telekom (T-Systems, T-Labs) und Konsalt GmbH. Außerdem sind die HafenCity Universität Hamburg (HCU) sowie die Hochschule für Angewandte Wissenschaften Hamburg (HAW) beteiligt.

Als Zielsetzung für das Hamburger Projekt wird »die Umsetzung von innovativen, smarten Lösungen in den Bereichen Energie, Mobilität, IKT und Beteiligung zur Entwicklung einer ›Urban Transformation Strategy‹« genannt (Lindemann/Wolff 2017). Konkrete Maßnahmen des Projekts setzen an den folgenden vier Bereichen an:

- Energie: energetische Sanierung, neue innovative Gebäude, Nahwärmenetze, smarte Thermostate, Smart Home Systeme, Energiemanagement, smarte Straßenlaternen;
- Mobilität: Elektromobilität, Einführung von E-Bussen, Car-Sharing-Konzepte, intermodaler Verkehr, Lieferung auf der letzten Meile;
- Kommunikation: urbane Plattform, offene Spezifikationen, neue Services (Apps), offene APIs, Integration bestehender Systeme, Monitoring von Daten;
- Innovative Formen der Bürgerbeteiligung.

Im Bereich der Mobilität werden als Ziele die »Erhöhung der E-Mobilität« sowie die »Entwicklung intermodaler Verkehrsplattformen« genannt (Lindemann/Wolff 2017). Um E-Mobilität in Bergedorf zu erhöhen, ist konkret die Installation von Ladestationen geplant bzw. schon durchgeführt, und es sollen 25 E-Autos, 35 E-Bikes und zehn Elektro-Roller für öffentliche Flotten, so genannte »last mile people mover«, sowie 15 E-Cars und 15 E-Bikes für die im Quartier aktiven Car-Sharing-Organisationen von den Konsortialpartnern zur

Verfügung gestellt werden. Außerdem ist die Anschaffung von zehn E-Bussen geplant, wofür der Betriebshof der VHH derzeit grundlegend umgestaltet wird. Diese Maßnahmen sollen im Stadtkern von Bergedorf sowie in dem direkt benachbarten Quartier Schleusengraben umgesetzt werden. Die innovative Vorgehensweise des Projektes wird wie folgt beschrieben:

»These two concepts – Smart People and Smart Economy – highlight the central role that citizens and businesses play in the daily life of a city. The main instrument to achieve the Urban Transformation Strategy is the definition of the Advanced Urban Planning. This consists of an integrated approach of the planned city interventions on the basis of an impact assessment, an active citizen engagement in the decision-making process and a structured business approach for big companies and local SMEs and start-ups.« (mySMARTLife.eu/news)

Der partizipative Ansatz des Vorhabens wird besonders hervorgehoben:

»The involvement of the citizens in the development process of the city transformation: this shall lead to a good social acceptance of the activities that are being implemented in the city, as citizens can have a say in the planning process and will have a better understanding of the benefits.« (Ebd.)

4 DISKUSSION: EINFLUSS DER »EU SMART CITY-AGENDA« AUF DIE GESTALTUNG VON INFRASTRUKTUR IN BERGEDORF

4.1 Raumbezogenes Leitbild und Problembezug

Zu welcher Art von Smart City das Projekt mSL in Hamburg-Bergedorf beitragen soll, bleibt recht abstrakt. Wie es in allen EU-geförderten Smart-City-Projekten zu beobachten ist, wird in der Projektkommunikation viel von »smarten« und »innovativen« »Solutions« geschrieben. Dabei finden sich allerdings kaum Hinweise auf konkrete Probleme, welche durch diese »Solutions« gelöst werden sollen. Als Begründung für die Maßnahmenauswahl werden lediglich die vagen Ziele »nachhaltige Entwicklung städtischer Gebiete« und »hohe Lebensqualität« genannt.

Gleichzeitig sind die »Solutions« teilweise sehr konkret festgelegt. So wurde beispielsweise vertraglich vereinbart, dass von VW und der VW-Tochter Moia zehn »last mile people mover« für öffentliche Fuhrparke zur Verfügung gestellt werden sollen. Seit Festlegung der Maßnahmen in der Antragsphase scheint es keinen Raum für eine offene Diskussion der Frage gegeben zu haben, welche Probleme vor Ort als prioritär wahrgenommen werden und wie diese Probleme am effektivsten gelöst werden könnten. Außerdem scheint mit der Bewerbung im EU-Smart-City-Wettbewerb eine Verengung auf technologische Lösungen unter Einbeziehung von Informationstechnik zu bestehen. Dies spiegelt sich auch in der thematischen Ausrichtung der öffentlichen Veranstaltungen wider, die sich beispielsweise mit »Intelligenter Straßenbeleuchtung« oder »E-Bussen« befassen.

4.2 Zusammensetzung und Legitimation der Beteiligten

Die geplanten Maßnahmen sind erkennbar daran orientiert, welche »Solutions« die Partner des Konsortiums einbringen bzw. gemeinsam entwickeln können. Der Zusammensetzung des Konsortiums kommt also eine große Bedeutung zu. Eine wichtige Vorgabe seitens des EU-Wettbewerbs ist es, dass die öffentliche Hand und kommerzielle Partner in den Konsortien kooperieren. Bei der Auswahl der Partner spielten u. a. strategische Überlegungen darüber eine Rolle, welche Partner die Chance erhöhen könnten, dass der eigene Förderantrag in einem kompetitiven Umfeld angenommen würde.

Weder die Auswahl von Partnern noch die der technologischen »Solutions« und Maßnahmen war in der Antragsphase demokratisch legitimiert. Zwar sind die Bezirksverwaltung Bergedorf und die Senatsverwaltung der Hansestadt Hamburg im Konsortium vertreten. Doch die Bezirksversammlung wurde erst einige Zeit nach dem Projektstart erstmals über mSL informiert, d. h. nachdem die Bezirksverwaltung auf Grundlage des Konsortialvertrages durch die Senatskanzlei mit dessen Durchführung beauftragt worden war (Interview 1, 16.4.2018). Umfangreiche Veränderungen der Verkehrsinfrastruktur, wie etwa die Umgestaltung des Bus-Betriebshofes, sind als Maßnahmen im Antrag vorgesehen, sodass eventuelle spätere politische Entscheidungsprozesse eine Vorprägung erfahren.

Absehbare Nutznießer*innen der von mSL implementierten »Urban Transformation Strategy« sind in erster Linie die Mitglieder des Konsortiums selbst, außerdem die Bewohner*innen der Modellquartiere. Die beteiligten Unternehmen profitieren von einem exklusiven Zugang zu Experimentierfeldern und Marketingmöglichkeiten sowie von dem Status, der mit dem EU-Leuchtturmprojekt verbunden ist. Auch für die Stadt- und Bezirksverwaltungen ergibt sich dieser Vorteil, denn sie gewinnen Anerkennung für die Einwerbung von Fördermitteln in einem hochkarätigen Wettbewerb.

Angesichts der besonderen Rationalität der Teilnahme an den SSC-Calls, die unter Zeitdruck und den oben genannten inhaltlichen und prozeduralen Vorgaben erfolgte, stellt sich die Frage nach der kommunalpolitischen Legitimation dieses Agenda-Settings durch die eingereichten Wettbewerbsbeiträge. Diese Vorgehensweise könnte ein Beispiel dafür sein, dass »Leistungswettbewerbe sogar eine[r] ›Entpolitisierung‹ von Entscheidungen und [...] einer Verwissenschaftlichung der Politik Vorschub« leisten können (Benz 2004: 9). Darüber hinaus stellt sich die Frage, ob diese Art der Prägung bzw. Durchsetzung politischer Agenden nicht bestehende Machtkonstellationen konserviert, da im Hinblick auf die eigenen Chancen im Wettbewerb wohl bevorzugt renommierte Partner in das Konsortium aufgenommen werden, solche mit einer grundlegend anderen Perspektive dagegen eher nicht.

4.3 Adressat*innen der Maßnahmen

Eines der zentralen Schlagworte, mit denen das Projekt mSL operiert, ist »smart people«. Damit sind Menschen gemeint, die »in den Entscheidungsprozess einbezogen werden sollen«, um letztlich eine »gute soziale Akzeptanz der Maßnahmen« zu gewährleisten (mSL 2017). Bezüglich dieser Maßnahmen gibt der Konsortialvertrag allerdings einen engen Rahmen vor: Bestimmte technische Lösungen und sogar die Anzahl der zu implementierenden Elektrofahrzeuge und Ladestationen sind vorgegeben. Auch wenn im Verlauf des Projektes zwangsläufig Anpassungen vorgenommen werden müssen und dabei die Rückmeldungen von Bürger*innen berücksichtigt werden sollten, könnte in einigen Bereichen der Eindruck entstehen, dass Beteiligung faktisch nur noch auf Detailfragen reduziert möglich ist, etwa im Hinblick auf die Platzierung und nutzerfreundliche Gestaltung zuvor definierter Maßnahmen.

Die explizite Zielsetzung Akzeptanz herzustellen spiegelt sich auch im Format der Veranstaltungen, die auf bestimmte technische Lösungen ausgerichtet sind. Unabhängig davon, dass zunächst offenbar wenig wirkungsvoll über diese Veranstaltungen informiert wurde, stellt sich die Frage, ob die bisherige Ausrichtung, das Format und die Art der Ankündigung dieser Veranstaltungen die Beteiligung auf technikaffine Personen einschränkt. Im Rahmen des Projektes wurde bisher jedenfalls keine themenoffene Einladung an die Bewohner*innen des Pilotbezirkes ausgesprochen, sich über prioritäre Probleme der Stadtentwicklung und bevorzugte Lösungsmöglichkeiten einzubringen.

4.4 Politikverständnis

Wie im vorigen Abschnitt bereits angedeutet, ist im Kontext von mSL nicht vorgesehen, dass sich zivilgesellschaftliche Organisationen an grundsätzlicher Debatten über die gewünschte Entwicklung des Bezirks beteiligen. Kollektive wie Vereine, Verbände, Bürgerinitiativen und Parteien, die in der Vergangenheit gerade auch im Bereich der Verkehrsplanung eine Rolle gespielt haben, werden nicht adressiert, da sie in dem Verständnis von User und Stakeholder wie es mSL und seine europäischen Schwesterprojekte prägt, nicht explizit enthalten sind. Bürger*innen werden ausschließlich als Individuen und nicht in organisierter Form angesprochen.

Endlich Smart-City-Leuchtturm 353

Die Form des europäischen Projektwettbewerbes brachte es zudem mit sich, dass zunächst nur im Konjunktiv von einem möglichen Projekt unter Vorbehalt der (eher unwahrscheinlichen) Finanzierung durch die EU gesprochen wurde. In dieser Phase, in der Anträge oft unter großem Zeitdruck entstehen, wird wohl nicht nur in Hamburg versucht, den Aufwand für die politische Abstimmung und Legitimierung eines solchen Antrages zu minimieren. In einem Stadtstaat mit weisungsgebundenen Bezirksverwaltungen bietet sich dabei die besonders einfache Möglichkeit, Mitglieder der Verwaltung durch die Senatskanzlei mit der nötigen Handlungsfreiheit auszustatten, um sich für die Hansestadt am Antrag eines internationalen Konsortiums zu beteiligen. Ist der Antrag dann erfolgreich, sind die Möglichkeiten der politischen Gestaltung vor Ort allerdings bereits eng begrenzt. Die Ausschreibungen der EU mit ihren Vorgaben wirken daher wie der sprichwörtliche goldene Zügel mit all seinen Vor- und Nachteilen. Im Hinblick auf transparente und demokratische Verfahren erscheint diese Beeinflussung problematisch.

4.5 Raumproduktion

Schon für die Antragstellung wurde ein räumliches Experimentierfeld identifiziert, in dem sich all jene »Smart Solutions« modellhaft implementieren lassen, welche das entstehende Konsortium in den Wettbewerb einbringen kann. Im Fall von mSL waren dies Teilräume des Bezirkes Bergedorf, zum einen sanierungsbedürftige Wohnungsbestände im Zentrum, zum anderen das benachbarte Neubaugebiet Schleusengraben. Durch die Auswahl der jeweiligen Areale für die verschiedenen Pilotmaßnahmen wurde auch entschieden, welche Teile der Bevölkerung Bergedorfs in positiver wie in negativer Weise von den Maßnahmen betroffen sein werden und welche nicht. So erhalten die Eigentümer*innen sanierungsbedürftiger Immobilien innerhalb der »Zone 2 – Bergedorf Süd« im Zuge des Projekts Informationen und Anreize zur energetischen Sanierung ihrer Immobilien. Die Mieter*innen dieser Immobilien kommen im Falle einer Sanierung in den Genuss der Komfortverbesserungen, sind allerdings möglicherweise auch von Mietsteigerungen betroffen. Bezogen auf das Bezirks- bzw. Quartiersimage könnte der Status des Smart-City-Modellstadtteils das Bild, das viele Hamburger von Bergedorf haben, über die spezifischen raumwirksamen Maßnahmen des Projektes und damit möglicherweise auch über die Projektlaufzeit hinaus positiv verändern.

5 Schluss

Nach gut einem Jahr Laufzeit des mSL-Projekts zeigen sich erste Anzeichen der Beeinflussung lokaler Planungsprozesse durch die EU-Smart-City-Agenda sowie latente Konflikte und Widersprüche. Unsere Analyse zeigt, wie sich Vorstellungen verändert haben, wie Infrastruktur heutzutage gestaltet werden sollte (in kooperativen Experimenten), und wer daran wie zu beteiligen ist (Public-private Partnerships, individuelle User und Stakeholder anstelle zivilgesellschaftlicher Organisationen).

Diese Aspekte werden sichtbar, wenn im Sinne einer umfassend institutionalistischen Perspektive die fünf oben genannten Analysedimensionen betrachtet werden. In all diesen Bereichen wird der Bedarf für eine konstruktiv-kritische Begleitung solcher Governance-Prozesse deutlich. Besonderes Augenmerk verdient dabei die Frage, wie sich die offenbar sehr wirkmächtige Governance-Form des Städtewettbewerbes in der EU auf die lokale Demokratie auswirkt. Partizipationsmöglichkeiten von nur beschränkter Tiefe könnten zu einer wachsenden Skepsis gegenüber formalisierten Beteiligungsprozessen beitragen. Auch die Legitimationsbasis repräsentativer Demokratie könnte Schaden nehmen, wenn projekt-immanente Vorfestlegungen auf bestimmte Stadtzukünfte und Technologien nur sehr indirekt und faktisch kaum wirksam an demokratisch gewählte Gremien rückgebunden sind.

Wie müssten Wettbewerbe ausgestaltet sein, dass sie Anreize für produktive Experimente mit neuen Technologien schaffen, gleichzeitig aber auch mit einer emanzipatorischen Demokratie vereinbar sind? Aus der Umkehrung unserer kritischen Beobachtungen ergeben sich bereits erste Antworten auf diese Frage: 1. Als Voraussetzung für eine bedarfsgerechte Nutzung von EU-Fördermitteln sollte in den Modellstädten ein breiter Diskussionsprozess über drängende Probleme und erwünschte Zielrichtungen der Stadtentwicklung geführt werden, auf den mögliche Experimente mit technischen Lösungen bezogen werden müssen. 2. An EU-Wettbewerben teilnehmende Konsortien müssen in transparenten Prozessen zusammengestellt werden und sich durch die jeweiligen Beiträge legitimieren, welche die Partner zur Lösung identifizierter städtischer Probleme zu liefern versprechen. 3. Die Beteiligung der Bevölkerung ist nicht auf marginale Bereiche und eine geringe Wirkungstiefe zu beschränken, sondern sollte sich auch auf die Priorisierung von Problemen und Lösungsansätzen beziehen. Um eine solche Beteiligung zu ermöglichen wären die Wettbewerbe auf eine Bewilligung von Mitteln für ergebnisoffene Prozesse umzustellen, d.h. ohne vorab detailliert festgelegte Maßnahmenkataloge. 4. Die Möglichkeit nicht-intendierter Folgen muss systematisch erkundet werden und ein substantieller Teil der Mittel sollte der Minderung solcher Nebeneffekte gewidmet werden.

Die vorliegende Analyse konnte nur vorläufig anhand eines einzelnen Falles beleuchten, welche institutionellen Veränderungen durch ein eingeworbenes Smart-City-Projekt möglich sind. Um die aufgeworfenen Fragestellungen umfassender beantworten und die Lösungsvorschläge weiter konkretisieren zu können, bedarf es jedoch einer genaueren und dafür empirisch verbreiterten Kenntnis der Wirkungsmechanismen von EU-Smart-City-Wettbewerben.

LITERATUR

Benz, Arthur (2004): Leistungswettbewerbe in der regionalen Raumentwicklungspolitik. In: DISP 157, S. 4–10.

Benz, Arthur (2007): Politischer Wettbewerb. In: Arthur Benz/Susanne Lütz/ Uwe Schimank/Georg H. Simonis (Hg.), Handbuch Governance. Theoretische Grundlagen und empirische Anwendungsfelder, Wiesbaden, Verlag für Sozialwissenschaften, S. 54–67.

Brownill, Sue/O'Hara, Glen (2015): From planning to opportunism? Re-examining the creation of the London Docklands Development Corporation. In: Planning Perspectives 30 (4), S. 537–570.

Cinar, Alev/Bender, Thomas (2007): Urban imaginaries: Locating the modern city, University of Minnesota Press.

Greenfield, Adam (2013): Against the Smart City. A pamphlet. New York: Do Projects.

Hajer, Maarten/Nilsson, Mans/Raworth, Kate/Bakker, Peter/Berkhout, Frans/ de Boer, Yvo/Rockström, Johan/Ludwig, Kathrin/Kok, Marcel (2015): Beyond Cockpit-ism: Four Insights to Enhance the Transformative Potential of the Sustainable Development Goals. In: Sustainability 7 (2), S. 1651–1660.

Hall, Peter (2014): Cities of Tomorrow: An Intellectual History of Urban Planning and Design Since 1880. Hoboken, NJ: Wiley.

Harvey, David (1989): From Managerialism to Entrepreneurialism: The Transformation in Urban Governance in Late Capitalism. In: Geografiska Annaler 71 (1), S. 3–17.

Harvey, David (2000): Spaces of hope. Los Angeles: University of California Press.

Jasanoff, Sheila/Kim, Sang-Hyun (2009): Containing the Atom: Sociotechnical Imaginaries and Nuclear Power in the United States and South Korea. In: Minerva: A Review of Science, Learning & Policy 47 (2), S. 119–146.

Jasanoff, Sheila/Kim, Sang-Hyun (2015): Dreamscapes of Modernity: Sociotechnical Imaginaries and the Fabrication of Power. Chicago: University of Chicago Press.

Lindemann, Christoph/Wolff, Jutta (2017):»mySMARTLife« – ein EU-Projekt in Bergedorf. Präsentation am 12.05.2017 bei der Europawoche in Ham-

burg. www.hamburg.de/contentblob/9017966/2c9030c61db3fb94f2838d8
08232d0d9/data/d-auftaktveranstaltung-doku.pdf vom 20.05.2018.

mSL – mySMARTLife (2017): mySMARTLife Newsletter 2. https://www.mysmart
life.eu/newsletter/newsletter-2017-2 vom 20.05.2018.

Raven, Rob/Sengers, Frans/Späth, Philipp/Xie, Linjun/Cheshmehzangi, Ali/ de Jong, Martin (2017): Urban experimentation and institutional arrangements. In: European Planning Studies, S. 1–24. https://doi.org/10.1080/09 654313.2017.1393047.

Roos, Andreas/Kostakis, Vasilis/Giotitsas, Christos (2016): Introduction: The Materiality of the Immaterial. ICTs and the Digital Commons. In: tripleC: Communication, Capitalism & Critique. Open Access Journal for a Global Sustainable Information Society 14 (1), S. 48–50.

Sengers, Frans/Späth, Philipp/Raven, Rob (2018): Experimenting with Smart Eco-cities in Dutch and German Cities: Discourses, Institutions, Materiality. In: Simon Marvin/Hariet Bulkeley/Q. Lindsay Mai/Kes McCormick (Hg.), Urban Living Labs: Experimentation and Socio-technical Transitions, London: Routledge.

Shelton, Taylor/Zook, Matthew/Wiig, Alan (2015): The ›Actually Existing Smart City‹. In: Cambridge Journal of Regions, Economy and Society (8), S. 13–25.

Späth, Philipp/Knieling, Jörg (i. E.): Smart City Experimentation in Urban Mobility – exploring the politics of futuring in Hamburg. In: Armin Grunwald/ Andreas Lösch/Martin Meister/Ingo Schulz-Schaeffer (Hg.), Socio-technical futures shaping the present – Empirical examples and analytical challenges in social studies of science and technology and technology assessment, Berlin: Springer.

Townsend, Anthony M. (2013): Smart Cities: Big Data, Civic Hackers, and the Quest for a New Utopia, New York: W. W. Norton.

Ward, Stephen V. (2002): Planning the twentieth-century city: the advanced capitalist world, Chichester: Wiley.

Zook, Matthew (2017): Crowd-sourcing the smart city: Using big geosocial media metrics in urban governance. In: Big Data & Society 4 (1), S. 1–13.

Autorinnen und Autoren

Stefanie Baasch, promovierte Geographin und Umweltpsychologin, Projektberaterin aus Hamburg und Mitherausgeberin der Zeitschrift Umweltpsychologie. Arbeitsschwerpunkte: sozial-ökologische Transformationen, Mensch/Umwelt/Technik-Beziehungen, Partizipation. Konzepte – Kommunikation – Evaluation für Umwelt-, Klima- und Energievorhaben: www.umwelt-klima-energie.de

Louisa Bäckermann, Master-Studierende der Geographie an der Universität Hamburg. Arbeitsinteressen: Kritische Kartographie, Entstehung und Wirkmacht geographischer Weltbilder, Kritische Migrationsforschung.

Sybille Bauriedl, Professorin für Integrative Geographie an der Europa-Universität Flensburg und aktiv im Recht-auf-Stadt-Netzwerk Hamburg. Arbeitsschwerpunkte: Feministische Geographie, Klima- und Energiewende-Governance, digitale Transformation, Politische Ökologie, Kolonialität. Blogautorin zur Klimadebatte: https://klimadebatte.wordpress.com

Sören Becker, wissenschaftlicher Mitarbeiter am Geographischen Institut der Universität Bonn und am IRI Transformations of Human-Environment Systems an der Humboldt-Universität zu Berlin. Arbeitsschwerpunkte: Stadtgeographie, Nachhaltigkeitstransitionen, Energiegeographie und Smart Cities.

Bernd Belina, Professor für Humangeographie an der Goethe-Universität Frankfurt a. M. Arbeitsschwerpunkte: geographische Stadtforschung, Politische Geographie, Kritische Kriminologie.

Gwendolyn Blue, Professorin für Geographie, University of Calgary, Canada. Arbeitsschwerpunkte: Öffentlichkeitsbeteiligung in Wissenschaft und Technik, Wissenschaftskommunikation, Science and Technology Studies, Klimawandel.

Thomas Böker, Kulturproduktion und Kommunikation, lebt und arbeitet in Bremen zu Selbstorganisation in den Bereichen Kunst und Kultur, Interkulturalität, Urbanität. Mitbegründer und aktiv im kunst- und kulturverein spedition, seit 2013 gemeinsam mit Ulf Treger Initiator und Veranstalter der Reihe city/data/explosion.

Tanja Carstensen, wissenschaftliche Mitarbeiterin am Institut für Soziologie der LMU München und Vertretungsprofessorin für Soziologie an der Universität Hohenheim. Arbeitsschwerpunkte: Geschlechtersoziologie, sozialwissenschaftliche Technik-, Internet- und Digitalisierungsforschung, Wandel der Arbeit.

Livia Cepoiu, Projektmitarbeiterin am Institute for Multilevel Governance and Development der Wirtschaftsuniversität Wien, derzeit Diplomarbeit in Gender Studies an der Universität Sevilla, feministische Aktivistin im Rahmen von Stadtentwicklung von unten in Sevilla. Arbeitsschwerpunkte: Geschlechtergerechtigkeit, Solidarische Ökonomie, Stadtentwicklung.

city/data/explosion veranstaltet seit 2013 in Bremen und Hamburg Vorträge, Diskussionen und Workshops zu Fragestellungen zwischen Urbanität, Medienpraxen und Digitalisierung. https://citydataexplosion.tumblr.com und https://twitter.com/citydata

Christian Eichenmüller, Doktorand am Institut für Geographie der Friedrich-Alexander-Universität Erlangen-Nürnberg und Stipendiat der Heinrich-Böll Stiftung. Arbeitsschwerpunkte: Stadtgeographie, Digitale Geographie, Kolonialität und Postkolonialismus.

Andreas Exner, Schasching-Fellow an der Katholischen Sozialakademie Österreichs (KSÖ), Projektmitarbeit am Institute for Multilevel Governance and Development der Wirtschaftsuniversität Wien und am Institut für Psychologie der Universität Innsbruck. Arbeitsschwerpunkte: Stadtentwicklung, Solidarische Ökonomie, Ressourcenpolitik, sozial-ökologische Transformation.

Victoria Fast, Assistenz-Professorin für Geographie, University of Calgary, Canada. Arbeitsschwerpunkte: Städtische Geographische Informationssysteme (GIS), Smart Cities, Open Data, barrierefreie Mobilität, partizipatives Crowdsourcing.

Sybille Frank, Professorin für Stadt- und Raumsoziologie an der Technischen Universität Darmstadt. Arbeitsschwerpunkte: städtische Konflikte, soziale Bewegungen, kulturelles Erbe, Tourismus, Mobilität, Wandel des Wohnens, postkoloniale räumliche Verflechtungen.

Henning Füller, wissenschaftlicher Mitarbeiter (Postdoc) am Geographischen Institut der Humboldt-Universität zu Berlin. Arbeitsschwerpunkte: Stadtforschung, Regieren von Unsicherheit, politische Geographie.

Mark Graham ist Professor für Internet-Geographie am Oxford Internet Institute. Seine Arbeit konzentriert sich auf wirtschaftliche Entwicklung, Arbeits- und Machtbeziehungen, Partizipations- und Repräsentationsprozesse.

Inga Gryl, Professorin für Didaktik des Sachunterrichts an der Universität Duisburg-Essen. Arbeitsschwerpunkte: Spatial Citizenship, Partizipation und Innovativität im Kindesalter, digitale Medien in Lernumgebungen, Didaktik der Mensch-Umwelt-Beziehungen.

Jörg Knieling, Professor für Stadtplanung und Regionalentwicklung der HafenCity Universität Hamburg. Forschungsschwerpunkte: Nachhaltige Stadt- und Regionalentwicklung, Klimawandel und Raumentwicklung, Circular/Digital/Smart City, raumbezogene Governance und Öffentlichkeitsbeteiligung.

Georg Krajewsky (M. A.), wissenschaftlicher Mitarbeiter im Arbeitsbereich Stadt- und Raumsoziologie an der Technischen Universität Darmstadt. Arbeitsschwerpunkte: Städtisches und (post-)koloniales Erbe, Polarisierung und sozialräumliche Entwicklung in Städten, Stadt- und Technikforschung.

Cordula Kropp, Professorin für Soziologie und Direktorin des Zentrums für interdisziplinäre Risiko- und Innovationsforschung an der Universität Stuttgart (ZIRIUS). Arbeitsschwerpunkte: Science and Technology Studies, Infrastrukturforschung, Nachhaltige Entwicklung.

Peter Lindner, Professor für Wirtschaftsgeographie an der Goethe-Universität Frankfurt a. M. Arbeitsschwerpunkte: Globalisierungsforschung, Transformationsforschung, Marketization Studies, *digital governance*.

Michael Lobeck, freiberuflicher Moderator und Berater in der Stadtentwicklung, Mitarbeiter am Geographischen Institut der Universität Bonn. Arbeitsschwerpunkte: Moderation, Bürgerbeteiligungsprozesse, Sinn und Unsinn von Smart Cities. Blogautor zu Stadtentwicklung und Smart Cities: https://promediare.com

Nadine Marquardt, Professorin für Sozialgeographie an der Universität Bonn. Arbeitsschwerpunkte: Geographien des Wohnens, Exklusion und soziale Ungleichheit, urbane Bio- und Technopolitik, Gouvernementalität, poststrukturalistische und kritische Theorien, feministische Geographie.

Boris Michel, Akademischer Rat am Institut für Geographie der Friedrich-Alexander-Universität Erlangen-Nürnberg. Arbeitsschwerpunkte: Wissenschaftsgeschichte der Geographie und Stadtgeographie.

Jana Pokraka, wissenschaftliche Mitarbeiterin am Institut für Geographie der Universität Duisburg-Essen. Arbeitsschwerpunkte: Spatial Citizenship, Intersektionalität, Mapping, Partizipation von Kindern.

Gillian Rose, Professorin für Humangeographie an der Universität Oxford, Mitglied der British Academy, Autorin von »Visual Methodologies« (4. Auflage 2016). Arbeitsschwerpunkte: Formen des Betrachtens von Stadt, »Smart Cities« und digitale visuelle Kulturen. Blogautorin zu digitalen Kulturen: https://visual methodculture.wordpress.com

Marit Rosol, Canada Research Chair in Global Urban Studies und Professorin für Geographie, University of Calgary, Canada. Arbeitsschwerpunkte: Stadt und Wirtschaftsgeographie, Critical Food Geographies, Wohnen, Gouverne mentalität, Neoliberalisierung, Partizipation.

Simon Runkel, wissenschaftlicher Mitarbeiter am Geographischen Institu der Universität Heidelberg. Arbeitsschwerpunkte: politische Sozialgeographie mit Fokus auf Fragen der Dynamiken und Stabilitäten im gesellschaftlicher Wandel, räumliche Prozesse der Vergemeinschaftung, insbesondere crowd Forschung, anarchistische Geographien und geographische Risiko- und Sicher heitsforschung.

Arne Semsrott, Politikwissenschaftler und Projektleiter bei der Open Knowledge Foundation Deutschland. Arbeitsschwerpunkte: Informationsfreiheit, Transpa renz, strategische Klageführung und Open Data, vor allem bei FragDenStaat.de

Joe Shaw promoviert am Oxford Internet Institute; seine Forschung ist fokus siert auf die Entwicklung und Nutzung von Datenanalyse-Plattformen für Im mobilieninvestoren.

Philipp Späth, PD und Forschungsgruppenleiter an der Albert-Ludwigs-Uni versität Freiburg. Arbeitsschwerpunkte: Technik und Gesellschaft, Transfor mation von Energie-, Verkehrs- und Ernährungssystemen, Handlungskoordination durch Leitbilder. https://smartknowledgepolitics.com

Till Straube, Wissenschaftlicher Mitarbeiter am Institut für Humangeographie an der Goethe-Universität Frankfurt a. M. Arbeitsschwerpunkte: Predictive Policing, Critical Data Science, digitale Infrastrukturen, quantitative Methoden.

Anke Strüver, Professorin für Humangeographie an der Karl-Franzens-Universität Graz. Arbeitsschwerpunkte: Sozialgeographische Stadtforschung, Wechselverhältnisse von Raum- und Subjektkonstitution, Geographien der Verantwortung u. a. von Gesundheit, Digitalisierung, Ernährung.

Ulf Treger, Studium der visuellen Kommunikation, HfbK Hamburg. Arbeitet als Kulturproduzent und Gestalter. Projekte, Texte und Vorträge zu urbanen und medialen Räumen, Mapping, Design, Code. Mitgründer von city/data/explosion. www.dekoder.de

Carla Weinzierl, Projektmitarbeiterin am Institute for Multilevel Governance and Development der Wirtschaftsuniversität Wien, Geschäftsführerin vom Netzwerk Soziale Verantwortung/NeSoVe und Obfrau von Attac Österreich. Arbeitsschwerpunkte: Internationale Politische Ökonomie, sozial-ökologische Transformation, Soziale Bewegungen, Soziale Innovation, Handelsregime, Ernährungssystem, Klima und Energie, Rohstoffpolitik, Menschenrechte.

Claus-C. Wiegandt, Professor für Stadt- und Regionalgeographie an der Rheinischen Friedrich-Wilhelm-Universität Bonn. Arbeitsschwerpunkte: Stadtentwicklung, Urban Governance, Baukultur, öffentliche Räume, demographischer Wandel, Begleitforschung zum Projekt T-City: www.stadtundikt.de

Soziologie

Sighard Neckel, Natalia Besedovsky, Moritz Boddenberg,
Martina Hasenfratz, Sarah Miriam Pritz, Timo Wiegand
Die Gesellschaft der Nachhaltigkeit
Umrisse eines Forschungsprogramms

Januar 2018, 150 S., kart.
14,99 € (DE), 978-3-8376-4194-3
E-Book kostenlos erhältlich als Open-Access-Publikation
PDF: ISBN 978-3-8394-4194-7
EPUB: ISBN 978-3-7328-4194-3

Sabine Hark, Paula-Irene Villa
Unterscheiden und herrschen
Ein Essay zu den ambivalenten Verflechtungen
von Rassismus, Sexismus und Feminismus
in der Gegenwart

2017, 176 S., kart.
19,99 € (DE), 978-3-8376-3653-6
E-Book
PDF: 17,99 € (DE), ISBN 978-3-8394-3653-0
EPUB: 17,99 € (DE), ISBN 978-3-7328-3653-6

Anna Henkel (Hg.)
10 Minuten Soziologie: Materialität

Juni 2018, 122 S., kart.
15,99 € (DE), 978-3-8376-4073-1
E-Book: 13,99 € (DE), ISBN 978-3-8394-4073-5

**Leseproben, weitere Informationen und Bestellmöglichkeiten
finden Sie unter www.transcript-verlag.de**

Soziologie

Robert Seyfert, Jonathan Roberge (Hg.)
Algorithmuskulturen
Über die rechnerische Konstruktion der Wirklichkeit

2017, 242 S., kart., Abb.
29,99 € (DE), 978-3-8376-3800-4
E-Book kostenlos erhältlich als Open-Access-Publikation
PDF: ISBN 978-3-8394-3800-8
EPUB: ISBN 978-3-7328-3800-4

Andreas Reckwitz
Kreativität und soziale Praxis
Studien zur Sozial- und Gesellschaftstheorie

2016, 314 S., kart.
29,99 € (DE), 978-3-8376-3345-0
E-Book: 26,99 € (DE), ISBN 978-3-8394-3345-4

Ilker Ataç, Gerda Heck, Sabine Hess, Zeynep Kasli,
Philipp Ratfisch, Cavidan Soykan, Bediz Yilmaz (eds.)
movements. Journal for Critical Migration and Border Regime Studies
Vol. 3, Issue 2/2017:
Turkey's Changing Migration Regime
and its Global and Regional Dynamics

2017, 230 p., pb.
24,99 € (DE), 978-3-8376-3719-9

**Leseproben, weitere Informationen und Bestellmöglichkeiten
finden Sie unter www.transcript-verlag.de**